政策与法律研究丛书
Policy and Law Research Series
主编 杨燕绥
Chief Edited by Yang Yansui

企业年金理论与实务
杨燕绥 编著
论社会保障法
杨燕绥等 编著
灵活用工与弹性就业机制
杨燕绥 赵建国 著
劳动法新论
杨燕绥等 著
政府与社会保障
杨燕绥 阎中兴等 著

Government
and
Social Security

政府与社会保障

Government and Social Security

——关于政府社会保障责任的思考

A New Thinking on Government's Responsibility for Social Security

政策与法律研究丛书
Policy and Law Research Series
丛书主编　杨燕绥

清华大学公共管理教学参考系列
Public Management Teaching Series
Tsinghua University，China

政府与社会保障

Government and Social Security

——关于政府社会保障责任的思考

A New Thinking on Government's Responsibility for Social Security

杨燕绥　阎中兴等　著

Authors：Yang Yansui，Yan Zhongxing

中国劳动社会保障出版社

图书在版编目(CIP)数据

政府与社会保障——关于政府社会保障责任的思考/杨燕绥，阎中兴等著. —北京：中国劳动社会保障出版社，2007

清华大学公共管理教学参考系列

ISBN 978-7-5045-6213-5

Ⅰ.政… Ⅱ.①杨…②阎… Ⅲ.社会保障-高等学校-教学参考资料 Ⅳ.C913.7

中国版本图书馆 CIP 数据核字(2007)第 111221 号

中国劳动社会保障出版社出版发行

(北京市惠新东街 1 号　邮政编码：100029)

出 版 人：张梦欣

*

北京北苑印刷有限责任公司印刷装订　新华书店经销

787 毫米×960 毫米　16 开本　27.25 印张　2 彩插页　476 千字

2007 年 8 月第 1 版　　2007 年 8 月第 1 次印刷

定价：48.00 元

读者服务部电话：010-64929211

发行部电话：010-64927085

出版社网址：http://www.class.com.cn

前　言

政府与社会保障是两个如此宏大的问题，为什么本书作者要挑战这样一个问题呢？这可能是一种学术感觉。

宏大与细微

就宏大的社会问题达成社会共识，才得以建设社会保障体系，其障碍存在于上述二者结合领域的诸多细微之处。例如，救济穷人的钱应当由谁来出，如果这个问题不解决，发生在某市的“流浪者病死街头”，而民警、收容所、110、120等公共服务系统的工作人员在忙碌中互相推诿，处境尴尬的事件将层出不穷。所以，学者关注的是一些细微问题，然后将其放大进行宏观研究，力求找到解决问题的路径和方案。特别要关注的是一些关节性（链接不同部分的地方）问题。魔鬼总是存在于细微之处。密斯·凡·德罗是20世纪世界四位最伟大的建筑师之一，在被要求用一句话来描述他成功的原因时，他只说了5个字“魔鬼在细节”。他反复强调：“不管你的建筑设计方案如何恢宏大气，如果对细节的把握不到位，就不能称之为一件好作品。细节的准确、生动可以成就一件伟大的作品，细节的疏忽会毁坏一个宏伟的规划。”老子也说过：“天下难事，必做于易；天下大事，必做于细。”

人们已经注意到，自20世纪70年代以来，计算机变得越来越小。伴随计算机的普及人类开始步入IT时代，IT技术和计算机以及网络的使用和普及使我们的生活方式和生产方式发生了巨大的变化，网络将人们带入一个更加开放和分工更加细化的社会，发生在居室、公司大楼和国家疆界之外的人际关系日益深化，人们对改善社会环境和公共服务质量的需求日益加大。随之，人们对政府的需求、认识和态度发生了变化；在政府和市民之间对社会保障的认识也发生了变化，就福利和社会保障制度安排出现种种困惑，如关于公平和效率的争论，关于英国福利摇篮、新加坡公积金制度、智利私营养老金计划的不同评价等。学者们在不断重温传统的福利思想和福利经济学理论，试图梳理现实中出现的问题并找到答案，在辛勤的探索中发现，需要在传统理论和现实问题之间搭建理论桥梁。本书的写作思想在于从研究混凝土构件做起，探讨搭建理论桥梁的设计思想、施工方法和施工过程。然而，IT时代的社会保障是综合性社会化系统工程，其成功需要宏观的设计，也需要细微的装修。

故事与思想

作者在海外读书期间曾经与欧洲教授讨论过一个问题，即如何看待马克思关于资本主义行将灭亡的结论。一个周末，在法律酒吧几个法学教授和研究生就作者提出的问题侃到凌晨。作者发现欧洲学者承认马克思论断的真理性，并认为在“强资本、弱劳工”的条件下资本主义必将灭亡。但他们告诉作者，如果相信资本主义有生命力就必须学会用社会公平的思想矫正自己，坚持和发展社会团结（solidarity），以改变强资本、弱劳工的社会状况。资本主义的历史沿革显示，这个矫正发生在分配领域。首先，在企业第一次分配领域发生的“双赢文化革命”，如建立职工董事制度、劳动者委员会（work council）、员工分享利润和股权的法律，以及包括员工工资和福利在内的一揽子薪酬制度；其次，在社会再分配领域建立了福利制度，向人们（或穷人）提供收入支持（如失业津贴、养老金等）、公共卫生和保健服务、基础教育、住房安排等。难道不是这些矫正挽救了资本主义？这些谈话使作者对社会保障的认识有“归零”的感觉，社会保障是达到和谐社会的工具，本没有意识形态的区别。

政府与市场

基于李嘉图和马尔萨斯等的市场经济思想，经济学家常把 19 世纪看做是“自由放任时代”，政府可以远离市场，政府提供的公共服务也是有限的。福利国家即为平民服务的国家，是威廉·坦普尔（William Temple）于 1941 年在《平民和牧师》一书中首先提出的[①]，国家提供福利服务的思想逐渐流行起来，并发展成为国家的强制性义务。1948 年 7 月 5 日是英国福利国家诞生日，这天人们可以得到免费医疗。

20 世纪 70 年代以后，政府与市场的关系开始发生变化。基于市场亲善论，人们越来越多地发现市场“协调失灵”[②]，这成为政府介入市场的理由；此后，政府决定论也曾经喧造一时，但政府失灵的事实也历历在目；特别是在亚洲经济危机之中，人们清醒地看到政府失灵的表现。政府既有创造和保持市场竞争力的权力，也有没收其公民财富的权力，对市场发展至关重要的不是政府干预本身，将政府干预转化为促进市场发展是我们需要的制度环境。因而，政府与市场、公平与效率、管制与自由成为 21 世纪初期争论不休的话题，人

① 尼古拉斯·巴尔，大卫·怀恩斯主编．福利经济学前沿问题．北京：中国税务出版社，2000.8

② 青木昌彦等．政府在东亚经济发展中的作用．北京：中国经济出版社，1998.5

们开始探索两者之间的选择，即第三条道路和有管理的竞争机制。政府应当做什么、不应当做什么，具体一个国家的政府而言，在哪些领域需要淡出，在哪些领域需要猛进，是这些争论的核心问题。本书则讨论一件政府应当猛进的、但又不以传统角色出现的问题，即社会保障领域的政府责任问题。

社会风险与社会保障

社会风险即人人都可能遇到的风险，由此形成对社会保障的公共需求。1952 年，国际劳工组织通过的第 102 号公约即《社会保障最低标准公约》，将社会风险定义为年老、患病、失业、职业伤害、生育和家庭困难。在社会生产力发展的不同时期，社会风险的表现形式有所不同。在 IT 时代和网络社会，经济全球化的发展趋势日趋明显，这加大了市场的不确定性和人们生活的不确定性，社会风险在加大。

关于社会保障，虽然是全球最热门的话题之一，但并没有严谨和统一的解释。社会保障应社会风险而产生，即国家抵御社会风险的制度安排，涉及资金筹集（再分配）、基金管理（货币的时间价值）和待遇支付（社会公平）三个环节。由此形成针对社会保障公共需求的公共品提供。

然而，这种公共需求、公共品，以及公共品的提供方式伴随社会生产方式和生活方式的变革在改变，人们的认识又如何呢？

国际社会公认其思想源于福利经济学，其制度源于英国《济贫法》（1661 年）和德国《雇员医疗保险法》（1883 年），其法律定义源于美国《社会保障法》（1935 年），至今没有统一的定义。然而，从对《贝弗里奇报告》的争论，到新加坡公积金制度的否定和对智利私营养老金制度的争论，社会保障的理论和实践始终在肯定和否定的争论中存在和发展着。

以对智利模式的评价为例，不同见解纵横东西。从 1981 年开始，智利推行私营养老金制度，以智利为代表的“DC 型完全积累制”在拉美国家很流行。而政客却反对这种选择，如美国《EIR》载文《养老金私有化的法西斯智利模式》① 称智利模式意味着法西斯经济学和法西斯政治学，智利社会保障私有化背后的驱使动力是全部金融制度濒临破产的产物，是巨大的投资泡沫和国家破产的结果。显然，人们是站在不同角度看待这个问题的。

综上所述，社会保障好像一个万花筒，可以从不同角度观察。归零的意思即消除社会保障的意识形态成见，看其均衡贫富和促进社会和谐与进步的本质意义。无论政治体制如何，都需要运用社会保障工具来打造社会公平和维护社

① 美国《EIR》，“养老金私有化的法西斯智利模式”，2005 年 3 月 18 日。

会稳定，这是任何统治者都需要的；但是，基于特定执政党和政府产生的社会保障法律和政策，却不可避免地打上该执政党和政府在意识形态方面的烙印，因为他们首先遇到的就是财政收入向谁支出的问题。

可见，社会保障是维护统治的利益均衡机制，利益均衡机制建立在优选的公共决策基础之上，社会保障制度安排的决策则依附在一个大钟的摆上，向左摆动时低收入者的福利增加，向右摆动时富人的利益则更多；至于模式、制度和工具则是时代的产物。

社会保障与互联网

IT 技术和网络提供了获取信息，而又可以廉价和迅速传递的工具，互联网是一个巨大并不断扩张的公共网络，可以覆盖和连接每一个人，再把他们送到任何一个地方。IT 技术和网络打破我们的传统生活和生活模式，也为我们建立新的生活和生产模式提供了技术支持。这需要我们提高学习能力以掌握新知识和新技术，找到新的方法去解决新问题。如今，社会保障制度安排的“多层次”和服务系统的“一站式”要求，勾画出社会保障综合性社会化系统工程的蓝图。互联网为实现这个蓝图提供了技术支持。

利用 IT 技术和网络功能推动多层次的社会保障体系建设和建立“一站式”社会化社会保障服务，是再好不过的事情，可以创造低成本和高效率；但人的理念、组织结构、工作流程需要适应新生产工具和生产方式进行变革，这将导致上层建筑的变革；在传统制度下获得利益的群体受到冲击，会使变革遇到阻力。

IT 和网络对传统社会保障制度安排和服务模式提出了挑战，互联网的廉价和迅速获取信息和传播信息的能力，一旦遇到条块分割、等级分明的官僚政府体系，即形成垃圾数据和高额成本，难以发挥其优势。所以，面对不断增加的改革服务需求，是不断增加政府的官僚机构，还是进行政府改革，构建公共服务型政府，即网络型政府。与传统的官僚组织体制相比较，网络型政府的组织体系被扁平化，是一个可以直接面对居民和企业的，具有窗口服务功能、数据管理功能、财务稽核功能的，人机结合的服务系统。政府改革势在必行，否则，将会因为政府改革滞后而影响和阻碍社会保障的改革和进步。

IT 业具有眼光的人说[①]，社会保障是 21 世纪 IT 技术的最大买家。存在决定意识，人类进入信息时代，其生活方式和生产方式正在发生巨变，人们的生产关系和相应的上层建筑也必然随之而改变。如果我们接受了 IT 技术和网络

① 见微软公司代表在全球第 28 届社会保障大会开幕式上的发言稿，2004 年，北京。

的支持，就会发现进行社会保障改革的选择多了起来，社会统筹与个人账户各自优势；人们的地区距离和身份差别完全可以消灭。社会保障卡——个人账户——服务系统，个人可以在这个系统的支持下游走四方。马克思所预期的劳动者自由人在互联网的支持下将得以实现。

工作团队和本书贡献

本书写作开始于2002年。清华大学985基础研究项目《政府与社会保障》课题组于那年在清华大学公共管理学院就业与社会保障研究中心联合清华大学法学院开始启动。关于政府的社会保障责任的讨论涉及诸多问题，存在很多困惑，例如，如何筹集资金、管理基金和制度待遇等，都是社会保障的前沿问题。经过几年思考、讨论和与国内外学者、政府官员，甚至与成功企业家的交流；以及对核心问题的比较、分析和论证，作者就其核心理论和制度安排的基本问题，梳理思路，形成概念，构建理论模型，终于可以自圆其说了。

全书分为三个部分，第一篇以理论探讨为主，第二篇描述了制度安排的主要问题，第三篇介绍了美国和中国两个实证。第一章讨论和归纳了社会保障基本概念和方法问题，第二章基于宪法思想和原理讨论国家和公民的社会保障关系，第三章基于公共管理视角讨论政府的社会保障责任，第四章归纳政府和社会保障的理论文献，第五章基于公共选择理论探讨社会保障决策和管理问题，第六章归纳福利国家改革与发展的理论和实践，第七章基于社会保障基本原则与目标讨论资金筹集和政府责任问题，第八章基于服务型政府讨论社会保障的行政管理和服务体系问题，第九章讨论社会保障法制和法治问题，第十章讨论养老保障和政府责任问题，第十一章讨论公民健康保障和政府责任问题，第十二章回顾了中国政府和中国社会保障体系建设的历程，第十三章介绍美国社会保障改革和政府的角色。

最后结论：**社会保障的发展趋势与其在20世纪的模式不同，需要向两端发展，即一个是具有极强领导力的政府（所谓政府主导），一个是充满弹性和活力的制度安排（所谓市场机制），在两者中间有一个科学的治理机制（所谓管理主义）。**

清华大学公共管理学院就业与社会保障研究中心985基础研究项目《政府与社会保障》课题组的成员有杨燕绥（课题负责人，全书统稿）、阎中兴（课题主要成员，第六章初稿）、王振民（课题主要成员）、叶建勋（政府与社会保障法治部分的资料整理）、岳公正（撰写第五章初稿）、武洁（整理第四章初稿）、鄢圣华（提供了他对老子福利思想的挖掘，见第十二章附录）、李学芳

（参与第十二章的资料整理）和孟彤（撰写了第十三章），王梅对全书进行了校对。

政府与社会保障是一个永不休止的、没有最后答案的话题，在中国进入社会保障发展战略研究之际，本书的主要贡献在于立足21世纪社会生活的特点，重新审视了社会保障的内涵和外延，进行了一点概念创新。本书是作者和读者进行沟通的桥梁，请读者赐教。

作者

2007年6月

于清华大学伍舜德楼

目　录

第一篇　思想与理论

第一章　社会保障基础知识……………………………………………（3）
1. 福利国家与GDP的一个人民币……………………………………（3）
2. 社会风险与社会保障……………………………………………（6）
3. 社会保障制度安排………………………………………………（11）
4. 社会保障制度安排的专业术语…………………………………（18）
5. 社会保障体系……………………………………………………（24）
第二章　国家与公民的社会保障关系……………………………………（29）
1. 国家起源与公民安全……………………………………………（29）
2. 公民安全与社会保障的公共品特征……………………………（32）
3. 国家和公民的社会保障关系……………………………………（35）
第三章　政府的社会保障责任……………………………………………（48）
1. 政府社会保障责任的历史沿革…………………………………（48）
2. 政府社会保障责任的曲折与争论………………………………（49）
3. 政府社会保障责任的理性思考…………………………………（51）
4. 政府对构建社会保障体系的主导责任——一个理论模型………（55）
5. 政府社会保障能力的有限性分析………………………………（58）
6. 三圈理论和服务型政府再造……………………………………（62）
7. 社会保障体系和治理模式………………………………………（65）
8. 社会保障体系的治理模式………………………………………（74）
9. 社会变迁与政府责任的进化……………………………………（80）
第四章　政府与社会保障的理论文献……………………………………（86）
1. 社会保障——国家干预论………………………………………（87）
2. 社会保障——经济自由论………………………………………（105）
3. 社会保障——第三条道路的选择………………………………（111）

第五章　政府与社会保障公共选择…………………………………………（121）
1. 公共选择基本原理 ……………………………………………………（121）
2. 社会保障公共选择研究 ………………………………………………（127）
3. 社会保障品供应与公共选择 …………………………………………（140）
第六章　福利国家的改革与发展………………………………………………（147）
1. 福利国家的建立 ………………………………………………………（147）
2. 福利国家的改革 ………………………………………………………（154）
3. 在社会保障领域导入私有化 …………………………………………（167）

第二篇　制 度 安 排

第七章　政府与社会保障资金筹集……………………………………………（189）
1. 社会保障筹集资金中的政府责任 ……………………………………（189）
2. 社会保障预算与公共财政 ……………………………………………（196）
3. 财政支出和社会保障税 ………………………………………………（202）
4. 社会保障资金分摊和征集方式 ………………………………………（208）
5. 社会保障资金需求的精算评估 ………………………………………（214）
第八章　政府与社会保障管理体制……………………………………………（218）
1. 社会保障管理体制概述 ………………………………………………（218）
2. 全球管理革命对社会保障管理体制的挑战 …………………………（223）
3. 社会保障经办机构的能力建设 ………………………………………（236）
4. 建立社会保险（保障）公益受托人制度
——国家社会保险服务中心 ……………………………………………（246）
第九章　政府与社会保障法治…………………………………………………（250）
1. 社会保障是公民权利 …………………………………………………（250）
2. 论社会保障法治 ………………………………………………………（252）
3. 社会保障法律体系 ……………………………………………………（261）
4. 政府在社会保障法治中的角色 ………………………………………（267）
5. 全球社会保障立法的历史沿革 ………………………………………（276）
第十章　政府与养老保障………………………………………………………（284）
1. 老年经济问题与养老保障 ……………………………………………（284）
2. 养老储蓄 ………………………………………………………………（292）
3. 养老金计划 ……………………………………………………………（296）
4. 养老金计划的政策分析 ………………………………………………（302）
5. 政府的养老保障责任 …………………………………………………（306）

6. 政府构建养老保障体系 …………………………………… (314)
7. 论政府责任与养老金计划三次变革 ……………………… (317)
8. 中国企业年金信托制度的公共价值 ……………………… (320)
第十一章　政府和公民健康保障……………………………… (323)
1. 公民健康与政府责任 …………………………………… (323)
2. 医疗服务体系和治理机制 ……………………………… (330)
3. 现代医疗服务治理机制的构想 ………………………… (350)
4. 建立全民医疗保障体系 ………………………………… (367)

第三篇　实证分析

第十二章　中国政府与社会保障体系建设……………………… (373)
1. 中国社会保障体系的创建 ……………………………… (373)
2. 中国社会保障的改革与发展 …………………………… (380)
3. 创建和谐社会与强化政府社会保障责任 ……………… (390)
附录　中国文化与社会保障思想研究……………………… (398)
第十三章　美国政府和社会保障改革…………………………… (402)
1. 美国社会保障制度概况 ………………………………… (402)
2. 社会保障制度安排面临的挑战与改革 ………………… (406)
3. 美国社会保障总署应对挑战所做的努力 ……………… (413)
4. 社会保障待遇的改变 …………………………………… (417)
5. 改革所坚持的基本原则 ………………………………… (418)

参考文献………………………………………………………… (420)

第一篇　思想与理论

在社会学意义上，公民对国家的第一需要即基本生活的安全保障；在政治学意义上，国家合理存在的前提条件即向公民提供基本生活的安全保障。社会学外延无边，政治学内涵无底，基于两者对社会保障进行定义可以达到其广度和深度。

在国家形态下，公民、政党和政府在社会保障领域的各自角色是什么，特别是政府的社会保障责任如何定位，是这本书的问题提出。

本篇中阐述的结论如下：

第一，公民和家庭是抵制社会风险的第一主体。

第二，保障公民基本生活安全是国家合理存在的前提条件，因而是执政党的政治纲领和政府的基本责任。

第三，服务型政府应具有构建现代社会保障体系和社会保障公共品的提供机制的能力。

基于上述结论，国家则通过宪法将公民基本生活安全保障的权利和要求对政府进行授权；社会保障必然成为政党执政纲领的主台词，政府的主要责任和功能即构建社会保障提供机制，包括公共品和半公共品。

本篇的理论探索如下：

主张引用法学透过现象看本质的分析方法，即将抽象的“权利能力”与具体的“行为能力”分离的理论范式，分解政府责任和政府能力，由此推导出如下结论：

第一，政府应当基于国家授权和执政党委托，对构建社会保障体系承担无限责任。

第二，政府责任和政府能力可以分离，政府的社会保障能力是有限的（政策的有限性、财政的有限性和行政的有限性）。

第三，弥补政府有限能力的途径，即构建政府与市场结合的治理机制。

第四，在一个有效的治理机制下，政府要学会与非政府组织握手，学会进入市场散步。政府的社会保障责任可以被分解为直接责任、间接责任和相对责任；直接责任即政府直接对社会无能群体给予的帮助；间接责任即政府可以通过授权、外包和购买服务等制度安排来承担社会保障责任；相对责任即政府通过引导私营化为社会保障服务。

通过分解政府责任和建立良性治理模式来弥补政府能力的不足，从而强化政府的社会保障责任，使政府具有构建社会保障体系和公共服务提供机制的能力。服务型政府改革以及和谐社会的构建都从里开始。这是全书的核心思想和理论贡献。

第一章　社会保障基础知识

人都需要面包，是把面包发给没有面包的穷人，还是等穷人找你讨面包，甚至将偷面包的穷人送进监狱，这是常识，也是政治。

1. 福利国家与 GDP 的一个人民币

1.1　福利研究文献

解读罗尔斯“公平的正义”时，有一个核心思想，即社会合作产生的利益要平等分配，不平等分配是不正义的。庇古认为福利是对享受或满足的心理反应，福利有社会福利和经济福利之分，在社会福利中能够用货币衡量的部分是经济福利。边沁的功利主义原则是福利经济学的哲学基础。他把“最大多数人的最大幸福”标榜为功利主义的最高目标。1939 年，卡尔多提出了福利标准或补偿原则的问题。

帕累托的“最优状态”概念和马歇尔的“消费者剩余”概念是福利经济学的重要分析工具。帕累托最优状态是指这样一种状态，任何改变都不可能使任何一个人的境况变得更好而不使别人的境况变坏。新福利经济学认为，帕累托的最优状态“具有高度限制性”，不利于用来为资本主义辩解，为了扩大帕累托最优条件的适用性，一些新福利经济学家致力于研究福利标准和补偿原则。萨缪尔森等人对社会福利函数作了进一步论述，形成了福利经济学的社会福利函数论派。

社会福利函数论者认为，社会福利是社会所有个人购买的商品和提供的要素以及其他有关变量的函数，这些变量包括所有家庭或个人消费的所有商品的数量，所有个人从事的每一种劳动的数量，所有资本投入的数量等。社会福利函数论者根据假定存在的社会福利函数作出一组表示社会偏好的社会无差异曲线，并根据契约曲线作出一条效用可能性曲线。他们认为，要达到唯一最优状态，除了交换和生产的最优条件，还必须具备一个条件，这就是福利应当在个人间进行合理分配。

19 世纪 70 年代以后，随着社会化大生产而出现的失业问题，给资本统治以巨大的威胁，工人阶级的贫困化及由此产生的工人运动的高涨，迫使资产阶级开始考虑社会福利问题。这一时期主张由国家出面来举办社会福利的主要理论有：

• 德国官方学派（财政学者）尤斯蒂（J. Justi）最早提出了“福利国家”的思想，主张通过国家的行政权力来实现福利国家，国家的财政支出是社会福利的基础。

• 历史学派的直接先驱李斯特（F. List）从民族利益出发，主张国家干预，由政府采取保护主义的政策来促进国民财富的增加，增进国民的福利。李斯特关于国家干预主义的思想既为当时的德国建立福利保障制度奠定了理论基础，同时也成为现代“福利国家”论的理论来源。

20世纪，人类的福利实践和制度安排从济贫发展到社会保险（俾斯麦模式）和福利国家（贝弗里奇模式）。21世纪，福利实践和制度安排正在进入一个“多元的、系统的社会保障体系”发展阶段，其制度安排包括国家福利、单位福利，以及附带政府责任的个人福利，如在税收减免政策鼓励下的个人养老储蓄。

综上所述，福利思想有两个核心，即公平分配和个人幸福。因此，福利与工资不同，其分配原则不是等价交易（基于广义福利含义，可以说不仅是等价交易），而是根据个人需要进行的公平分配，无论是获取式分配还是给予式分配。社会保障是一种进行公平福利分配和个人在遇到社会风险时获得福利的制度安排。我们可以对福利文献进行如下归纳：

• 福利思想是指基于对福利分配的制度安排和个人好处的思考、研究、贡献而形成的理论文献以及思想库。例如，在1921年庇古福利思想的重大贡献是“公民收益权”，它为公民获取福利的可能，以及将福利作为权利赋予公民奠定了理论基础。

• 福利制度是指基于福利思想和政治博弈而产生的结果，即福利分配的制度安排——社会福利。在1935年美国罗斯福政府启用社会保障一词构建其社会化福利体系以后，社会福利逐渐成为社会保障体系下的制度安排之一。总结20世纪以前的全球经验，社会福利制度安排不同于社会保险和社会救治，其主要特征是财政支出、普惠标准和均等待遇。

• 福利国家是指福利思想和福利制度的实践模式。1948年，英国艾德礼政府向全世界宣布英国开始进入福利国家。从此政府开始履行国家职责，在GDP中建立社会保障预算，向公民提供津贴（为了保持收入的持续性）、保健、教育和住房及食物的公共品；其目标在于通过减少贫困和增加社会公平来打造和谐社会。

1.2 公共伦理和公共品

在20世纪，产生了福利思想、福利经济学和福利国家，这些理论和实践是人类文明的结晶。

(1) GDP的一个人民币和公共伦理

是否将GDP的一定比例（至少一个美元或者人民币，对那些以财政紧张为由忽略社会保障预算的人来说，特别需要懂得GDP的一个人民币必须用于社会保障的政治意义和经济意义）用于社会福利支出，是公共伦理问题，是检验执政党和政府的福利思想的标准之一。当然不能像对付乞丐那样随意抛出一个美元，这里需要基于公共伦理建立公共财政，社会保障预算、信息披露和财政报告等制度安排是检验公共财政建立与否和成熟程度的基本指标。在全球化的条件下，各国政府的财政支出越来越公开，全部公共伦理、政治选择和社会公平的问题在这里一目了然。

(2) 福利摇篮中的公共品

如何使用这一个美元呢？由政府以官僚提供方式向人们提供维持基本生活的物质帮助，显然是在生产公共品。例如，1948年，英国政府首先推出的福利摇篮（社会保障制度安排）里包括了“持续收入、保健、教育和住房（食品）”等四大公共品，以保障人们基本生活的安全。官僚提供的主要特征即政府筹集资金、政府管理基金和政府支付待遇，这就是大机器生产时代国家行政和社会管理的产物。

关于福利国家的性质，人们站在不同角度和立场上给予了不同的回答，是资产阶级的妥协、赎买或胜利，还是工人阶级斗争的结果。然而，我们看到了福利国家在20世纪社会条件下的一个现象，即增加了资本积累和扩大了工人福利。因此，应当说社会保障本身没有意识形态的差别，是均贫富和维护社会公平的工具。但是，基于特定国家的特定背景下产生的特定社会保障制度安排则具有明显的意识形态的痕迹，人们可以通过定性分析看其GDP的一个美元是怎样付出的，通过定量分析看其向谁提供了这四大公共品。基于公共管理的视角，可以将福利国家视为是大机器时代官僚体制提供社会保障公共品的制度安排。

(3) 社会保障体系中的公共品和半公共品

当人类进入IT时代后，该如何更有效地使用这一个美元呢？首先，人们重新审视了公民的社会保障需求，剔除了其不合理的部分，基于使能原则促使更多的人进入劳动力市场，而不是等待政府救济，从而使新的福利政策和制度安排尽可能地减少和避免消极性，使这一个美元不至于落入懒人的手中；其次，人们发现可以动员社会资源进入福利制度安排，甚至可以在公共部门内部和不同部门之间展开竞争，导入市场机制，使这一个美元变得更有价值，而不至于掉进漏斗。正是这种对社会保障需求和供给方式的概念创新，在社会保障领域导入了半公共品的定义和制度安排，即由政府和雇主及雇员（受益人）共同筹集资金，甚至强制受益人进行储蓄，并导入市场管理体制，以建立社会保障的俱乐部。伴随福利国家的变异，官僚的福利提供方式开始向服务型政府的社会保障系统工程发展，即一票征收与一站式服务的社会保障体系。

2. 社会风险与社会保障

福利分配的原则是什么？自由主义者关心人的自由，社会主义者关心人的平等；贝弗里奇（Beveridge）认为①，福利分配的基本目标是克服贫困、疾病、愚昧、肮脏和懒惰，这是自由的基础，也是平等的基础。可见，基本生活有风险的人群首先应当得到福利。

马克思发现和论证了劳动的价值，劳动逐渐成为分配要素，按劳分配成为持久的分配原则。但是，劳动作为生产要素成为分配依据以后，人们可以根据效率思想从劳动要素中推导出人力资本理论，由此发明了效率工资和员工股权的分配制度，从根本上改变了企业文化；人们同样可以根据公平思想从劳动要素推导出人力折旧理论，当人们进入老年以后需要养老金，以及住房和医疗计划；还有人力折损理论，当人们患病或伤残后，需要持续的收入和基本治疗，从而改变社会文化。

总之，风险来自不可预见的事件并附带重大的直接和间接的经济损失，社会保障的对象是公民的社会风险。

2.1　社会风险与全球性共识

社会风险即人人都可能遇到的基本生活风险。人们的基本生活面对各类风险，如灾害（2004 年底发生在印度洋的海啸夺去了近百万人的生命）、战争、瘟疫、失业等。社会风险不同于个体风险和经营风险，它危及社会群体和公众，也就危及执政党和政府的江山大业。从皇帝的赈灾救济到现代政府的社会保障，统治者早已意识到抵制社会风险与执政的利害关系，但对于什么是概率最大的风险却没有共识。

1952 年 6 月 4 日，国际劳工局理事会在日内瓦举行第 35 届会议，讨论了关于建立社会保障最低标准的建议，于 6 月 28 日通过了《社会保障（最低标准）公约》（以下简称《公约》）。该《公约》将社会风险定义为出生、年老、患病、失业、工伤和家庭困难六项。

该《公约》具有如下划时代的进步意义和三大贡献：

（1）就社会风险在全球范围达成了共识，以后逐渐写进各国宪法，成为国家义务和公民权利。

（2）规定了国家的保障义务与社会保障的基本原则和制度框架。

---

① 尼古拉斯·巴尔. 福利国家经济学. 郑秉文等译. 北京：中国劳动社会保障出版社，2003

(3) 提出了评价社会保障制度安排的指标体系：风险覆盖率、计划覆盖人口比例、保障力度（即待遇支付水平）。

2.2　公民安全与国家义务

该《公约》从以下几个方面详细地规定了国家保障公民基本生活安全的义务：

(1) 社会保障制度覆盖的事物包括医疗补助、病假津贴、残疾津贴、失业津贴、老龄津贴、工伤津贴、生育津贴、遗属津贴和家庭津贴。

(2) 社会保障制度覆盖的群体及该群体在全部人口中的比例。

(3) 社会保障待遇定期支付原则及与工资的替代率；非本国公民同等待遇。

(4) 社会保障制度由政府监督，按照法定标准由雇主和工人联合会实施管理。

(5) 建立司法制度，保证公民的社会保障诉权。

1948年，当英国政府向人们宣布福利国家蓝图以后，久经战争蹂躏的人们立即开始憧憬未来的美好生活，对国家充满信心。同样，中国政府在1951年颁布了《劳动保险条例》以后，也使工人阶级真正有了当家做主人的感觉，迸发出极大的生产积极性。1954年，新中国颁布第一部宪法时即规定社会保障是公民的基本权利。2004年，第十届全国人民代表大会第二次会议通过的《中华人民共和国宪法》(2004修正案) 第14条规定："国家建立健全同经济发展水平相适应的社会保障制度。"宪法写入"建立健全社会保障制度"的重大意义如下：一是强化了国家建立和健全社会保障体系的责任，国家不仅要救灾，举办社会保险计划，更要动员全社会共同建设社会保障工程；二是强化了坚持社会公平与促进社会协调发展的基本原则，这对解决中国公民的基本生活保障问题至关重要。

2.3　社会保障

社会保障与福利的关系是什么？社会保障是福利的提供机制，是保障（满足）人们基本生活需要的福利提供机制。人类社会必然存在很多社会风险，而且每次技术革命都会带来新的贫困群体，为了抵制公民基本生活中的社会风险和构建社会安全体系，国家需要进行社会保障制度安排。

2.3.1　社会保障的定义

社会保障即国家抵御社会风险的制度安排，即保障公民基本生活的福利的公平分配制度，主要包括资金筹集、基金（资金和资产）管理和待遇支付。福利思想和福利经济学对国家进行社会保障制度安排产生了重要的影响。以上描述了社会保障的广义定义。在实践中，社会保障有其狭义定义，即指国家财政拨款向基本生活有困难的社会群体提供帮助的制度安排。例如，美国对老、遗、残、困群体的基本生活保障计划，其适用范围小于英国福利制度，其筹资方式与德国社会保障不同。

在没有社会保障制度安排之前，人们依靠个人、家庭、朋友和社区的力量抵制社会风险，能力非常有限，个人、家庭和群体灭亡的事件不断发生。抵制社会风险的制度安排与人类民族与国家的不断强大具有相辅相成的关系，政府抵制社会风险的责任也日益突出，从临时性救灾到长期性计划，乃至如今的系统性社会工程，政府抵制社会风险的责任和能力不断提高。

但是，至今没有全球统一的社会保障概念。曾经使用的定义包括社会福利、社会保障、社会保险等，这些定义都反映了特定国家抵御社会风险进行制度安排的结果。有些国家和地区还提出了社会安全的定义，其外延要大于社会保障。基于福利经济的理论和实践，一些欧洲国家立法使用了社会福利的定义，其内涵体现了公民受益权；基于俾斯麦模式，德国立法使用了社会保险的定义，其内涵体现公民的风险储蓄责任和政府的担保责任；基于风险保障社会化的理念，美国罗斯福政府使用了社会保障的定义，其内涵体现社会化管理和政府的担保责任；此后，社会保障定义被很多国家认同和普遍使用。如今，伴随人们对社会安全认知的不断深化，越来越多的国家将社会保障视为社会安全的重要组成部分。率先提出社会保障定义的美国，比较早地将社会保障与健康保健和就业促进作为保障社会安全的并列项目。

社会保障作为国家抵制社会风险的制度安排有其特定的内涵：

• 国家是提供社会保障的责任主体[①]，构建社会保障体系是国家合理存在的前提之一。

• 社会保障意在抵御社会风险；社会保障是公民基本生活的安全网，因此，不同于商业保险，需要排除逆向选择而面对全体公民构建社会保障体系，其功能包括预防风险和对风险损失进行补偿，即追求社会效用的最大化[②]。社会保障的补偿措施包括现金、物资、服务、信息和机会等。

• 社会风险即人人都可能遇到的风险，不同类型的风险对社会福利的提供方式需求不同，对于社会风险的定义，1952 年，国际劳工组织通过的《社会保障最低标准公约》在全球已经达成了共识。但是，在不同国家的不同时期内

---

① 在 19 世纪的前 40 年中，德意志国民经济学派分别从约翰·费希特（John Fichte）、亚当·米勒（Adam Müller）那里继承了货币理论和“公益”思想，后者则奠定了历史学派的“国家干预主义”的理论基石。

② 英国哲学家休谟（David Hume）对功利主义发展起了重要作用，他明确使用后来为边际效用学派和福利经济学家广泛使用的“效用”一词，并认为政府的目的就是增进“公共效用”。

其社会风险具有不同特点和不同的表现形式，需要通过社会调研和争论的过程以取得社会共识。例如，每次技术革命都会导致新的贫困群体，人们对新贫困群体的认识需要一个过程，覆盖新贫困群体的福利措施则需要更长的过程。

• 社会保障制度安排包括资金筹集、基金管理和待遇支付。

2.3.2　社会保障的基本功能

社会保障的基本功能可以从多方面进行界定。透过现象看其本质，分析资产阶级政府接受和举办社会保障的目的，请读者阅读保罗·萨缪尔森等《经济学》教材中的一段话[①]：

上个世纪，西方许多国家被称为“福利国家”的政府开始制定各种各样的转移支付计划，作为对抗社会主义者压力的堡垒。工业化之后，民主的欧洲和北美，各国政府普遍提供了退休金、老人医疗保健、穷人住房补贴、失业和伤残收入补偿和穷人持续收入的计划，这些计划旨在拔掉“贫困”这根芒刺。

可见，美国教授是这样给学生传授社会保障本质功能的。为了对抗社会主义者和维持自己的统治地位，资产阶级通过再分配手段来克服贫穷，由此产生社会福利和社会保障的政策选择和制度安排；资产阶级还推行了职工董事和职工持股计划，以此改变强资本（强信息）和弱劳工（弱信息）的局面；正是这些努力在挽救资本主义灭亡的命运，从反面证明了马克思关于资本主义（以强资本为特征行将灭亡）论断的科学性。

那么，福利国家是统治阶级交纳的赎金，是资本主义的欺骗，还是工人阶级的胜利，站在不同政治立场的人会得出的不同结论。因此，Gough将国家看成压力的回应[②]，对工人阶级的回应即扩展权利，对资本的回应即加速积累。首先，我们将社会保障的本质视为无意识形态区分的利益调节工具；其次，看特定的社会保障计划的意识形态痕迹。

（1）保障公民基本生活

保障公民基本生活是社会稳定和经济发展的前提，也是社会保障最核心的功能。工业革命和社会化大生产在削弱家庭保障职能的同时，加大了劳动者所面临的经济风险。人们一旦遭遇年老、失业、疾病、工伤等经济风险或自然灾害，将无力维持生存，这势必引起社会动荡和经济停滞。国家建立社会保障体系，可以确保公民的基本生活不受影响，免除劳动者的后顾之忧。同时，建立

① ［美］保罗·萨缪尔森等．经济学（第16版）．萧琛等译．北京：华夏出版社，1999．277

② 尼古拉斯·巴尔．福利国家经济学［M］．郑秉文等译．北京：中国劳动社会保障出版社，2003．67

社会保障制度也是保障人权的需要，是社会进步的体现。如今社会保障已经成为国际公约和绝大多数国家法律明确规定的公民的一项基本权利。

(2) 维护社会安全

社会保障作为创造社会安全的制度安排，保障社会成员既能享受基本生存权利，又能分享到经济发展和社会进步的成果。它能够缓解社会矛盾，维护社会秩序，减少社会冲突，保证社会经济正常运行，从而有利于社会稳定。19世纪资本主义国家之所以要创建社会保障制度，其根本原因就是要巩固资本主义生产方式，维护社会稳定。我国是社会主义国家，社会主义的本质是解放和发展生产力，消灭剥削，消除两极分化。实行社会保障，有利于缩小社会贫富差距，维护社会公平，增进社会整体福利，是社会主义国家实现共同富裕目标的一项重要手段，从而在根本上维护社会稳定。

(3) 促进经济社会协调发展

首先，社会保障可以调节社会总需求，平抑经济波动。当经济衰退而失业率提高、人民生活水平下降时，失业保险和社会救济有助于提高社会购买力，拉动有效需求，促进经济复苏；当经济高涨而失业率下降时，社会保障支出相应缩减，从而使社会总需求不至于过度膨胀。其次，政府可以通过调整社会保障税（费）率和待遇支付标准，主动调节社会总需求，减少经济波动。第三，社会保障基金的长期积累和投资运营有助于完善资本市场。第四，社会保障向没有生活来源者、失去工资收入者提供收入，使其能维持基本生活，繁衍后代，并维持他们应有的文化、技术素质，保证劳动力再生产的进程不至于中断或受阻，以实现与经济发展相适应的劳动力的扩大再生产。此外，统一、规范、完善的社会保障体系必然有利于形成统一的劳动力市场，促进劳动力资源的合理流动与有效配置。在美国，自从实施了《单亲家庭救助计划》以后，青少年犯罪事件明显减少，社会治安有所好转。

(4) 维护社会公平

在社会保障资金筹集和待遇支付过程中可以创造社会公平。首先，通过财政收入建立社会救助计划；其次，以收入为基数按照相同的费率征收社会保障税（费），使高收入者多缴费；再按照社会平均收入计发社会福利，财富便从富人手中流入穷人手中。

社会保障改变了国民收入分配的格局，通过缩小收入差距和减少贫困来促进社会公平。市场机制给予每个社会成员平等参与竞争的条件和机会，但不能保护竞争中的弱者，因此失业和贫困在所难免。为了实现社会公平，就需要国家配置一部分资源，弥补市场机制的缺陷，以社会保障的形式对弱者、失业者、贫困者给予保护，以实现社会公平的目标。

3. 社会保障制度安排

3.1　社会保障制度安排的三个要素

制度安排是就筹集资金、管理基金和待遇支付三个基本问题进行公共选择、制定法律和政策、形成方案和计划，并进入实施和不断改善的过程。三个要素之间具有内在联系，只有找到筹资渠道，才有建立社会保障的资金，并需要对社会保障专有资金进行有效管理和公平的进行待遇支付；三个要素之间具有动态的互动影响，一旦资金筹集遇到问题，整个社会保障制度安排即需要调整，基金管理模式和待遇支付的资格、方式和水平均可能随之改变。

（1）如何筹集资金

社会保障制度安排的第一个问题即资金来源问题，一个可持续发展的资金筹集制度安排是社会保障体系正常运营的基本条件。

资金一旦来自政府，是财政支出的一部分，社会保障计划即具有了再分配的福利特征。资金一旦来自企业缴费或个人缴费，即具有集体主义①的公共基金和社会保险计划的特征。如果资金来自个人储蓄，该计划即具有了个人责任和延期支付的特征。

（2）如何管理基金

社会保障制度安排的第二个问题即基金管理问题，一个安全有效的财务制度、账户系统和投资管理的制度安排是社会保障制度安全运行的必要条件。如何定义社会保障基金的安全性呢？从消极态度出发即安全保管，保证其不被挪用和盗窃；从积极态度出发即有效投资运作，促其保值和增值。

从社会保障资金筹集到基金运作，有诸多问题需要进行选择：

首先，不同类别的社会风险对基金管理具有不同的要求，抵制养老风险的基金需要基于货币的时间价值来追求长期收支平衡，抵制医疗风险的基金则需要做到当期充足，抵制失业风险的基金需要具有周期性特征。

其次，选择怎样的财务制度，如社会统筹、公共基金、个人账户等。

第三，谁来管理账户和运作基金，是政府、非政府公益组织、营利性组织，还是个人。通常政府具有让基金保本的能力，公司具有保值能力，非常专业的优质公司才具有增值能力。

最后，无论选择怎样的管理模式，社会保障资金管理和基金运营都需要坚持“受益人利益最大”的基本原则，只有具备“审慎”条件的人才能管理和经营社会保障资金和基金。

① 集体主义思想家认为，工业社会是按照阶级分层的，资源可以集体使用，并赞同平等原则和政府行为。

（3）如何支付待遇

社会保障制度安排的第三个问题即如何支付待遇，一个与经济发展关联和与促进就业关联的待遇支付制度安排，涉及社会保障制度安排的公平性和社会效用。

支付待遇的方式包括国民均等待遇（与贡献不关联）、保险待遇（与贡献关联）、社会救济（经过经济状况调查）和附带政府责任的个人储蓄（如政府承诺个人账户的积累水平和年金水平）。

社会福利分配的公平与效率是讨论公民的权利与义务和社会保障制度安排的核心问题。福利分配的结果是检验社会保障制度的标准，如覆盖范围、替代率等。这需要确认谁遇到了社会风险和风险损失程度，以及可以提供的保障力度，还要考虑对特定群体支付待遇对其他人的影响即社会效用。

总之，政府、雇主和个人介入社会保障制度安排，其承担资金筹集、基金管理和待遇支付的渠道、方法和结果不同（见表1—1）。通常政府的责任在于提供最低保障，雇主介入将使计划具有职业特征和社会保险特征，个人一旦介入则需要建立个人账户进行积累。

表1—1　　社会保障制度安排要素、责任主体、选择和结果

	政府	雇主	个人
筹集基金	财政支出	缴费供款	收入扣除
管理基金	财政专户	托管基金	个人账户
待遇支付	最低标准救助	社会保险金	个人积累额

3.2　收入领域的公平与效率：需要审慎权衡

围绕三个问题在不同国家的不同时期有不同选择，但公平和效率的考虑是基本问题，是需要审慎权衡的社会经济问题。

在现实社会中，没有人反对克服贫困，但是为克服贫困付出多少代价和怎样付出代价都充满争论。根据洛伦茨曲线（lorenz curve）分析收入平等状况，假设了一条绝对平等的收入线，将人口和总收入都分为5档，每20%的人口占有总收入的20%，即五分法。照此分析，人们会发现社会存在不平等的现实，即不同社会均存在不同程度的收入不平等。以美国1995年的情况为例①，20%人口仅得到4%的总收入，最后5%的人口占据了总收入的20%，如图1—1所示。

① ［美］保罗·萨缪尔森等．经济学（第16版）．萧琛等译．北京：华夏出版社，1999.277

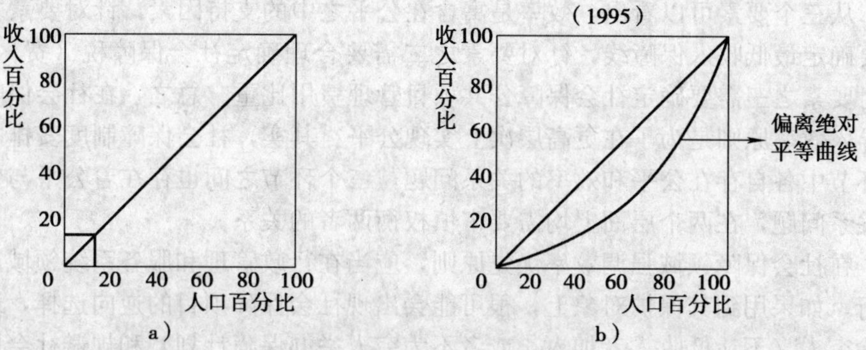

图 1—1　收入不平等的社会状况及美国 1995 年的情况

a）洛伦茨曲线　b）美国的收入不平等状况

克服贫困的政策需要针对不平等的极端情况，制定相对平等的一般标准（如最低收入、贫富差距警戒线等）和矫正措施，以增加收入分配的正外部性。这里需要政府的介入，社会保障作为国家抵制社会风险的制度应运而生。

政府怎样处理社会保障领域内公平和效率关系呢？它一定与市场竞争领域具有不同的含义。这里的公平即公平分配，公平分配寓含如下要素：

• 要素之一是收入转移要公平，就社会宏观领域是让富人的部分收入向穷人转移，以保障最低收入；就个人和家庭而言是让职业生涯高峰期的收入向低峰期和无收入期间转移。

• 要素之二是收入转移的比例要合适，且不伤害勤奋者的积极性，不影响在职职工的当前生活水平。

• 要素之三是有效率的公共管理，让富人付出的贡献最大限度地进入穷人的钱包和个人延期领取的账户，而不是浪费在政府和公共组织的管理成本上，以避免奥肯预见的“漏桶”现象（见图 1—2）。

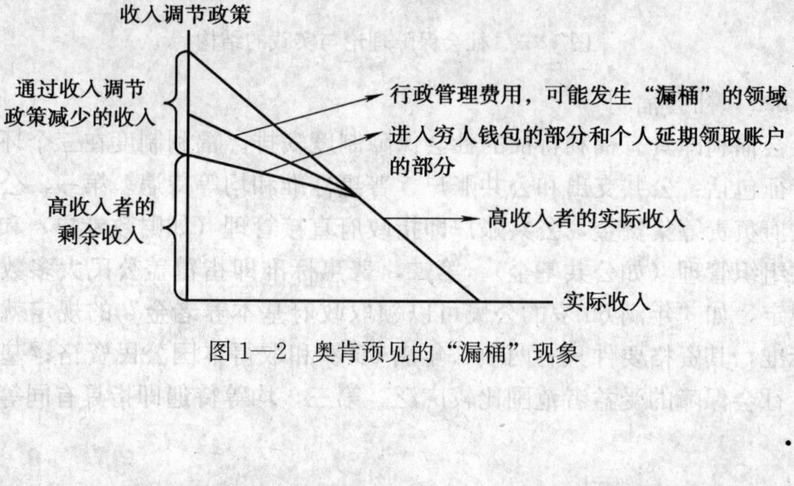

图 1—2　奥肯预见的“漏桶”现象

从三个要素可以看出，效率是寓含在公平之中的支持因素，针对要素之一需要确定最低收入保障线，针对要素之二需要合理确定社会保障税（费）率；针对要素之三需要确定社会保障公共项目管理费用比重。总之，在社会保障领域导入效率原则是为了在更高层次上实现公平。其实，社会保障制度安排的三个环节中各自存在公平和效率的关系问题，三个环节之间也存在着公平与效率的关系问题，在两个层面上均需要审慎权衡两者的关系。

在社会保障领域强调效率优先原则，应当在行政管理和服务系统领域严格执行，如果用到其保护对象上，很可能会出现社会保障项目的逆向选择，通过排除穷人（不让低收入者加入，或者不为穷人举办保障计划）和规避社会风险（不附带被供养家属的社会风险）的手段来缓解政府负担和逃避政府责任，从而导致社会保障失去克服贫困和创造社会公平的价值，继而破坏社会保障的基本原则、基本功能和误导社会保障的制度安排。

应当坚持社会保障领域内的公平原则，导入效率原则的定义在于克服公平原则的消积性，在更高层次上实现公平原则，而不是以效率原则取代公平原则。

3.3　社会保障制度安排的理论结果

全球社会保障公共选择和制度安排的主要结果包括社会福利、社会救助、社会保险、社会补偿（赔偿）、社会互助、制度化个人储蓄（即附带政府责任的个人储蓄），以及纳入社会保障考虑的员工福利等内容（见图 1—3）。

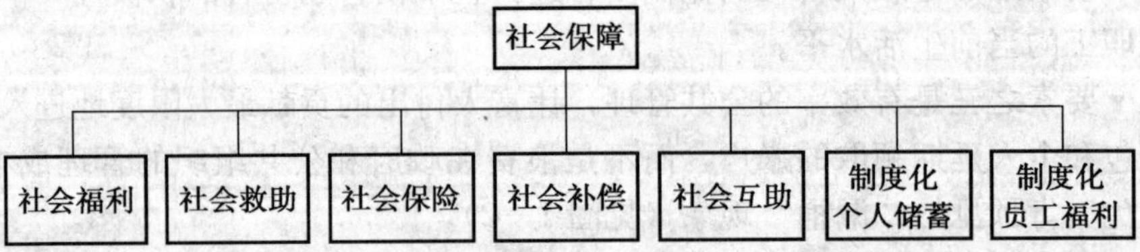

图 1—3　社会保障理论与实践的结构

3.3.1　社会福利

社会福利即具有福利特征的社会保障制度安排。福利制度在三个环节上的主要特征包括：公共支出和公共账户、普惠标准和均等待遇。第一，公共支出即指政府负责筹集资金，公共账户即指政府直接管理（如财政专户）和政府委托公共组织管理（如公共基金）。第二，普惠标准即指覆盖公民大多数的受益资格规定，如“年满 65 岁的公民可以领取政府基本养老金”的规定就是一项普惠标准，其资格要件只有两项，年满 65 岁和取得本国公民资格；基于普惠标准，社会保障的受益者范围比较广泛。第三，均等待遇即指具有同等受益资格的人获得同等待遇，例如，英国的人均周养老金支付额是相同的。

社会福利的概念有广义和狭义之分。广义的社会福利是指国家出资为全体社会成员创建有助于提高生活质量的物质和文化环境，提供各种社会性津贴、公共基础设施和社会服务，以不断提高国民整体福利水平。主要包括各种文化教育、公共卫生、公共娱乐、市政建设、家庭补充津贴、教育津贴、住宅津贴等。狭义的社会福利是指政府和社会向老人、儿童、残疾人等社会中特别需要关怀的人群，提供必要的社会援助，以提高他们的生活水准和自立能力。主要包括老人福利、妇女福利、儿童福利、青少年福利、残疾人福利等。

3.3.2　社会救助

社会救助即具有补缺特征的社会保障制度安排。救济制度在三个环节上的主要特征包括公共支出和公共账户、特定标准和经济状况调查、最低生活标准待遇。

（1）公共支出即指政府负责筹集资金，公共账户即指政府直接管理（如财政专户）和政府委托公共组织管理（如公共基金）。

（2）特定标准和经济状况调查即指根据当地经济发展水平和生活指数规定最低生活保障标准，对申请领取社会救济的人和家庭进行经济状况调查，以此判断受益人。

（3）最低生活标准待遇即指根据当地最低生活标准支付救济金，包括全额支付和差额支付。

社会救助主要指国家出资（不排除社会组织）对因各种原因而无法维持最低生活水平的公民给予无偿救助的一项社会保障制度。社会救助的经费来源主要是政府财政支出和社会捐赠，需要对受益人的资产状况进行调查，这是一项成本很高的管理工作。救助的对象包括三类人：一是无依无靠，没有劳动能力，又没有生活来源的人，主要包括孤儿、残疾人以及没有参加社会保险且无子女的老人；二是有收入来源，但生活水平低于法定最低标准的人；三是有劳动能力、有收入来源，但由于意外的自然或社会灾害，一时无法维持生活的人。社会救助是基础的、最低层次的社会保障，其目的是保障公民享有最低的生活水平，给付标准一般要低于社会保险。

3.3.3　社会保险

社会保险即具有保险特征的社会保障制度安排。保险制度在三个环节上的主要特征包括：风险储蓄和多元账户、参保人受益和权益待遇。

（1）风险储蓄和多元账户，风险储蓄即指社会保险计划参与人缴费，包括用工单位供款和个人薪酬扣除；多元账户包括社会统筹账户、个人账户等。

（2）参保人受益即指参加计划并按时缴纳社会保险费的人可以取得领取社

会保险待遇的资格。

(3) 权益待遇即指待遇支付与参保的权益关联，如参保时间、缴费水平和记录等。

社会保险主要指国家通过立法，要求劳动关系双方参加社会保险计划并承担缴费义务，在参保劳动者因年老、失业、患病、工伤、生育而减少劳动收入时给予经济补偿，使他们能够享有基本生活保障的一项社会保障制度。社会保险具有强制性、互济性和普遍性等特征。它主要包括养老保险、失业保险、医疗保险、工伤保险和生育保险等项目。社会保险的保障对象主要是全体劳动者，目的是保障其基本生活，具有补偿收入减少的性质。社会保险的资金来源主要是用人单位和劳动者本人，政府给予资助并承担最终责任。社会保险实行权利和义务相对应的原则，劳动者只有履行了缴费义务，才能获得相应的收入补偿权利。在有的国家，社会保险的一些项目可以覆盖到全体国民。

3.3.4 社会补偿

社会补偿即具有补偿或赔偿（战争条件下的牺牲赔偿）特征的社会保障制度安排。补偿制度在三个环节上的主要特征包括公共支出和公共账户、贡献者受益、奖励加补偿。

(1) 公共支出和公共账户。

(2) 贡献者受益，即指依法认定为社会公益作出贡献的人的资格，取得该资格的人即受益人。为公共利益作出牺牲和奉献的人包括军人、火警和见义勇为者等。

(3) 奖励加补偿，即指社会补偿待遇包括公益贡献奖励、对贡献者损失的补偿和基本生活的保障。

社会补偿是指国家出资对为公共利益作出贡献甚至牺牲生命的人和其供养家庭成员给予补偿或赔偿的一项社会保障制度。补偿对象主要包括三类人：战争牺牲者和家庭、军人和警察、为公益牺牲的其他人。例如，中国的社会优抚就是政府和社会对军人等从事特殊工作者及其家属予以优待、抚恤和妥善安置。主要包括向烈属、军属、复员退伍军人、残废军人提供抚恤金、优待金、补助金；举办荣誉军人疗养院、光荣院；安置复员退伍军人；为军队离退休干部提供服务等。社会优抚是一种特殊的社会保障，其目的在于安定军心，维护国家安全，促进社会稳定。

3.3.5 社会互助

社会互助即具有互济和共济特征的社会保障。互助制度在三个环节上的主要特征包括多元风险储备、多元账户和参与人相互受益。参与人指参加一个互济计划并履行了个人义务的人。

社会互助通常是在政府鼓励和支持下，社会团体和社会成员自愿出资和参与的扶弱济困活动。社会互助具有自愿和非营利的特征，其资金主要来源于社会捐赠和成员自愿缴费，政府往往从税收等方面给予支持。社会互助的主要形式包括：工会、妇联等群众团体组织的群众性互助互济；民间公益事业团体组织的慈善救助；城乡居民自发组织的各种形式的互助组织。

最后，社会福利、社会保险、社会救助、社会优抚、社会互助既相互联系又相互区别，它们都是支持国家社会保障体系的支柱。

3.3.6　附带政府责任的个人储蓄

纳入社会保障体系考虑的个人储蓄是附带政府责任的个人或家庭理财安排，是社会保障制度安排的组成部分，被称为制度化的个人储蓄。制度化的含义在于税收优惠政策、法律规范和政府监管等因素的加入。制度化的个人储蓄至少具有增加福利和减少政府负担的积极作用。

在20世纪70年代以后，伴随积极福利政策的理论和实践发展，加之IT技术和网络的支持，个人储蓄开始进入政府的社会保障考虑，并纳入社会保障的制度安排，即通过个人储蓄积累风险保障基金，使之成为社会保障筹集资金的方式之一，由此形成基于个人储蓄设计的账户管理制度和服务系统。进入社会保障制度安排的个人储蓄通常附带了一系列政府责任和雇主责任，如雇主补充供款、政府税收减免等政策，以及涉及专业理财机构和投资管理公司的监管机制等。

3.3.7　合格的员工福利

纳入社会保障体系考虑的员工福利即指具有合格计划特征的雇主福利计划。员工福利正在制度化和社会化，成为社会保障制度安排的边缘计划，且具有增加员工福利受益水平和减少政府负担的作用，体现雇主的社会责任。员工福利是一揽子薪酬计划的组成部分，包括养老金项目、健康保健和医疗补助项目、家庭成员照顾、带薪假期等多种项目。

员工福利计划可以通过企业自管方式、商业保险合同、委托专业机构等方式进行管理，可以由雇主承诺待遇水平和不承诺待遇水平，可以预先进行积累或不进行积累。20世纪70年代以来，员工福利的社会化管理程度日益提高，与社会经济发展情况和资本市场风险关联起来；雇主举办员工福利计划的管理负担降低，员工福利待遇有所提高，但也可能遇到经营风险。

经过全世界社会保障改革浪潮，人们就多支柱的社会保障体系达成共识以后，员工福利计划中的养老金计划和健康保健计划日益得到政府的重视，并通过立法将其作为补充性保险计划纳入社会保障体系。例如，美国在1974年颁布了《雇员退休收入保障法》，即对各类雇主养老金计划（401k计划）和个人养老金计划的规范管理。又如，中国在推行社会医疗保险计划时，将高于地方平均工资 4 倍的医疗费用留给雇主医疗保险计划支付，并对举办雇主医疗保险计划的单位给予工资总额 4%的税收优惠政策。

以企业年金为例，保险业历史经验已经证明，购买年金的人群其寿命比没有年金的人群长 10 年左右。美国雇主养老金计划的实践证明，具有年金计划的企业其劳动关系比没有年金计划的企业更和谐，所以，美国企业文化和劳资关系与欧洲不同，工会和集体谈判的覆盖率显然低于欧洲企业。在中国企业年金市场初期，敢于建立企业年金计划和能够有效管理计划的还是劳动关系基础良好和具有协商机制的企业[①]。因此，企业年金计划能否改变企业的生命周期并延长企业的寿命，是个值得研究的问题，需要取得数据、进行实证研究和论证。

当然，员工福利不能等同于社会保障，只有那些依专项法律法规建立，并享有税收优惠政策的员工福利才被纳入社会保障体系的制度安排，有些国家将这类员工福利称为“合格计划”，与此相比较，其余的员工福利计划属于“非合格计划”（不得违法和财务纪律），不需要作为社会保障制度安排来考虑。

以上制度安排结果体现了其抵御社会风险能力的增强和政府主导作用的弹性化。

4. 社会保障制度安排的专业术语

4.1　社会保障制度当事人

社会保障制度当事人在社会保障制度安排中具有不同角色，包括提供者、参保人、受益人和经办者。社会保障提供者（provider）是社会保障制度的发起者、主要供款人和负担保责任的人或组织。参保人（participant）是符合有关资格要求加入某社会保障计划的人或组织，如用工单位和员工。受益人（beneficiary）是根据有关法律和合同规定享有受领社会保障待遇权益的人，他们可以是参保人、非参保人或者参保人供养的人。经办者（agency）是管理特定社会保障计划和向参保人提供服务的机构。

4.2　社会保障税和社会保障费

社会保障税即指国家依法建立的专门为发展社会保障事业筹集资金的税种及其征收与管理的制度安排。社会保障税制包括普通税、专门税和特种税。普通税即国家通过普通税种为社会保障支出筹集资金，再通过公共财政和社会保障预算实现具体目标。专门税即国家依法建立专业为发展社会保障事业筹集资

① 《工会在发展企业年金中的作用——调研报告》，全国总工会保障部和清华大学联合项目，2005

金的税种，命名为社会保障税。特种税即国家依法规定特定纳税人，为完善社会保障事业筹集资金的税种。

社会保障费即指国家依法建立的专门为职业社会保险计划和个人储蓄计划筹集资金的费收制度，包括雇主缴费、雇员缴费以及自雇人缴费等。通常，社会保障费在缴纳企业和个人所得税之前列支。

社会保障税和社会保障费具有不同的目标和功能，前者体现政府责任，是为公共福利计划筹集资金的工具；后者加入雇主责任和个人责任，是为职业福利计划和个人储蓄计划筹集资金的工具。

当前，全球多支柱的社会保障体系呈现出的“国民年金和基本医疗低保化，职业年金和雇主医疗强制化，个人储蓄制度化”的发展趋势，因而，在社会保障改革中社会保障税和社会保障费的功能分别被强化，不能互相替代，也不能互相覆盖。

4.3　社会统筹与个人账户

4.3.1　社会统筹

社会统筹即公共财务收支系统，包括公共收支账户和公共基金。社会统筹通常由政府或公共机构依法筹集资金以建立公共社会保障基金。社会统筹具有多种筹资渠道，包括财政支付、社会保障税、雇主缴费、员工薪酬延期分配和其他，如剥离国有企业资产、发行社会保障债券等。基于社会统筹设计的社会保障计划具有如下特点：

（1）建立共同账户，包括收入户、支出户、资金专户等。

（2）支持公共基金，可以在长期积累、短期积累和无积累之间进行选择。

（3）无积累的统筹账户一旦发生亏空，需要通过提高费率或政府补贴来弥补。

（4）与现收现付计划衔接。

（5）支持待遇确定计划。

（6）社会互济性强，便于照顾老员工的利益。

（7）政府或公共组织运作。

（8）追求规模管理，有道德风险；管理相对简单，无投资风险。

4.3.2　个人账户

个人账户即在个人名下为抵御社会风险而进行储蓄（贡献）的权利记录和财务记录。个人账户的资金来源主要是个人储蓄、雇主缴费，甚至政府补贴，以及投资收益。在IT和网络的支持下，个人账户在社会保障服务系统内可以发挥很多功能，是管理社会工程的重要工具，而不仅仅是银行的储蓄工具。

基于个人账户设计的社会保障计划具有如下特点：

（1）在个人名下，根据各种社会保障计划的需要可以建立分账户。

（2）长期积累，以收定支；如果对养老金支付水平有法定替代率要求，费率则需要经过精算以确保养老金的替代率。

（3）支持完全积累的、社会互济性很小的自保计划。

（4）支持缴费确定计划，待遇与工龄、缴费关联。

（5）市场中介组织管理和运作。

（6）追求安全与回报，有投资风险，管理难度大，挑战性强。

（7）这类制度对人口老龄化有一定的应对作用，对储蓄、中介市场和金融市场具有促进效应。

但是，要实现个人账户的管理功能，需要政府接受和具备两个概念，一个是以人为本（不是以单位为本）的政府，另一个是扁平化的、网络式的公共服务型政府（不是官僚的权力型政府）。

4.3.3　转制问题

转制即社会保障制度模式和运营机制的改变。转制可能引起债务关系的变化和人的身份的变化，前者称转制成本，后者称制度老人、制度中人和制度新人。

转制成本主要指在从现收现付制向完全积累制转变时，原制度下的参与者没有积累（这可能是有精算的显性债务，也可能是没有精算的隐性债务），其待遇支付的资金来源即成为转制过程中需要解决的首要问题。

在一定的社会背景条件下，政府需要考虑某些社会群体的利益或整体利益，对改革的利益相关者进行分析和排列之后，再进行社会保障制度改革的方案修订。转制需要处理的最大问题是利益相关者，谁是利益相关者？他们的得失如何？各利益相关者的均衡点在哪里？转制考虑基于三个要素，即动机、成本和效用。动机即为什么要做，是转制的基本原则；成本即转制债务和投入，以及由此引起的经济负担、政治影响和所需要的持续时间；效用即对转制设计和计划实施情况进行评估，根据所选择的指标分析其积极的促进效应和消极的阻碍作用。

在转制过程中，必然出现制度老人、制度中人和制度新人的现象。制度老人即指在实行新制度之前已经退休的人员，制度中人即指在实行新制度之前已经工作和之后退休的人员，制度新人即指在新制度实行之后参加工作的人员。

4.4　现收现付与积累

4.4.1　现收现付

现收现付即指用参保人的贡献（税或者费）支付受益人的待遇的制度安排。就养老保险而言，参保人和受益人通常不是同代人，现收现付养老金计划即代际赡养计划，其养老金公式为：第 t－1 代人的养老金＝第 t 代人的缴费额。在医疗保险计划中，参保人和受益人通常是同代人。

基于现收现付概念设计的社会保障计划具有如下特点：

（1）需要建立在代际之间进行利益分配的共同账户。

（2）无需长期积累，以支定收，费率可以及时调整。

（3）支持社会统筹计划，社会互济性强，便于照顾老员工和低收入群体。

（4）支持待遇确定计划，待遇与工龄、缴费不关联。

（5）通常由公共组织管理和运营。

（6）追求规模管理，有道德风险，管理相对简单，无投资风险。

（7）对人口统计和经济波动十分敏感，赡养比在 5∶1 以下比较合适。

（8）对储蓄、中介市场和金融市场（特别是资本市场）具有挤出效应。

4.4.2　预先积累

积累即预先进行的风险储蓄和投资经营性积累的制度安排。风险投资性储蓄需要建立专门账户，做到专款专用。积累的养老金计划为自我保障计划，其养老金公式为：养老金＝养老保险费（税）＋利息（资本＋收益）。基于积累概念设计的社会保障计划具有如下特点：

（1）可以建立共同账户进行积累，也可以建立个人账户进行积累。

（2）需要通过投资来达到保值增值的目的，追求基金的安全性和回报性，风险性强，需要专业化管理。

（3）对储蓄、公司治理、中介市场、金融市场，特别是资本市场具有极大的促进作用。

（4）在实现安全管理目标的条件下可以应对人口变化。

（5）对经济波动引起的利率变化十分敏感。在知识经济时期，养老金积累程度已经成为评价一个国家金融竞争力的因素之一。

4.5　待遇确定与缴费确定

4.5.1　待遇确定

待遇确定即预先规定参保人将来受益水平的制度安排。基于待遇确定原则的社会保障制度安排具有如下特点：

（1）需要预先规定并公开待遇支付原则和建立相应的计算公式。

（2）待遇水平与工龄、缴费年限、通货膨胀率等因素关联，与个人贡献可能不关联。

（3）通常与社会统筹和现收现付概念一同使用。

4.5.2　缴费确定

缴费确定即根据参保人积累总额决定受益人福利水平的制度安排。基于缴费确定概念设计的社会保障计划具有如下特点：

（1）在具有强制性待遇支付替代率的情况下，费率需要经过精算；精算需要考虑工资水平、物价指数、费率和市场平均投资回报率等因素。

（2）通常与个人账户和自保责任的计划一同使用。

4.5.3　两者的混合选择

待遇确定和缴费确定在起初是养老金计划的类型，事过多年已经具有时代特征，代表养老金计划的历史阶段。

待遇确定与缴费确定可以从不同角度满足社会保障提供者的动机和参与者的利益，如果具备混合型的动机和条件，则可以取两者的优点对社会保障制度进行混合型计划设计和制度安排。例如，在已知参保人积累速度和投资收益率的基础上，预测将来最低待遇水平。

4.6　受益资格与福利水平

4.6.1　受益资格

受益资格即受益人获得社会保障待遇的法定或约定条件。参保人、受益人和受益资格在以下方面影响社会保障计划的设计和实施：

（1）影响社会保障计划的覆盖范围。

（2）决定申请获得福利待遇的人是否可以获得批准。

（3）决定其待遇支付水平和领取期限，以及其亲属的待遇。

（4）间接决定计划的经济成本和社会效用。

适用于各类风险保障计划的受益人资格包括年龄、参保期限、缴费记录、居住期限、亲属关系等。针对不同风险设计的计划对受益资格的规定不同，如养老金计划中的退休年龄规定，失业保险计划中的就业状况规定，城市最低生活保障计划中的经济状况规定。

4.6.2　待遇水平

待遇水平即社会保障待遇对风险发生前收入的替代程度。待遇水平在以下方面影响社会保障制度安排和实施效果：

（1）影响社会保障计划的保障力度。

（2）体现待遇支付数额、领取期限和方式。

（3）直接决定计划的成本和效用。

4.6.3　替代效用

衡量社会保障待遇水平的技术方法是评估其替代效用。在不同的风险保障计划中替代率的计算方法和表现形式均不同（见表1—2）。

表 1—2　社会保障待遇替代效用在不同风险保障计划中的表现形式

	风险前	福利待遇	表现形式
养老	薪酬	养老金	替代率
医疗	薪酬/其他劳动收入	医疗费用报销	分担比例
失业	薪酬	救济金	替代率
职业伤害	薪酬	保留原待遇/抚恤金	替代率
住房	总付款	公积金	分担比例
最低生活	平均收入	救济金	比较比例

4.7　费基、费率和税收

4.7.1　费基

费基是指计算税（费）率的基础，即缴税（费）收入。通常为：

（1）地方平均工资、单位工资总额或个人工资。

（2）个人终生平均工资、某阶段平均工资。

（3）基本工资、全部工资、全部收入。

（4）税前毛收入或税后净收入。

费基与信用体系、工资制度、税收制度等多种社会因素相关联，形成缴费收入的概念，即根据费率计算缴费额的基础。费基与费率呈反向运行，在费基大的情况下费率可以偏低。

4.7.2　费率

费率即缴费与应税（费）收入之比。例如，中国现行基本养老保险费率公式为：企业工资总额 20%＋个人工资 8%＝总费率 28%。在费基给定的情况下，费率影响单位劳动成本和职工参保积极性，决定计划当期收入和支付能力。

4.7.3　税收

税收政策是设计社会保障计划的重要因素。税收是调节国家、单位和个人筹集资金责任的工具，包括纳税、免税、减税和延税，形成调节作用和激励作用。

基于社会保障资金筹集、基金管理和待遇支付三个环节构成税收公式。征税以 T 表示，免税以 E 表示，特定社会保障计划的税收公式可能是 TTT 或者 EEE，只有在很特殊的情况下才可能运用这类税收公式，通常在 EET、ETT 和 TTE 等公式之间进行选择。EET 是延税政策，即在筹集资金和管理基金阶段免税，待领取养老金时纳税。

4.8　多支柱的社会保障体系

多支柱社会保障体系即有国家基本保障、企业补充保障和个人储蓄保障等多样化制度安排组成的社会保障体系，这是20世纪80年代以来全球社会保障大讨论和改革的共识。总结20世纪80年代以前社会保障的经验和教训，人们发现各类单一保障制度均具有不同的优点和固有的问题。世界银行专家提出：将再分配和储蓄两个原则建立在国家、企业和个人的不同制度安排当中。以养老保障制度为例，第一支柱为公共管理、税收筹资、社会统筹、现收现付、确定给付的基本养老保险制度；第二支柱为私人管理，完全积累、个人账户、确定缴费的补充养老保障制度；第三支柱由那些需要更多养老金的人通过自愿储蓄来建立，以实现自我养老保障，上述即为多支柱养老保障模式的思路（见图1—4）。

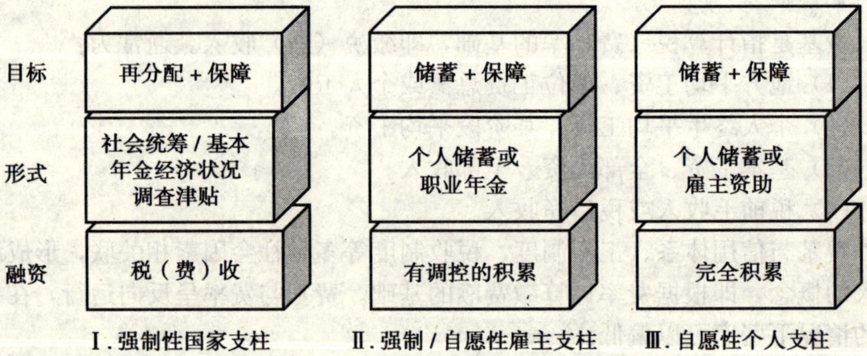

图1—4　多支柱社会保障体系的结构

第一支柱提供最低养老保障，即通过再分配功能提供与通货膨胀挂钩的基本生活保障，可以是普遍最低年金或与就业关联的年金。依靠在传统的现收现付国家年金模式基础上建立最低保障支柱，应当保持较低的税率和替代率，给国家财政和其他支柱留有发展余地。第二支柱提供必要的补充养老金，即将精算津贴与成本相联系，发挥储蓄功能优势。无论个人储蓄还是职业年金都需要在严格的监督监管体系内运作。第三支柱提供额外保障，即让那些需要更多养老金且有储蓄能力的人，积累更充足的养老金。三个支柱各司其职、互相补充、协调发展。

如今，还需要重新审视家庭和社区服务的保障功能，并将其纳入第四、第五支柱来考虑。

5. 社会保障体系

社会保障体系是一个保障公民基本生活的安全网和长效性制度安排。服务型政府改革进入绩效管理阶段以后其构建社会保障体系的能力必然得以强化，可以预见，服务型政府改革和社会保障体系的不断完善是伴生现象。

5.1　社会保障体系的一般描述

知识经济时代对社会保障的需求与20世纪不同，人员的广泛流动和新贫困群体的出现，不仅需要单个的风险保障项目和针对某个群体的风险保障计划，更需要由多项相对独立和互相依存的计划组合而成的综合的，可以提供“一票征收”和“一站式”社会保障卡加个人账户式服务的社会保障体系，即是一项系统的社会工程（见图1—5）。只有这样一个社会工程才能以最低成本支持高效运行的社会安全系统，以满足国家、组织、家庭和个人对社会保障的需求。

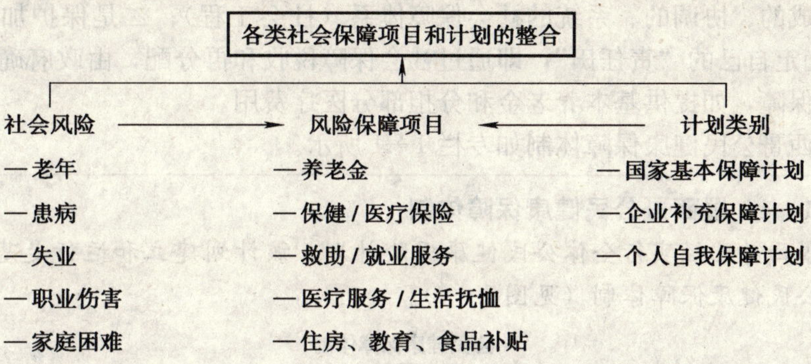

图1—5　社会保障系统工程

5.2　社会保障体系的发展阶段

社会保障体系由风险保障项目和风险保障计划组合而成。社会保障制度建设主要经历了三个历史阶段，即风险保障项目阶段、风险保障计划阶段和风险保障计划整合阶段。

5.2.1　风险保障项目

在风险保障项目阶段（1601—1883年），政府出于维护社会安全和维持统治秩序的需要，针对某个群体的某项风险提供临时救助的风险保障项目。例如，1601年英国伊丽莎白一世颁布了《济贫法》，对圈地运动带来的贫民实施救济。在中国历史上，老子“天之道，其犹张弓欤，高者抑之，下者举之，有余者损之，不足者补之；天之道，损有余而补不足”的思想为多代王朝所接受，为维护封建统治实施一些济贫项目。

5.2.2　风险保障计划

在风险保障计划阶段（1883年以后），政府开始拟订和实施长期运行的基本保障计划。例如，1881年11月17日，在俾斯麦的建议下，德国皇帝威廉一世颁布实施了《建立社会保险体系的皇帝诏书》，1883年颁布实施了《疾病保险法》，1884年颁布实施了《工伤保险法》，1889年颁布实施了《养老·残疾·死亡保险法》，1911年上述三项法规被汇总为《国家保险条例》。政府开始发放孤寡抚恤金，伤残与老年保险的范围逐渐扩大到全体职员。以后，世界各国陆续实施了一系列风险保障计划，最低生活救助成为最普遍的基本保障计划。

5.2.3　风险保障项目和计划的整合——社会保障系统工程

在风险保障计划整合阶段（20世纪中期至21世纪初期），各项风险保障项目和针对不同群体设计的风险保障计划被合理整合而形成科学的社会保障体系。政府有两重角色，一是建设安全网，即开发社会资本，整合由多层次计划组合而成的、协调的、系统的社会保障体系（社会工程）；二是保护加固"地基"，确定自己的"责任田"，即通过社会保障税收和再分配，由政府确保支付的基本保障，如提供基本养老金和分担部分医疗费用。

墨西哥公民健康保障体制如专栏1—1所示。

专栏1—1　墨西哥公民健康保障体制

墨西哥已经实行全体公民健康保险计划，该计划建立和运行是基于综合的公民健康保障体制（见图1—6）。

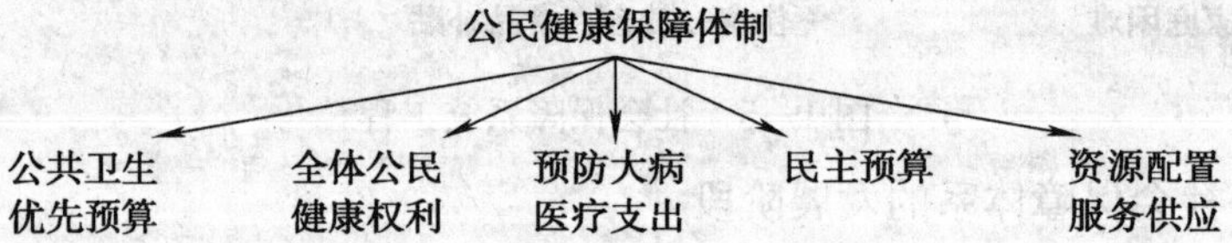

图1—6　墨西哥公民健康保障体制

如今，无论各国社会保障体系建设处于什么阶段，都需要朝着建立多支柱的、系统的社会保障体系的方向发展。社会保障体系建设发生在以下三个层次上：

• 设定需要提供保障的风险项目（同商业保险的目的不同）和人群，包括风险预测、覆盖群体、风险补偿成本等环节。

• 根据风险保障项目设计保障计划，包括资金来源、覆盖对象、账户系统、基金管理、经办机构、受益资格、支付水平等环节；这里包括国家基本保障计划、企业补充保障计划（可能通过保险合同或互助基金运作）和个人自保计划。

• 协调不同的社会保障计划，使之形成结构合理、运行有效的社会安全体系；需要协调的内容主要包括国家、雇主和个人的责任，税收政策和总福利待遇，打造社会化服务系统，提高社会保障经办机构能力建设等，这是一项最具有挑战性的工作。

在20世纪，发达国家均已经建立了覆盖全部社会风险和绝大部分公民的，以国家社会保障计划为主，以雇主计划和个人计划为辅的社会保障体系。如今，他们针对正在出现的社会老龄化问题和“懒人”问题正在调整这个体系，并称其为积极福利政策改革，即在国家责任、雇主责任和个人责任之间，在政府功能和市场功能之间进行新的设计（见专栏1—2）。

专栏1—2　英国工党的积极福利政策选择

在布莱尔领导的工党执政后，于1998年4月公布了题为《我们国家的新动力：新的社会契约》的绿皮书，勾画了2020年英国福利国家制度的发展蓝图和新福利制度的8项原则：

1. 围绕“工作观念”重塑福利国家。
2. 公私福利合作。
3. 提供高质量的教育、保健和住房公共服务。
4. 扶助残疾人。
5. 减少儿童贫困。
6. 帮助极度贫困者。
7. 消除社会保险中的欺诈行为。
8. 将政府工作重心从发放福利津贴转向提供良好的公共服务，使现代福利制度灵活、高效、便民。

5.3　社会保障体系建设的评估指标

社会保障是创造和谐社会的安全网，制度自身的安排和运行需要具有安全性和有效性，建立评估制度的意义在于对其公平性和持续性进行评估。

5.3.1　社会保障制度公平性评估

社会保障制度公平性评估关注风险项目覆盖率、计划覆盖人口比例和待遇的替代水平。《社会保障最低标准公约》的第三个贡献规定了一个国家的社会保障公平性评价指标体系（见图1—7），即风险覆盖率、人口覆盖率和保障力度。

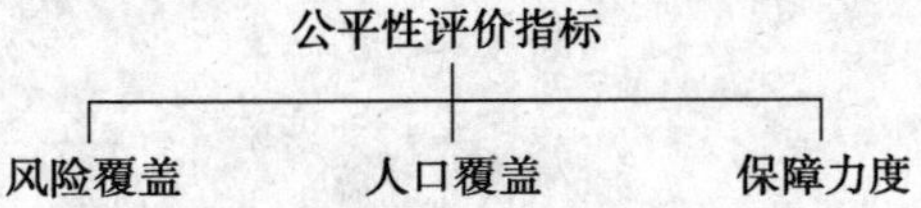

图1—7　社会保障公平性评价指标体系

社会保障体系对社会风险的覆盖率，即针对上述六项社会风险建立健全社会保障计划和体系的情况；每一个风险保障计划的保障对象，即大保障对象或小保障对象。例如，仅覆盖参保人的养老保险计划为小养老保障，可以覆盖参保人家庭成员和病残风险的为大养老保障。

社会保障计划对人口的覆盖率，即以国家总人口为基数，计算和衡量每一个风险保障计划对人口的覆盖范围，如总人口的20%～45%，经济活动人口的55%～75%。

社会保障待遇的保障力度，即社会保障待遇对发生风险以前收入的替代水平。《公约》规定，养老金和失业救助的收入与工作收入的替代率约为45%，后来提高到55%。

5.3.2　社会保障制度持续性评估

社会保障制度持续性评估主要基于制度安排的三个环节（见图1—8）考察其负债情况，关注社会保障计划资金筹集的持续性和充足性、基金管理的安全性和收益性、待遇支付的及时性和确定性，评估一个国家社会保障制度安排可否做到收支平衡且可持续发展。

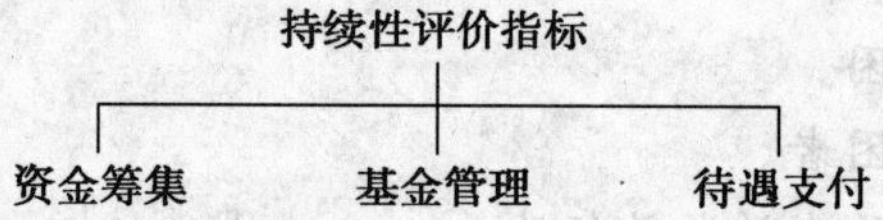

图1—8　社会保障持续性评价指标体系

资金筹集即资金来源可靠、及时，供款方具有承受能力。基金管理即管理机构具有诚信和经营能力，社会保障基金运作具有安全性、收益性。待遇支付即按时、按量向受益人支付相应待遇，如养老金、医疗费用等。三个环节互相依赖，互相制约，在一定期限内（短期或长期）应当处于收支平衡的状态。

第二章　国家与公民的社会保障关系

公民对国家的第一需要即提供基本生活保障，这是社会学定理；国家合理存在的前提条件即向公民提供基本生活保障，这是政治学定理；社会学外延无边，政治学内涵无底，两个定理构成国家与公民的社会保障关系，国家权力来自公民的权利让渡，由此形成国家义务；国家义务通过执政党的纲领和政府的规划得以实现，人们对社会保障问题的研究应当从这里开始。

1. 国家起源与公民安全

国家合理存在的前提条件与公民基本生活安全具有天然的和人为的联系，本章的思考即从这里开始。

1.1　群居、围墙与权威

群居是民族的起源。在自然界中，只雁难行，群雁可以与雄鹰并存。从猿到人，也经历了群居的过程。群居使弱小者强大起来，对比他们强悍的动物产生了威慑力，克服了弱小者的生存风险，为自己争得安全和生存条件。人类历史源于猿类群居，如山顶洞人，基于群居的猿类产生了人类的原始部落和现代民族。但是，人类社会的形成仅有群居是不够的，人类祖先为了生存还学会了筑围墙和服从权威。

筑围墙是地域组织的起源。围墙是民族的地域疆界，如同万里长城是中华民族的骄傲和标志。从学会筑围墙到形成地域组织的概念和制度，以及如今维护各民族疆界的政治、军事、外交等方面的制度安排，记录了人类的进步和发展。

服从权威是公共权力的起源。群雁高飞头雁领，权威进一步强化了民族。从首领到家长、族长、社长，伴随大家庭的发展和不断扩大的社区，统领氏族的权威不断形成，统治力不断加强。当人类进化到通过筑围墙而形成地域组织和服从权威的时期，氏族社会便取代了原始部落。

1.2　国家起源及存在条件

恩格斯晚年撰写的《家庭、私有制和国家的起源》一书至今已有 120 多年。每次重读这篇名著都会有一些新的体会和认识。古希腊这种国家形式在恩格斯的《家庭、私有制和国家的起源》中被提到，即“在氏族制度的废墟上”

产生了“公共权力”与“地域组织”，即早期国家（虽然中国历史有些特殊）。以后，古代社会逐渐代替了氏族社会组织，国家经历了集权时代、文明时代，继而进入现代。

简而言之，国家是在人的群居、筑围墙和服从权威中产生的。然而，从猿到人选择群居、筑围墙和服从权威（对自由的放弃）的本意在于追求生存的安全环境。国家起源决定国家合理存在的前提条件即向国民提供安全，即保障国民基本生活的社会保障安全网。如今，国民基本生活安全性的内容不断延伸和进步，包括国防安全、外交安全、健康安全、就业安全、经济安全等。

21世纪开始不久，美国进攻了伊拉克，在战乱中的伊拉克已经不能给人民以安全，其存在的合理性被战争摧残。世人都在关注伊拉克国民一次又一次的背井离乡，乃至离开伊拉克，人们充满了对伊拉克难民的同情；因为背弃一个不能提供安全的国家实在是国民不得已的选择。

一个不能保障其人民基本生活安全的国家，其存在的合理性将受到置疑。但是，在合理性与不合理性之间具有从量变到质变的过程，国家可能处于部分不合理状态，执政党和人民会通过种种方式批评国家的不合理性。例如，2006年《中共中央关于构建社会主义和谐社会若干重大问题的决定》，一方面指出：“目前，存在不少影响社会和谐的矛盾和问题，主要是：城乡、区域、经济社会发展很不平衡，人口资源环境压力加大；就业、社会保障、收入分配、教育、医疗、住房、安全生产、社会治安等方面关系群众切身利益的问题比较突出。”另一方面，就纠正上述不合理现象和构建和谐社会作出了一系列制度安排。这说明，中国共产党在尝试纠正国家不合理性和强化国家合理性的经验。

1.3　公民的安全性

自然人寻求国家是为了安全。公民与自然人相比较具有一定的安全性。因为，公民是具有特定国籍的人，即享有国家宪法规定的权利和履行相应义务的人。公民可以在国家的保护下实现其基本生活的安全，即公民安全。但是，国家一定能够保护其公民吗？如果公民的基本生活缺乏安全保障，国家还安全吗？历史事实证明公民安全具有威胁和风险。

1.3.1　人的生存权

在人类进入现代社会以前，经过了古代社会、奴隶社会、封建社会和资本主义早期社会。国家在这几类社会中均扮演基于统治者利益维护国家安全和忽略百姓安全的角色。当暴君掌握国家权力时，为了少数人的利益而忽略多数人的利益，他们使用愚弄和暴力手段来对付国民，甚至全然忘记本国国民安全和肆意践踏别国国民安全；即使在和平时期，国民的基本生活也濒于安全线的边缘，遇到天灾人祸即家破人亡。

生存权是人权革命的产物，是维持人的生存的基本权利。生存权是基于人类的生存本能而产生，是一种自然权利，它随着人的出生而产生，直至人的死亡而自然消失，具有天赋性和不可转让性。人的生存权不可避免地要面对生育、年老、疾病、伤残和失业的风险，人们称这类人人面对的风险为社会风险。当人们遇到上述风险时，即暂时或者永久地丧失劳动能力，它们的生存必然受到威胁。

17世纪末期，人们对生存权的良知，随着反对封建专制，建立民主政治的斗争，由朦胧状态开始逐渐转向自觉状态。1689年，英国议会颁布的《权利法案》中提出了自然权利的主张，其中包括生存权的内容，如人民有向国王请愿的权利；废除酷刑和定罪前不得科以罚金等。1789年，法国《人权宣言》规定了，天赋人权、人人生而自由、权利平等和产权不可侵犯等原则。1889年，美国国会修正1787年宪法《人权法案》时，规定了人民享有生命、自由、财产、信仰、结社、言论和向政府请愿的权利。此时，生存权已经是一个具有法律意义和抽象内容的概念了，是资产阶级反对封建专制，要求人权革命的敲门砖。然而，资产阶级革命所带来的生存权是基于自由经济和私有财产的基础上提出来的。对生存权的保障局限于个人责任，国家只负有救助无劳动能力人们的责任。当垄断资本和贫富差距，给资产阶级社会和国家带来威胁时，人们开始考虑生存权的经济保障和法律保障问题。将具有法律意义和抽象内容的生存权概念，向具有法律保障和实际内容的生存权保障制度延伸。

1.3.2　公民保障权

保障权产生于宪法时代。宪法是人类回归民主的历史转折点。人类历史在沿着螺旋上升的规律发展，经历了从离开民主（原始社会的民主）到回归民主（现代社会的民主）的发展过程，但回到原点的民主其内涵和外延都发生了变化。宪法的回归民主的主要价值在于建立了公民制度和分权制度。

公民是宪法概念。宪法规范了国家和国民的法律关系，国家应当具有保障其国民基本生活的功能和责任，即公民权利；国民对国家履行劳动和忠诚的义务，即公民义务。

公民的安全保障权即公民为实现生存权从国家获得物质帮助和法律帮助的权利。1919年，德国魏玛《德意志共和国宪法》第二章是“公民的基本权利和义务”。该宪法第161条规定：“为了维持健康和劳动能力，提供生育保护，防备老年、衰弱和生活的突变，国家在受益人的协助下，建立各种领域的社会保险制度。”“国家给予全体劳动者就业和获得生活来源的机会，当公民丧失这种机会时，由国家建立法律制度，给予必要的生活保障。”魏玛宪法具有划时代的意义：首先，它确立了“国家具有提供社会保障的义务”的原则；其次，使生存权的概念有了实际内容，人们开始为有价值和有尊严的生存而奋斗；最后，生存权与保障权结合，使生存权得到经济和法律的保障。

第二次世界大战以后，生存权在世界范围内得到广泛的重视。生存权作为法定权利被写进各种重要的国际文献和宪法。1945 年《联合国宪章》（Charter of the United Nations）强调生存权是基本人权。1948 年，《世界人权宣言》（Universal Declaration of Human Rights）明确规定：所有公民作为社会成员之一，都享有社会保障权。1946 年，法国规定了公民的就业权、受教育权和无劳动能力条件下获得社会救济权。同年，日本宪法规定公民享有健康和文化最低保障的权利。1954 年，新中国第一部宪法即确定社会保障是公民的基本权利。

在上述宪法性文献中，公民生存权学说已经形成；同时，生存权是支持国家保障原则在宪法学研究和立法实践中得以发展的基本理念。越来越多的国家在宪法中，逐渐明确地赋予公民在暂时或者永久丧失劳动能力时获得国家物质帮助的权利；明确国家建立社会保障制度、提供物质帮助的义务和责任。中国宪法第 45 条规定："中华人民共和国公民在年老、疾病或者丧失劳动力的情况下，有从国家和社会获得物质帮助的权利。国家发展为公民享受这些权利所需要的社会保险、社会救济和医疗卫生事业。国家和社会保障残疾军人的生活，抚恤烈士家属，优待军人家属。国家和社会帮助安排盲、聋、哑和其他有残疾的公民的劳动、生活和教育。"

2. 公民安全与社会保障的公共品特征

公民需要国家保护，国家由公民构成，国家是公民的国家，公民安全即国家安全。社会风险即公民个人无法抵御的风险，由此产生公民安全需求。公民安全需求的推论决定社会保障的公共品特征，国家安全的推论决定社会保障的政治属性。

但是，仅有公众需求尚无法形成公共品。公共品的形成还取决于执政党的共识和政府的提供能力。历史事实证明，奴隶社会和封建社会形态下的国家不能为其国民提供安全保障，反之在剥夺人民的福利。因此，反封建的自由意志论者休谟（Hume）、亚当·斯密（Adam Smith）、边沁（Bentham）等思想家主张自然权利和保护私有财产，否定国家分配的意义，认为国家干预只能减少福利。直到 20 世纪初期，新自由主义者才开始研究"物品有效生产和公平分配的福利效应"，逐渐承认国家的再分配功能及其积极意义。当封建文化的禁锢被破坏以后，开放的学术营造了民主的政治氛围，民主社会主义思潮出现。他们认为资源可以为集体使用，政府行为可以创造平等，甚至认为私人经济和国家干预可以混合在一起[1]。此时，国家对公民的保障功能和责任越来越突出了。

基于共性寓于个性的哲学原理，国家安全寓于公民的安居乐业。国家是保护其公民的政治组织、经济组织和社会组织，提供社会保障公共品和建立社会安全网是国家的基本职能，保障公民基本生活的安全性是国家合理存在的前提条件。

至今，人们的基本生活保障模式经历了以下三个历史阶段：家庭保障阶段即社会保障公共品缺位时期，国家保护公民的能力很弱，政府责任不清；国家保障阶段即社会保障公共品被生产，甚至出现过度提供的现象，国家保护公民的能力被强化，政府责任重大；多元社会保障体系阶段即社会保障被以纯公共、半公共品和非公共品的方式提供，国家保护公民的方式在进化，政府的责任不仅在于提供社会保障公共品，更在于打造该公共品的提供机制。

2.1　家庭保障

家庭保障非社会保障，但家庭的基本功能决定其是建立社会保障体系的基础和补充，无论社会怎样变化都不能忽略家庭保障的功能。

这里的家庭即社会学意义的三代（甚至四代或五代）同堂的大家庭，因为其具有生产、分配和储蓄功能，因而可以为其成员基本生活提供安全保障。然而，家庭保障的能力非常有限。首先，只有在国家具有安全性的条件下家庭才能为其成员提供基本生活的安全保障，一旦发生内部战争和外部侵略，家庭保障能力就非常薄弱；其次，只有在风调雨顺的条件下，家庭才具有保障其成员基本生活的能力，一旦遇到天灾人祸，家庭保障能力也十分薄弱。总之，家庭在国家安全的条件下可以产生保障其成员基本生活的能力。

在家庭保障阶段，大家庭为其成员基本生活提供直接保障，国家则处于间接保障或保障缺位的状态。封建统治者在维持其统治权力时，也会在一定程度上考虑社会生产和臣民安全，为此做一些有利于百姓生活的事情，如 1661 年英国统治者颁布的《济贫法》。但是，封建统治者的扶贫行为被看做体恤臣民，不是人民的权利，更不是统治者的义务。因此，这种间接的保障功能常常伴随国家动乱而消失。

伴随商品交换和市场经济的发展，这类大家庭逐步解体，家庭规模日益变小，其分配和储蓄功能逐渐越来越弱，其保障功能也每况愈下；这不仅威胁个人或家庭的安全，也危及国家的安全。

2.2　国家保障

公民安全来自国家保障，具有福利保障功能的国家主要指资产阶级革命成

---

① 尼古拉斯·巴尔．福利国家经济学．郑秉文等译．北京：中国劳动社会保障出版社，2003.57

功以后的国家。

“圈地运动”以后，1601年伊丽莎白一世颁布了《济贫法》。人们开始讨论“给穷人面包”和“送偷面包者去监狱”的问题，福利经济学和社会民主论陆续出现。伴随资产阶级革命的胜利，人类开始进入宪政时代，建立了国家与公民之间的关系。1920年，庇古的《福利经济学》一书在英国出版是福利经济学产生的标志。他承袭马歇尔（Marshall）的福利观点，受“消费者剩余”“生产者剩余”等新观念启发，提出“公民受益”概念，并假定社会福利特征为：

(1) 国民收入总量越大福利越大。

(2) 收入分配越平均福利越大。此后，“公民受益权”思想逐渐被写进各国宪法。

西方学者 T. H. Marshall 精辟地比较和概括了社会保障法的功能和地位：“民事权利创立于18世纪，它导入了个体自由和财产权利；政治权利创立于19世纪，它授权于公民参与政治和国家权力；社会保障权利创立于20世纪，它使全体公民有权利分享社会财富。”[①] 因此，继1804年法国民法典（近代法制发展的里程碑）之后，社会保障法被称为现代法制建设的里程碑，因为它创造了社会权利，使每个公民平等地分享社会财富，面对社会风险得到国家和社会的保护。

劳动法和社会保障法从公法和私法体系中逐渐独立出来，创立了法制发展的里程碑，公民开始分享社会进步成果，公民享有基本生活的安全保障权利，国家需要承担相应的义务，即国家保障。

第二次世界大战以后，英国政府首先宣布自己创建了福利国家，并开始推行从摇篮（出生补贴）到坟墓（丧葬费）的一揽子福利计划。随后，诸多资产阶级统治者认可福利的政治功能和社会功能，福利国家逐渐地风靡欧洲世界。

在福利国家模式下，政府承担了公民基本生活安全保障的资金筹集、基金管理和待遇支付的全部责任，这被称为正宗的社会保障制度。这种福利国家模式在第二次世界大战后为很多工业国家带来社会和平。为此，社会民主主义者认为，这种发生在再分配领域的社会保障促进了社会公平，改变了资本和劳工的关系，将国家从一味追求剩余价值的低级资本主义泥塘中解救出来，避免了马克思对其必然灭亡的断言所揭示的命运。

然而，伴随人口老龄化和各类经济与政治原因，社会保障成本和负担越来

① 艾赝. 民主社会主义和劳动法. 工业法律季刊，1995.24

越重，国家的支付能力有限，国家包办社会保障的制度模式受到怀疑，建立多支柱保障体系的思想出现，人们的基本生活保障开始进入多元化发展阶段。

2.3 多支柱社会保障体系

社会保障是国家抵御社会风险的制度安排。社会保障体系由不同社会保障项目和社会保障计划整合而成的系统性社会工程，保障公民基本生活的安全网。首先，体现国家、企业和个人责任的整合，例如，就养老保障可以分别构建政府养老金计划、企业养老金计划和个人养老金计划，但三个计划可以服务一个替代率目标，如让辛勤工作一生的人的养老金达到个人指数化平均工资的60%～80%，这是可能的，单一计划不可能实现如此高的替代率。其次，管理系统和服务流程的整合，将不同项目和计划进入“一站式”服务流程，建立在个人名下分立账户，信息共享的管理系统。

3. 国家和公民的社会保障关系

社会保障是社会安全网的主要支柱，在国家里如何安排公民、政党和政府在构建社会保障体系过程中的角色和责任呢？本书就此问题提出如下判断：

第一，公民和家庭是抵制生活风险的第一主体。

第二，保障公民基本生活安全是国家合理存在的前提条件。

第三，为公民安居乐业服务是成为执政党的前提条件。

基于上述政治判断，国家则通过宪法代表公民利益对政府承担社会保障责任进行授权；改善公民生活是政党公开宣言的主台词，执政党委任政府的基本内容是让公民安居乐业；因此，政府的第一责任是构建社会保障安全体系。国家的社会保障思想和行动纲领则通过宪法和宪法执行文件体现出来。

3.1 公民和家庭是抵制生活风险的第一主体

公民即具有一个国家国籍，享有该国宪法和法律规定的权利和义务的人，其基本生活应当得到其国家的保护。

自然经济和个体经济历史悠久。家庭是人们的生活单位，也可能是生产单位，即社会的细胞。个人（公民）和家庭应当是抵制生活风险的第一主体。艾哈德认为：“福利为所有人，……社会安全首先从个人勤奋劳动做起，……当个人能力不足时国家和社会才有义务介入。”① 首先，可以抵制个人生活风险的公民是具有劳动能力和具有理智的公民，他们可以通过劳动获得经济来源，他们中的一部分人是理智的，可以预料未来生活中的风险，并具有一定的风险储蓄能力；其次，具有风险保障功能的家庭是三代和四代同堂的社会学意义上的大家庭，这类家庭具有生产能力、分配能力和储蓄能力。

① 周建明主编. 社会政策：欧洲的启示与对中国的挑战. 上海社会科学院出版社，2005.72

3.2 社会风险和公民能力弱化

伴随生产力的发展逐渐形成日益细化的社会分工和工业大都市，乃至全球化的经济竞争，个人和家庭的自我保障能力日益下降；随着市场经济和信息时代的出现和发展，社会风险日益加大，如人口老龄化和居高不下的失业率；因此，个人对国家和社会的依赖性不断上升，社会共性凸起。人类社会经历了如下由个性状态到共性凸显的过程。

自然个性时代　　　　　　社会风险显现时代　　　　　　共性凸显时代

个体全能　——→个体能力弱化（权利让渡以求生存）——→国家能力加强

在这个历史阶段，由于行为能力不足个人开始向国家和社会组织让渡权利，这种出让可能是有期限的，如同意企业代扣工资缴纳养老保险费，由政府或法定受托人代为管理，作为延期支付待退休后再追索回来。权利让渡应当发生在那些个人和家庭能力所不及的领域，这与社会风险的发生领域出现重合。

然而，个人不需要也不可能将全部权利让渡出来。凡是个人和家庭能力所及的事情，仍然由个人和家庭乃至社区来处置。例如，《中华人民共和国行政许可法》第13条规定：“本法第12条所列事项，通过下列方式能够予以规范的，可以不设行政许可：（一）公民、法人或者其他组织能够自主决定的……”这就是说，公民基于自我保障能力不足而部分的和有期限地让渡了他们的权利给国家。公民还具有努力工作、进行风险保障储蓄的能力和义务，不能将抵御基本生活风险的责任全部推给国家。

国家在共性凸显时代格外强大起来，包括社会保障在内的公共服务和政府支出不断增加。那么，国家如何对待公民自我保护能力不足和权利让渡呢？作者认为，国家在任何时候都不能改变其向公民提供基本生活安全保障的角色，公民的基本生活保障权在任何时候也不会丧失，这里仅存在一个能力问题，即公民行为能力和国家职责能力的问题。在公民行为能力弱化时，国家的社会保障能力有待加强，以帮助无能公民在遇到社会风险时渡过难关和支持公民进行能力建设，但没有理由说国家要包办一切。

3.3 国家的社会保障功能

无论国家采取直接提供（支付补贴）或者间接提供（促进劳动）的方式，保障公民基本生活安全都是国家合理存在的前提条件之一，如果国家忽略这个职能其存在的合理性将受到置疑。国家社会保障功能的具体表现如下：

• 建立再分配机制，保障公民基本生活。国家可以通过建立社会保障税和再分配制度向低收入和无稳定收入的人提供最低救助，可以克服贫困，维护社会公平和稳定。同时，社会保障也是人权保障，已经成为国际公约和多数国家法律明确规定的公民的一项基本权利。

• 调节社会总需求，促进经济发展。首先，社会保障可以调节社会总需求，平抑经济波动。当经济衰退而失业率提高、人民生活水平下降时，失业保险和社会救济有助于提高社会购买力，拉动有效需求，促进经济复苏；当经济高涨而失业率下降时，社会保障支出相应缩减，从而使社会总需求不至于过度膨胀。而且政府可以通过调整社会保障税（费）率和待遇支付标准，主动调节社会总需求，减少经济波动。其次，社会保障基金的长期积累和投资运营有助于完善资本市场。第三，社会保障向没有生活来源者、失去工资收入者提供收入，使其能维持基本生活，繁衍后代，并维持他们应有的文化、技术素质，保证劳动力再生产和社会基本购买力，以保护劳动力的扩大再生产和市场需要。此外，统一、规范、完善的社会保障体系必然有利于形成统一的劳动力市场，促进劳动力资源的合理流动与有效配置。

• 增进国民福利，改善人民生活。随着时代的发展和社会的进步，社会保障的内容在不断扩充，从社会救济、社会保险逐渐发展到社会福利。现代社会保障不仅承担着“救贫”和“防贫”的责任，而且还要为全体社会成员提供更广泛的津贴、基础设施和公共服务，从而使人们尽可能充分地享受经济和社会发展成果，不断提高物质和精神生活水平。

3.3.1　国家社会保障功能通过宪法加以规范

（1）宪法中的社会保障原则

从以下部分国家宪法的相关条款中可以读到这样一些关键词，从人民主权到公民权利，从社会福利到社会保障（甚至国家保障），从公共问题到政府责任，伴随宪政发展的历史进程，国家和公民的关系，以及政党和政府的社会保障责任被逐渐梳理和确立。

法国《共和国元年宪法》第 21 条规定：“公共救助是神圣的义务。社会对于不幸的公民负有维持其生活之责，或者供给他们工作，或者对不能劳动的人供给生活资料。”第 23 条规定：“社会福利是全体人民的个人受益权利，此种福利是以人民主权为基础的。”法国《第四共和宪法》肯定了 1789 年《人权宣言》所提出的公民权利和自由原则：“国家对所有人——尤其是儿童、母亲和老年工人——保证健康保护、物质安全、休息和闲暇；如果因为年龄、身体或精神状态或经济状况而不能工作，他们中的任何人都有权从社会或单位获得体面生存的手段。”

1919 年，德国《魏玛宪法》第 7 条规定：“联邦对于下列各项事务有立法权：（4）救贫制度及移民救助。（7）人口政策，孕妇、婴儿及青年保护。”第 161 条规定：“为保障公民健康及工作能力，保护产妇及预防因老、病致贫，联邦应建立社会保险制度，并做到使有资格参加和受益的人都知晓。”现行德国《宪法》关于基本国体的规定在第 20 条第 1 款，即“联邦德国是一个民主制和社会福利的联邦国家”；在第 3 款中表明：“将帮助社会弱者和保障人的尊严与维护社会公正并列为国家的基本义务。”

1936 年，苏联《宪法》规定：“公民在年老、患病和丧失劳动能力时可以得到社会保障，并通过企业供款建立国家保障制度。”

美国《联邦宪法》未对社会福利做出直接规定，因而这一领域只受到最高法院极为宽松的合理性审查。在大萧条和随后的新政影响下，某些州宪法规定了社会福利内容，如 1938 年纽约州《宪法》第 17 章第一节规定：“对穷人的资助、关怀和支持是公共问题应由州政府及其分支机构解决。立法机构可随时确定其方式和手段。”

1993 年，《俄罗斯联邦宪法》第 39 条规定：“（1）在患病、致残、失去供养人、为了教育子女和法律所规定的其他情况下，对每个人按照年龄提供社会保障。（2）国家退休金和社会救济金由法律规定。（3）鼓励自保，建立补充保障和开办慈善事业。”第 40 条第 3 款规定：“向贫困者或法律指明的其他需要住房的公民无偿提供住宅，或者根据法律由国家、市政和其他住宅基金以廉价支付房租。”第 41 条第 1、2 款规定：“每个人都有保持健康和医疗帮助的权利。国家和市政医疗机关应当依靠相应财政预算、保费收入和其他收入为居民提供无偿医疗帮助。”

日本《宪法》第 25 条规定：“全体国民都享有最低限度的健康与文化生活的权利。国家应于生活的一切方面努力提高和增进社会福利、社会保障以及公共卫生。”

（2）《中华人民共和国宪法》中的政府与社会保障责任

1954 年，《中华人民共和国宪法》第 93 条规定：“中华人民共和国劳动者在年老、疾病或者丧失劳动能力的时候，有获得物质帮助的权利。国家举办社会保险、社会救济和群众卫生事业，并且逐渐扩大这些设施，以保证劳动者享受这种权利。”综上所述，1954 年宪法就已经明确规定了以下社会保障基本原则：

第一，公民和劳动者平等受益权。1954 年宪法在规定这项权利时强调的主体是中华人民共和国劳动者，没有区分城镇劳动者和农村劳动者；可见，在当前社会保障法律法规中出现的城乡身份差别是在“二元经济结构”理论引导下，偏离了宪法原则的结果。

第二，并列发展社会保险和社会救助制度。1954 年宪法和 1982 年宪法都规定了国家发展社会保险和社会救助制度的并列义务。在过去 10 多年里，大力发展社会保险，忽略社会救助是公共选择中的失误。

1982 年，《中华人民共和国宪法》第 44 条规定：“国家依照法律规定实行企业事业组织的职工和国家机关工作人员的退休制度。退休人员的生活受到国家和社会的保障。”第 45 条规定：“中华人民共和国公民在年老、疾病或者丧失劳动能力的情况下，有从国家和社会获得物质帮助的权利。国家发展为公民享受这些权利所需要的社会保险、社会救济和医疗卫生事业。国家和社会保障残废军人的生活，抚恤烈士家属，优待军人家属。国家和社会帮助安排盲、聋、哑和其他有残疾的公民的劳动、生活和教育。”宪法第 44 条和第 45 条赋予公民社会保障权益，并规定了国家的社会保障责任，这是在中国建立社会保障体系的基本原则。基于宪法基本原则，1985 年《中共中央关于制定国民经济和社会发展第七个五年计划的建议》第一次正式使用“社会保障”这一概念，自 1986 年推行劳动合同制以来，一系列涉及社会保障的法律法规和政策陆续颁布实施。至今，一个具有中国特色的多支柱的社会保障体系框架已经形成，为建立中国社会保障法律体系奠定了基础。

2004 年，《中华人民共和国宪法（修正案）》第 14 条第 4 款规定：“国家建立健全同经济发展水平相适应的社会保障制度。”“社会保障制度”首次出现在中国的宪法当中，这表明中国执政党和政府意识到社会保障的系统性和制度性，正在接受社会保障系统工程建设的思想，并逐步付诸行动。

根据宪法的社会保障原则，国家需要完成如下四项工作：

第一，颁布和实施《社会保障法》，依法明确社会保障制度安排中的责任主体和他们的权利义务。

第二，在公共财政的基础上建立政府社会保障预算，确保国家对社会保障事业的基本投入。

第三，在经济和社会发展规划中勾画社会保障体系的发展蓝图，使之在 IT 技术的支持下成为社会系统工程。

第四，在国家行政体系内实行社会保障的首脑问责制，设立社会保障政策部门和服务部门，建立服务型政府的社会保障提供机制。其中，第一项工作属于国家权力机构的职责范畴，后三项工作均属于政府的职责范畴。

3.3.2　执政党的社会保障宗旨和承诺

政党通过社会保障承诺获得选民支持，再通过控制议会和政府来实现其政治承诺，由此形成自己的执政环境和执政能力，社会保障是创造这个均衡的砝码。由于社会保障与政治息息相关，政治是推动社会保障事业发展的动力，也会导致泛社会保障的现象（口头的福利承诺和消极的福利结果）；在一定条件下，社会保障的初衷和结果也会影响政治。这决定政府必须尽最大努力（没有折扣）去实现执政党对选民的承诺，成为政府的政治任务、经济任务和社会任务。

宪政体制和宪政理念下的政党，经由人民的多数选择而成为执政党。执掌国家政权是执政概念的核心意义。执政党的精英或以执政党的精英代表为主体组成国家机关，包括国家权力机关、行政机关、司法机关、军事机关及其他国家机关。西方国家的执政党一般是指组成政府的政党，组成政府的执政党未必在议会（国会）中居多数，也未必领导军队和司法机关，而中国共产党则把军队置于其绝对领导之下，把司法机关置于其领导之下，这是巩固国家政权、维护人民当家做主地位、保卫疆土完整的政治保障和制度保障。列宁认为，无产阶级政党是无产阶级国家政权的领导者，国家政权的全部政治经济工作都是由工人阶级的觉悟的先锋队——共产党领导的。

西方国家的执政党一般具有以下特征：

（1）选举产生。

（2）执掌政权，选举获胜的政党将执掌政权，直到另一次选举产生出新一轮的执政党为止。如果现在的执政党能够在下一次选举中赢得多数选民的支持，将继续执政。执政党在西方国家政体中执掌权力，比较直接的是立法权、行政权和司法权领域。对于强调司法独立的西方国家而言，执政党对司法权的执掌又有不同特点。相对于立法权和行政权而言，西方的司法（司法权、法官）是独立的，独立于当政的政府。

（3）政党分肥，即由执政党把官职当做一种有形报偿分配给那些提供政治支持的个人。在美国众议院和参议院中拥有多数席位的政党，可以任命众议院议长和参议院委员会主席。入主白宫的政党则可以在行政部门任命3 000多人担任高级职务。在议会制下获胜的政党，可以同时掌握立法机关和行政机关。在英国，约有100名执政党议员能够获得内阁和高级行政官员的职位。政党分肥一方面可以拉拢或者回报执政党的党员和其他支持者，另一方面也可以奠定执政党的组织基础。

（4）对选民负责，执政党的权力及其合法性来自选民，因此，政党通过民主选举成为执政党以后，必须对选民负责。

（5）受宪法法律制约，执政党的法律地位，通常由各国宪法、法律或者其他方式予以规定或者承认。依照严格的宪政主义，有关政党的设立、组织、活动、经费等，只能由国家的根本法——宪法予以规定。

在西方国家中，有葡萄牙、希腊、意大利等国家，以宪法的形式承认政党组织的存在；在奥地利、爱尔兰、瑞士等国家，以国家的组织法、政党法、议事规则等形式承认政党组织的存在；日本在立法文件中明确或暗示承认政党组织的存在；在丹麦、挪威等国家，尽管在法律上没有正式承认政党组织，但在实际上或惯例中却允许它们存在。据统计，在世界 142 部宪法中，包括政党规定的宪法有 93 部，占 65.5%；承认一党执政的宪法有 23 部，占 16.2%；承认某些党执政的宪法有 1 部，占 0.7%。

人民通过执政党的政治宣言和实际行动来了解一个执政党，再决定自己的选票投向谁。在政党的政治宣言中社会保障承诺总是占有重要的位置。例如，作为民主党的总统候选人，克林顿在 1992 年的竞选中曾承诺“让每个美国人都享有医疗保健”。中产阶级和低收入者占人口的多数，他们非常关注社会保障问题。可以说，就社会保障问题达成的共识，是政党成为民意代言人，成为执政党的主要渠道。罗斯福至今是美国历史上最受欢迎的总统之一，这与他对社会保障理论和社会保障立法作出的贡献是分不开的。

中国共产党夺取全国政权以后，随着中心任务逐步由革命向建设的转变，同时也经历了由革命党向领导党、由领导党向执政党转变的过程。事实上，《劳动保险条例》（1951 年颁布，1953 年修订）和农村合作医疗制度（20 世纪 60—70 年代）是中国共产党执政初期的亮点。

3.3.3　执政纲领与政府首脑的社会保障问责制

社会保障体系建设检验政党的执政能力。如今，在政党执政纲领中对选民的社会保障承诺日益增多和日渐明确，一旦竞选成功其最大的责任即履行这些承诺。因此，构建履行对选民及全体公民的社会保障承诺的执行机制（包括决策的组织体系、筹集资金安排、管理与服务系统、宣传教育和沟通等）是政党执政能力的重要组成部分，承诺越多这项能力建设越重要。

执政党需要通过立法机构（议会、人民代表大会）来支持社会保障改革及方案推行，需要由委任政府来实施自己的政治主张和社会政策（见图 2—1），以取得选民的信任，同时达到调整收入差距和维护社会公正的目的，促使社会得以和谐发展，执政党的执政能力便在这个过程中形成和继续。

执政党的政治态度将影响特定时期的社会保障政策。例如，布什总统的加强社会保障委员会在 2001 年提出“通过降低待遇水平，与当前总税收持平，并同时将个人账户引入社会保障计划，来弥补资金缺口”的建议，布什将其作为 2005 年继任总统的主要改革目标。这需要将部分工薪税划拨到个人账户上，政府则需要在未来 45 年中大量借用资金来支付当前退休者的待遇。根据《2004 年总统经济报告》，到 2022 年，预算赤字增长额将占当年国民生产总值的 1.6%，债务额增长了 25%[①]。波尔计划对改革社会保障体制采取截然不同

① 资料来源：美国社会保障总署网站。

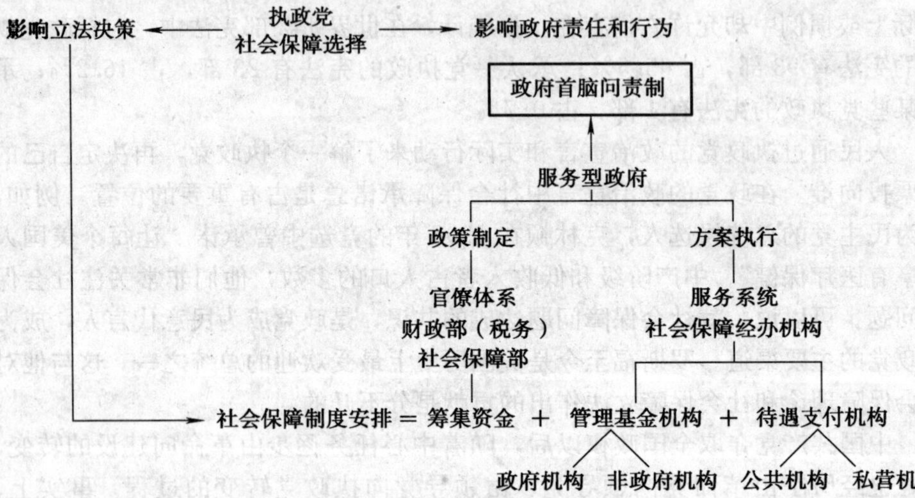

图 2—1 政治体制和社会保障制度安排结构示意图

的方法，其主要内容是通过增加总税收保持资金可支付能力，从而保持当前承诺的待遇支付。两个政党提出了两个完全不同的养老金改革计划，一个是要减少待遇，使社会保障资金保持平衡，同时引入个人账户；另一个是要保持目前计划的待遇水平，提高总税收。美国人的养老金计划何去何从与共和党与民主党的主张及竞选结果息息相关。

综上所述，在特定政治条件下的社会保障具有浓厚的意识形态色彩，不仅是社会安全网，还是政治工具。伴随社会生产力的不断发展，贫富差距也会不断扩大，社会保障愈加成为平衡资本和劳工的政治工具。马克思论证了劳动价值并揭示了强资本和弱劳工现象的剥削本质，由此推论资本主义行将灭亡，这是放之四海而皆准的真理。但是，在劳工革命和资产阶级的妥协中这种局面得到改善，企业分配的双赢文化和社会分配的公正公平原则是社会进步的结果。甚至可以说，社会保障所创造的公平结果是资本和劳工之间的均衡，资本主义至今没有灭亡的事实从另外一个角度证明了马克思推论的正确性。

问责制要求权力和责任相匹配，要求政府官员为其决策负责，政府官员以明确的责任（数字化、指标化）执行和实现执政党的政治纲领，以及对人民的承诺。建立问责制的目的不是未来追究责任者，而是通过明确责任来保障政策的执行，以避免责任追究的消极的行政法律制度安排。

社会保障一旦进入政府首脑问责制的范畴，即成为总统或总理的执政内容和工作报告，社会保障预算、社会保障覆盖范围、社会保障基金管理的财务报告、社会保障待遇支付水平等内容将进入政府工作报告，并越来越量化，接受人民的监督。这样，政府的工作绩效必须提高，政府与人民的关系更加接近。基于政府首脑问责制，总统或总理会更加关注社会保障的发展，并全力整合政府的财政资源和行政资源执行社会保障法律，履行宪法的规定，实现政党的承诺和满足人民的基本要求，这是其执政能力的表现。在此，社会保障制度安排的三个环节（资金筹集、基金管理和待遇支付）的决策可以在政府的最高层面进行运作，而不是政府一个部门（社会保障部）的责任。因此，在政府的官僚体系内，财政部门和社会保障部门各执其政，财政部门负责筹集资金（包括直接供款和让利征费），社会保障部门负责统计信息、反映需求和制定政策；在政府的改革服务体系内，法定的社会保障经办机构也各执其政，基金管理机构（托管基金或专业养老金管理公司）负责经营，待遇支付机构负责审查资格、核实数据和支付待遇。构建社会保障系统责任的箭头均指向政府首脑（见图2—1），当社会保障制度设计和决策能够在政府首脑层面运作，有利于处理中央政府和地方政府的关系，明确政府各部门之间的责任，有利于化解政府部门之间的权力冲突和利益冲突，并减少由此带来的政府改革成本。

同时，基于社会保障承诺形成的政治动力也导致了政府的财务压力，由此促进了公共财政、社会保障预算和社会保障税等制度的发展。通过社会保障税筹集社会保障资金，通过社会保障预算可以明确政府年度社会保障支出需求和支付责任，由此形成国家基本保障制度建设的主要资金来源。

此外，社会保障是最大项的公共服务，这个服务系统的建立和完善依赖于公共服务型政府，也有力地促进了政府改革和公共服务型政府的建立，提供“一票征收”和“一站式”服务的要求促进了政府改革，使其从电子政务迅速向网络型政府发展，其组织体系、服务流程和人员素质均得到改善，这也大大加强了社会保障的系统建设，使其愈加具有社会性系统工程的特征。

3.3.4　中国共产党的福利思想及其发展

中国共产党的福利思想和实践的发展脉络可以被分为三个阶段。

第一阶段为1921—1948年的“求解放”阶段，其理念是列宁的“国家保险”思想，其本质反映了中国共产党的“政治诉求”。党领导下的工人运动为争取劳动保险权的斗争，革命根据地和解放区推行社会保障制度的指导思想和指导原则及其实施，是新中国社会保障制度建设的思想资源和实践基础之一。建立了列宁倡导的“国家保险”制度。

第二阶段为1949—1978年的“谋幸福”阶段，当中国共产党成为执政党以后，1921年以来的中国革命史就自然进入了“谋幸福”阶段；在1949年夺取政权后“谋幸福”的阶段中，作为执政党，在革命时期形成的多种“政治诉求”自然就要转化为治国方略，所以，劳动和社会保障理所当然写进了宪法，成为施政方针之一。经历了从列宁的“国家保险”思想到“国家/企业保险模式”的实践过程。

第三阶段为改革开放以后进入的“促发展、创和谐”阶段，从将社会保障作为国有企业改革的配套措施，到作为构建和谐社会的基本政策，建立“统账结合”和“多支柱”的社会保障制度。

党的第十六届三中全会通过的《关于完善社会主义市场经济体制若干问题的决议》第30条提出了“加快建设与经济发展水平相适应的社会保障体系”的指导思想和制度结构。具体内容包括：“完善企业职工基本养老保险制度，坚持社会统筹与个人账户相结合，逐步做实个人账户。将城镇从业人员纳入基本养老保险。建立健全省级养老保险调剂基金，在完善市级统筹基础上，逐步实行省级统筹，条件具备时实行基本养老金的基础部分全国统筹。健全失业保险制度，实现国有企业下岗职工基本生活保障向失业保险并轨。继续完善城镇职工基本医疗保险制度、医疗卫生和药品生产流通体制的同步改革，扩大基本医疗保险覆盖面，健全社会医疗救助和多层次的医疗保障体系。继续推行职工工伤和生育保险。积极探索机关和事业单位社会保障制度改革。完善城市居民最低生活保障制度，合理确定保障标准和方式。采取多种方式包括依法划转部分国有资产充实社会保障基金。强化社会保险基金征缴，规范基金监管，确保基金安全。鼓励有条件的企业建立补充保险，积极发展商业养老、医疗保险。农村养老保障以家庭为主，同社区保障、国家救济相结合。有条件的地方探索建立农村最低生活保障制度。”这个文件中多处见到“加快、积极、健全”等词，由此表明执政党要求政府构建社会保障体系的全面责任。

2004年9月19日，党的第十六届四中全会通过的《中共中央关于加强党的执政能力建设的决定》明确提出：“不断提高构建社会主义和谐社会的能力”。这表明，中国共产党已把社会和谐与否当成执政宗旨和检验自己执政能力的标准，而努力完善社会保障体系是促进社会和谐的重要手段。但是，中国执政党的这些社会保障纲领与其执行这些纲领的行政体制之间尚存差距。

首先，与政府首脑责任制相比较，中国的社会保障责任尚停留在政府部门责任制水平上，中央政府和地方政府的责任协调不利，即使中央政府各部门的责任也协调不利，造成中国社会保障改革的障碍和制度建设的巨大成本。例如，劳动和社会保障部门的责任大于功能，全权负责设计政策（这是国务院研究机构的事情，并需要经过公众听政和人民代表大会讨论）、筹集资金（应当以财政部门为主承担责任，劳动和社会保障部门的设计是无米之炊）、管理基金（应当依法建立独立的机构进行专业化运营）和确保待遇支付（应当由新型政府的公共服务机构提供，改变目前非官似官的体制）；甚至由基层社会保障部门官员在“无米下锅”的情况下承担待遇支付的责任；由此，社会保障领域的“公共管理怪圈”便与日俱增，经常发生一连串本末倒置的事情；矫正这类现象的根本措施是在中国政府改革中建立社会保障责任的总理责任制，尽快在政府首脑层面建立社会保障决策机制和与公众沟通的渠道。

其次，一方面建立社会保障税困难重重，以费代税的费率持高不下，企业在上缴重税以后还要承担约占工资总额 40%的高社会保险费率，不得不在费基上做文章，这严重破坏了工资报告制度和收入管理方面的信用程度，企业与政府展开低费基与高费率的零和博弈，政府也为此付出高额的行政成本。另一方面，公共财政和社会保障预算也困难重重，国家财政在建立国家基本社会保险制度时逃避了前期供款的责任，试图以企业高费率抵消责任，没想到这无法弥补支付负担，财政不得不在新制度的开始便承担弥补赤字的责任，其负担每年以百亿的速度上升，这导致国家的社会保障角色、责任和能力都陷入怪圈和不良循环状态，用老百姓的话说，即“该出手时不出手，被动出手不落好”。

最后，社会保障决策的分制体制，必然导致其管理和服务系统的分而治之，多项险种伴随官僚体制建立经办机构、服务系统；成本之高和效率之差形成“多票征收”和“多头服务”，IT 技术和网络功能遇到像井田制似的官僚体制束缚，显然出现在公共服务领域的官僚体制成为中国政府改革的障碍，并危及政党的执政能力；走出困境的必由之路是全党动员，让共产党的先进性教育成果在构建社会保障服务系统工程的实践中开花结果，给公众一个服务型政府的形象。

2006 年 10 月 11 日，党的第十六届六中全会通过的《中共中央关于构建社会主义和谐社会若干重大问题的决定》对当前和今后一个时期构建社会主义和谐社会作出了部署，包括公共财政制度、收入分配制度和社会保障制度。

3.4　国家的社会保障功能通过政府责任来实现

政府是国家政体的组成部分，国家的许多职能需要通过政府来实现。

世界银行在其 1997 年世界发展报告中指出：“政府的核心使命包括五个基本责任，即：建立法律基础；保持政策环境，包括宏观经济的稳定；投资公共服务和社会基础设施；帮助无能群体；保护环境。”安德森提出七项政府职能，包括：构建经济基础；提供公共品和公共服务；协调和解决利益群体的冲突；维护正当竞争；保护自然资源和环境；保障个人基本生活；保持稳定的经济秩序。关于政府职能的界定，休斯在《公共管理导论》中阐述：“这是一组较为标准的政府职能，并适用于绝大多数国家。……但没有告诉政府怎样去做，如出于公共健康原因，政府有责任保证人们喝干净的水，但不一定非要政府亲自供水。”总之，世界银行的界定法有两处均直接涉及政府的社会保障责任，安德森界定法也直接涉及政府的社会保障责任。

政府介入社会保障事务的具体方法包括①：

(1) 提供福利和间接补贴，如发放福利补贴和减免税收。

(2) 以鼓励和强制手段要求企业和个人缴费，如通过税优政策鼓励用工单位和职工举办和参加补偿性保障计划。

(3) 授权解约，包括同政府计划、职业计划和私营计划终止合同。

(4) 规范与管制，即在施以“胡萝卜”政策之后使用的“大棒”政策，要求用工单位依法履行社会义务，如美国以延期纳税政策鼓励雇主和雇员自愿参加的401 (k) 计划，以及澳大利亚的强制性超级年金计划。

(5) 担保和保险，政府直接提供最低担保或者要求计划举办者购买再保险，如美国再保险公司。

(6) 提供低保，向被市场忽略的困难人群提供保障最低生活的福利。

如今，人类社会已经进入信息时代，新的挑战、机遇和技术支持同时出现，人们的生产和生活条件每日都在发生变化。首先，生产工具的变革和技术进步必将淘汰一部分不具有竞争优势的人群，带来新的贫困群体（如果旧的贫困群体仍然存在，克服贫困的负担将加重）；其次，人们对公共服务的需求在不断变化和增加；最后，新生产力为解决社会问题提供了新的工具、技术和方法。因此，只有学习型人才和团队才能掌握新的知识和工具，从而产生应对新问题和新挑战的能力。面对人们的公共服务需求的不断增加，政府改革势在必行。一个服务型的、高绩效的政府才能应对这种来自人们需求的和来自全球竞争的挑战。因此，现代政府是学习型政府。这个过程可以用积极效应理论模型（见图 2—2）来总结和表述。

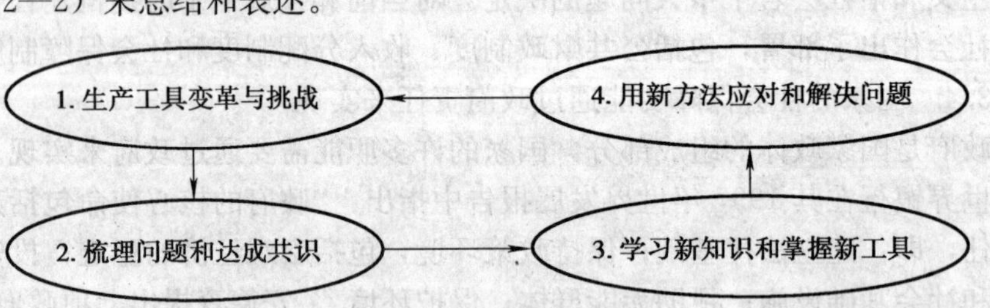

图 2—2　积极效应理论模型

首先，认清生产工具改变和生产力进步趋势；其次，梳理社会变化特征和新的社会问题，保持清醒的头脑和求实的态度，例如，充分认识人口统计和流

① Colin Gillion 等．全球养老保障——改革与发展．杨燕绥等译．北京：中国劳动社会保障出版社，2002

行病的变化是人们就如何构建公民健康保障体系达成共识的前提条件；第三，通过学习掌握新知识，掌握新技术；第四，培养政府用新方法应对挑战和解决社会问题的能力。这个能力是主观与客观相结合，即理论与实践相结合的产物。

第三章　政府的社会保障责任

在混合经济成为本世纪重要标志的今天，应当如何重新界定政府使命，……政府的关键地位使得他应当肩负特殊使命以保证效率。公共基金中每浪费的一个美元都可以用于科学研究和减少饥饿①。

保罗·萨缪尔森

政府对构建社会保障体系具有主导责任，但政府能力有限。在IT技术将人类带入知识经济和全球竞争以后，政府的责任将总是大于其能力，因此，明确政府的社会保障责任和强化政府的相应能力是本章的主题。

1. 政府社会保障责任的历史沿革

政府责任是福利思想和福利制度安排的核心问题。从《济贫法》《社会保障法》到《贝弗里奇报告》，政府的社会保障责任越来越清晰。

1.1　《济贫法》中的政府责任

1601年，英国颁布了《济贫法》。该法强调了政府关注穷人的三项责任，第一次依法明确了政府的社会保障责任，从此，救济穷人不再是国家首脑的个人行为。根据《济贫法》，在地方政府的财政支持下，教区负有如下责任：

(1) 对丧失劳动能力的穷人（包括老人和病残的人）实行救济，即救济院的制度安排（poorhouses）。

(2) 对具有劳动能力的穷人提供就业机会，即习艺院（workhouse）。

(3) 对具有劳动能力却逃避劳动的懒人实行惩罚，即教养院（a house of correction)。《济贫法》顺利实行了200年。

伴随工业化、经济波动和人员流动，政府要面对不断增加的救济负担，还要倾听来自社会的批评。边沁认为这造成被救济者的堕落，马尔萨斯认为这导致人口激增，李嘉图认为这会使工人工资收入贬值。1834年出台的新《济贫法》一方面强调政府对济贫工作的统一管理，另一方面降低了济贫院的福利水平，甚至包括对被救济者的歧视。《福利国家经济学》一书揭示，当时的中央政府济贫委员会始终没能按照政策设计者的初衷执行新《济贫法》②。

---

① ［美］保罗·萨缪尔森等．经济学（第16版）．萧琛等译．北京：华夏出版社，1999.293

② 尼古拉斯·巴尔．福利国家经济学．郑秉文等译．北京：中国劳动社会保障出版社，2003.18

1.2 《社会保障法》中的政府责任

1935年，美国颁布了《社会保障法》。该法不仅第一次使用了社会保障的定义，而且第一次全面规划了社会保障体系，包括两大社会保险计划（联邦养老金计划和州失业保险计划）和三项社会救助计划（老人救助、盲人救助和孤儿残疾儿童救助）。其中，政府角色很明确，包括财政责任和行政责任：

（1）提供财政支持，建立联邦基金，将公共收入中的社会保障支出永久地确定下来。

（2）成立联邦社会保障委员会（第七条）、联邦公共事务管理局和联邦民用事务管理局等，举办社会保障项目，使中央（联邦）政府具有统管地方政府和全国社会保障事业的能力。

（3）设立联邦紧急救助署，监督联邦政府向州政府提供救济款。

1.3 《贝弗里奇报告》中的政府责任

1942年，英国的《贝弗里奇报告》将社会保障描述为："覆盖全社会全部需要的事务。"一方面，对社会保障（准确说更具有社会保险特征）计划进行更加完善的设计；另一方面，强调国家统一管理的责任和能力，社会保障已经成为政府的主要工作。

综上所述，无论将社会保障视为是"追求社会公正"（对社会主义的解释），还是"资本主义帮凶"（对资本主义的解释），都承认了公民的社会保障需求，并将这种需求纳入国家义务、公民权利和政府责任来考虑，使公民需求和政府提供达成默契，社会保障公共品应运而生。

2. 政府社会保障责任的曲折与争论

20世纪70年代以后，发达工业国家的经济进入滞胀阶段。此期间的社会保障陷入两面楚歌局面。一方面，人口老龄化和失业率持高不下同时出现，一代人巨额的、终身的转移支付使国家的财务负担越来越重，以至于陷入困境。1970年，英国社会福利费用占国民生产总值16.3%，1975年便升到20.9%。1978年社会福利费用在瑞典占国民生产总值23%。西欧发生"福利国家危机"，日本惊呼"年金制度将要崩溃"，就连小心谨慎的美国也进入了"福利困境"。另一方面，依赖津贴和救助金生活的人增加了很多，特别是一些年轻的失业者，宁愿领取失业金以维持最低生活，不愿意去从事比较艰苦的工作。此期间，人们开始怀疑公民社会保障需求的合理性和政府社会保障提供能力。

《福利国家经济学》一书指出："大洋两岸的福利共识同时弱化，……不可否认的是，自1948年以来的英国作为福利国家的巅峰时代已经过去了。”[①] IT和网络改变了人们的生产方式和生活方式，公共服务需求的增加和改变冲击了传统国家行政体系，服务型政府改革自20世纪70年代末期以来逐渐向深入发展，福利危机和社会保障改革浪潮随之在20世纪80年代兴起。

人们需要时间来梳理和归纳问题，再就福利危机的应对措施达成共识，福利经济学暂时进入停滞发展阶段。例如，针对人口老龄化和养老金债务问题，在国际社会有两个不同的声音。世界银行专家认为，预先积累模式可以提供一笔资金用于应付未来债务，政府要学会按照市场的方式管理养老金。国际劳工组织专家则认为，无论现收现付模式还是预先积累模式，在一定给付水平范围内，两种方式的负担最终都将落在就业人口身上。国际劳工组织在人口老龄化最严重的欧盟国家进行的研究表明[②]，如果中老龄（50岁以上）工人的就业率能够保持在20世纪60年代的水平上（其实，这是不可能的主观臆想），老龄化对养老债务的影响作用要弱得多。换言之，失业对养老债务的影响大于人口老龄化，各国政府应当采取积极的促进就业政策，以应对老龄危机带来的养老金支付负担。此期间，西方国家社会保障改革的主要趋势是促进就业与完善社会保障体系建设同步进行，适度释放政府财政负担。中国当时刚刚开始实施改革开放政策，西方国家领导人在各种交流场所曾经多次提醒中国国家领导人，借鉴西方国家福利危机的教训，政府不能背负沉重的福利负担。

20世纪70—80年代的中国也陷入了福利危机和失业高峰，但与西方国家的情况不同。首先，传统的劳动保险计划包括退休金、公费医疗、工伤抚恤、生育津贴、丧葬费以及福利住房等，在十年动乱中同企业生产秩序一同遭到破坏；其次，农村合作保障体系（包括合作医疗和五保计划等）伴随农村土地经营方式的改变（人民公社集体所有和集权经营）失去了赖以生存的基础。这导致城乡居民贫困在广度和深度上的加重。然而，伴随生产工具的变革和进步，还有被新生产工具所淘汰的新增贫困人口，如中国国有企业改革后出现的40—50现象（女性40岁以上，男性50岁以上，基本上被劳动力市场所排斥）。由此可见，来自西方国家的福利危机教训和中国的财政困境，使得当时的中国政府对社会保障问题难以达成共识，甚至采取回避态度，直到20世纪末期，伴随国有企业改革的深化，在动用国有企业职工奶酪时，才力图以最低的福利成本来进行经济体制改革。

---

① 尼古拉斯·巴尔. 福利国家经济学. 郑秉文等译. 北京：中国劳动社会保障出版社，2003. 44

② “从金字塔到圆柱：欧洲老龄人口与社会保障”，ILO报告，1987

3. 政府社会保障责任的理性思考

常言道，解铃还需系铃人。既然福利国家的危机源于人们对公民社会保障需求合理性和政府社会保障提供能力的置疑，问题还应当从这里进行讨论。

3.1　社会学的思考

一个社会学的定理：公民对国家的第一需求即提供基本生活的安全保障。这种需求的合理性不能被否认，但人们可以与时共进的分析这个需求在内涵和外延的变化，重新认识和界定公民的社会保障需求。

从庇古[①]古典学派的福利经济思想开始，人们即从经济角度谈论社会保障。直至 20 世纪 50—60 年代以前，一批受社会民主主义影响较大的政治经济学家，更加倾向于从社会公平和正义的角度出发分析社会福利制度产生的社会原因和社会效用。

公民的理智和信息分享能力是有限的，其基本生活面对社会风险，需要国家具有抵御社会风险的制度安排。从个人到组织，从组织到社会，社会中存在一些共同需要，只有通过集体活动才能解决。例如，社会需要向那些不能自立的人所提供的最低生存保障水平，它是可以在市场之外提供的；政府还可以起扶助或领导作用，这种作用完全可能是有益而不造成任何损害的。我们也几乎没有理由不让政府在诸如社会保险或教育事业之类的领域发挥某些作用，甚或主动采取行动，或对实验性发展项目提供暂时性补贴[②]。克服社会风险需要动员全社会的资金、人力来建立多支柱的社会保障体系，并需要使用强制手段让不理智的公民参与进来，对无能力的公民需要提供社会救助，这一切无不表示需要政府。从人道主义的角度来看，由国家向社会弱势群体提供最基本的帮助在所有民主国家里都被当成理所当然的事，而“在现代条件下，国家若想为无劳动能力者或老弱病残者提供照料，为道路交通或情报资料服务准备设施，而不依靠强制权力为其筹措经费，这看来几乎是不可能实现的。”[③]这样，政府采取更系统的强制性对策，就必然导致政府对社会保障的积极参与。

其实，公民社会保障需求是可以分层次的，可以划分最低需求和基本需求。以医疗保障需求为例，对于没有稳定收入的人群需要医疗救助，具有稳定收入的工薪群体则需要基本医疗服务，前者需要政府提供，后者可以采用社会

① 1920 年，庇古提出“公民收益”这一概念，并假定社会福利特征为：（1）国民收入总量越大福利越大；（2）收入分配越平均福利越大，据此研究社会福利增长和生产资源最佳配置问题。其假定根据是边际效益递减理论，而这一理论的成立以效用对个人的可比较性为前提，由于效用在个人之间无法比较而该理论基础发生动摇，经过 20 世纪 30 年代末期的一番争论，沦为旧福利经济学而无人问津了。

②③ 弗雷德里希·奥古斯特·哈耶克. 自由宪章. 北京：中国社会科学出版社，1999.402

保险的方式。那么，可以这样总结，将贫困群体的医疗服务需求列入纯公共品，由政府提供免费服务；将工薪群体的医疗服务需求列入半公共品，通过社会保险的方式筹集资金和支付服务费用。将人们更高的保健需求列入非公共品，通过私人服务的方式提供服务。

从社会公平的角度看，如果过分追求结果的公平不仅不实际，也没有必要，那么起点的相对公平和机会的均等则是社会经济更快发展所需要的。因此，国家有必要创造一种条件，使"就基本的生活需要或是向一定方向发展的机会而言，任何人均无需依赖其他某些人"①。

3.2 政治学的思考

一个政治学的定理：国家合理存在的前提条件即向公民提供基本生活保障。这是一个对执政党纲领和政府责任提出的基本命题。

贫困过度和贫富悬殊极有可能导致社会冲突和社会动荡。而除非有人能承担起对经济主体间财政再分配的重大责任，否则在任何时候任何市场经济下，收入不均永远会作为公理而存在②。因此，国家合理存在的前提条件即构建社会保障体系，执政党的纲领和政府责任都需要围绕这个需求而展开。

从政治学的角度来看，政府积极构建社会保障体系有利于政治民主化。根据马克思主义经济基础决定上层建筑的基本原理，政治民主化必须以经济民主化为基础，经济民主化能够促进政治民主化。而马斯格雷夫认为："理智和文明的政府行为以及政府职责的正确界定才是民主的实质所在。"③ 可见，只要政策适当，政府积极参与社会保障无疑有利于促进经济民主化，也就有可能对政治民主化产生积极影响。

首先，执政党必须将社会保障纳入执政纲领，就其基本原则和体系建设勾画出远期规划和近期目标，并依法明确（委任）政府对实现这些规划和目标承担连续性责任（需要不同届政府之间的协作），以便政府拟订具体工作计划，人民可以据此判断是否欢迎这个执政党。

其次，政府必须围绕政党的社会保障执政纲领制定实施规划和工作计划，对构建社会保障公共品（包括半公共品）的提供机制承担全部责任。

政府积极构建社会保障体系有利于巩固政权。马克斯·韦伯认为，权力可被视为影响力的具体形式，即影响其他个体的行为的可能性，这些行为是与其

① 弗雷德里希·奥古斯特·哈耶克．自由宪章．北京：中国社会科学出版社，1999.201

② 大卫·怀恩斯："贫困陷阱"，载于尼古拉斯·巴尔，大卫·怀恩斯主编．福利经济学前沿问题．北京：中国税务出版社，2000.75

③ 理查德·A·马斯格雷夫．财政学原理．纽约麦克格雷夫一希尔公司，1959.6

本身的目标相一致的，而政府实现其早期目标的最重要的手段就是经济权力，即经济上的影响力[①]。政府积极承担社会保障责任对现政权来说是“双赢”策略，不仅使政府掌握了更大的经济权力，也使民众从中受益，从而使政权得到巩固。“铁血宰相”俾斯麦为这个理论假设提供了例证。一方面，他极力主张制定社会保险法律的主要目的是“用福利赶走社会主义”，通过一定程度地满足工人的福利需求以缓解社会矛盾和巩固其政权；另一方面，他从市场拿来保险工具，通过立法创造了“政府介入、公益经营”的社会保险计划，从而获得政治、经济和社会的综合效用。

3.3　经济学的思考

一个经济学的定理：一个系统的社会保障制度安排具有促进经济发展和社会公平的双刃功能。

社会学和政治学定理阐明了国家、执政党和政府与社会保障内在的关系，经济学思考问题的角度则是政府如何进行社会保障制度安排以履行社会保障责任，是既有利于实现执政党的执政纲领，又有利于公民利益和国家安全的公共选择。

政府欲为构建和谐社会而工作，就需要以积极态度构建社会保障体系。因为“以一致性为社会行动的基础的任何观点肯定会导出：市场机制不能作为一种社会福利函数，这是因为市场机制缺少保证一致性存在的利他主义动机。如果是指道德规范的一致性，那么市场的实用主义规范，会使情况更糟糕”[②]。

从庇古[③]古典学派的福利经济思想到勒纳（Lerner，A. P.）、卡尔多（Kaldor，N.）、希克斯（Hicks）、伯格森（Bergson frontier）、萨缪尔森（Samuelson，Paul A.）等人另径寻求的新福利理论；从凯恩斯现代经济学到社会民主主义福利思想，都是从经济角度谈论社会保障的理论结晶。

（1）市场失灵理论

在现代经济之父亚当·斯密以“看不见的手”的著名论断为基础建立市场机制学说并对其给予相当程度肯定的同时，一些经济学家已经开始意识到市场经济制度有不尽如人意之处。由于存在市场缺陷，一些公共部门的经济行为，市场经济中通行的利益选择、市场定价、资源配置等原则不再适用，在社会保障领域的各项计划不能完全按照个人利益选择或市场定价模式来设计和组织实

---

① 马克斯·韦伯．经济与社会．北京：商务印书馆，1997. 263～270

② 肯尼思·约瑟夫·阿罗．社会选择：个性与多准则．北京：首都经济贸易大学出版社，2000. 115

③ 1920年，庇古的《福利经济学》一书在英国出版是福利经济学产生的标志。他承袭马歇尔（Marshall）的福利观点，受“消费者剩余”“生产者剩余”等新观念启发，提出“公民收益”概念。

施，需要在政府干预下进行。政府干预社会保障的基本理由如下：商业保险市场逆选择、道德风险及其后果、老年储蓄不足、医疗服务成本上升、信息不完备性及短视、处置通货膨胀风险的困难。总之，市场失灵在社会保障领域的表现更加客观和充分。

(2) 政府在筹集资金和管理计划方面的优势

政府承担社会风险的能力大于市场。政府对动态性、社会性的风险提供保险的能力与商业保险机构的同等能力之间存在着巨大差异。政府作为政权主体，无疑具有某些强制权力。而任何商业性机构都不具备政府那种至高无上的权威和统筹兼顾、调节经济利益和经济关系的权力。政府这种运用强制权的能力意味着政府可以做私营机构或其他非政府机构做不到的事，从而可以在全社会范围内分散风险。政府在以下方面具有潜在的优势：一是政府有权征税以实现对社会风险的保障。二是政府能够使几代人共担风险。例如，政府可以通过减少战争期间的投资，对退伍官兵、阵亡者的遗属给予优抚等方式，使战争的损失由战争期间就业的一代与后来几代人共同承担。三是政府可以使社会保障支出指数化。在货币保障金水平一定的情况下，物价指数的上升将导致实际保障金水平的下降。为了保证被保障人的实际收入水平，各国一般都规定有退休金的指数调整措施，并在法律上加以保证。最接近支付指数化的商业保险是年金保险，它的支出同股票市场的运营相关联。但在 20 世纪 70 年代中期后，西方经济陷入滞胀的境地，绝大部分股票市场并没有与通货膨胀同步增长，从而使年金面临贬值的风险。

其次，在绩效政府的条件下可以低成本运作。风险是有差异的。需要社会保险的风险属于社会的基本风险，人人都可能遇到。政府采用强制性的办法让其国民购买这类保险，既不会造成资源配置的扭曲，也不会使人们感觉到购买这类保险是多余的。而且凡是具备普遍性特征的风险，以国家为主体进行社会化的统管有利于提高效率。保险是需要付出成本的，需要进行推销，需要进行管理，因此，需要付出推销费用以及管理费用，包括机构协调费用、业务费用等。由国家进行社会保险统管，采用强制购买的方法，无疑可以降低推销费用以及同一地区重复设置费用，可以提高效率。如果具有普遍性特征的风险同时又是社会劳动力再生产所面临的基本风险时，则国家更有必要出面进行管理。个人并不都是有远见的，如果没有政府强制购买的话，很可能个人不会为自己的利益而准备足够的保险金。一旦风险发生，个人无法解决就会引起社会动荡。所以，从效率和政府责任角度来看，具有普遍性以及维持劳动力再生产基本需要两方面特征的风险宜于由政府来管，也必须由政府来管。事实上，养老保险、医疗保险、失业保险和生育保险都具有这些特征。

但是，政府的上述优势和能力建立在好的治理机制和工作绩效之上，这向政府改革提出了挑战。

3.4 公共管理学的思考

一个公共管理的定理：关于政府和市场关系人们已经达成共识，焦点开始进入两者如何结合和创造有管理的竞争局面的讨论，即政府主导和市场化运营的治理机制问题。

社会保障是政府的责任，政府如何做社会保障才能实现这个责任，这是一个很客观的问题。政府具有税收、政策、强制、管制等工具，如何在社会保障领域加以运用，国际上有成功的案例和失败的案例。在福利国家模式下，政府承担完全的财务和行政责任，向人们提供从摇篮到坟墓的福利制度安排；但是，随着社会保障税收的增加和政府福利支出的不断上升，中产阶级开始反抗，他们抽走资金、转移企业。经过20世纪80年代的争论，人们就建立多支柱社会保障体系达成共识，但如何在政府、企业和个人之间构建社会保障体系，尚未拥有明确的结论。这需要政府的主导作用和借用市场机制，即积极的社会保障政策和制度安排，对促进中介市场和资本市场的发展均具有推动作用。越来越多的政府在拟订社会保障规划时，考虑私营机构的介入和利用市场规律办事。如果为了扩大筹资渠道和更有效地提供公共服务，政府将其社会保障功能向非政府组织进行授权、项目外包和购买服务，而政府的社会保障责任是不能外移的，建立怎样的治理机制才能支持多支柱的社会保障体系呢？

4. 政府对构建社会保障体系的主导责任——一个理论模型

综上所述，社会保障由一系列提供公共品和半公共品的计划构成，即社会保障体系。一个基于公共管理视角的假定，政府应当基于特定经济发展环境追求社会保障制度安排的最优结果，努力构建和不断完善国家的社会保障体系，即社会保障公共品和半公共品的提供机制。在利用市场机制的过程中，政府可以将其部分功能进行外包，但其责任不能外移，即始终坚持政府的主导作用。

4.1 解说理论模型的构建

理论模型即模拟现实世界中的社会关系和发展规律的结果。理论模型由定义、路线和逻辑推论组合而成，并通过书面形式反映出来，使社会现象变得直观、清晰，而具有前瞻性和指导性。

理论模型的构成需要分三步进行：

(1) 对社会现象进行定义，需要做到内涵深刻和外延扩大，如养老金、公民健康等。

（2）梳理社会关系发生和发展的路径，需要综合社会的、经济的、政治的考虑，如政府和非政府组织的关系，就特定社会问题治理中的政府和市场的关系。

（3）对相关定义和社会关系进行排列组合和逻辑关系推论，并辅之以实证的支持，包括中国实证和外国实证。

理论模型是现实世界社会关系和发展规律的反映和缩写，必须做到理论性、逻辑性、现实性的有效结合。基于一定原则对社会主体进行剖析、排列，对社会关系进行社会的、经济的和政治的演绎推理，以得出的结果构成线性关系。这种结果应当浓缩和反映现实世界中的社会现象，并能够指导和训练人们理智的观察问题、认识问题、进行决策和实施方案的能力。

研究政府责任的理论模型，需要依据国家学说、行政理论和公共品的理论文献，基于政府改革和公共管理的视角看问题，立足信息时代和经济全球化的社会背景来连接理论模型中各定义之间的线条，用这些线条反映现实世界中的社会关系及其发展规律。理论模型必须揭示社会关系中的基本定义在一定条件下的演绎规律和结果。理论模型是现实世界社会关系的归纳、推理和瞻望。

对政府社会保障责任建立理论模型的意义在于总结理论文献和社会经验，基于公共管理和社会治理的逻辑合理推导政府责任的形成、表现和结果，以支持一个社会问题的假定，从而开展规范性研究。

研究政府构建社会保障体系的责任，需要深入研究、深刻揭示、理性分析和准确判断政府和社会保障的关系，透过现实世界的表面现象挖掘其本质，以形成建立理论模型的基本原则和理论基础。例如，假定政府构建社会保障体系的主导责任，需要面对的第一个事实即政府能力的有限性。引用法学透过现象看本质，将民事主体的抽象“权利能力”与具体“行为能力”分离的逻辑方法和研究范式来分离政府的责任和能力。权利能力是对特定群体的依法授权，使该群体的全体人员均具有享有某项权利的资格；行为能力是指个人享有权利和履行义务的实际能力。在被授权的群体中，一些人由于种种原因不具备享有权利和履行义务的行为能力，例如，未成年人对他应当拥有的财产不具有进行交易和处置的行为能力。基于法学权利能力和行为能力分离的理论和方法，可以分离政府责任和政府能力。一旦将政府的责任和能力进行分离，就可以大胆假定政府在公共品的生产和供应上的主导责任，并在此基础上进一步研究社会保障预算和政府首脑的社会保障问责制问题。但是，我们承认政府的能力有限，就需要找到提高和强化政府能力的途径。一方面，对政府行为进行梳理，在模型中输入那些政府必须有所作为的行为，释放政府可以不作为的内容；另一方面，寻求改革、立法、治理路径，以获得社会资源和利用市场功能。

最后，需要将视角移向公共管理和社会治理。自变量是在政府和市场之间建立运营和治理机制的效果。引导政府通过改革学习“如何与非政府组织握手”和“怎样到市场中去散步”，在握手和散步的过程中构建公共管理的社会治理机制，政府有限的能力可以通过治理机制得到提高，从而强化政府生产和提供公共品的责任，服务型政府应当这样成长。中国政府需要学会与非政府组织“握手”和进入市场“散步”，从而强大自己，握手文化和散步哲学是中国政府改革和构建社会主义市场经济文化氛围的核心问题。

4.2　政府社会保障责任的理论模型

人类已经进入有管理的竞争时代（关于政府和市场的关系是 20 世纪的话题）[①]，完善社会保障体系的行动必须融入这个时代。因此，政府应当对构建社会保障体系承担主导责任，这是贯穿全书的核心思想。为支持这个假定而构建了理论模型（见图 3—1）。

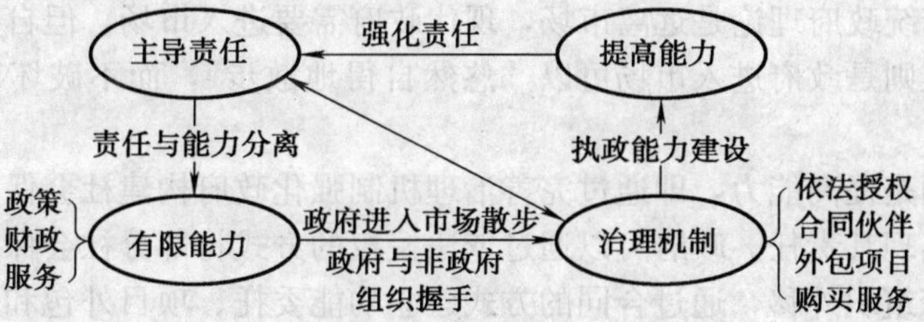

图 3—1　政府主导责任的矩阵理论模型

蕴涵在模型中的定义和社会关系，以及它们的逻辑关系如下：

第一圈是主导责任，即政府构建社会保障体系的主导责任。社会保障是最大的公共品之一，需要建立和完善相应的供应机制。政府的责任在于构建这个机制，以保证社会保障公共品（包括准公共品）的有效提供（如公共财政和社会保障预算的制度安排），这与直接发放养老金和失业津贴，甚至直接经营公共医院和养老基金有本质区别。政府对公民获取社会福利待遇所承担的责任在模型中被分解为直接责任、间接责任和相对责任。

第二圈是有限能力，即政府构建社会保障体系的能力是有限的。从政策、财政和人力资源三个角度对政府能力进行实证分析，就可以发现政府提供社会福利的能力是有限的，这将影响社会保障公共政策和福利计划的设计、制定和执行；接下来研究的就是如何鉴别政府的社会保障行为，该做什么和不该做什

① 欧文·E·休斯. 公共管理导论（第二版）. 北京：中国人民大学出版社，2001. 287

么；如何提高政府能力，以确保政府承担相应的责任。

第三圈是治理机制，即政府与非政府组织握手的文化和制度安排；政府进入市场散步的文化和制度安排（包括对非政府组织的依法授权、建立合同伙伴关系、公共服务项目外包、购买私营服务）。在现代社会里，构建“政府与非政府握手”和“政府进入市场散步”的文化与思想、运作机制和治理模式是本理论模型的自变量，以提高政府能力和强化政府责任；也是建设现代服务型政府的必然路径。否则，有限的政府能力将成为政府实现构建社会保障体系的责任的限制性因素。

“政府与非政府握手”强调政府与非政府之间的文化培育，即合理处理自由与适度管制关系的文化。不能再用官僚文化管制非政府组织，引导非政府组织向官僚组织靠拢；也不能放弃政府的原则，搞无政府主义；在政府和非政府组织之间培育的文化是公民社会的文化。

“政府进入市场散步”强调政府依法行政和市场规则健全，使政府得以进入市场。传统政府理论是远离市场，现代政府需要进入市场，但自身清廉和健全的市场规则是政府进入市场可以“悠然自得地散步”，而不破坏市场规则的前提条件。

第四圈是提高能力，即通过完善治理机制强化政府构建社会保障体系的能力，从而实现其责任。政府可以通过依法授权的方式将部分社会保障品提供功能向非政府组织外移，通过合同的方式建立功能委托、项目外包和购买服务的合作伙伴关系，从而提高政府的社会保障能力。但是，这些委托和外包仅是公共服务功能的转移，不是政府责任的转移。

因此，不能简单套用有限责任政府理论界定政府的社会保障责任，区分全能政府或有限政府，并断定政府对社会保障应当承担有限责任（至少要将有限政府责任限定在支付待遇范畴内）。

5. 政府社会保障能力的有限性分析

5.1　政策能力的有限性

政策（特别是在政策优先于法律的情况下）和行政立法是政府的执政工具。政治动机和政府利益不可避免地影响社会保障的决策水平和执行效果。

（1）政治动机的影响

政治动机来自政党的执政纲领和政府的工作目标。政治动机可以是推动社会保障事业发展的动力，也可能成为阻力。

基于不同政治背景的决策者对社会安全和社会保障问题的认识程度不同，政府介入社会保障的程度也不同。如果将保障社会成员和劳动者的基本生活看做是执政党的生命和政府的首要职责，那么这个政府将会积极主动地为社会成员提供保障，反之情况就会有所不同。例如，第一部代表正规社会保险制度的立法《雇员医疗保险法》于1883年在德国问世，新马克思主义者认为这是俾斯麦政府要化解主要工业部门工人对政府的敌意和瓦解他们对社会主义的信任。不仅如此，国内外大量事实证明，政府常常因为社会条件发生变化而改变社会保障政策，如伴随人口老龄化而放弃现收现付制养老保险计划；因失业率上升且惰于参加劳动的人增多而放弃失业保险计划等。

在法制社会条件下，执政党的政治动机需要与民众沟通，通过立法程序取得一致，颁布法律法规后付诸实施。在这个过程中，执政党的政治动机在一定程度上因附和民众要求而被矫正，政府的短期考虑和急功近利性也可以得到遏制；否则，过于政治化的动机和政府短期行为很可能阻碍社会保障事业的发展，将大量财政力量和社会资源用于政治目标，在社会保障制度建设上做表面文章大于进行体系建设；还可能由于政府的短期行为而忽略代际负担，提供过多福利承诺而没有财务支持计划，甚至盲目使用后代储蓄，给后代政府留下难以补偿的负担和潜在危机。

（2）政府利己主义的影响

传统行政学认为政府需要远离市场，以维持利他性而根治利己性。如今政府需要与市场相结合，为遏制政府的利己性，对依法行政和市场规制的要求更加严格。否则，政府的利己性将通过以下几个方面表现出来，并阻碍社会保障制度建设：

第一，授权不清和监督不利导致寻租（中国有“设租”的提法，其直接成本大大低于寻租）。

第二，由于短视和急功近利而阻碍社会保障长期规划，或者以短期行为抵制长期规划。

第三，中央和地方之间责任难以界定，互相推卸；或者可能出现中央点菜地方买单，或者只有点菜人，无人买单。

第四，政府部门利益冲突，在政府部门分体决策的体制下这个问题将十分严重。

政府的利己主义表现在基于寻租需求而发生的部门利益上，即优先考虑和极力维护部门利益。中国社会保障领域屡禁不止的“五龙治水”现象就是明显的证明，1998年结束了劳动部、人事部、财政部、卫生部、民政部、保险公司等多部门分管社会保障事务的局面，成立了国家劳动和社会保障部。但是，事隔数年这种现象又有所回头，导致行政成本加大，服务效率差，令参保人苦不堪言，经办机构也感到“小马在拉大车”。

此外，政府利己主义不包括中央和地方以及地方和地方政府之间的利益冲突，因为这类利益冲突不完全是政府自身利益，还包括地区的经济集团利益和公众利益。政府利己主义不包括公务人员腐败，因为政府利己主义可以合法形式存在，后者是被法律禁止和制裁的。

5.2 财政能力的有限性

政府可以通过税收（包括普通税、特种税和社会保障税）和雇主缴费的方式为社会保障筹集资金，政府更应当建立公共财政和社会保障预算，依法将GDP的一个人民币用于社会保障，无论政党和政府怎样换届，这个人民币职能用于社会保障（一个人民币是有和无的关系，一个人民币与一个亿人民币是多和少的关系）。尽管如此，政府的财政能力还是有限的。如果税赋和缴费太高会降低企业竞争力和导致中产阶级的反抗，财政不能在任何时候都提供足够的资金来支持社会保障体系和确保福利待遇支付，然而，多种原因决定政府的社会保障支出越来越大（见图3—2）；其中教育、医疗和养老金支出占主要部分。以美国为例，在1998年的联邦财政支出中，老、遗、残社会保险占22.8%，医疗保健占20.5%，最低生活保障占14.7%。

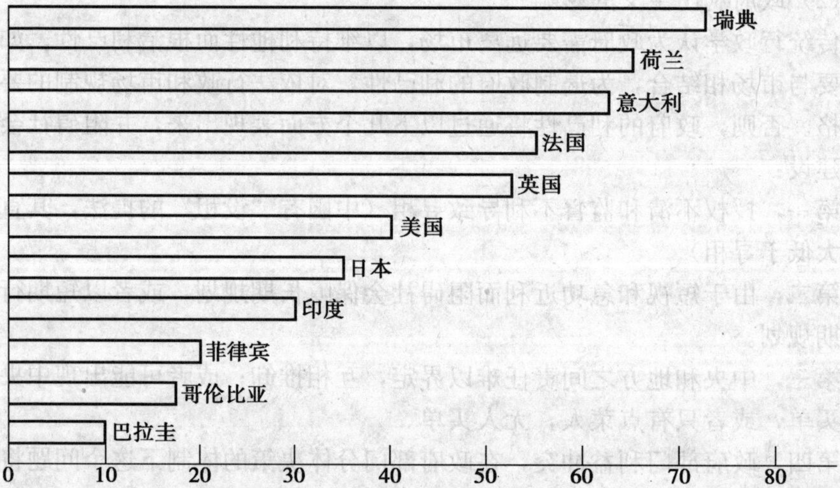

图3—2 政府支出占GDP的百分比

单纯依靠政府财政建立社会保障体系的选择越来越受到质疑，很多政府开始另辟蹊径。从表3—1显示的信息可以看出，欧盟国家政府均面临较重的养老金支付负担，其中英国状况比较好，原因在于自20世纪70年代以来越来越深入的福利制度改革。而奥地利政府和德国政府坚持政府补贴赤字的现收现付制的社会保障制度安排，支付负担非常重，其改革动作很小。

表 3—1　　部分国家的养老金支付压力

国家	养老金占 GDP		净债务占 GDP	
	1995	2030	1995	2030
奥地利	8.8	14.8	50	317
法国	10.6	13.5	35	165
德国	11.1	16.5	44	216
意大利	13.3	20.3	109	234
西班牙	10.0	14.1	50	159
英国	4.5	5.5	40	137

资料来源：Disney，Richard（1999），OECD Public Pension Programmes in Crisis，An evaluation of the Reform Options，Social Protection Discussion Paper 9921，The World Bank. p. 8.

伴随人口老龄化，各国政府理智地作出了新的选择。例如，新加坡政府在1955年的选择是“面对人口老龄化，政府不可能向人们提供足够的养老现金”因而推行了公积金和个人账户的制度。

5.3　服务能力的有限性

传统社会保障制度安排是由政府直接提供服务，在社会保障部（名称各异，社会事务部等）内设立经办社会保障日常事务工作的主管司局，直接管理基层经办机构，将公共服务作为政府行政的一部分。伴随公共服务需求不断增加，政府规模也呈不断扩大的发展趋势，一方面，公共部门财政支出和组织规模不断上升；另一方面，不断扩大的政府组织还不能满足日益增长的公共服务需求。由此迎来了政府“瘦身”改革和网络化建设。

经过20世纪70年代以来的政府“瘦身”运动，很多国家政府以“小政府”的姿态出现，限制官僚机构的扩张，在官僚体制之外依法建立了公共服务系统，如美国的社会保障总署、新加坡的公积金局、澳大利亚的中央连接机构等，还有各类具有监督监管职能的委员会，这被称为新型政府的一部分（中国的事业单位是个混沌概念，不能与之相提并论）。从20世纪90年代开始，政府逐渐进入电子政务时代。公共服务机构开始通过网络办公，大大提高了办公效率；一些改革比较彻底的国家很快进入了网络型政府的建设时期，按照客户需求进行人和机构的重新安排，以便向公众提供“一站式”服务。政府的服务能力和执政能力大大提高。即使这样，政府的人力资源不可能与增长的公共服务需求成正比例地发展下去。

6. 三圈理论和服务型政府再造

6.1　三圈理论与公共选择

针对政府能力的缺陷，达奇的三圈理论①（见图 3—3）具有实用价值，对指导政府理念变革具有启发。所谓三圈理论，即将公共选择中的价值、能力和支持各设为一个圈，设定改革选择的追求目标为三圈重合区，并根据世界体育竞赛用品的名牌冠名为耐克区。如果公共价值、能力和支持出现最大的重合，该公共选择即进入三圈交界区域，即耐克区。进入耐克区的公共选择应当具有三个最大化的特征，即公共价值最大化、社会支持最大化和执行能力最大化；因此，进入耐克区是公共选择的目标。三圈理论将价值、能力和支持融为一体，为人们进行公共选择提供了一种思维方式和检验公共政策与公共管理可行性即质量的评价机制。本节将运用达奇三圈理论，探讨解决政府社会保障能力不足的理论模型。

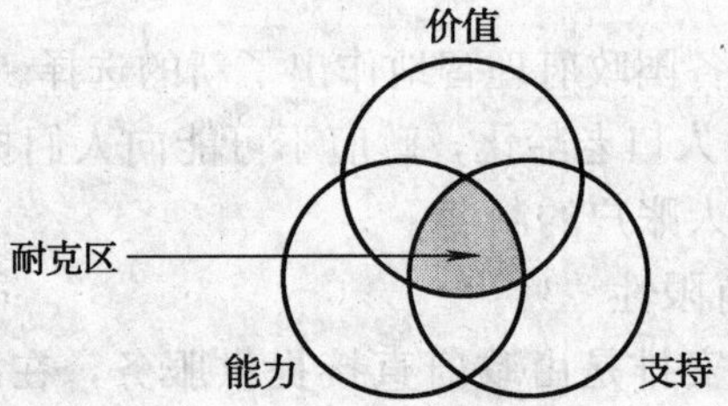

图 3—3　三圈理论

（1）公共价值

公共价值应当是符合社会公众需求和社会进步发展趋势的判断、选择和决策。首先，要充分发现一项政策和改革方案的利益相关者，并对其进行排列以及利益获取和缺失的判断，如多数人和少数人的判断和选择、穷人和富人的判断和选择、公平和效率的判断和选择；其次，需要基于一定的社会文化、经济发展水平和政治目标做出具有公共价值的决策。政府失灵的表现之一即改革选择失误，失误的公共选择必将侵害公众和某社会群体的利益，其公共价值值得怀疑。

（2）执行能力

在公共价值观确定之后，需要检验经办机构的执行能力，政府失灵的表现之二即执行不力。执行能力包括正确执行、充分执行和有效执行。正确执行指经办机构及人员对法律、政策和方案的准确理解、忠诚程度和贯彻能力，也涉

① 达奇，哈佛大学肯尼迪学院教授。其倡导的三圈理论，即价值圈、能力圈和支持圈的有效结合，以及在动态中追求耐克效应（重合）的理论。

及法律和政策的权威性和实用性。充分执行指全面地、不折不扣地贯彻法律和政策。有效执行指以最低成本提供高质量和数量的服务，实现政府绩效目标。公共服务需求在增加，行政成本在降低，政府的执政能力必然陷入困境，政府需要获得外部资源。

（3）获取支持

在承认政府执行能力有限的条件下，如何获得支持是政府能力建设的关键，这种支持来自政府的外部和内部。外部支持来自非政府组织和市场，内部支持来自人员选择和学习型团队。具有公共价值的选择才能获得来自外部和内部的支持，从而提高能力。

基于三圈理论分析政府社会保障的责任。首先，建立健全社会保障体系的公共价值是明显的，不容置疑的；其次，政府能力不足需要动员社会力量和发挥市场功能来补偿，从而提高政府的社会保障能力，强化国家对公民的社会保障功能。因此，解决政府社会保障能力不足的理论模型为：保障→支持→能力→保障。保障即以全民保障为目标，建立健全社会保障体系；支持即建立政府与市场相结合的运行机制，以提高政府构建社会保障体系的能力，包括政府构建社会保障体系的财政、组织、服务的能力。

6.2　服务型政府再造：从“小政府”到“绩效政府”

从西方政府“小政府”到“绩效政府”改革的经验和教训中，可以发现服务型政府构建的轨迹，看到官僚政府体制在IT时代遇到的挑战和政府改革的力度和艰巨性。

小政府改革始于20世纪70年代末期，在80年代达到高峰。小政府改革的目标不仅在于缩小政府规模，更在于改变政府理念和结构，以应对知识经济和经济全球化竞争时期的公共服务需求。90年代中期以后，政府改革已经不能局限在理念、规模和架构上，而是开始追求结果，即再造绩效政府。

（1）小政府改革后的新型政府组织结构

1）小政府改革的社会背景。20世纪70—80年代以后，人类开始离开后工业化时代而逐渐进入IT时代。生产工具的变革导致人们生活和生产方式的变革，经济全球化使竞争更加激烈，公共服务需求随之增加和变化，对官僚制政府提出了挑战。经济学家奥斯特罗姆在20世纪70年代初指出，组织有两种对立的形式，即官僚制和市场。在奥斯特罗姆的眼里，官僚组织相对于市场选择是低效率的。官僚行政模式缺乏竞争、消费者主权和低成本选择下的激励。许多当代政治经济学家以经济理论导出的范式，向传统行政理论的许多基本假设提出了挑战。

2）小政府改革的目标。①实行分权制，包括功能、责任和财政的向下分权，在中央和地方之间强化地方政府的服务功能，在上级和下级之间强化下级政府的服务功能：②政治与服务分离，一方面，对官僚内阁政府实行精兵简政，强化其政治决策功能；另一方面，依法建立独立的公共服务部门，强化其公益受托人的法律地位和服务功能。

3）小政府改革的结果。一个由官僚决策组织和网络服务组织两个系统构成的新型政府出现了，具有如下特征：①政治（决策）和服务功能分离，在分离的基础上进而实现相互协调的效果；②官僚组织和网络组织分离，基于官僚组织强化政治功能；基于网络组织强化公共服务功能，具体说，在掌管财务的公共服务组织和具有决策权的政府内阁之间应当保持距离，以此支持钱权分离的组织原则，避免在公共组织内可能发生的道德风险，并在分离的基础上实现相互补充的效果。③委员会制的特性组织出现，它位于官僚决策组织和网络服务组织之间，依法建立和依法行为，其功能在于建立标准和实施监督。这样，以客户为导向的、前端服务提供的新型政府部门被建立（见图3—4）。

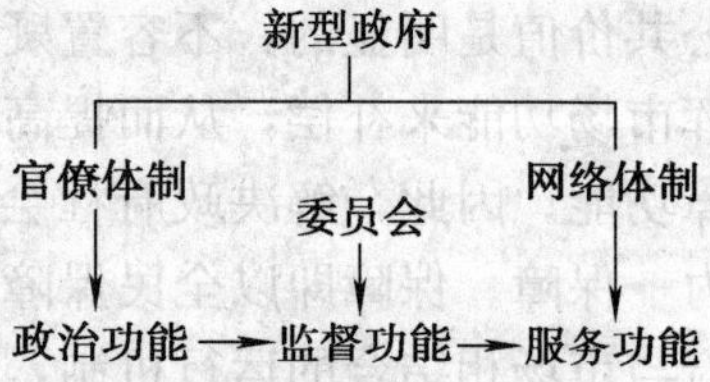

图 3—4　新型政府的双重结构

在美国，1978 年颁布《文官制改革法》和实行分权改革，包括削减政府规模、简化办公程序、压缩政府直接服务等。联邦政府的组织结构包括总统办公室、内阁部长系列、独立经办机构和政府公司等。在新加坡，新型政府由内阁部长系列和法定公共服务机构组成。在新西兰，新型政府由内阁部长系列、兼顾政府和市场特征的委员会、法定公共服务组织构成。

（2）绩效政府改革后的服务型政府

1）绩效政府改革的社会背景。20 世纪 90 年代中期以后，网络向社会生活的各个角落渗透，公司和单位的围墙被冲破，微观经济学理论和管理科学开始向公共领域传播，并得到很好的应用，如标杆管理和绩效管理等。社会生产力发展到可以评价公共项目的阶段，政府的地位和角色都在发生变化。首先，面对经济全球化的竞争，政府具有 CEO 的特征，是一个民族自强于世界民族之林的领导核心；其次，政府具有学生的特征，其工作业绩可以被评分，甚至被在全球范围内进行排队，人民需要有质量的政府。政府需要以其优质的工作绩效在政党政治和公共服务之间生存，并有效实现两者的联结。

2）绩效政府改革的目标。政府要在理念和价值观上接受公民化和市场化，以得到支持和强化自身能力。①公民化，政府以提供公共服务为己任，但不是唯一提供者，对构建公共品的提供机制承担责任。②市场化，政府需要具有保障市场经济健康运行的责任和能力，但不是市场经营者。因此，政府的角色是可以促进企业发展和保障市民生活的责任主体。

3）绩效政府改革的结果。一个具备“政治执行力和公共服务能力”的两强政府出现了，其具有如下特征（见图3—5）：

①政治功能和服务功能分离的基础上，政府的服务部门得到强化，其组织体制按照网络结构进行了人和机构的重新安排，出现了网络体制的电子政府，以一站式服务系统和具有服务意识的人员直接面对居民和企业，其工作被量化和指标化，其业绩可以被评估。以客户为导向的前端服务提供的政府部门得到强化；此外，有些国家建立了一些具有弹性的中间机构，如证券监督委员会，作为政府部门协调、行业自律和国家监管机构。

②在公共服务领域导入非政府组织和市场功能，一个以政府为主导的，包括公共服务项目委托、外包和购买等治理模式的公共品的提供机制得以完善，政府责任被强化，公共服务能力得到提高。

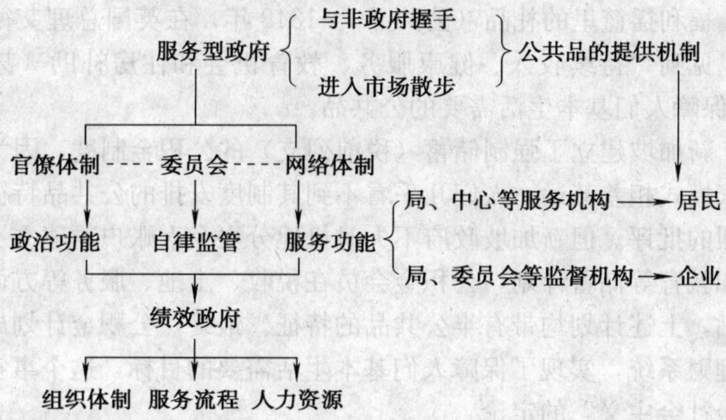

图3—5　服务型政府的组织结构和公共品的提供机制

以澳大利亚为例，社会保障中央联合机构是法定的独立的面对居民提供服务的组织。审慎人监管局即面对企业和市场进行指导和实施监督监管的组织，基于这类组织的功能，政府具备了公共服务项目外包和购买私营机构服务的能力。

7. 社会保障体系和治理模式

7.1　社会保障制度安排与福利目标

个人福利是基于一定的分配制度使人们获取的好处，福利的社会效用是使人的基本需要得到满足，从而有安全感和幸福感。这里有三个关键词，即需要、分配和安全（乃至幸福）。应当区别基于安全指数建立的福利制度和基于幸福指数建立的福利制度。福利国家的政治安排和国家福利的制度安排，其目标是很明确的，并以法律形式确定了下来，以下三点清晰可见：

第一，GDP 的一定比例依法用于社会福利支出。这一支出在英国的福利制度安排中十分明确，由此保障了福利国家的兴旺发展。而且，用于社会保障支出的比重越来越大，直到政府感到不堪负重。以 1996—1997 年的支出为例，GDP 收入为 7 490 亿英镑，社会保障支出为 3 090 亿英镑，占 GDP 总收入的 41%[①]。其实，各类福利国家和国家福利的制度安排和成果发展均证明，保持 GDP 的一定比例用于社会保障支出是执政党和政府福利思想的体现，是社会保障制度安排的基础，当然这需要有社会保障立法、公共财政社会保障预算制度的支持。

第二，检验社会保障的指标体系。国际劳工组织的《社会保障（最低标准）公约》将人们基本生活的安全性视为人的生存需要，福利分配原则和目标即保障人们的基本生活需要。并就什么是基本生活需要建立了风险指标体系、覆盖率指标体系和保障力度指标体系。

第三，福利摇篮里的礼品（公共品）。1848 年，在英国总理艾德礼的福利摇篮里可以见到“持续收入、健康服务、教育机会和住房补助（甚至包括食品）”四大保障人们基本生活需要的公共品。

此外，新加坡建立了强制储蓄（税前列支）的公积金制度，因为它与英国式福利国家模式相差甚远，人们几乎看不到其制度安排的公共品特征，因而曾经遭到激烈的批评。但新加坡政府不失时机地分立个人账户，建立了养老、健康、住房和教育等储蓄计划，公积金会员在税收、土地、服务等方面得到政府优惠和补贴，上述计划均带有半公共品的特征。最终，公积金计划成为保障终生安全的理财系统，实现了保障人们基本生活需要的目标，这个事实换来国际社会“基金社会主义”的定论。

综上所述，社会保障制度安排和目标，一定要与一个国家的社会发展水平、行政体制和文化相关联。

7.2 政府能力与社会保障体系

社会保障进入政府首脑问责范畴有一个很长的发展过程。总结全球政府举办社会保障的历史经验，可以用三段说进行总结，即风险保障项目阶段、风险保障计划阶段和风险保障工程阶段。

（1）风险保障项目（1601—1883 年）

1601 年，英国政府颁布实施了《济贫法》，对圈地运动后的贫民实施救济。在此之前，虽然政府也有赈济救灾之举，但从未颁布法律；《济贫法》标

① 尼古拉斯·巴尔. 福利国家经济学. 郑秉文等译. 北京：中国劳动社会保障出版社，2003. 8～9

志政府出于维护社会安全和维持统治秩序的需要，开始针对困难群体的特殊风险有目的、有计划地提供帮助，以履行国家义务。但是，在风险保障项目阶段政府所提供的帮助仅是一次性救济和临时保障措施。

（2）风险保障计划（1883 年至 20 世纪末）

1881 年，在俾斯麦的建议下，德国皇帝威廉一世颁布了《建立社会保险体系的皇帝诏书》，1883 年颁布实施了《雇员疾病保险法》，1884 年颁布实施了《工伤保险法》，1889 年颁布了《养老、残疾、死亡保险法》，1911 年上述三项法规被汇总为《国家保险条例》，载入史册，被称为俾斯麦社会保障模式。

俾斯麦模式是“保险（市场)＋雇主（资本)＋雇员（劳工)”三者有效结合的模式，避免运用革命手段的成本，与“枪杆子里出政权”相悖，用最低成本得到社会各阶层的认同，政府的政治风险和经济负担均最小化，因此已运行了 120 多年，其价值仍存。事实说明，从德国此时开始，政府已经具有针对特定群体的社会风险建立长期保障计划的能力，用社会政策和社会福利计划治理社会。此后，俾斯麦模式在欧洲及更多国家流行起来，中国的社会保障制度建设也深受影响。

（3）风险保障系统（20 世纪末至 21 世纪初）

风险保障系统不同于一次性保障项目和各自独立的保障计划，具有三个明显特征：一是针对各类社会风险的制度安排，二是多支柱的制度体系，三是一站式的服务系统。

1）各类社会风险的制度安排。根据国际劳工组织的《社会保障最低标准公约》，针对老年、疾病、失业、工伤、生育和家庭困难等社会风险进行制度安排，包括筹集资金、管理基金和支付待遇，并建立相应的社会风险覆盖率指标体系、人口覆盖率指标体系和保障力度指标体系。

2）多支柱社会保障制度体系。20 世纪 80 年代以后，越来越多的国家接受了建立多支柱社会保障体系的选择，在政府提供的基本保障的基础上，即第一支柱；鼓励或强制用工单位举办补充保障计划（员工福利），即第二支柱；同时鼓励个人进行风险储蓄，即第三支柱。第一支柱更多体现了政府的直接责任或者绝对责任；第二支柱和第三支柱属于非政府的制度安排，政府无需也不可能为此提供经济担保，需要通过市场进行审慎经营以确保基金安全和待遇支付，政府责任是打造受托人制度和安全运营机制，这被称为间接责任或者相对责任。

3）一站式服务系统。1997 年，澳大利亚建立了连接全国的中央社会保障服务机构。在此之前，法国的“高效合作合同”与“联合征收机构”以及比利时的“高速银行”等均开始运营，并显示出其极大的生命力。2004 年，在北京召开的全球第28届社会保障大会上，提出了“社会保障是IT的最大买家，IT要为社会保障量身定做”。事实证明，IT技术可以支持社会保障改革，以便实现其“成本最小化和服务功能最大化”的发展目标，世界各国政府都在利用IT技术和网络优势整合原有的风险保障项目和风险保障计划，实现社会保障管理和服务的网络化，即系统性、综合性的社会工程。在这个系统工程中有三个核心词，即社会保障卡、个人账户和社会保障服务系统。

然而，建立一站式服务系统必将涉及政府各部门之间既得利益的整合和功能的协调。涉及国家公共财政、政府工作目标和公共组织体制的建设等问题。政府首脑要对社会福利资金筹集和待遇支付承担可以量化的责任，然后再通过政府部门执行财政支付（如国家财政部）和社会保障服务（如国家社会保障部）的责任，社会保障指标将成为其任期内的考核内容。例如，北京市政府在2005年的规划中向市民承诺加盖700个公共厕所，北京市民说：“能在2005年看到350个新盖的公共厕所，就可以证明我们有一个好市长。”

7.3 政府社会保障责任的分解

政府是社会保障体系的设计者、建设者、监督者，甚至是最后担保者，那么，政府如何有效承担这项责任呢？从俾斯麦社会保险模式中可以得到很多启发。

计划经济体制下的全能政府已经被实践所否定。基于西方政治哲学和自由主义形成的有限政府理论自有其道理，但有待于与中国实际结合再做定论①。基于公共管理理念政府大小被分为“最弱”“最低限度”“福利国家”“掌舵人”等模式下的政府。诺齐克主张“最弱意义的国家”，政府职能仅限于防止暴力、偷窃、欺骗和强制履行契约等功能，征税必须保持在最低的水平，任何比这种功能更多的国家都会侵犯人们的权利。哈耶克主张构建最低限度的政府，政府可以建立保障竞争性市场正常运转的法律框架、实施强制义务教育、保持经济稳定和防止大的衰退、管理外交关系与国防，他强烈反对政府的再分配功能，只主张有限的济贫功能。福利国家理论不仅主张政府要保护产权，履行济贫、义务教育等最起码的公正职能，而且主张政府建立福利国家体系，实行国民收入的再分配。“掌舵式政府”是20世纪70年代后期适应知识经济时代要求而提出的政府职能理论，认为政府的职责是“掌舵”而不是“划桨”，政府应该集中精力提高国家国际竞争力，发展教育、高科技；政府的其他非核心职能如公共事业等，都可以由民营企业和非政府组织参与提供。综上所述，界定政府需要就特定国家、特定领域和特定时期具体而论，政府责任、政府能力和政府

① 负杰．有限政府论：思想渊源与现实诉求．政治学研究，2005

规模是不同的问题。

根据政府和市场的关系，政府的社会保障责任可以分解为直接责任、间接责任和相对责任。分解责任的目的在于以更有效的办法获得支持和提高能力，进而强化责任（见图 3—6）。在市场严重失灵的地方政府需要承担直接责任，在市场可以发挥部分作用的地方政府可以承担间接责任，在市场比较成熟的地方政府仅承担相对责任。

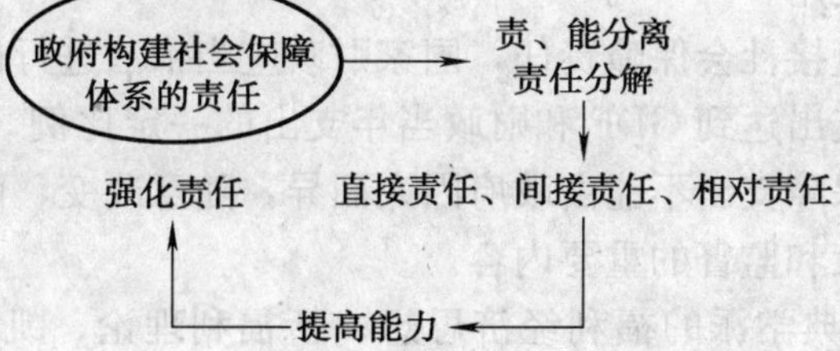

图 3—6　分解政府社会保障责任的理论结构

以住房为例，土地和可以用来建造住房的土地是有限的，要解决人人有房屋的社会问题需要政府的介入。为此，政府需要面对不同需求的不同能力的人群建立住房公共政策，如果将人群分为无收入和低收入、中等收入和稳定收入、高收入三类，政府的责任就可以被分解为如下三类：

• 直接责任：建立经济适用房以解决低收入和无收入群体的基本住房。

• 间接责任：制定福利售房政策（包括价格）和建立公积金计划（附带税收优惠政策）以解决工薪群体购房问题。

• 相对责任：规范房地产市场规则以促进房地产业的发展，为购买高档住房和社区服务的人提供安全交易环境。

（1）直接责任——政府是待遇支付的担保人

政府直接承担社会保障责任的理论依据。直接责任即在市场严重失灵的地方政府以直接提供福利的方式承担社会保障责任。基于政府的直接责任，社会保障的资金来源、基金管理和待遇支付具有一元性，政府责任包括筹集资金、基金管理、提供服务（包括支付待遇）。

政府直接承担社会保障责任的理论依据是公民能力，即公民中存在无能群体和无能时期，而市场对此无能为力。公民中的无能群体即指由于临时或终生缺失健康等原因导致基本生活自理无能。政府有责任针对他们的健康缺失做出弥补性制度安排，给予临时或终生的帮助，帮助的形式包括物质给予、服务行为和机会提供等。例如，国家颁布《残疾人保障法》，政府进行财政预算以支付残疾人生活津贴（需要区分全额与差额）；国家颁布《赈灾救助法》，政府提供财政预算以进行防火和救灾的制度建设；国家颁布《基本养老保障法》，政府对无收入来源的老人提供基本养老金；国家颁布《医疗救助法》，政府对无力支付医疗费用的贫困群体提供基本医疗救治服务。公民的无能时期即指部分公民在特定时期内由于特定原因出现基本生活自理失能。政府有责任针对公民的失能原因做出相关的制度安排，对其给予帮助以助其恢复能力。例如，建立养老保险和医疗保险计划，强制公民在有收入时进行养老和医疗的风险储蓄，以备老年和患病之用。

针对政府的直接社会保障责任，国家财政应当依法进行社会保障预算，使政府的社会保障支出达到GDP和财政当年支出的一定比例（如10%～20%）。国家财政的社会保障支出不能由政府因人而异，随意改变，而是国家权力机构议事、审议、决策和监督的重要内容。

基于庇古[①]古典学派的福利经济思想、新福利理论、凯恩斯现代经济学、社会民主主义福利思想的经济考虑，林达尔在《货币和资本理论研究》一书中赞赏中央计划经济，强调收入和财富均等和国家福利措施。希望通过政府改良政策把资本主义社会和平地转变为自由社会民主主义社会。经过20世纪30年代美国经济危机，克服贫困和发展社会福利的呼声很高。富兰克林·罗斯福总统提出福利社会化思想和原则：

1）福利保障是工业化社会的产物。

2）依据宪法政府承担社会保障责任，这是政府第一位的工作。

3）传统的社会福利模式必须改革。

4）逐渐完善福利保障社会化。

1935年，美国总统罗斯福签署了美国第一部《社会保障法》，开创了美国式社会保障模式。随后，《贝弗里奇报告》又强化了福利社会化理论和政府社会保障责任。1948年，英国首相艾德礼向全世界宣布：英国建成了面向全体公民“从摇篮到坟墓”进行保障的福利国家。总之，尽管制度设计和结构不尽相同，但政府在实现这些社会发展目标的过程中都扮演发动者和最后担保者的角色，并直接承担确保支付待遇的担保责任，这导致政府公共支出不断加大。

---

① 1920年，庇古的《福利经济学》一书在英国出版是福利经济学产生的标志。他承袭马歇尔（Marshall）的福利观点，受“消费者剩余”“生产者剩余”等新观念启发，提出“公民收益”概念，并假定社会福利特征为：（1）国民收入总量越大福利越大；（2）收入分配越平均福利越大。并据此研究社会福利增长和生产资源最佳配置问题。其假定根据是边际效益递减理论，而这一理论的成立以效用对个人的可比较性为前提，由于效用在个人之间无法比较而该理论基础发生动摇，经过20世纪30年代末期的一番争论，沦为旧福利经济学无人问津了。

1883年，德国颁布了《雇员医疗保险法》，基于雇主和雇员缴费建立医疗保险基金，由雇主组织和雇员组织自治管理基金，创立了缴费型社会保障制度，因其预先缴费而具有保险特征，故称社会保险计划。在这个模式下政府的责任就不那么直接了。

（2）间接责任——政府不直接做待遇支付的担保人

政府间接承担社会保障责任的理论依据。间接责任即政府以间接方式承担社会保障待遇支付的责任。由直接责任到间接责任是社会保障理念变革和制度创新，完善政府社会保障责任的结果。基于政府的间接责任，社会保障资金来源、基金管理模式和待遇支付均具有多元性，包括国家责任、企业责任和个人责任。

政府间接承担社会保障责任的理论依据是公民能力、企业的社会责任、非政府组织的功能和政府能力的有限性。对具有抵御风险能力（如养老储蓄等）的公民，政府的责任是帮助他们理智地建立和管理自我保障计划。企业的社会责任体现在对劳动者的保护方面，政府有责任约束和帮助企业建立既有生产激励性又有生活保障性的员工福利计划，获取一举多得的收效。非政府组织在公共服务领域具有不可忽略的功能和能力，政府需要与非政府组织建立伙伴关系。

基于政府的间接社会保障责任，国家可以通过依法授权非政府组织成为社会保障经办机构，政府可以通过合同对社会保障项目进行外包或通过购买服务等方式与非政府组织建立委托代理关系，由此提高国家和政府的社会保障能力。政府的间接责任主要体现在构建治理模式上，在好的治理模式中实现政府和非政府组织的合作，从而提高政府的能力和保障责任，实现受益人利益最大化。

20世纪70年代以来，福利国家出现危机并导致福利制度改革的国际趋势。主要有三种社会思潮：①后福利国家思想主张将社会福利作为再分配的工具，不必遵循统一与平等的原则，管理方式和待遇标准可以多样化；②后福利社会论的核心在于福利设施私营化、福利制度非管制化；③福利国家改革论者反对私营化，主张保持国家管制和改革现存社会福利制度，减少普优服务和增加给予穷人的补助，在兼顾社会公平的同时提高其经济效率。此期间，社会保障制度建设朝着社会化、私营化、市场化和国际化的多方向发展，福利国家和非福利国家都在寻求所谓第二条道路，希望在自由放任主义与政府管制之间找到当代实现社会公平，完善社会保障的道路。在围绕公平与效率问题的争论之后，一种具有代表性的观点认为，20世纪单纯给予式社会福利具有消极性，主张在21世纪建立与促进就业相结合的积极福利政策，体现公平与效率相结合的原则。例如，在英国，布莱尔一再强调社会福利应以促进经济增长为目标，社会福利支出的增减要与就业机会结合起来，使社会福利发挥最大效用，避免浪费社会资源。

一个授权与代理的社会保障经办机构模式是新加坡的公积金局。1955 年，新加坡建立了公积金制度，强制雇主和雇员储蓄，并为每个参保人建立了个人账户，在传统官僚政府体系以外建立了公积金，即由具有法定性、垄断性的公益机构专门管理公积金。政府仅对公积金局的工作实行政策指导和执法监督。类似案例还有美国的社会保障总署、澳大利亚的社会保障中央连接机构、法国的社会保障联合征收机构和比利时的社会保障交叉银行（cross-road bank）等。这类机构是新型政府的一部分，代表政府改革的结果。另外，在俾斯麦的社会保险制度安排中，不仅要求雇主和雇员缴纳社会保险费，而且由雇主组织和雇员组织管理社会保险基金，政府的责任是参与、监督和最后担保支付，在全部过程中政府的责任具有间接性特征。

（3）相对责任——政府不是待遇支付的担保人

政府相对承担社会保障责任的理论依据。相对责任即政府不对待遇支付承担担保责任，而是针对私营计划的特征构建安全运营机制，以确保受益人的利益。政府可以是私营计划的推动者和监督者。相对责任是相对于直接责任而言的，而由直接责任和间接责任过渡到相对责任是社会保障理念和制度的根本变革，是政府对社会保障私营化的反映和适应。基于政府的相对责任，政府不再为计划的资金筹集、基金管理和待遇支付承担担保责任，而是全力打造计划的安全运营机构，如养老金市场运营机制、医疗服务体系、就业促进机制等，以机制的有效性和安全性来确保参保人和受益人的利益。保障机制有效和安全的措施包括专门立法、税收激励、准入退出机制、全程监督监管制度、信息披露和报告制度等，这类制度安排通常被称为社会保障第二支柱或补充性保障计划。

政府相对承担社会保障责任的理论依据是信托理论、资产账户功能理论。委托理论和实践模式只解决了代理问题的一半问题，是不完善的代理；基于现代信托理论建立资产的安全托管机制，是代理理论的进化。养老金计划是产权游离时间最长的一种情况，非常需要安全托管机制，政府有责任打造养老金计划安全运营机制，以保障受益人利益。资产账户功能理论说明了资产积累的多种方式，特别是政策方式，以及通过个人账户进行资产积累的终生理财和社会保障功能，政府有责任通过政策手段帮助公民进行资产积累和管理个人资产账户。目前，很多政府正在深层介入社会保障第二支柱，制定更具激励性的税收政策、针对性很强的法律法规和账户系统发展规划，以强化第二支柱功能，弥补政府社会保障能力的不足，完善社会保障体系和实现政府的社会保障责任。

围绕政府与市场的关系形成以下几种观点：

1）市场亲善论，认为可以通过市场机制协调经济行为，政府提供法律和监督，另外提供市场失灵情况下缺少的产品。

2）国家推动发展论，把政府视为解决市场失灵的替代机制。

3）市场增进论，认为政府并非克服市场失灵的全能机构，其信息处理能力有限，政府是当事人的集合，需要与民间部门相互作用以形成有效的利益激励机制；有人称这是第三条道路。

美国政府对雇主养老金计划和雇主健康保险计划均不提供待遇支付的担保，而是积极构建受托人制度、计划管理的审慎人制度和健康的市场规则。智利在 1980 年离开传统的现收现付式养老保险制度，开始推行私营养老保险制度。依法准入私营养老金管理公司，作为个人养老金计划的受托人，全面托管个人养老储蓄。政府的责任是立法和监督，最后对缴费 20 年以上，由于积累和基金管理不到位而导致养老金不足者按照最低生活保障制度给予补贴。这类模式被很多拉美国家借鉴。这类模式推动了养老金市场的规范发展，创立了政府的相对责任模式，即全力打造养老金市场和医疗保险市场的安全运营机制。以市场运营机制的安全性和有效性来保障待遇支付，但这只能是一个目标和相对实现效果，没有绝对结果，即一种相对担保责任。

综上所述，政府可以以下三种态度处理社会风险事务：

1）对无自我保障能力的公民提供直接帮助，包括教育、信息、机会和物质（包括现金）。

2）对有自我保障能力而不够理智的公民实行鼓励政策和强制措施，让他们各尽所能、履行义务，在必要时提供间接帮助，如补贴。

3）对有自我保障能力且理智的公民，鼓励他们通过市场竞争方法，以“最低的成本和最高的效率”来解决问题，政府参与立法，并作为市场的发动者、立法者和执法监督者，以打造安全运营机制的方法提供相对帮助。

7.4　政府社会保障责任的整合性

分解政府社会保障责任和能力的目的在于透视和强化政府的社会保障能力，从而强化政府的社会保障责任需要合理整合被分解的社会保障责任（见图 3—7），以构建多支柱的社会保障体系。

整合三类政府责任可以有效利用财政投入（不意味着降低财政投入，还可能需要适度提高），最大限度地动员社会资源对社会保障的投入（例如，发达的银行账户系统完全可以抵消社会保障个人账户日常管理成本，国家的财力投入建立国家社会保障数据库）和最大限度地鼓励公民（包括法人和自然人）参

国家社会保障授权

↓

政府责任

- 直接责任：筹集资金、管理基金、支付待遇
  - 提供最低保障
  - 救助无能力公民
- 间接责任：
  - 建立参保人缴费型社会保障（社会保险）计划
  - 授权、委托、外包、购买服务，在政府以外设立经办机构
- 相对责任：
  - 鼓励企业和个人建立补充性保障计划
  - 依法准入和注册经办机构进入市场（养老金市场、医疗保健市场）
  - 依法授权用工单位和个人选择市场受托人
  - 政府全力打造安全有效的市场运营机制

图 3—7　政府社会保障多元责任的整合结构

与社会保障事务。由此可见，政府社会保障责任分解是构建社会保障系统工程的前提条件。

政府的三种态度和三类责任需要在健全的法治环境、合理的组织体制、统一的工作流程和具有现代公共管理意识和知识结构的人力资源的条件下得以实现，这对传统的官僚政府组织体制、权力本位的理念和服务、各自独立和分割的管理流程以及以追求权力最大化为人生目标的人员素质提出了严峻的挑战。

在市场经济国家，人们常常见到工人在罢工，警察在维护秩序。一条隔离线的两边是罢工工人和警察，在权利罢工的条件下，罢工工人可能走向雇主协会，也可能走向市政府，警察在很有礼貌地维护秩序；他们可能隔着隔离线与罢工工人聊天，了解工资增长情况以判断公务员的工资走势。警察为什么要维护罢工秩序呢？因为政府在任何时候都具有维护社会秩序和保障公民安全的责任。

8. 社会保障体系的治理模式

政府社会保障无限责任的假定一定是建立在科学的社会保障体系治理模式基础之上的。

在公共服务型政府的组织体制下，基于委托代理加信托的理论和实践，社会保障体系建设可以依赖新的治理模式进行设计和管理。这个治理模式由直接政府责任、间接政府责任和相对政府责任三类政府责任构成。

（1）直接政府责任

直接政府责任即政府承担资金筹集、基金管理和待遇支付的全部责任，即资金担保。以直接的政府责任方式，对无能力的公民提供直接的、基本的、低水平的帮助（可能是临时的），包括教育、信息、机会和物质（包括现金），建立最低社会保障制度，如最低生活保障和医疗救助。

（2）间接政府责任

间接政府责任即政府不直接承担资金筹集、基金管理和待遇支付的全部责任，即制度担保。政府可能通过税收优惠鼓励雇员和自雇人参加社会保障计划并履行缴费义务，或者通过部分补贴的方法支持特定的社会保障计划。政府不直接管理社会保障基金，而是通过授权制建立公共经办机构来管理社会保障基金，如法定的公益受托人。

(3) 相对政府责任

相对政府责任即政府不承担资金筹集、基金管理和待遇支付的责任，即机制担保。政府全力打造非政府保障计划（如企业年金）的安全运营机制，建立受托人制度，包括以“受托人资质审查（功能可以外保）和行为监督”为核心内容的准入和退出机制，从而达到以机制进行担保的目的。

表 3—2　　政府责任和社会保障治理模式

责任方式	治理模式
直接提供	政府直接出资建立国家基本保障制度 —财政支付 —建立基金管理及服务机构 —确保待遇支付
间接提供	政府不直接出资建立国家保障制度 —以税优政策鼓励参保雇主和雇员缴费 —授权法定公共机构或非营利机构提供服务 —外包由非营利机构或私营机构提供代理服务 —购买非营利机构或私营机构的专项服务
相对提供	非政府打造非政府保障计划的安全运营 —建立准入退出制 —建立全程监督和适度监管制

8.1　参与拟订社会保障发展规划和计划，并组织实施

基于宪法授权和执政党的委托，政府是公共利益的代表者和公共事务的管理者。因此，根据国家社会经济发展规划，提出社会保障发展规划和计划并参与拟订，在权力机构和议事机构通过社会保障发展规划后组织实施，是政府社会保障责任的具体内容之一；而且政府在拟订社会保障发展规划时具有重要的发言权。在法制国家里，涉及国家和公民重大利益的事项必须经过权力机构讨论和通过，决策权不在政府一边，更不能由政府内的部门进行决策；否则，由于缺乏长期社会保障规划，而且短期规划和具体计划的决策停留在政府部门层次，一些关键问题难以达成共识和统一行动，常常因政府部门内耗拖延解决社会保障问题的大好时机。例如，20 世纪 90 年代，中国开始对国有企业进行改革，这是剥离国有资产解决老人养老金债务的大好时机，但由于未能达成共识

中国错过了这个时机。这样的决策机制当然不利于社会保障事业的健康发展。

社会保障发展规划是指针对社会风险整体特征和全体公民需要进行的具有长期性和系统性的制度安排，社会保障计划是指根据社会风险个性特征（如老年、失业等）针对特定群体需要进行具有可操作性的制度安排，如企业职工养老保险计划、医疗保险计划等。

政府在参与拟订社会保障发展规划和专项社会保障计划时，需要处理好以下三个方面的问题以避免政府失灵：

第一，妥善处理规划长期发展和执行近期发展计划的关系，为避免政府短期行为并干扰社会保障长期规划，政府不是长期社会保障发展规划的决策人，将这个权力归还权力机构和公共利益的议事机构。

第二，明确中央政府和地方政府的权力和责任，既要避免地方政府对中央政府的过度依赖，也要避免两者互相依赖导致责任缺位，以及地方政府之间的不合作导致的责任缺位，如由于各地社会保障信息不能共享，参保人不能异地转移其权益记录和待遇支付服务，其合法权益必然受到侵害，这是推进社会保障制度建设的最大阻力之一。

第三，杜绝权力错位和部门分割，即将社会保障管理与服务（最大的公共服务）误认为是权力管制范畴，按照传统官僚体制就社会保障项目划分和创设政府部门的权力领地，将社会保障体系分割为“各险分立”的局面，而政府各部门按照自己的利益设计和规划社会保障体系，甚至由于政府部门利益的冲突而搁置社会保障体系的整体规划。

以我国为例，新中国成立以来政府根据不同时期国民经济和社会发展计划，提出了社会保障的发展规划，有力地推动了我国社会保障事业的发展。第十个五年计划纲要第一次把“社会保障制度比较健全”列入我国国民经济和社会发展的主要目标，必将进一步推动这项事业的发展。劳动和社会保障部根据“十五”计划纲要，结合工作实际，提出“十五”期间劳动保障事业发展的总体目标，即基本建立起适应社会主义初级阶段生产力水平、符合社会主义市场经济要求、比较完善的劳动和社会保障制度，使广大城镇劳动者得到较充分的就业和基本的社会保障。

8.2 提出社会保障立法草案

社会保障发展规划需要法治环境和法制手段。首先，没有以国家政权为基础的法律强制力的约束，社会保障将无从谈起，社会保障法律是社会保障制度建立和不断完善的必要工具；其次，无论是政府主导型的社会保障，还是市场主导型的社会保障，高质量的法律工具可以降低社会保障运行成本，避免反复谈判和信息不对称交易的成本。在给定框架的情况下，私营部门的交易成本将降低，该逻辑同样适用于具有公共品特征的活动①。

在参与拟订社会保障发展规划和专项社会保障计划的基础上，提出社会保障基本法和专项计划法的立法草案也是政府社会保障责任的具体内容之一。首先，政府可以最大限度地代表公共利益，公共利益可以是大多数人的利益，也可以是不同利益相关者之间的均衡选择，欲保证社会保障法律制度的公平性，政府具有不可替代的角色和功能；其次，政府对社会保障制度建设负有财政支持和行政管理的责任，在起草社会保障法案和专项计划法案时，政府可以从实际出发提出建议，以保证社会保障法律制度的可行性，政府具有不可替代的角色和功能，应当具有提出立法议案的发言权。

但是，应当强调的是政府的整体性，不是政府部门，一定要淡化政府部门的立法角色，以避免政府部门利益干扰社会保障立法的进程和质量。

8.3　建立社会保障财政预算

社会保障的初衷是通过再分配创造社会公平。至今，虽然社会保障理论和实践都有了新的发展，但这个初衷仍然是社会保障制度建设的基本原则。

筹集资金是社会保障的核心问题和制度建设的第一环节。政府的社会保障责任之一是建立财政预算，适时调整社会保障资金投入以维护社会公平。从社会保障在全球的发展历史来看，财政支付是社会保障的主要资金来源或第一资金来源。主要资金资源指以财政支付为主建立社会保障制度，第一资金资源指在财政支付的基础上，还有缴费和其他资金来源。总之，政府对社会保障的资金投入是建立社会保障的基本条件。具体情况可以参见表3—3，政府投入占社会保障总收入的比重在很多国家都比较大，均在1/3以上。

表3—3　　部分国家政府投入占社会保障总收入的比重（%，1991—1996年）

国家或地区	政府筹资	缴费	资本收入	其他
新西兰	95	1	3	1
丹麦	88	9	3	0
巴基斯坦	73	10	6	10
加拿大	64	26	10	0
冰岛	63	37	0	0
瑞典	56	44	0	0
芬兰	49	51	0	0

① 迈克尔·迪屈奇. 交易成本经济学. 北京：经济科学出版社，1999.217

续表

国家或地区	政府筹资	缴费	资本收入	其他
罗马尼亚	46	54	0	0
以色列	45	46	7	1（非公务员）
美国	39	48	13	0
阿根廷	34	66	0	0
泰国	32	47	—	21
智利	29	29	41	0

资料来源：ILO在此期间的各国社会保障支出调查①。

中国社会保障收入以缴费为主，政府投入占财政当年支出的11％～15％（2002—2005年），是一个比较低的比重。以财政支付程度来判断，政府的社会保障责任尚没有到位。

加大社会保障投入是中国政党转变发展观和中国政府转变职能的重要标志之一。政府实现职能转变，要真正转变观念，树立政府是社会保障最后责任主体的意识，不能仅仅从眼前的经济效益来考虑社会保障，而是要从改革、发展和稳定的大局出发，统筹考虑政府对社会保障的资金投入，从而形成用人单位和职工个人共同负担的，可持续发展的社会保障资金筹集制度。在安排、计划年度财政预算的总盘子时，根据社会保障各个项目的需求，把当年的社会保障资金打入、打足，并与财政收入挂钩，列入社会经济发展计划和公共财政预算，向全国人民代表大会报告和建立向社会公平的信息披露制度。近年来，中央政府高度重视社会保障，大幅度增加了对社会保障的资金投入。社会保障支出占财政支出的比例将逐步达到15％～20％。

国家财政社会保障供款主要用于以下四个领域：

1）制度建设，主要指创立某项社会保障计划（特别是国家基本保障计划）的基础性投入，包括人力、行政和系统建设的投资。

2）基本补偿，主要指对纳税人或者全体公民建立基础养老金计划、基本医疗计划的最低投入。

3）社会救助和补贴，主要指对持续收入有困难的群体（包括无收入、低收入和收入不稳定）支付的各类福利待遇、津贴和救济金，如居民最低生活保障；对相对低收入群体给予补贴，以维护社会公平。

① Colin Gillion等．全球养老保障——改革与发展．杨燕绥等译．北京：中国劳动社会保障出版社，2002.581～582

4）转制成本，主要指由于社会保障制度改革给利益相关者带来的基金损失需要由政府承担补偿责任。例如，从没有积累的现收现付制养老保险计划转向以预先积累为前提的储蓄制养老保险计划，就会涉及制度老人（改革前已经退休，却没有积累的人）和制度中人（改革前参加工作，改革后若干年退休的人）的利益缺失，这种利益缺失是推行新制度的隐性债务和转制成本，如何筹集资金弥补他们的利益缺失是推进制度改革的前提条件，也是政府不可推卸的责任。

8.4　建立高绩效的社会保障经办机构

社会保障经办机构是服务型政府的一部分，不是政府之外的公共部门（不是中国的事业单位）。应当根据钱权分离的防范道德风险的基本原则，依法建立社会保障经办机构（公益受托人），并依法确定其公共服务职责、服务流程、行政费用和人事制度，该经办机构依法对政府首脑和人民代表大会负责，该经办机构必须保持独立性、安全性和有效性。

政府的相关决策部门对其具有指导和协调的责任，不得直接干预其人、财、物和服务流程的制度安排。

8.5　建立“一站式”社会保障服务系统

建立“一站式”社会保障服务系统，即账户到人、服务简便，个人权益携带方便。实现一站式服务目标需要进行技术革命和政府组织体制革命。

技术革命指引用IT技术构建社会保障服务系统，建立以“个人社会保障卡、个人社会保障账户和社会保障服务系统”为标准的社会保障服务体系。社会保障是21世纪IT技术的最大买家。

技术革命目标的实现依赖于政府组织体制的改革，这需要政府发动组织体制的自身革命，从立体的官僚组织体制向扁平的网络型组织体制变革。在这场政府组织体制改革中，需要公务员放弃部门和个人的既得利益，树立服务观、绩效观和全局观。

8.6　社会保障执法监督和适度监管

社会保障政策的贯彻执行，特别是社会保障基金的运营，离不开强有力的监督监管。政府作为政策制定者、立法参与者和公共计划设计者，都应该在社会保障监管中发挥举足轻重的作用。即使在社会自治性比较强的国家，有准官方或非官方的专门监管机构和社会团体的监督机构，政府的相关职能也是无法替代的。

政府监管不等于全面管制，即使对于风险较大的私营养老金计划需要全程监管也不得采取全面管制方式。适度监管原则是管制与自由之间的选择。首先，需要认真处理与受益人监督、行业自律、专业审核和社会舆论的关系；其次，需要充分利用IT技术和信息披露的功能，以实现有效的监管。

政府可以直接设立监督机构，如政府机构内设的审查和稽查部门；也可以间接影响非政府的、独立的和专业性的监督机构，如向其派出特派员。具体监督内容和事项包括社会保障税费征缴情况、社会保障资金运营情况、社会保障经办机构服务情况、受益人社会保障待遇支付情况等。通过对各个环节的监督检查，维护参保人的利益，保证社会保障制度健康运行。

8.7 其他作用

当然，政府还可以为社会保障事业做出其他努力，如国际交流和社会动员等。例如，通过适当的税收优惠政策提高单位或个人参与社会保障的积极性，通过积极的劳动工资政策刺激就业以减轻支付失业保险金的压力，通过适当的补贴政策鼓励用人单位组织在职培训以提高劳动者的素质等。

9. 社会变迁与政府责任的进化

20世纪70年代以来，伴随生产工具和生产方式的改变，人们关于福利和社会保障制度安排的困惑和争论多了起来。社会保障理论工作者（20世纪末期至21世纪初期），一方面，在不断重温传统福利经济学的真谛，另一方面，在思考和梳理新的福利需求和各异而又丰富的社会保障制度安排，力图从中找到答案。

9.1 社会再度变迁

计算机技术和网络管理的广泛应用引起社会的再度变迁。IT技术的广泛应用和网络功能的不断扩展缩短了人与人之间的距离，国际旅程的飞机行程时间缩短了，世界漫游电话便宜了，通信方式改变了，电子信箱和信息系统可以将全世界的人连在一起。因此，个体不再那样无能，共性不再替代个性，出现个性和共性交融发展的可能。人们可以通过分立账户的技术满足各项服务需求，在个人账户系统的平台上连接个人、社会和国家的关系；个人和组织对政府的依赖关系逐渐向合作关系发展，社会呈个性与共性交融的进化特征和发展趋势。

政府可以通过一个终身的个人账户，让人们将年轻时的收入的一部分积累起来（具有政府让利的税收优惠）或者购买房屋（具有政府补贴），用于老年的支出和消费。在时间和空间中的距离都在IT技术支持的网络中消失。

历史发展遵循“循环往复，不断上升，回到原点”的逻辑规律，当历史回到个性凸显的原点时，已经处在更高级的点上，即个性与共性的融合。因此，强化个人责任是很多福利国家进行社会保障改革，以减轻政府负担的选择。新的社会现象告诉人们，个人账户已不再仅是储蓄工具，已经成为管理社会工程的工具，伴随社会进步和政策安排而具有无限的功能。

9.2 政府责任的进化——帮助个人打理资产账户

20世纪50年代，新加坡建立了设立个人账户的公积金计划，政府开始帮助公民管理个人账户，使个人储蓄附带了政府责任，这引起很大争论，至今赞成者越来越多，被称为“基金社会主义”。如今，伴随生产工具和社会背景的变化，政府履行社会保障责任的方式在不断进化，出现个人责任社会化和政府责任个性化的发展特征。导致全球养老保障出现“三七开”的发展趋势，即政府直接承担30%的福利支付责任，通过非政府计划提供另外70%的福利，政府对非政府计划承担发动、促进、监督的责任。

(1) 自我保障收入（积累）标准

以养老保险为例，很多国家制定了老年生活自我保障收入标准。一方面，政府提供基本养老金，当人们达到退休年龄时，通过经济状况调查确定人们的养老储蓄情况，高于该收入标准的人依赖个人账户资产养老；低于该收入标准的人可以向政府申请领取差额或全额基本养老金。另一方面，政府通过法律和税收激励等手段，鼓励和帮助建立个人养老储蓄账户和养老金市场运营规则，以不断增加养老金积累和安全托管养老金基金。

(2) 美国的穷人资产

传统的西方扶贫项目以增加穷人收入为核心。20世纪80年代，部分美国妇女说她们难于“有所作为”，因为她们不能为长期目标（如更好的住房、教育或者启动小生意）积累资源。这引发了人们个人发展账户的提议。个人发展账户被建议为：普遍性储蓄账户；在出生时开始的；为穷人储蓄以达到一定额度；配额存款来源多元化；伴随金融教育；用于住房、教育、生意本金或者其他发展目标的投资储蓄。

自从资产建设和个人发展账户建议被提出以后，在美国成为社会政策有所发展。1996年《福利改革法》将个人发展账户作为州的一个可能选择。第一个政府资助的个人发展账户示范，《联邦独立资产法》（The federal Assets for Independence Act）于1998年成为法律。其他扩大个人发展账户的立法提上了美国国会的议程。在美国超过40多个州已经采用某种形式的个人发展账户政策。所有这些都显示出一种政策思维变化。在美国的人多数个人发展账户项目都非常小。如今西方社会政策已经开始转向帮助穷人积累财富以使个人、家庭以及社区得以发展，即推行面向低收入家庭的以资产为基础的社会政策——个人发展账户[①]。

① 迈克尔·谢若登. 资产建设在美国和世界各地. 资产建设与社会发展国际研讨会会议材料. 2005，清华大学大学就业和社会保障研究中心与中国社会科学院联合举办。

收入（作为消费的代名词）在福利国家一直是贫困测量方式。发展需要通过资产积累与投资来实现，新加坡的中央公积金则是在社会政策中通过资产来界定福利的最好范例。今天，仅仅通过收入来界定贫穷与福利受到质疑，以资产为基础的社会政策被重视。资产持有是长期能力的一种测量。作为国家政策，资产持有是社会投资的一种形式。以资产为基础的政策将使福利国家的社会政策从关注维持转向关注个体、家庭和社区的发展。在这一意义上，以资产为基础的政策是以收入为基础的政策的补充。以资产为基础的政策的目标应该是"包容"。"包容"是指政策应该使每个人进入以资产为基础的政策覆盖范围；以资产为基础的政策是终生的并且是灵活的；政策是累进的，为穷人不断提供积极性补贴；从政策目标考虑，能使资产积累达到一定水平。例如，以房屋所有权为政策的资产目标，就应当促进每个人积累足够资金的能力。

克林顿 1999 年在国情咨文演讲中提出普遍性储蓄账户的建议，他在 2000 年国情咨文演讲中又提出如下提议：

"数千万的美国人靠工资维持生计。尽管他们工作得很努力，他们仍然没有机会储蓄。极少数能拥有个人退休账户与 401（k）计划。我们应该更多地帮助所有的劳动家庭储蓄与积累财富。这是个人发展账户蕴涵着的一个思想。请把这种思想延伸到一个更高的水平，以使新退休储蓄账户能使美国每一个低收入与中等收入家庭为退休、第一处房屋、医疗急救或大学教育储蓄，我们提议给他们的存款以配额补贴，一美元配一美元，无论他们每年储蓄是多么小。"

（3）英国的儿童信托基金

关于资产为基础政策的一场严肃讨论始于 2000 年英国。在 2001 年 4 月一次主要的政策发展中，托尼·布莱尔首相提出建立覆盖全体儿童的儿童信托基金，并给予逐渐多的拨款。他也提出一个储蓄通道的示范，为穷人配额储蓄。布莱尔说道：

"通过改善技能与工作、提高生活水平以及改善公共服务质量，我相信我们已经在扩大所有人的机会上取得了重要的发展。但是我们现在想要增加第四种要素：更多的人获得资产与储蓄的益处，这样我们能把繁荣和机会传播到每个家庭和社区中。……我们想看到每个儿童长大后，知道他们在社会中有一个金融股本。我们想看到每个儿童都能有获得一块真正的金融跳板的机会，以获得更好的生活：更好的教育、更好的工作、更好的房屋……"

2003 年 4 月，布莱尔首相宣布实施儿童信托基金。从 2005 年 4 月开始，2002 年 9 月后出生的每一个新生儿童将获得一个账户。所有的儿童将得到至少 250 英镑的开户存款，处于收入下层的三分之一的家庭的儿童将获得 500 英镑。儿童信托基金将为儿童账户和终生的积累提供普遍的和逐渐增多的存款。

时任教育与就业部部长的布伦基特指出："我们正以一种不同的眼光看待福利国家——它重视资本和资产。"

（4）加拿大的社会经济

加拿大总理（2005 年）非常重视积极的扶贫政策和福利政策，并委托联邦政府社会发展部专人负责推动此事。具体方案和行动包括如下内容：第一，推行积极的扶贫政策，包括创造工作机会、提供教育机会、改善社会关系（基于人际关系理论，帮助穷人与富人群体建立社会交往关系，以得到更具体的帮助和改变他们的想法）；第二，关注个人资产，特别是对移民、残疾人、老单身、土著人等，帮助他们理财、进行子女教育储蓄（子女达到 18 岁以前是锁定账户）、建立购房理财计划等；第三，教育人们关注自己的人生过程，特别是处于人生转折点（如离开学校、结婚等）时期学习进行理智选择和最佳安排，以避免由此陷入困境。

（5）欧洲个人养老金账户（EPPA）

欧洲个人养老金账户是一个基于个人账户的职业养老金模型（见图 3—8），一个整合欧盟养老金市场和运作第二支柱养老金计划的操作平台。个人退休账户以及养老金资产的个人所有权是其关键特征，投资基金（以及其他金融产品和金融工具）可以作为养老金储蓄的工具，既具有某些欧洲国家现存的养老金计划的类似特点，也符合《欧盟养老金法令》的规定，适用于全欧洲，是公共和团体养老金计划的补充。该计划具有由 5 大特点组成的发展优势。

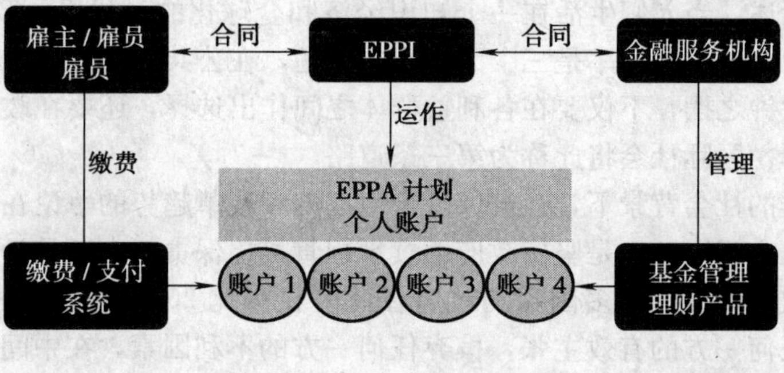

图 3—8　EPPA 计划系统模型

1）可转移性，从一个 EPPI 转移至另一个，包括跨国界的转移；从一个 EPPA 计划转移至另一个（例如，确定受益型计划）。

2）灵活性，投资方案具有不同风险收益特征和投资期限等。

3）安全性，资产保管和分散的要求。

4）透明度，清晰的成本及其他信息披露要求。

5）高效性，实行标准化运作，基于现有的基础发展规模经济和追求成本效率。

（6）布什的强化个人账户方案

20 世纪 90 年代以来，美国社会保障呈现出三大危机：一是医疗费用不断上涨；二是某些社会福利不当安排，加剧了家庭关系危机；三是老龄化趋势的发展，导致社会保障养老金的支付危机。

为缓解老龄化带来的冲击，美国政府已经通过法律逐步适当延长法定退休年龄；主张社会保障受益人用公司和个人所缴纳的部分社保税建立个人投资账户，投资证券市场，自负盈亏；对退休人员现行的社会福利不做担保，逐步减少政府直接支付的养老金负担，更多地由私人承担责任。这种政策实际上继承了里根藏富于民、以增加和扩大私人投资和消费、拉动经济增长的主张。布什政府期望该改革方案投票表决成为正式法律，把雇员交纳的 2％的社保税转移到个人控制的“个人投资基金账户”。其余 4.2％缴费和雇主社保税仍按原渠道用于支付社会保险待遇。

然而，美国政府为支付社保转型所需资金预计高达 2 万亿美元，势必加重政府的巨额财政赤字负担。而且，将社会保障基金中的一部分投入资本市场使之增值本身带有相当大的风险，既有可能使资本增益，也有可能使资本缩水，对于一个具有经济周期的国家来说，既有经济繁荣期的喜悦，又有经济萧条期的苦难，改革成败实在难以预料，这场改革对布什总统来说犹如一次政治赌博。

综上所述，当人们生活在一个知识经济和全球化的时代里，政府和市场、管制和自由、公平和效率是三个无休止的话题，在公共选择过程中制定政策与法律类似大钟之摆，不仅要在各利益群体之间作出选择，还要在政府和市场之间作出选择，国际社会将此称为第三条道路。

在这样的社会背景下，社会保障价值取向和改革趋势的争论在福利国家和新自由主义之间展开，是坚持政府继续承担直接担保责任，还是学会利用市场功能强化政府责任，很多国家的政府在此时显得比 20 世纪更冷静、更明智，即不放弃任何一方的有效主张，摈弃任何一方的不利因素，在中间寻找最佳的解决方案。

以原福利国家为例，英国在保留国民年金的基础上，利用“解约”的方式从推进政府管理的职业年金开始转向推动雇主年金，参保人积极响应；面对股票市场的低迷，部分参保人又返回政府的职业年金计划（2005 年）。澳大利亚拟订了养老保险中长期发展规划，预计在 15 年后将 70％老人依赖政府提供的国民年金生活的局面降低到只有 30％，让更多的人拥有富足的个人养老金账户。

一方面，政府在理智地规避自身风险的同时，为企业举办养老金计划，为市场中介机构（特别是金融机构）介入养老金市场大开绿灯。另一方面，个人责任和风险不断加大，而如今资本市场的不确定性在不断加大，个人分享信息和防范风险的能力却很弱，美国安然事件给了人们一个黄牌警告。

那么，如何平衡政府风险和个人风险呢？这是在绿灯和黄牌之间的选择。可以说：

首先，政府能力是有限的，通过委托代理和市场功能规避风险是政府的理智选择，但规避风险不等于逃脱政府提供社会保障的责任。

其次，强化个人积累责任和促进市场发展，尤其是培养机构投资者和市场安全运营规则，是非常必要的，是社会保障可持续发展同时增强国家竞争力的积极选择；但个人抵御风险的能力是微弱的，政府需要为不能承受这个风险的人提供最低保障。

最后，如果说社会统筹是 20 世纪的社会保障改革的成果，新型个人账户则是 21 世纪社会保障改革的成功。中国选择“社会统筹”与“个人账户”相结合的社会保障模式是明智的，关键问题在于如何界定政府在两个不同计划中的角色和责任。笔者认为，政府的责任是完善社会统筹，即承担直接责任；创造个人账户安全运营机制，即承担间接责任和相对责任。总之，在社会保障系统工程建设过程中，与社会统筹并行的个人资产和个人账户管理是 21 世纪社会的必然现象和改革亮点。

第四章 政府与社会保障的理论文献

社会保障自始即为政府责任的正规制度安排，其理论文献即人类关于政府社会保障责任争论和共识的记载，政府的责任和作用始终是个核心问题。

国内学者已经开始将社会保障基本理论与政府与市场、公平与效率、管制与自由三个不休止的争论关联起来。这三个核心问题与社会保障的关联性在于，在社会保障和社会服务供给领域，政府干预的范围和程度的问题。这一问题的规范分析一直存在不甚相同甚至大相径庭的立场，如古典自由主义与现代自由主义、保守主义与社会民主主义、新自由主义与第三条道路等；特别是20世纪70年代以后，西方政界和学术界关于分配正义问题持续多年的讨论更凸现了政府在这一领域角色的争议性。其实，这种争论一直伴随社会保障制度变迁的全过程，从民间自发的慈善救济到官方的济贫，从社会保险到福利国家，进而福利国家改革，出现“第三条道路”以及近来的私有化，理论演进与实践探索以一种相互对应的方式相联系。

政府与社会保障理论文献进化情况见表4—1。

表4—1 政府与社会保障理论文献进化情况

理论/思潮	瑞典学派	新历史学派	福利经济学	凯恩斯主义	第三条道路	供给学派	新自由主义
福利模式①或政策实践②	瑞典：社会民主主义的制度化再分配模式	德国：俾斯麦——收入关联型社会保险模式	英国：贝弗里奇——从“摇篮到坟墓”的普遍福利模式	美国：罗斯福——剩余型社会保障模式	英国：布莱尔——适度限制国家干预，调整公私关系	美国：里根——紧缩性、私有化的社会保障改革	英国：撒切尔——削减福利等，有剩余化趋势

注：社会保障基本理论散见于各学科庞杂的理论体系中，这里列出的只是其中对现实影响比较大的几支。此外，这里政府干预程度的划分是为便于理解而根据各理论本身的主张和其在实践中的作用所做的粗略的估计，并没有也不可能进行精确的计算。

① 关于福利模式的划分，国内外研究成果颇丰，可参见：郑秉文．福利资本主义模式的变迁与比较．北京：法律出版社，2003。郑功成．社会保障学——理念、制度、实践与思辨．北京：商务印书馆，2003。汪行福．分配正义与社会保障．上海财经大学出版社，2003。

② 一国社会保障政策的实践以及福利模式的形成受到很多因素的复杂影响，理论只是其中之一，且在各国的作用大小不一；此外，也并非仅受一种理论的影响。例如，第二次世界大战后，英国“福利国家”的建成与20世纪初工党对费边社会主义的接受有关。

以政府干预多少为横轴，本章围绕关于社会保障领域政府作用的理论流派在这条横轴上的分布，从左至右进行观察会发现，政府干预程度依次降低，个人责任增大，市场化趋向增强，效率得到更多的强调；而由右向左进行观察其结果则相反（见图 4—1）。这个分布恰与艾斯平·安德森对于福利国家模式划分的理论依据相吻合，即自左至右，“非商品化”[①] 程度增高，个人对市场的依赖度增大；反之，则是“非商品化”程度降低，个人对政府的依赖度增大。对照各个时期各国的政策实践，可以看到各理论思潮对社会保障制度构建和改革或多或少都有导向性的作用。

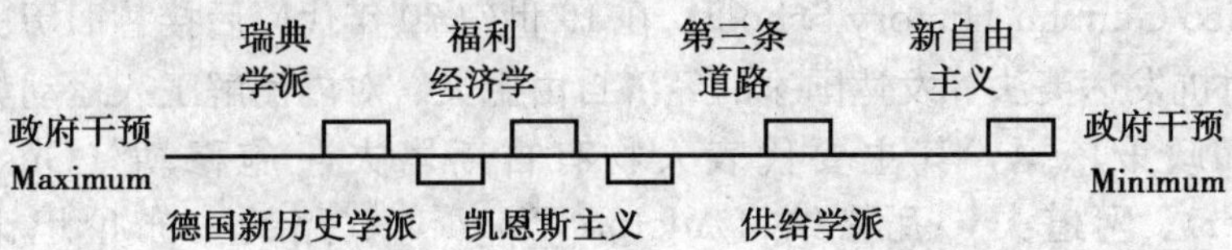

图 4—1　影响社会保障的思潮和学派

1. 社会保障——国家干预论

本节首先分析处于图 4—1 横轴左端的政府介入较多的国家干预论。德国是最早建立现代社会保障制度的国家，我们就以对德国影响较大的德国新历史学派开始；继而考察形成于英国的福利经济学，北欧的瑞典学派和对社会保障制度在第二次世界大战后世界范围内的确立具有里程碑意义的凯恩斯主义。

1.1　德国新历史学派

德国历史学派在对英法古典自由主义的拒斥倾向中产生。19 世纪前半期，一个强调自身民族独特性与经济政策中民族目标至上的“德意志国民经济学派”，成为这股出于政治成见和维护民族利益目的的反自由主义倾向的领军人物。1843 年，威廉·罗雪尔（Wilhelm Roscher）在柏林大学发表“用历史学的方法来论述国民经济”讲座后，该派获得了“历史学派”（History School）的别称。在 19 世纪的前 40 年中，德意志国民经济学派分别从约翰·费希特（John Fichte）、亚当·米勒（Adam Müller）那里继承了货币理论和“公益”思想，后者则奠定了历史学派的“国家干预主义”的理论基石。19 世纪 30—40 年代，以弗里德里克·李斯特（Friedrich List）为代表的“国家主义派”对历史学派产生了重大而直接的影响。李斯特所主张的“用历史的方法研究，

① 非商品化（de-commodification），指一个人可以基于权利而获得生计，从而独立于纯粹市场力量的分配，使得个人能够在必要的时候选择不工作，而不必担心失去工作、收入和一般福利，例如，人们可以要求医疗保险保证其在患病期间得到补贴和休息的权利，同时不失去原来的工作。参见：艾斯平·安德森. 福利资本主义的三个世界. 郑秉文译. 北京：法律出版社，2003。

不存在普遍经济规律，国家应该在经济发展中发挥主要作用”等观点在新旧历史学派中均可看到。

历史学派从方法上反对传统经济学的抽象演绎法、个人主义和孤立的经济分析，主张用历史的方法、根据具体的史料来发展相对的经济理论；从理论上强调民族的文化特性和历史发展的连续性，否认普遍适用的经济理论模式，反对自由放任，主张国家对经济进行干预，反对工人运动和马克思主义学说，赞扬阶级调和、和谐发展和社会改良等。

19 世纪 40 年代后 30 年中的历史学派代表称为德国旧历史学派[①]，新历史学派（Neo-German History School）在 19 世纪 70 年代以后接替旧历史学派成为对外对抗发达英法等发达国家的经济自由主义、对内消解工人运动势头的理论力量和政策依据，其主要代表人物有古斯塔夫·施穆勒（Gustav Von Schmoller）、阿道夫·瓦格纳（Adolph Wagner）、路约·布伦坦诺（Lujo Brentano）、威尔那·桑巴特（Werner Sombart），他们关于国家职能和社会改良的主张对正规社会保障制度在德国的首次建立可谓功不可没。

新历史学派继承了先驱李斯特“国家主义”精神和旧历史学派的传统观点，并有了进一步的发挥。其主要差异在于：

（1）从方法上，主张用历史统计方法代替旧历史学派的历史生理学方法。

（2）在理论上，不再否认经济规律的存在，但认为必须用历史归纳法探究规律；强调伦理、道德、心理等因素在经济中的作用，并以此分析社会现象；重视法律，主张国家用法律和政权进行积极的干预，建立社会的和谐。

（3）在实践上，突破单纯的理论思考，致力于社会改革，开始寻求影响政府决策层。1873 年，施穆勒发起“社会政策协会”，提出一系列社会改良主义主张，如工厂立法、劳动保险、劳资纠纷仲裁、某些行业国家化、限制城市土地私有权，以及财政赋税改革等，他们利用大学讲坛进行宣传，因此，被称为“讲坛社会主义者”（Kathedersozialisten）。阿道夫·瓦格纳（Adolph Wagner）的“国家社会主义”理论十分具有代表性，1873 年，他在一份给俾斯麦的上书中写道：“帝国政府不仅应积极推行社会福利与保险政策，而且直接的国家主导权和无所不包的制度化控制体系，应首先服务于这个国家经济和强权政治上的发展，并阻止经济与社会危机。”他们的主张符合当时德国社会背景下的政治决策层的胃口。

德意志帝国在 1871 年实现统一，清除了市场统一和资本主义发展的政治

① 旧历史学派的主要代表人物有威廉·罗雪尔（Wilhelm Roscher）；希尔德布朗（B. Hilderbrand）；卡尔·克尼斯（Karl Knies）。

障碍，加之在普法战争中胜利所带来的大量赔款和煤铁资源，德国得以迅速崛起，在19世纪末几乎可与英国分庭抗礼。与早期发展起来的英国不同，德国快速工业化的过程同时伴随着工人运动的蓬勃、德国共产党的建立和社会主义思潮的传播。社会结构变化和社会分化使社会主义工人运动不断发展，在1871年帝国国会第一次选举以后的数年中，德国共产党即社会主义工人党的席位逐年增多，这令资产阶级和地主贵族异常不安。俾斯麦恩威并施，在呼吁国会接受一项防止工人暴动的法案的同时，也强调将国家视为工人阶级为了自身生存的一种社会机构，乐于为工人谋福利，以此作为“消除革命的廉价投资”，以“争取”和“收买”工人，实现社会安定。这恰好与当时知识界异常活跃的新历史学派的国家观和改良主义政策不谋而合。俾斯麦接受了德国新历史学派的部分主张，承袭原普鲁士王国既有的社会政策形式——济贫、雇主责任制和保险，于1883年、1884年和1889年相继出台疾病、工伤、老年三项社会保险立法，从而建立起比较完善的社会保障体系。

作为德国社会保障制度依据的新历史学派的理论有两个基点：一是他们强调伦理道德在经济发展和劳资关系协调中的作用，认为劳资纠纷不是经济利益上的对立，而是感情、教养和思想上的差距引起的。因此，需用教育而非社会革命的方式来解决。二是他们认为国家是超阶级的、至上的，可以直接干预社会经济，并承担起提供福利的职责。基于此，新历史学派的主要改良政策主张包括：

(1) 国家不仅具有军事安全职能，还具有经济管理职能。

(2) 国家的法令、法规、法律至上，决定经济发展的进程。

(3) 经济问题与伦理问题密不可分，人类的经济生活除了满足本身的物质需要，还要满足伦理道德方面的需要。

(4) 国家应通过立法，实现包括社会保险、孤寡救济、劳资合作以及工厂监督在内的一系列社会措施，自上而下的实行经济和社会改革[①]。

德国新历史学派在19世纪70年代后主宰着德国经济界，其影响超越经济和社会领域，也越出德国边界，但在施穆勒和奥地利学派的门格尔（Carl Menger）之间著名的“德奥方法论之争”后，渐趋衰落，又由于历史学派“民族的国家主义”（the Nationalistic Etatism）同纳粹德国“国家社会主义”（the National Socialism）之间若隐若现的联系，以及更年轻一代新历史学派代表桑巴特与纳粹思想界接近，甚至对纳粹政权直接颂扬而多遭诟病，虽未消亡，也归于沉寂。但他们的部分传统为美国的制度学派所继承，其社会改良的

---

① 李珍主编. 社会保障理论. 北京：中国劳动社会保障出版社，2001.39

主张也为部分欧洲国家接受，成为西方资本主义国家初级的社会保障的思想基础。

1.2 福利经济学

1.2.1 福利与福利经济学

福利经济学（welfare economics）是西方经济学的一个重要组成部分，是从福利的观点对经济体系的运行进行评价的经济学。由于“福利的观点”包含价值判断的标准在内，即认为福利的“增加”即“好”，“减少”即“坏”，因而福利经济学也被认为是规范经济学的典型代表。所谓福利，是指人们对所获效用的心理满足，有个人福利和社会福利，经济福利和非经济福利之分。个人福利是个人获得的物质和精神的满足，社会福利是个人福利的总和。非经济福利指广义的、不可用货币衡量的社会福利，包括友谊、正义、自由、愉快等，而经济福利指可以直接或间接用货币尺度来衡量的社会福利。

1.2.2 福利经济学诞生的背景和标志

福利经济学形成于20世纪初的英国，以后在美国、德国和北欧国家得到广泛传播。国内普遍认为，福利经济学诞生于资本主义自由竞争阶段向垄断阶段过渡过程中，社会经济矛盾和阶级矛盾激化。19世纪末期，工业化迅猛发展，劳动力日益市场化，同时，传统社会关系被破坏，工人一旦失去工作和工资收入就会陷入既无自有资产、也无家族关系可以依靠的境地。难以预料的生活风险和孤立无援的处境迫使工人联合起来，进行争取经济、社会权利的斗争。统治者常常采取一些改良主义措施来安抚工人，这导致了德国社会保障制度的建立。这一时期，一些经济学家注重研究国内社会的福利状况，寻求改善之道，出现了一批主张国家出面举办社会福利的学者，例如前面提到的新历史学派。而在这个时候的英国，在对传统自由放任经济学进行部分调和的基础上，产生了作为社会保障制度重要理论基础的福利经济学。

1920年，英国经济学家庇古（Arthur Cecil Pigou）的《福利经济学》一书的出版，标志着福利经济学正式诞生。庇古因此被称为“福利经济学之父”。该书第一次将福利经济学作为一门独立的学科进行研究，系统地阐述了福利概念及政策应用，首次建立了比较完整的福利经济学的体系。庇古的理论以边沁及穆勒父子的功利主义为哲学基础，以马歇尔的消费者剩余论、均衡价格论和边际效用学派的边际效用价值论为经济思想基础，并吸收了霍布森的社会福利理论，论述“现代社会实际生活中影响经济福利的重要因素”[①]，以及如何增

① 庇古，《福利经济学》，1932，第11页。转引自：厉以宁等．西方福利经济学述评．北京：商务印书馆，1984.30

进一国乃至世界的经济福利，相对于20世纪40年代以后的福利经济学，被称为“旧福利经济学”。

1.2.3　福利经济学的思想渊源

1.2.3.1　哲学思想基础

福利经济学是以功利主义学说作为其哲学思想基础的。

一般意义上的近代功利主义源于基督教哲学，英国人威廉·帕利（William Paley）在《道德和政治哲学原理》中对“幸福”的定义是“快乐的总和超过了痛苦的总和”的状态。英国哲学家休谟（David Hume）对功利主义发展起了重要作用，他明确使用后来为边际效用学派和福利经济学家广泛使用的“效用”一词，并认为政府的目的就是增进“公共效用”①。真正被看做是功利主义这一道德哲学原则创立者的人是英国哲学家和经济学家边沁（Jeremy Bentham），他不仅界定了功利主义，还使之具有经济理论和政策的含义。边沁认为，个人理性会使人们趋利避害，如果个人能够自由追求个人利益，则必然会实现公共利益，即“最大多数人的最大幸福”，而这是“正确与错误的衡量标准”②，也是立法和制定政策的标准。由于只有个人才能对自己的苦乐有深切的了解，那么个人追求私利的行为就是正当的，且不应受到任何干涉。因此，国家不应干预私人经济活动，应该实行自由放任的政策。边沁的政府不干预个人活动的自由主义到了约翰·穆勒时代被折中了。

边沁的功利主义思想为英国经济学家詹姆斯·穆勒（James Mill）所接受，并在他的研究中与政治经济学结合起来。他认为，经济学的研究应该关心人的幸福，而资本主义的现实生活可以使个人利益与公共利益相结合。因而资本主义私有制下个人和公众都可以得到幸福。詹姆斯·穆勒的儿子约翰·穆勒（John Stuart Mill）仍然追随功利主义，拥护自由放任，但他所处的时代正是宪章运动、工会运动和社会主义思想发展的时代，社会矛盾日渐暴露，此时的穆勒思想中加入了改良主义成分，主张国家采取某些干预政策，缓和劳资矛盾，承担起直接或间接促进人民福利改善的责任。

穆勒去世后的三十几年中，边沁的“效用原则”被沿用，主观主义的边际效用价值论出现了，穆勒的改良主义又影响了马歇尔的经济思想，为福利经济学的创立奠定了理论基础。

1.2.3.2　经济学思想基础

（1）边际效用学派

① 唐士其．西方政治思想史．北京大学出版社，2004.325

② 边沁．政府片论．北京：商务印书馆，1996.92

边际效用学派是19世纪70年代到20世纪初，以边际效用价值论为理论基础的经济学学派，主要的创立者是英国学者威廉·杰文斯（W. Jevons）、奥地利学派的门格尔和洛桑学派的瓦尔拉斯（M. E. L. Walras）。

边际效用学派在方法论上反对德国历史学派，主张抽象演绎法。把人类社会经济生活归结为人的无限欲望和有限资源之间的关系，把人的欲望及其满足作为研究对象和出发点。这一方法论逐渐形成了以奥地利学派的门格尔为代表的心理分析派和瑞士洛桑学派的瓦尔拉斯和帕累托为代表的数学分析派两支。他们认为政治经济学的研究对象应从人与人的生产关系变为人与物的关系，即个人对消费品的主观评价。其理论核心是主观边际价值论，与萨伊的效用价值论不同，他们认为价值是人类对效用的主观心理评价，价值量取决于物品满足人的最后的亦即是最小欲望的那一单位的效用，也就是边际效用。而且，有价值的物品除了有效用，还很稀少。数学分析派还试图用微积分方法计算出“最大幸福”的具体数值。这种主观价值和幸福的计算使人们用边沁的功利主义来解释经济活动变得更容易，同时也影响了庇古对福利的界定和计量。

（2）亚当·斯密与马歇尔

福利经济学认为，完全竞争和一般均衡的市场体系可以实现资源的有效配置，在这一体系中，商品的价格等于其边际成本，生产要素的价格等于其边际产品价值。当每一个生产者出自自利动机追求利润最大化、每一个消费者出自自利动机追求效用最大化时，整个经济就是有效的。这一思想源自亚当·斯密（Adam Smith）著名的“看不见的手”原理，即自利的个人是经济活动的主体，这会产生交换的倾向和分工，斯密从人性—交换—分工三个方面构建了自己的经济理论体系，个人利己主义则是其理论的前提和出发点。斯密的理论为阿尔弗雷德·马歇尔（Alfred Marshall）系统阐述，并糅合了生产费用论等古典经济学的观点和19世纪70年代后的边际效用价值论，提出均衡价格论以及效用递减、消费者剩余概念等，创建了“剑桥学派”，也被称为“新古典学派”。

马歇尔以前的经济学家很重视商品供给和需求在价值决定问题上的重要性，但都有所偏颇。马歇尔强调供给和需求同等重要，供求趋于平衡，从需求价格和供给价格的相互关系中建立他的均衡价格理论。当需求价格等于供给价格时，产量没有增加或减少的趋势，则处于均衡状态之中。当供求均衡时，一个单位时间内所生产的商品量可以叫做均衡产量，其售价可以叫做均衡价格。这种供需共同决定均衡价格的理论，实际上就是由效用和生产费用共同决定均衡价格。此外，马歇尔还提出了经济学的一条基本规律——“效用递减规律”。即对任何人来说，某种物品的总效用（也就是给他带来的满足程度）会随着他对物品占有量的逐渐增加而增加，但增速不及占有量。简言之，最近一次购买所得的效用总要少于上一次购买所得的效用，边际效用最终会减少到零甚至低于零。在这样的情况下，人们就失去了交换的动机。由此推论，人们愿意购买一件商品并乐于支付的价格取决于商品的边际效用。马歇尔在《经济学原理》中写道："一个人对一物所付的价格，绝对不会超过，而且也很少达到他宁愿支付而不愿得不到此物的价格。"① 也就是说，人们基于商品边际效用而乐于支付的主观价格一般都会高于人们实际支付的商品价格，而这部分差额被马歇尔称为"消费者剩余"，即消费者得到额外的效用满足。马歇尔认为研究消费者剩余的目的在于说明怎样才能增加个人和经济的满足程度。这一点正是以后福利经济学所要探讨的中心问题。马歇尔基于边际效用价值论的"消费者剩余"概念在他的学生庇古及其开创的福利经济学那里得到了广泛的应用。

（3）帕累托最优

福利经济学的一个核心概念和重要分析工具是洛桑学派瓦尔拉斯的学生帕累托（Vilfredo Pareto）提出的"帕累托最优"（Pareto Optimum），又称"帕累托效率"（Pareto Efficiency）。指这样一种状态，不通过资源的重新配置，在其他人的效用水平至少不下降的情况下，使任何个人的效用水平有所提高。反之，"帕累托无效率"（Pareto Inefficiency）指的是一个经济还可能在其他人效用水平不下降的情况下，通过重新配置资源和产品，使得一个或一些人的效用水平有所提高。在帕累托无效率状态下，能够实现某些人的效用水平提高而其他人的效用水平不下降的情况下有所提高的资源配置就是"帕累托改进"（Pareto Improvement）。另外，为了便于避免效用计量和加总的困难，帕累托提出了"偏好顺序"来代替效用计量，即认为只要根据在市场上观察到的消费者行为——对于不同商品组合的同等、较多或较少偏好，就可以确定各个人在既定的价格和收入条件下所达到的最大偏好状态，即所谓的"帕累托最优"。这样，帕累托就利用偏好顺序来表示个人和全体的最大满足，即后人所称的"序数效用论"。"帕累托最优"和"序数效用论"都为以后的新福利经济学家所应用。

"帕累托最优"对福利经济学的产生和发展起了极为重要的作用。首先，"帕累托最优"被认为是一种理想状态，在这种状态中可以实现最大的福利。后来的福利经济学理论都是围绕这一概念发展演化的，即究竟怎样才能实现最优，使一些人的福利增加而同时又不会使另一些人的福利减少。其次，"帕累托最优"同福利最大化的联系使对福利的检验成为必要，后来的福利经济学家

① 马歇尔．经济学原理（上册）．北京：商务印书馆，1981．142

围绕福利的检验标准展开讨论，并试图以此标准来判断个人、集团和政府的经济行为的合理性问题。庇古以后的新福利经济学的发展及近年来出现的新观点、新问题均与“帕累托最优”有着密不可分的关系①。

1.2.4　社会福利思想

英国经济学家和改良主义者霍布森（John Atkinson Hobson）在其多部著作中论述过福利问题，并明确主张以“社会福利”作为经济研究的中心。西方一些经济学家认为福利经济学最早起源于霍布森，国内较为普遍的观点是将霍布森作为福利经济学的“先驱”型人物，主要认为他的“社会福利”思想对庇古的影响比较大。

霍布森从伦理角度出发研究福利问题。他认为，人生的目的在于追求福利，福利的基础是财富，财富是由劳动、土地、才能、资本等共同生产出来的，而且生产和消费一样，都包含快乐与享受、痛苦与成本。那么，生产力的配置必须使劳动痛苦减少到最小程度，消费品的分配必须使社会效用达到最大程度，即用最小的成本获得最大的社会效用，即最大的社会福利。霍布森认为，在资本主义生产中存在“非生产性剩余”，由于各种生产要素的所有者的议价能力强弱不同，非生产性剩余往往为强者占有。因此，政府应通过税收或国有化的方式将剩余收归政府所有并用于社会福利。“一切征税应以非生产性剩余为限，从这里面尽可能征取，让国家有益地用来维持和发展公共事业。”霍布森反对自由放任，主张政府必须干预经济，实行社会改良，通过税收实现更平等和更有益于社会的财富分配，实现免费医疗、老年抚恤金、比较充分的失业救济等合理健全的社会政策，以促进“最大多数人的最大幸福”②。

1.2.5　旧福利经济学

如前所述，庇古吸收了马歇尔的消费者剩余论、均衡价格论和边际效用价值论以及霍布森的社会福利理论，创立了“旧福利经济学”。下面一一介绍庇古思想的三个主要部分：基数效用和经济福利，国民收入和收入均等化，资源最优配置。

庇古认为，福利包括人们从物质和精神中获得的全部满足，由于难以计量，因此，研究的主题应该是可以直接或间接用货币计量的那部分福利，即经济福利。经济福利由效用构成，效用表示满足程度，满足则可以用一个人愿意支付的货币量来计量。庇古借用马歇尔提出的边际效用递减规律和边际效用价值论，提出消费者为边际单位商品所愿意支付的价格就可以作为该消费者所购

① 厉以宁等．西方福利经济学述评．北京：商务印书馆，1984．10～11

② 李珍主编．社会保障理论．北京：中国劳动社会保障出版社，2001．66～67

商品的边际效用的计量单位。这种计算方式说明效用可以用 1，2，3，…基数表示，即所谓的基数效用论。这就意味着，在同一个国家中，人与人之间的满足或效用不仅可以比较，而且可以计量。既然效用可以用商品的价格计量，则个人的经济福利也可以计量。而且个人效用的总和就是社会总的经济福利。由于经济福利是可以直接或间接与货币尺度相联系的那部分总福利，国民收入是用货币衡量的客观收入，因此，庇古认为经济福利和国民收入可以对等起来。

由此推论，庇古认为要增加经济福利就要增加国民收入，同时消除国民收入分配的不均等。他在《福利经济学》一书中指出，影响经济福利的主要因素，一是国民收入量的大小，二是国民收入在社会成员中的分配情况。凡能够使国民收入增加而不减少穷人占有的绝对份额，或增加穷人占有的绝对份额而不减少国民收入，就一定会增加经济福利。这就需要把富人的一部分收入转移给穷人，转移的方式有两种：一种是富人自愿捐献，用于公共教育、大众保健等国内公共事业或慈善事业；另一种是强制性转移，政府向富人征税再补贴穷人。庇古的国民收入极大化和收入均等化的命题将社会福利同国家干预收入分配联系起来，这在西方经济学中是一项开创性的工作。

在“国民收入总量是促进经济福利的主要因素”这个认识基础上，庇古指出，一个社会如果要增加国民收入量，就必须增加满足社会需求的社会产品量；要增加社会产品量，就必须使生产资源在各个生产部门中的配置达到最优状态。因此，庇古的“社会资源最优配置论”是从生产的角度来论证经济福利的一种学说①。庇古用边际分析的方法，在马歇尔提出的内部经济和外部经济②的基础上指出，资源最优配置的标准是边际私人净产品（净产值）与边际社会净产品相等，即国民经济各部门的边际社会净产品相等。市场通过自由竞争和社会经济资源的自由转移来实现上述条件，从而使经济资源在各部门之间的配置达到最优。

旧福利经济学自 20 世纪 20 年代建立，30 年代以后日益发展，其基本思想对新福利经济学影响很大，但其基数效用、效用可比性和收入均等化等命题为新福利经济学修改或补充、发展，成为新旧福利经济学的分界线。

1.2.6　新福利经济学

很多新福利经济学家认为，新福利经济学的起源可以追溯到帕累托，帕累

① 厉以宁等．西方福利经济学述评．北京：商务印书馆，1984.49

② 马歇尔把因任何一种货物的生产规模扩大而发生的经济分为两类：第一是有赖于工业的一般发达的经济；第二是有赖于从事工业的个别企业的资源、组织和经营效率。前者称为外部经济，后者称为内部经济。后来庇古在此基础上补充了“外部不经济”“内部不经济”的概念。

托提出的序数效用论和他借鉴英国经济学家埃奇沃斯（F. Y. Edgeworth）的无差异曲线均为新福利经济学所采用，用以修正旧福利经济学存在的漏洞。在1939年前后，英美一些著名的经济学家如卡尔多（Nicholas Kaldor）、希克斯（John Hicks）、伯格森（Abram Borgson）几乎同时发表了关于福利经济学的重要论述。后来，萨缪尔森（Paul Samuelson）、格拉夫（J. V. Graaf）、李特尔（I. M. D. Little）、鲍莫尔（Baumol）、阿罗（Arrow）等学者也纷纷加入到福利经济学的讨论中来。20世纪50年代，新福利经济学形成，它在方法论、基本观点、政策主张上都对旧福利经济学做了重要的修正，下面介绍它的基本命题。

（1）序数效用

旧福利经济学的基数效用论认为，效用可以用数量单位来衡量，可以计算出具体数值，但新福利经济学否认个人间效用比较和计量的可能性，认为效用是次序概念而非数量概念，只能用第一，第二，第三，……序数词表示相对水平的高低或大小。效用序数只能表示一个人对一组物品组合的偏好比对另一组物品组合较高、较低或无差异，但不能表明效用相差多少倍。另外，一个人对于不同物品组合有偏好上的差异，不能因甲偏好A组合而乙偏好B组合就得出A比B效用大、福利多的结论。新福利经济学用无差异曲线代表不同物品组合带给个人的不同满足程度，满足程度越高，无差异曲线的位置越高，无差异曲线高些或低些就代表个人福利好些或坏些。由于效用不能计量也不能相加，那么，穷人和富人从不同收入中所得到的效用或满足是无法加以比较的，因此，新福利经济学家对“从富人向穷人进行收入转移会增加社会福利总量”的论断表示怀疑，他们认为社会福利取决于组成社会的各个人的福利，而不是庇古概念中的“福利总和”。

（2）帕累托最优的发展和完善

新福利经济学家在“帕累托最优”概念的基础上，论述了实现帕累托最优配置的三个最优条件，即交换条件、生产条件和生产交换的最优条件。

交换的帕累托最优条件是指消费者之间商品的最优分配，对任意两个消费者，任意两种商品之间的边际替代率必须相同。换言之，在完全竞争条件下，交易双方通过交换而使彼此得到最大满足的条件，是在一定的收入、价格和偏好基础上，任何两种商品之间的边际替代率对于使用这两种商品的每一个人来说是相等的。生产的帕累托最优条件是指生产者之间投入的最优配置：在两个生产者使用两种生产要素生产不同产品的情况下，这两个生产者的任何两种投入之间的边际技术替代率必须相同，这时，这两个生产者的产量都达到了最大化。交换和生产的帕累托最优条件是指行业间的投入配置和消费者之间的商品分配都达到最优状态，即任何两种商品之间的边际替代率必须与任何生产者在这两种商品之间的边际产品转化率相等。这三个条件也常被称为“帕累托条件”。

(3) 补偿原则

按照帕累托最优原理，对于状态 A 和 B，如果某些人的处境在 B 状态下比在 A 状态下更好，而没有人比在 A 状态下更坏，那么，B 状态就比 A 状态更优。但是，现实生活中很可能出现 B 状态下，某些人的处境好起来，而另一些人的处境变坏，那么就不能将 B 和 A 进行比较。新福利经济学家针对这种困难，从序数效用论和帕累托最优条件论出发提出了补偿原则问题。卡尔多和希克斯等人在 20 世纪 30 年代末期提出并论证了“假想的补偿原理”，其实质是，如果一些社会成员经济状况的改善不会同时造成其他社会成员状况的恶化，或者一些社会成员状况的改善补偿了其他社会成员状况的恶化，社会福利就会增加。根据这一原理，政府的某些措施或立法会使一些人得益而使另一些人受损，如果得利总额超过损失总额，那么政府就可运用政策向得利人征收特定租税，以补偿受害者，这样做对任何人都没有不利而对一些人有利，因而增进了社会福利。具体说来，有如下四种补偿原则：

1) 卡尔多补偿原则。卡尔多 1939 年发表的《经济学的福利命题与个人之间的效用比较》一文，提出了“虚拟的补偿原则”作为其检验社会福利的标准。他认为，市场价格总是在变化的，价格的变动肯定会影响人们的福利状况，即很可能使一些人受损，另一些人受益，但只要总体上来看益大于损，这就表明总的社会福利增加了。由此看来，卡尔多补偿原则是一种假想的补偿，而不是真实的补偿，它使帕累托标准宽泛化了。

2) 希克斯补偿原则。希克斯补充了卡尔多的福利标准，认为卡尔多原则不够完善，因为它是一种“假想中”的补偿，现实中受益者并没有对受损者进行任何补偿。他认为，判断社会福利的标准应该从长期来观察，只要政府的一项经济政策从长期能够提高全社会的生产效率，尽管在短时间内某些人会受损，但经过较长时间以后，所有人的境况都会由于社会生产率的提高而“自然而然”地获得补偿。人们称希克斯的补偿原则为“长期自然的补偿原则”。

3) 西托夫斯基补偿原则。西托夫斯基认为，卡尔多和希克斯的补偿原则只是片面地考虑了政策变动前的收入分配即顺向检验，而没有考虑到政策改变以后的福利变化状况即逆向检验。仅仅进行顺向检验不能做出社会福利是否改善的结论，而只有同时进行逆向检验即做双重检验时才能判断社会福利是否改善了。如果顺向检验的结果与逆向检验的结果相互矛盾，就不应该得出一个关于福利的命题。

4）李特尔补偿原则。李特尔认为，上述三个补偿原则都忽视了收入分配问题，而仅仅研究效率问题是不全面、不可取的，应该再加上一个收入分配标准，即三重检验标准，只有这样，才能使增加福利的标准成为充足的标准。李特尔的标准是：卡尔多·希克斯标准（既得利益者能够补偿受损者而有余）满足了吗？西托夫斯基满足了吗？收入再分配是恰当的吗？李特尔认为，上述第一条和第二条是判断福利是否增加的必要条件，第三条是充分条件[①]。

（4）社会福利函数

伯格森、萨缪尔森等人批评卡尔多、希克斯等人的补偿原则把实证问题和规范问题分开，把效率问题和公平问题分开。他们认为，补偿原则将生产和交换的最优条件视为福利最大化的最适度条件是不科学的，生产和交换的条件达到最优并不一定表明福利的最大化，经济效率只是最大福利的必要条件，合理分配是最大福利的充分条件。因此，应当将所有影响福利分配的因素列入一个函数表达式，即社会福利函数，当这个函数取得最大值时，社会福利就达到了最大。伯格森等用多元函数来表示社会福利函数，指出社会福利是社会所有个人购买的商品和提供的要素以及其他有关变量的函数，这些变量包括所有家庭或个人消费的所有商品的数量，所有个人从事的每一种劳动的数量，所有资本投入量等。个人对这些影响福利分配的因素的不同组合的选择是福利最大化的重要条件，因此，政府应当保证个人的自由选择，进行“合理”的收入分配。

（5）相对福利

20世纪50年代后的新福利经济学家对庇古的福利命题表示了怀疑，并提出“福利主观性”和“福利相对性”学说。主要代表人物有米香（E. J. Mishen）、杜森贝里（J. S. Duesenberry）、伊斯特林（R. A. Easterlin）。庇古认为，一国国民收入等于一国国民的个人福利的总和，前者的增加就意味着后者的增加，在国民收入一定的情况下，通过国民收入再分配也能增加一国的福利。而相对福利论者认为，一国国民的个人福利不能相加，即使相加在一起，其总和也没有意义，所以，不能用一国国民收入的大小来表示该国国民的福利，那么国民收入的增加就不能代表国民福利的增加；而且，一国国民中每个人对福利的估价不一样，政府用再分配的手段把某些人的一部分收入给予另一些人，并不一定能增加获得者的福利。相对福利论者之所以会怀疑和否定庇古的福利命题，是因为他们相信杜森贝里所提出的收入假定：一个人的消费支出不仅受到自己收入的影响，而且受到周围人的消费行为及其收入和消费相互关系的影响。换言之，一个人对自己的福利或说从消费中得到的效用并不取决于他的绝对收入

① 李珍主编．社会保障理论．北京：中国劳动社会保障出版社，2001

水平，而是取决于相对收入水平。相对福利学说就是在这个假定基础上建立起来的，在米香看来，如果一个人的收入和其他人的收入同比例增长，那么他的福利没有增加。如果一个人的收入增加了，但增长幅度低于周围的人，他也不会认为自己的福利增加了。因此福利是相对的，福利与个人收入增长之间并无必然的联系，传统的“福利随收入增加而增加”的命题不能成立。相对福利论实际否定了福利政策的目标和有效性，一切旨在缩小人们收入差距以增加低收入者福利的再分配措施都不能达到预定的目标。

新福利经济学还就“次优理论”“外部经济”“宏观福利”等进行了详细的阐述。20 世纪 80 年代以后，新福利经济学有了新的发展，主要是阿马蒂亚·森（Amartya Sen）解答了阿罗“不可能定理”衍生出的难题，并提出了对人际间满意度的看法，对福利经济学作出了重要的贡献，他因此获得 1998 年的诺贝尔经济学奖。

1.3　瑞典学派

瑞典学派（Swedish School），也称北欧学派或斯德哥尔摩学派，奠基于 20 世纪 20 年代，以冈纳·缪尔达尔 1927 年出版的《价格形成问题与变动因素》一书为标志，形成于 20 世纪 20—30 年代，第二次世界大战后有了进一步发展，其政策性影响主要在北欧，学术性影响遍及西欧各国。

瑞典学派按形成与发展过程可分为三个时期，其代表人物分别为：20 世纪初的克努特·维克赛尔（Knut Wichsell）、大卫·达维逊（David Davidson），古斯塔夫·卡赛尔（Gustav Cassel）是瑞典学派的主要奠基者；30 年代的冈纳·缪尔达尔（G. Myrdal）、伊里克·林达尔（Eric Lindahl）、伊里克·隆德堡（Eric Lundlberg）、柏替·俄林（Bertil Ohlin）等人的研究成果正式宣告了瑞典学派的形成；第二次世界大战以后，阿萨·林德伯克（Assar Lindbeck）的理论促进了瑞典学派的进一步发展。

第一次世界大战以后，西方主要发达国家遭遇了周期性经济危机，经济陷入萧条。1927 年后虽略有起色，但旋即又爆发了 1929 年的世界性的经济危机，新古典经济学的充分就业均衡论和自由放任政策均在现实面前颓然失意，经济学界开始寻求新的理论出路，瑞典学派就是在这种背景下逐渐生成的。

瑞典学派在沿袭传统的一般均衡价值论和分配理论的同时，突破了新古典经济学的分析框架，首创了“一分法”的经济分析方法，首次将货币的变动和经济的变动结合起来，创立了货币经济论；倡导动态经济学，引入动态分析、宏观总量分析、预期等新的经济分析方法；重视纯理论研究，并从经济理论引出政策建议，其国家干预经济生活的主张和关于“自由社会民主主义”的经济制度理论对瑞典的经济政策有重要的指导作用，是瑞典福利制度的理论基石。

瑞典是一个人口规模较小、领土有限、对外开放度高的北欧国家，与其他西方国家相比，其工人阶级的力量强大，工会组织的历史悠久，以工人和工会为社会基础的社会民主党早在 1917 年就进入该国政府，并且自 1932 年起单独或联合执政达半个世纪之久，对工人利益多有眷顾。与此相对，企业主们在 1902 年成立了雇主协会，与工会进行工资和劳资纠纷的谈判。政府则在双方之间充当协调者的角色，维持阶级合作和正常的社会秩序。瑞典的这种社会结构和权力互动结构使得其社会民主主义传统十分深厚，在政策实践上也较多地吸收了瑞典学派的“自由社会民主主义”理论，即所谓的瑞典模式。该模式要求政治上实行民主制度，经济上实行混合经济，分配上实行收入均等化的社会福利制度。瑞典学派最新一代的代表林德伯克认为，第二次世界大战以后瑞典所确立的这种经济制度不属于传统资本主义经济制度，也不属于社会主义制度，而是一种特殊的经济制度——自由社会民主主义经济制度。

瑞典学派主张，通过政府干预，利用累进所得税以及转移支付，建设社会福利设施，使社会各阶级、集团之间的收入和消费水平趋于均等化，实现收入平等。维克赛尔很早就提到了收入再分配的合理性问题，他针对自由竞争条件下，无产阶级分配状况恶化会加剧阶级间的利益冲突的弊端，主张通过收入再分配来缩小贫富差距，改善劳动者处境，从而增进社会总福利。他从边际效用递减规律中寻找理论依据，如同庇古对于“取富济贫”的论证，他同样认为，穷人 1 英镑的效用大于富人 1 英镑的效用，因此，应当由社会规定适当价格和最低工资，以提高穷人和富人的交换能力，从而提高社会总效用。

维克赛尔在《政治经济学演讲集》中指出：“如果我们假设一个富人把他的消费进行到边际效用……降减到很小甚至或等于零为止。而另一方面，一个穷人却在一切商品对他来讲还有很高边际效用时必须停止其对这些商品的消费，那么，便不难想象得到……若实行富人和穷人之间的交换，就可以导致双方合计起来的总效用，从而全社会的总效用要比一切都听任自由竞争摆布时所获得的总效用大得多。”[①] 维克赛尔对收入再分配的提出同他对“混合经济”的积极拥护直接相关。他认为，资源配置和收入分配的合理离不开政府的调节。在混合经济下，由于公有经济占相当比重，就为政府在资源配置和收入分配方面发挥积极作用提供了有利条件。混合经济能够使经济资源的利用不断趋于合理，收入趋向平均，使低收入群体的状况得到改善，个人的权利和自由也能获得有利的保护。林达尔也认为，混合经济有利于加强政府的活动能力，能

① 维克赛尔. 政治经济学演讲集（第一卷）. 1934 年伦敦版，转引自：丁冰. 瑞典学派. 武汉出版社，1996

将部分私有财产通过税收方式转化为共有财产，以提供收入支持和公共服务，从而满足人们的需要。这就奠定了瑞典学派在收入均等化问题上主张采用政府征收累进税的方式的基础，为1932年后阿尔宾·汉逊政府实行国家干预，推行改良主义政策，实行全面的社会福利制度勾画出了理论上的蓝图。瑞典在西方国家中率先建立了以"充分就业"和"收入均等"为特征的福利模式，成为典型的"制度型再分配"的福利国家。

1.4　凯恩斯主义①

无论凯恩斯主义在20世纪20年代和30年代经历了如何激烈的争论，在70年代受到了怎样尖锐的批评，任何人也否认不了其理论强大的生命力和巨大的实践影响力。1936年，以凯恩斯的《就业、利息和货币通论》（以下简称《通论》）发表为标志，凯恩斯主义的理论体系形成，并在20世纪40年代以后占据经济学界的主流位置达30年之久。其间，出现了以保罗·萨缪尔森为代表的、融合了马歇尔新古典经济学和凯恩斯主义的"新古典综合派"与以约翰·罗宾逊（John Robinson）为代表的、反对马歇尔、要求回到李嘉图传统的"新剑桥学派"，即所谓的"现代凯恩斯主义"或"后凯恩斯学派"，虽然两者观点有异、彼此争论，但均对原凯恩斯主义（Original Keynesianism）理论进行了实质上的继承、部分的补充和发展以及坚定的捍卫，他们的分歧源于凯恩斯主义本身的矛盾之处和经济现实对理论的挑战。

20世纪60年代末70年代初，后凯恩斯主义特别是新古典综合派由于解释力上的缺陷而频遭责难。1973年，发生了被称为资本主义史无前例的经济危机，凯恩斯主义无法解释滞胀现象，也无法应对来自经济自由论者的批评，以至于失去了经济学界的共识和主流地位，经济自由主义和政府干预主义的争论再掀高潮。20世纪80年代，力图复兴凯恩斯主义的"新凯恩斯主义"，其理论观点新颖、方法独辟蹊径，大有重振凯恩斯主义之势。这是凯恩斯主义发展演变的简要脉络，做这个概述的目的是为了向读者说明本小节介绍的"原凯恩斯主义"在以"凯恩斯主义"为总称的理论流派中的位置，凯恩斯本人所创立的"原凯恩斯主义"指20世纪30年代在批判传统经济学基础上形成的以就业理论为核心、以政府干预为政策结论的经济理论。该理论在20世纪40年代到第二次世界大战以后相当长的一段时间内，是各国经济政策制定和社会保障制度建立的主要理论依据。

① 李珍主编．社会保障理论．北京：中国劳动社会保障出版社，2001；吴易风，王健．凯恩斯学派．武汉：武汉出版社，1996；胡代光，厉以宁，袁东明．凯恩斯主义的发展和演变．北京：清华大学出版社，2004

1929—1933年的严重经济危机使资本主义经济转入萧条，也令古典自由经济理论陷入困境，无法解释普遍的生产过剩危机的发生和持续的大规模失业，以缓解危机、减少失业为目的的凯恩斯主义应运而生。他批评传统经济学对普遍生产过剩危机的否认态度以及市场机制的自发作用会使供求自动趋于均衡的观点，他指出，市场机制对流通领域的自发调节并不能使供求自动达到平衡，不能保证社会资源的合理配置和充分利用；而且由于自由放任的经济中存在内在不稳定因素，因此，普遍生产过剩危机和失业是资本主义市场经济的客观存在，其根源在于三大心理规律和有效需求不足，凯恩斯在此基础上建立其“就业通论”。

1.4.1　就业通论

凯恩斯的就业理论否定古典经济理论中以完全竞争为前提得出“充分就业是资本主义经济常态”的结论，认为非充分就业是社会经济的常态。传统经济学认为失业包括两个范畴：摩擦失业和自愿失业。前者指劳动市场的功能性缺陷引起的摩擦所造成的临时性失业，如季节性失业、变换工种过程中的失业、信息不畅引起的失业等。后者则指由于立法、社会习俗、集体议价、对情况变化反应迟缓等原因，劳动者拒绝接受现行工资或较现行工资稍低的工资而造成的失业。传统经济学认为这两种失业就是全部失业，这种失业水平下的经济是“充分就业均衡”。但凯恩斯提出了第三种失业范畴：非自愿失业，即愿意接受现行工资但仍无业可就的现象。存在非自愿失业的、小于“充分就业均衡”的状况才是通常的经济状况，只有消除了非自愿失业，才能真正实现充分就业。要解决非自愿失业的问题，首先要找到失业的原因。

凯恩斯认为，非自愿失业的原因在于有效需求不足，实际上，这也是凯恩斯就业理论的逻辑起点。有效需求指的是有支付能力的需求，是商品总供给和总需求相等时社会对商品的总需求。总需求曲线和总供给曲线的交点是有效需求的决定点，也是实际就业量的决定点。而凯恩斯断言，总供给在短期内不会发生大的变动，因此，社会就业量主要取决于总需求或有效需求。总需求包括消费需求和投资需求（简称消费和投资）。有效需求的不足，或者来自于消费不足，或者来自于投资不足，或者两者兼而有之。凯恩斯认为，出现消费和投资不足的原因在于三个基本心理规律。

1.4.2　三个基本心理规律

导致有效需求不足的三个基本心理规律分别是边际消费倾向递减规律、资本边际效率递减规律及流动偏好规律。

（1）边际消费倾向递减规律

凯恩斯的消费倾向是收入和消费的函数。虽然消费受收入水平、收入分配原则、客观环境、主观需要等多种因素的影响，但凯恩斯认为，收入是主要的决定变量，收入与消费的关系存在一条基本心理规律：消费随收入的增加而增加，但增加的不如收入增加的多。换言之，消费的增量总是小于收入的增量。凯恩斯将消费倾向分为平均消费倾向和边际消费倾向。平均消费倾向是指在任一收入水平上消费在收入中所占的比例；边际消费倾向是指增加的一个单位收入中用于消费部分所占的比例。他认为，随着就业和收入的增加，个人用来增加消费的部分越来越少，即边际消费倾向越来越低，这样在有效需求和总供给之间就有逐渐增大的缺口不能弥补。要弥补这一缺口就必须增加个人和家庭的收入来刺激社会总消费。

此外，社会总消费是家庭和个人消费的总和，并受国民收入分配原则的影响。由于社会各个不同收入阶层的边际消费倾向并不相同，富有阶层的边际消费倾向较低，贫穷阶层的边际消费倾向较高。因此，国民收入分配的均等程度将直接关系到社会总消费的数量，国民收入分配越是不均等，社会消费需求就会越小，反之则越大。因此，如果政府能够采取征收累进税等政策措施将富人的部分收入转移给穷人，那么就可能促进社会消费，从而刺激总需求。

(2) 资本边际效率递减规律

凯恩斯的资本边际效率指的是预期增加的一个单位投资可以得到的利润率。它取决于资本供给价格和资本预期收益，与供给价格成反比，与预期收益成正比，凯恩斯认为，在其他条件不变的情况下，资本家对利润率的预期将随投资的增加而降低，即资本边际效率递减规律。一方面是因为投资增大，对某种资本的需求增大会抬高供给价格，则投资者付出的成本升高，预期收益降低；另一方面是因为某种资本投资带来的产量增加，会令产品价格降低，预期收益也随之降低，从而抑制人们投资的积极性，造成投资不足。

(3) 流动偏好规律

流动偏好又称灵活偏好，指公众以货币形式持有部分资产的愿望和偏爱，是人们为了应付日常开支、意外开支和在适当时机投机牟利活动需求而愿意在手头持有现金的倾向。凯恩斯认为，投资取决于资本边际效率和利率，利率的高低取决于货币供求关系，货币供给取决于中央银行，货币需求取决于流动偏好，利息就是人们放弃这种流动偏好的报酬。流动偏好越强，人们保留货币的愿望就越强烈，那么投资者为使人们放弃流动偏好而给予的补偿，也就是为获得人们手中的货币用于投资所需付出的代价——利息就越高。如果预期利润率低于利率，投资就被抑制。投资不足造成有效需求不足，则就业就达不到充分水平。

1.4.3 政策结论

按照凯恩斯的理论，三个基本心理规律导致有效需求不足，意味着消费和投资不足，有效需求不足使充分就业不能实现，而这是市场机制自发作用所不能解决的，要解决失业问题，必须依靠政府对经济生活的干预，刺激消费和投资，从而提供总需求，使总需求、总供给达到均衡。由此，凯恩斯理论的政策含义在于结束自由放任，实行国家干预，扩大政府职能，特别是调节消费倾向和引诱投资的职能，以刺激消费和投资。

在刺激消费方面，凯恩斯主张国家部分地通过政府消费、部分地通过税制、部分地通过限定利率对消费倾向施加导向性影响。具体来讲，主要有：

（1）财政政策上主张扩大支出。他认为节俭对社会不利，高消费与高投资应双管齐下。鼓励政府消费，扩大对商品和劳务的需求，举办公共工程，提高转移支付水平，如支付失业救济金、养老金等福利费用，为特殊群体提供额外津贴，延长失业救济金领取期限等。

（2）实行高额累进税政策，以进行收入再分配，提高消费倾向，刺激经济增长，提高就业水平。

（3）货币政策上限定利率。利率的变动会使证券等资产增值或贬值，从而引起当前消费的增加或减少。利率升高会降低消费倾向，因此，将利率固定在较低的水平上有利于提高消费倾向。

在刺激投资方面，凯恩斯主张货币政策上国家设法提高资本边际效率或降低利率以刺激私人投资的积极性，在财政政策上主张投资社会化，由国家直接组织投资。

刺激消费和投资的财政政策和货币政策最好同时实施，而最有效的则是财政政策。即由国家直接进行投资和消费来弥补私人投资和消费的不足，从而提高有效需求，进而增加就业量和国民收入。凯恩斯的财政政策背离了传统经济学力图保持国家预算平衡的观点和健全财政的原则，这些政策和原则在危机和低迷的经济面前不战而败，他转而主张赤字财政，用举债的方法扩大政府支出以弥补有效需求的不足，特别是投资需求的不足。他要求政府承担公共事业投资和社会福利责任，对私人企业进行订货和贷款等。此外，他还主张补偿性财政政策，即逆经济波动风向而采取扩张与紧缩政策：在经济衰退期采取扩张性财政政策，在经济高涨期则采取紧缩性政策。

对于在反危机和反失业政策处于次要地位的货币政策，凯恩斯的主要观点是：有效需求不足表现在流通中没有足够量的货币进行购买，因此，增发货币的扩张性货币政策是刺激投资的方式之一。凯恩斯不同意传统经济学维持国内价格水平稳定的观点，认为温和的通货膨胀是有益无害的。一方面，它既可以扩大社会支付能力，又可以降低利率，这样既能刺激消费又能刺激投资，有利于经济增长和就业增加；另一方面，它可以降低工人的实际工资，增加资本家的利润。因此，温和的通货膨胀是缓解危机、减少失业的有效手段。

凯恩斯理论体系中还有货币工资和价格、经济周期等理论，由于与社会保障联系不多，在此不再赘述。

凯恩斯经济理论和政策主张，为20世纪40年代后各国政府干预经济和社会生活提供了系统的理论支持，但这里需要特别说明的两点是：

首先，罗斯福新政中的大量政府干预活动以及美国1935年《社会保障法》和随之建立起来的社会保障制度虽与凯恩斯理论如出一辙，但并非在凯恩斯理论的直接指导下进行，其实，主要是受到20世纪20年代多种关于政府财政干预的社会思潮的影响，因为凯恩斯系统论述其政策主张是在1936年的《通论》中，是在政策实践之后，而在凯恩斯的《通论》发表以及新政之前，已有许多西方经济学家如瑞典学派、小克拉克（J. M. Clark）、雅克布·怀纳（Jacob Viner）、亨利·舒尔茨（Herry Schultz）等人提倡并向政府建议采取财政政策和公共工程政策干预经济。因此，西方一些学者（怀纳等）并不承认凯恩斯是政府财政干预政策的首创者，也不认为美国的“试验”是以凯恩斯理论为依据的；国内学者吴易风、王健等认为，《通论》是对美国新政的理论论证，反过来又推动了新政的发展。学者胡代光、厉以宁、袁东明等则将凯恩斯在20世纪30年代西方经济界关于国家干预与经济自由的那场争论中起的作用概括为：“《通论》的出版对这种要求国家干预经济生活的思潮作了‘系统的’‘理论性的’概括和总结，从而形成一套通过政府来调节和稳定经济的所谓就业理论体系。”实际上，凯恩斯理论是在40年代中期以后才被英美等国接受并用于指导政策制定的。

其次，尽管由于美国社会保障制度体系的理念更接近凯恩斯主义而非福利经济学，国内学者常将美国社会保障制度看做是凯恩斯主义的实践，但同时他们也认为，凯恩斯主义中所提到的社会保障主张并非出于对于个人福利本身的考虑，而“以能够维持资本主义再生产的连续性为尺度……是一种以生产为导向、以实现充分就业为目的的福利价值取向”。因此，其社会保障政策主张与美国以个人主义为基础的自由主义传统一脉相承，更多地强调个人责任的主导作用、市场机制的充分利用、政府职能的保守和有限，这也是美国“剩余型福利模式”区别于社会民主主义传统深厚的北欧诸国的普遍主义的高福利模式的重要原因之一。

尽管如此，凯恩斯理论仍是持国家干预立场的重要社会保障基础理论之一，也是战后社会保障制度发展的有力思想支持。

2. 社会保障——经济自由论

经济自由与国家干预一直是西方经济学界争论的焦点，这一节介绍位于图

4—1横轴右端的、主张政府尽量少介入或不介入经济生活的经济自由论。经济自由传统上由古典经济自由主义者捍卫，20世纪经历了一段时间的沉寂后，于20世纪70年代再次复兴，称为“新自由主义”，本节就从这个复兴的过程开始。然后重点介绍新自由主义众流派中对里根政府福利改革影响较大的供给学派的思想。

2.1　从古典经济自由主义到新自由主义①

新自由主义与凯恩斯主义是当代西方经济理论中的两大基本思潮，也是当代经济自由和国家干预之争的两个主要阵营。新自由主义区别于凯恩斯主义的一个基本标志就是强调市场机制的作用、反对国家干预经济活动。因其思想有向古典自由主义经济学复归的特征，故被称为“新自由主义”（Neo-liberalism）。

古典经济自由主义是20世纪初以前在西方经济理论上居于主流的经济理论，秉持经济自由放任、自由经营、自由贸易等主张，其源头可以一直追溯到法国重农学派的“自然秩序”理论。自然秩序是支配自然界和人类社会发展的基本力量，依据自然秩序来组织社会和经济活动，社会就会兴旺发展，反之社会则呈现病态。而遵循自然秩序就须实行自由竞争、经济自由、自由放任。自然秩序的思想是新自由主义强调市场作用的基本理论依据之一（另一依据为个人自由）。到18世纪中期及19世纪初，以亚当·斯密和李嘉图为代表的英国古典经济自由主义理论形成，他们以“经济人”假设作为分析个人经济行为和社会经济活动的基本出发点。经济人以个人利益最大化为目标，坚持自由竞争、自由选择、自由贸易等，其一切活动都受“看不见的手”即自由市场的指导。建立在“看不见的手”基础上的市场机制理论是经济自由主义学说的理论基础。在分配上，他们认为分配不公和贫困是人口增长超过生活资料增长的结果，也是土地肥力递减的结果，这造成的收入上的差距最终会在市场机制作用下通过经济增长而得到弥合，社会分配关系终会实现和谐。而济贫法等措施会对社会造成不良影响，如助长懒惰和不节俭，使人们丧失自尊与独立等。因此，古典自由主义者反对国家对分配领域的干预，主张有市场解决分配中出现的问题。19世纪中期后，马尔萨斯、穆勒和萨伊等人进一步发挥了经济自由主义理论，指出，自由竞争能够使经济自动实现平衡，保证收入分配的合理和公正以及最大限度的福利和进步；自由放任能够使社会实现利益调和，而国家的作用仅限于保护私有制，充当“守夜人”的角色。

① 顾钰民，伍山林．保守的理念——新自由主义经济学．北京：当代中国出版社，2002；郑功成．社会保障学——理念、制度、实践与思辨．北京：商务印书馆，2003

1929—1933 年的世界性经济危机使古典自由主义经济学的地位为凯恩斯主义所取代，但 1973—1975 年的经济危机以及随之而来的“滞胀”令凯恩斯主义束手无策。在这种情况下，一直坚持与凯恩斯主义对抗的自由主义经济信奉者及其主张重新获得重视，新自由主义经济思想对各国经济政策逐渐产生了广泛影响。

新自由主义经济学的核心是强调市场机制，反对国家干预。他们认为，国家干预是造成经济不稳定的主要根源，国家干预经济的体制不仅不能消除经济发展的不利因素，而且还会限制市场经济的自发完善和自我调节。他们把劳动生产率增长速度的减慢，技术进步的受阻，资源和生态问题的恶化，市场积累的降低，通货膨胀的严重，失业的增加，经济危机的加剧，均归咎于国家干预经济的政策。但是新自由主义经济学家也并非完全拒绝国家干预，只是要求严格限制国家干预的范围。国家的责任仅在于运用一切为市场经济所允许的手段，为市场经济的顺利运行创造必要的条件。这一观点的主要理论依据有两点。其一，自然秩序与经济规律。经济活动是有规律的，表现为市场机制对经济调节的自发作用，而这种自发作用是符合“自然秩序”的，能够实现经济活动的高效率。因此，国家没有必要进行干预，国家的计划和管理对经济只会造成阻碍而非促进作用。其二，个人自由。社会由个人构成，经济的发展由个人经济活动推动。个人具有自由选择的权利，对自己负责，国家不应干预个人和个别企业的活动。个人自由主义是自由市场制度存在的基础，也是经济自由的基本出发点。新自由主义经济学家反对公有制，强调私有经济的内在稳定性，私有制是有效市场竞争的前提。他们还反对计划经济，提倡经济自由，认为经济自由是经济发展的基本动力，能保证资源的有效配置，提高经济效率。

在社会保障方面，新自由主义者主张由市场而非政府承担主要的福利和服务供给的责任，政府的作用只限于提供最基本的福利、促进市场福利和服务供给的竞争性、保证正当合理的竞争秩序。对于福利国家，新自由主义者基本上持完全否定的态度，他们列举了福利国家的诸多弊病：

（1）福利国家威胁个人自由，福利政策是政府以强制权和特权通过专业人士制定并组织实施的，这使政府的权力扩张、个人的选择受限、个人责任被削弱，因此，福利国家寻求社会公正和平等的努力反而造成了个人自由的被侵蚀。

（2）福利国家导致效率低下，福利国家使服务体系更多地倾向于政治目的而非服务对象的利益，因此，福利供给过剩或不足的原因是效率低下的方式。

（3）福利国家对经济具有破坏力，限制了自由市场经济，令企业承担高额赋税，抑制了福利创造者的积极性，降低了积累；令国家财政承受巨大压力，减弱了经济增长的动力和竞争力。

(4) 福利国家对社会发展具有破坏力，催生了懒惰和依赖心理，弱化了个人责任和个人自立；政府对单亲家庭的保护会对家庭的稳定构成威胁。

(5) 福利国家对政府信誉和政治具有破坏力，政府尽管通过福利政策扩大了对社会的控制和权威，但在有效消灭贫困和改进国民健康水平等领域的乏力令人们容易对国家的信度和行为力产生怀疑。因此，新自由主义者坚决主张削减福利支出，向市场、社会转移国家福利责任。

基于以上的理论，新自由主义者提出了具体的政策主张。主要包括：

(1) 国有企业私有化。将石油、交通、电信等领域的国有企业出售或拍卖，由私人经营；或使国有企业和私人企业合作，即“混合经济”。

(2) 减税。降低企业和个人纳税率，缩小政府通过累进所得税对国民收入进行再分配的比例，以促进经济增长和抑制通货膨胀。

(3) 削减社会福利。20 世纪 70 年代末至 80 年代，以英美为代表的西方福利国家在新自由主义影响下，纷纷开始削减福利的行动，包括大幅削减政府福利支出，福利项目私有化，福利管理社会化，改变待遇核算方式，减少补贴项目，制定更严格的受益资格等。

新自由主义理论及其政策主张对上世纪 70 年代末以后的西方各国经济实践产生了不可低估的影响。新自由主义流派众多，如伦敦学派、现代货币学派、理性预期学派、供给学派、弗莱堡学派、公共选择学派等。下一节将就对里根时代的美国社会保障改革影响较大的供给学派做一介绍和分析。

2.2 供给学派

供给学派（Supply-Side School）是 20 世纪 70 年代中期以后兴起的新自由主义理论的一支，重申萨伊定律[①]，反对凯恩斯主义，并提出了一系列与凯恩斯需求管理政策大相径庭的政策主张。供给学派给西方经济思想以有力冲击，使西方经济思想从单纯强调需求转向结合供给，从提倡政府干预转向注意市场机制，从赞赏收入平均转向讲究经济效率。而其政策主张中相当一部分为美国里根政府所接受，成为美国 20 世纪 80 年代社会保障改革的主要理论依据。

供给学派的先驱是美国学者芒德尔（R. A. Mundell），其主要代表人物在

① “萨伊定律”就是“供给自行创造需求”或“生产自行创造销路”，即一商品的出售就是另一商品的购买，一商品的生产必然给另一商品开辟了销路，社会上商品的供求必然相等。这是传统经济学所公认的观点。凯恩斯借助三个基本心理规律，否定了这一论断，提出有效需求不足是经济生活的常态，因此，要用扩大需求的办法刺激供给，推动经济增长，即“需求创造供给”。

美国有拉弗（A. B. Laffer）、万尼斯基（J. Wanniski）、罗伯茨（P. C. Roberts）、吉尔德（G. Gilder）、马丁·费尔德斯坦（Martin Feldstein）、迈克尔·依万斯（Michael K. Evans）等。他们分为以拉弗为代表的极端供给学派和以费尔德斯坦为代表的温和供给学派两支，西方社会各界常常把前者作为供给学派的正统代表。

供给学派实际上并未建立自己的理论和政策体系，只是它的倡导者对于资本主义经济体制及政策主张有如下共同的看法：

（1）以拉弗曲线（Laffer Curve）分析税收和税率的关系

拉弗曲线（见图 4—2）是供给学派的重要分析工具。它存在一个最佳税率使得政府税收总额达到最大值（E 点），在最佳税率上征税，税收收入随税率增加递减，则阻碍生产，导致税收总额的减少。而且总是存在产生同样收益的两种税率（如 A 点和 B 点能为政府提供相同的赋税收益，C 点和 D 点也是如此），所以，减税未必使政府税收收益减少，通过减税则可以增加供给又不用担心会减少政府收入。

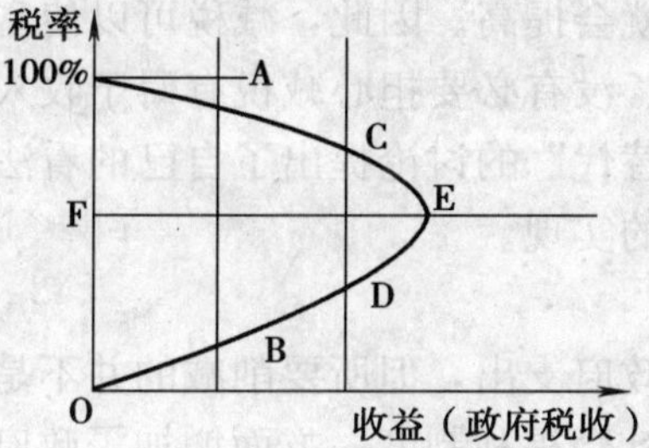

图 4—2　拉弗曲线（Laffer Curve）

（2）否定凯恩斯主义

供给学派认为凯恩斯主义应该对美国的滞胀负责。凯恩斯主义产生的经济背景以及它发生作用的条件是存在生产要素完全过剩，即相对于市场来说，所有生产要素的供给都处于过剩之中。那么凯恩斯扩大需求的办法就能有效地刺激供给，促进经济增长。但是 70 年以后，西方国家面临的经济问题不再是生产要素的完全过剩，而是不完全过剩。换言之，由于能源等初级产品的紧张，使某些生产要素出现了供给不足的状况。但同时另一些生产要素如劳动力等又处于供给过剩的状态。在这种情况下，长期推行凯恩斯扩大需求的政策便导致了滞胀现象的出现。因此，供给学派认为，凯恩斯主义有效需求不足导致大量失业的说法只适用于 20 世纪 30 年代大危机时期。

（3）重新肯定萨伊定理，重视市场机制作用，减少政府对经济的干预

在凯恩斯革命以前，西方经济理论界信奉萨伊定律。凯恩斯否定了萨伊定

律，提出了截然相反的论点。供给学派认为要解决美国经济所面临的问题，必须把凯恩斯主义颠倒的东西再颠倒过来。因为战后美国多次发生的经济危机，并不是生产过剩引起的，而是由国家对经济活动的任意干预、市场机制的作用遭到破坏引起的。

(4) 降低税率，刺激供给，促进收入均等化

供给学派认为，税收是激励个人和企业进行经济活动的最主要因素，降低税率尤其是边际税率（对收入增加部分所征的税率）能刺激人们储蓄和投资的积极性，提高就业和产出，促进经济增长，并使通货膨胀得到抑制。在社会保障方面，供给学派认为，减税不会加大贫富差距，反而能与“收入均等化”彼此促进。供给学派论证说，收入均等化是按居民收入的多少及其差距大小来衡量的；如果社会上存在着大批没有收入的失业者，那么无论如何也谈不上收入均等化，因为富人与失业的、无收入的穷人相比，其收入差距之大不言自明。然而，通过大幅度减税，刺激储蓄，提高储蓄率，增加产量，不仅可以增加就业，而且将使劳动者的工作热情增加，愿意加班、兼职，即愿意增加劳动供给，则穷人的收入水平就会提高。因此，减税可以使富人更富，但同时也可以使穷人增加收入，所以，没有必要担心减税有碍于收入均等化。供给学派就传统的关于“公平与效率替代”的讨论提出了自己的看法，即减税既可以增加效率，又不会有碍于公平的实现。

(5) 削减政府支出

供给学派主张削减政府支出，但所要削减的并不是政府购买，而是转移支付。他们认为，美国的社会福利制度一方面增加了政府支出，加重了政府的负担，另一方面带来了官僚机构臃肿、营私舞弊等一系列弊端。更为严重的是，庞大的社会福利制度削弱了人们工作和储蓄的积极性，扼杀了竞争性，使人们产生了依赖政府的思想，从而阻碍了生产的发展。因此，供给学派主张削减福利支出，包括减低保险津贴和福利救济金额，严格限制受领条件，除只对老年贫困者和赤贫发放救济外，停办其他福利等。

供给学派的观点在20世纪80年代初受到美国里根政府的推崇，虽然里根认为他并非完全接受了供给学派的观点，他实行的税收政策也并非完全来自供给学派，正如美国著名经济学家保罗·萨缪尔森所讲，“里根经济学实际上是各种观点的大杂烩”[①]，但是供给学派的政策主张在里根政府时期确实得到了全面贯彻，深刻影响了当时美国的经济政策。

在社会保障方面，里根政府进行了大刀阔斧的改革。1981年，里根入主

① 尹伯成，华桂宏. 供给学派. 武汉：武汉出版社，1996. 152

白宫，美国开始对社会保障制度进行大规模的调整。首先便是对社会保险改革，紧缩待遇，严格享受条件，以解决当时出现的过重的社会福利负担。如延长退休年龄、延长纳税工龄、增加工薪税、加征领取老遗残属保险金而收入过高的人的收入所得税、削减对抚养未成年子女家庭的补助、削减联邦政府对州政府的医疗补贴、提高领取食品券的人的资格条件等。其次，里根政府大幅削减社会福利开支，如削减日间看护、抚育照顾等社会服务项目，减少为社区低收入者提供的社会服务，减少一般就业基金和工作鼓励项目，减少援助住房计划的拨款等。再次，里根认为，联邦政府过多干预社会福利、社区开发、医疗保健及教育文化事业等，会造成对州和地方企业及个人主动性、创造性的发挥，因此，应当把联邦政府的福利责任向州和地方转移，返回由私人经营社会福利事业的轨道。里根政府做了一项 10 年的规划，预备用 500 亿美元将几十项社会福利与公共服务项目在联邦、州、地方三级政府间从管理和财政收支上分开。他认为管理权力分散化可以扩大州和地方的自主权，有助于消除管理上的官僚主义弊端，提高社会保障效率①。

20 世纪 70 年代和 80 年代，美国政策实践令供给学派颇为辉煌。然而，实践却令供给学派主张遇到严重挑战，他们的主要理论观点如减税、紧缩货币政策等的有利之处在实践中并没有得到应验，供给学派受到诸多责难。1983 年后，里根政府和国会也从减税的立场上后退，里根任期结束后，供给学派渐渐无人问津了。

3. 社会保障——第三条道路的选择

3.1　新思想与争论②

20 世纪 70 年代后期，国家干预论和自由市场论中各执一端的理论流派在社会保障理论和政策舞台上皆已一一亮相，不同程度地捍卫着各自立场。在此后的数年中，各国面对变化的全球秩序和国内经济社会状况，或者在坚持既有福利模式的基础上进行一定程度的调整，或者激进变革，或者探索一条折中的、实用主义的道路。在各国社会保障改革尤其是养老保障制度改革中，世界银行和国际劳工组织的建议发挥了不可忽略的作用，而两者的主张代表了对国家和政府作用的不同看法。

20 世纪 70 年代以后，国际劳工组织从全面保护老年人（指所有由于年龄偏大而在就业或求职等问题上遇到了困难的人）的角度出发，连续提出了一套

① 关于里根政府福利改革的具体内容和详细数据，请参见：李珍主编．社会保障理论．北京：中国劳动社会保障出版社，2001

② 李珍主编．社会保障理论．北京：中国劳动社会保障出版社，2001.306

保护老年人的政策，主要包括以下几个方面：

（1）为老年人提供适当的工作条件。

（2）老年人应该享受到平等的就业机会和待遇。

（3）建立强制性的保护老年人、丧失劳动能力者以及遗属的保障制度。

（4）建立一个弹性退休计划，老年人可以自愿决定在一个弹性时间段内退休。

（5）建议采取部分积累的方式融资。就企业来说，建议对劳动密集型企业执行较低的缴费率，对资本密集型企业执行较高的缴费率。

（6）在受益方面，国际劳工组织建议延长领取全额养老金的缴费年限或提高养老金的受益年龄或可以允许人们在达到一定年龄后，在继续从事非全日制工作的基础上，部分领取养老金。

20世纪90年代，世界银行在一份历时两年调研形成的研究报告《防止老龄化危机》中提出了关于养老金改革的三支柱思想。该报告认为，一个完善的养老金制度不仅应当有效地保护老年人，而且要能够促进经济增长。具体来讲，养老金制度不仅要具有收入再分配或防止贫困和各种老年风险的功能，而且还要能够使影响经济增长的隐性成本如减少储蓄、加重财政负担、增加管理费用等最小化。实现这两个目标需要建立三支柱养老金制度，包括公共养老金计划、强制私营的完全积累的养老金计划、自愿性储蓄。

世界银行与国际劳工组织提供的改革方案主要存在以下区别：世界银行的研究报告具有十分明显的自由市场主义倾向，不提倡政府直接管理养老金计划，提倡用市场机制解决社会保障问题，把政府直接干预限制在尽可能小的范围内；国际劳工组织的改革建议则以社会民主主义思想为基础，主张在不降低老年人原有福利待遇水平的基础上，对第二次世界大战后建立起来的社会保障制度在原有框架内进行局部改良，并没有把改革原有社会保障制度，使其促进经济增长作为首要目标来对待。

3.2 第三条道路的选择

经过20世纪，人类变得更加理智，从市场决定到发现市场失灵，从政府决定到发现政府失灵。围绕政府的社会保障责任问题，国家干预论和经济自由论是一对始终纠缠、争论难休的理论集合，而社会民主主义①和新自由主义分别是两者的典型代表。20世纪70年代之前，自由市场学说几乎成为一个被超

① 作为一种学说的社会民主主义是在德国新历史学派和英国费边社会主义的基础上发展起来的，主张政治自由、混合经济、福利国家、凯恩斯主义和平等信念。作为一种政策纲领的社会民主主义几乎综合了瑞典学派的全部政策主张，为瑞典等北欧国家的社会民主党在福利国家的实践中系统贯彻。

越的时代特征，而20世纪70年代之后，社会民主则日益受到复兴的自由主义的挑战。新自由主义造成了社会的异化、排斥和不平等，而传统社会民主主义和福利制度则削弱了个人的进取精神和自立精神，两者复杂的社会效应使人们产生了一种矛盾的心理，并试图在两者之间或超越两者寻找所谓的“第三条道路”。

在“第三条道路”被赋予明确的意义前，英国新工党已经在1995年使用了这一术语。在英国首相布莱尔和著名社会理论学家安东尼·吉登斯关于第三条道路的论著发表之后，它才具有了比较明确的理论含义、政策含义和意识形态色彩。

安东尼·吉登斯是第三条道路理论的主要倡导者。1998年5月，吉登斯在《经济学家》（*The Economist*）和《新政治家》（*New Statesman*）上分别发表文章阐释了他对第三条道路的理解。9月，他出版了《第三条道路：社会民主主义的复兴》一书，布莱尔也在9月出版了《第三条道路：新世纪的新政治》一书。9月21日，吉登斯、布莱尔和克林顿一起参加了在纽约举行的“第三条道路”研讨会。吉登斯的理论成为各国政策探索的主要思想基础，他本人也被称为布莱尔的“思想之师”。第三条道路因而首先在英国成型，成为布莱尔的执政哲学。

在20世纪90年代末期，第三条道路成为欧美主要国家应对全球秩序和国内政治经济变化的一种主导性策略。1999年11月，意大利佛罗伦萨举行了欧美主要国家社会民主党政府领导人参加的“第三条道路”首脑会议，主要探讨社会福利和社会公正等问题。美国总统克林顿、英国首相布莱尔、德国总理施罗德、意大利总理达莱马等以及欧盟主席普迪罗等出席了该次会议。尽管会议只带有论坛性质，但欧美执政的左翼领导人加紧推动“第三条道路”向明确、统一、固定的执政政治哲学方向发展的努力却是显而易见的。同年12月底，俄罗斯总理普京也公开发表政策声明，表示俄罗斯既不盲目信奉自由主义，也不重新推行共产主义，而是走“第三条道路”，即推行一种受到控制的、市场经济和家长式统治混合型社会经济政策①。

这里有必要对布莱尔的“第三条道路”与吉登斯的“第三条道路”做一简要的区分，这是在很多著作中未被提及的问题。布莱尔的第三条道路通常被认为是发展了的“中间道路”，在内政上采取左右中和的态度，主张将刺激经济增长和实现社会公正结合起来，是一条处于传统社会民主主义和新自由主义之间的道路。而这一观点是不会为吉登斯所接受的。他的第三条道路的意义在

① 郑功成. 社会保障学——理念、制度、实践与思辨. 北京：商务印书馆，2003. 102

于：超越老派社会民主主义和新自由主义，而不是夹在两派之间的中间道路。但是，这种理解上的差异并不能掩盖政策主张上的内在一致性，吉登斯被称为布莱尔的精神导师也是论有所出的。

第三条道路的基本观点集中在重新认识国家干预和市场自由的作用，否定任何一种极端的做法，试图找到一种弥补、完善和整合传统社会民主主义和新自由主义的新的方式，来实现社会公正、平等的问题。吉登斯致力于解决社会公正和资本主义市场能否结合和如何结合的问题，而他的方案是在抛弃两种传统模式的弊端的同时，将两者的积极方面结合起来，即试图在继承传统社会民主主义的社会公正、自由和机会平等、相互责任和国际主义等基本价值观念的基础上，吸收自由主义市场原则的积极成分，既让经济富有活力，又让社会以团结一致为基础①。

对于国家和政府的作用，传统社会民主主义者认为国家对经济和社会生活的干预可以削弱自由资本主义所带来的种种弊端，国家有义务提供市场无法提供的公共产品，市场机制可以在一定程度上为政府、企业和工会等参与的集体决策取代。而平等作为社会民主主义者追求的一个理想可以通过福利国家的各种拉平（Leveling）制度来实现。因此，传统社会民主主义者倾向于扩大国家和政府的作用。而新自由主义者对“大政府”有着与生俱来的敌视，认为市场优先于国家和政府，后者作用的扩张是对自由的侵蚀，福利国家对公民社会秩序具有破坏性，是懒惰和依赖产生的根源，削弱了个人的进取精神和自立精神，如果不平等是由市场自由运作而产生就是可以接受的。因此，新自由主义者主张尽可能限制国家和政府的作用。第三条道路则认为，需要对政府进行重构②。国家要通过宪法改革增大公共事务的透明度和开放性，建立防治腐败的新措施，权力向地方和地区转移，向超国家转移，并在公民社会的再生产过程中扮演一个基本的角色，同公民社会中的机构结成伙伴关系，共同行动推动社会的发展。

福利改革是第三条道路的核心问题。传统社会民主主义者认为高度发达的福利体系是正义和人道社会的基石，而新自由主义者则认为福利国家是罪恶的源泉，是公民社会秩序被破坏的祸首。因此，前者要求最大化福利国家而后者坚持将福利国家保持在最低的安全网的水平上。第三条道路则提出福利国家的确应进行改革，但并非单纯的福利削减，而是对变化的社会环境做积极的回

① 欧阳景根选编．背叛的政治——第三条道路理论研究．上海：三联书店，2002.3

② ［英］安东尼·吉登斯．第三条道路：社会民主主义的复兴．郑戈译．北京：北京大学出版社，2000.75

应。吉登斯提出，第三条道路既反对福利国家仅仅为人们提供消极保障，也反对新自由主义把人们完全推向市场；既关注财富分配也关注财富创造。第三条道路主张在可能的情况下，以对人力资本的投资代替直接的经济资助，增加教育和培训的机会，提高人们参与竞争的能力，从而将传统福利国家改造成“社会投资型国家”。概括说来，第三条道路的福利改革主要在四个方面：从消极的、保障性的福利供给转向积极的、预防性的福利供给，即福利支出主要用于人力资源投资；从生存保障的福利转向促进工作的福利，即鼓励人们通过工作而不是接受福利来摆脱贫困；从收入的分配转向机会的分配，即通过福利政策来加强和提高个人潜力；从无责任的福利转向有条件的福利，即强调个人责任与权利的平衡。

此外，第三条道路还对政治改革、混合经济、公民社会、全球秩序等提出了自己的方案。第三条道路作为区别于社会民主主义和新自由主义的另一种政治探索在理论上和实践上同时受到来自左右派的批评，认为它“左右摇摆，目标不明”，但是吉登斯则坚定地认为，第三条道路不仅可行，而且必要。这一种新的思维框架和政策框架，试图适应过去二三十年来这个天翻地覆的世界。①

各方批评并没有阻挡第三条道路对欧美各国政治和社会变革产生深刻的影响。在社会保障领域，英国新工党进行的一系列改革，确实是在进行一种建立新的社会投资型福利国家的尝试，且代表了欧美国家福利改革的普遍趋势：减少社会福利（救济）的开支；寻求通过市场来激活传统的福利机制和劳动市场；运用更带强制性的措施促使人们去工作而不是依赖福利，并更多体现福利的个人责任；加强教育和培训以及灵活的劳动力市场等。表 4—2 反映了福利改革中第三条道路与传统社会民主主义和新自由主义在社会保障受益水平、资格结构、政府调控和公民权四个方面的区别②。

可见，新工党是试图探索一条区别于传统社会民主主义和新自由主义的新的福利国家现代化之路，以适应现代世界的变化。突出新的权利与责任平衡的福利观念，引入市场机制和公私合作的伙伴关系，重视福利给予的积极效应，将福利给予和促进就业及职业教育结合起来，力图改变传统福利体制中的政府独家角色，突出政府的规范和协调作用等。作为一种执政哲学和政治策略的“第三条道路”的实践，可能会随着执政党的更迭而受到影响，其真理性可以

---

① ［英］安东尼·吉登斯．第三条道路：社会民主主义的复兴．郑戈译．北京：北京大学出版社，2000.27

② 裘援平等．当代社会民主主义与“第三条道路”．北京：当代世界出版社，2004

在继续发生的实践中得到检验。

社会保障的“第三条道路”思想文献汇总见表 4—2。

表 4—2　　社会保障的“第三条道路”思想文献汇总

界定因素	传统社会民主主义者	第三条道路	新自由主义
与受益水平挂钩的因素	工资	一部分人与物价挂钩，另一部分人与工资挂钩	物价
资格结构	对所有人的国家最低保障和对一部分人的额外的私人保险	最低工资和基本养老金，日益增长的公共和私有保障	日益增长的私人提供的最低保障和国家提供的剩余性救济
社会保障的管理	中央控制和国家垄断	国家和私有部门之间的伙伴关系和对话	放松国家垄断的控制
公民权	受益权利	受益的权利与责任同步	责任，最低限度的权利

3.3　多支柱社会保障体系的思想

政府社会保障作用的大小反映在具体的制度模式中，可以划分为三种：其一为公共管理、税收筹资、社会统筹、现收现付、确定给付的基本社会保障制度，政府承担大部分的融资责任和全部管理与支付的责任；其二为私人管理，完全积累、个人账户、确定缴费的补充社会保障制度，引入市场机制和社会组织，政府只履行立法、监管和相对担保责任；其三为在参加了前两种保障制度的基础上，有更高需求的人建立一种自愿储蓄，锁定账户，账户积累资金由个人选择合适的方式支配，政府承担极为有限的监管责任。这便是世界银行1994 年所提出的多支柱养老保障模式在内涵和外延上的拓展。

世界银行政策研究部首席经济学家艾斯黛拉·詹姆斯女士在 1994 年提交了题为《老年危机对策》的报告，探讨了世界养老保障体制改革的趋势，指出公营的现收现付体制弊端很多，其改革势在必行。这个报告影响巨大。世界银行在总结了多国养老保障体制改革的经验后认为，今后改革的趋向是建立三个支柱的养老保障体系：

一是强制性公营的以税收为资金来源的支柱，用于收入再分配。它保持了公营、以支定收、税收融资的特征。但不同之处在于，改革后的公共支柱将把注意力集中用于收入再分配——为老年人尤其是低收入老年人提供社会安全网。用收入再分配的办法来减少贫困，通过广税基低税率的征收，支付最低养老生活需要的资金。

二是强制性私营的完全积累的支柱，用于储蓄。它的主要特征是强制性的，以收定支（保险计划中定期支付的保费是确定的，未来的给付由保费和投资回报决定），享受津贴与缴费总额挂钩，基金交由私营部门管理和投资运作，缴费额和投资收入积累起来，最终全部用于个人的退休年金。

三是自愿性储蓄支柱，用于那些有资金也有愿望储蓄并想在老年时得到更多保护的人。它能提供补充性退休收入，在养老保障体系中可发挥重要的补充作用。政府应适当地为这种自愿性储蓄和年金提供一些优惠政策。

这三大支柱构成养老保障的多支柱体系，共同抵御老年人面临的多种风险。一国养老保障应采取这种多支柱体系，这比集中于一种强制性支柱要优越得多。最重要的是，这种多支柱体系共同担负着防范未来经济和政治不确定性的总体风险，如政府和市场崩溃、财政来源枯竭、投资策略偏差等。因此，世界银行在1994年向各国推荐这种多支柱的养老保障模式。随后的10年中，智利、澳大利亚、英国、瑞士、瑞典、意大利、捷克、中国、俄罗斯等多个国家采纳了世界银行的建议，并取得了一定的成绩。我国现在养老保障制度的基本框架——国家基本养老保险、企业补充养老保险和个人储蓄性养老保险相结合的多层次养老保险体系——便是接受了“三支柱”概念的结果。

尽管基金积累的引入仍然被很多专家所质疑，国际劳工组织圭亚（Gruat）认为，世界银行的《老年危机对策》报告声称存在着危机，但是该报告提出的危机解决办法不仅没有为养老待遇水平提供更好的保障，而且潜在的风险比正确设计和管理的固定待遇制更大。而世界银行报告中也提到，如果没有发达的资本市场，又无力建立有效的管理机构，对很多国家来说，采用固定缴费的解决办法是不切实际的。但是，包括基金积累制在内的养老保障多支柱的概念还是逐渐取得了人们的共识，并且这种多支柱的思想逐渐扩展到整个社会保障领域，形成了多支柱社会保障体系的理论雏形。

3.4　穷人资产和社会安全

3.4.1　问题提出

反思和总结20世纪福利国家的经验和教训，人们发现一个事实，在福利国家中的穷人没有同等机会和补贴来积累资产。这里有三个主要原因：

（1）穷人很少拥有房屋、投资或退休账户，而这些都是国家制定资产政策的基础和保护目标。

（2）穷人在资产积累方面几乎没有税收激励或者其他激励。

（3）领取基本年金的资产审查抑制“福利穷人”发展资产，高税率和高费率造就了“工作穷人”。

这些情况反映出福利国家公共选择陷入误区，即穷人具有领取社会福利的权利，而没有发展个人资产的权利。其政治逻辑为：社会福利受益权抵消发展个人资产的权利。

这一公共选择误区不公平性的负效应日趋明显。为什么不能让穷人积累资产？如果将资产建设作为个人、家庭与社区发展渠道，并进入积极福利政策和扶贫政策以及发展规划，明智的公共选择应该是全体公民的资产建设，这将给社会和经济发展中带来最大的回报。

这一思想最初来源于20世纪80年代美国学者与“福利母亲”的讨论。那些妇女说她们难于“有所作为”，不能为长期目标（如更好的住房、教育或者启动小生意等）积累资金和获得资源。这些讨论引发了美国迈克尔·谢若登教授的关注[①]，开始研究穷人的资产管理问题，继后提出资产建设与社会发展的个人发展账户的提议。

自从资产建设和个人发展账户的建议被提出以后，美国、加拿大的社会政策有所发展。1996年的《福利改革法》将个人发展账户作为州政策的可能选择。基于第一个政府资助的个人发展账户示范的成功，1998年美国颁布了《联邦独立资产法》。目前，美国超过40多个州已经开始实践某种形式的个人发展账户。所有这些都显示出一种思想的变化，并导致政治逻辑的变化，尽管大多数个人发展账户都非常小，但这是一场社会政策的革命。

个人发展账户的思想和实践也出现在中国。2002年，山东大学校长展涛在全国人大会议上提到了关于个人发展账户研究的事例。2003年，清华大学农民养老金课题组提出为年轻农民建立多功能个人发展账户的政策建议[②]。2005年，清华大学和中国社会科学院社会政策研究中心联合举办了大规模地讨论个人发展账户的论坛，将这个概念传给了中国政府、学者、企业和公众。

3.4.2 理论基础

支持该社会政策变革的基本理论是“制度安排对储蓄和资产积累的影响”和“资产的多种积极效应”。

(1) 制度安排对储蓄和资产积累的影响

储蓄和资产积累由制度形成，不仅是个人偏好。这一理论在得到论证与支持时，将能指导设计、执行以资产为基础的政策。华盛顿大学社会发展中心关于个人发展账户的研究证明了以下影响储蓄和资产积累的制度性因素：进入途径；预期；信息；激励；促进；限制；保障。当然，偏好还是非常重要的因

① 迈克尔·谢若登和华盛顿大学（圣路易斯）的社会发展中心对个人发展账户的研究已经对其他地方的政策发展有所影响，其中包括英国的储蓄通道和儿童信托基金、加拿大的个人发展账户和“学习储蓄”示范项目，澳大利亚、乌干达和其他地方的穷人配额储蓄项目等。社会发展中心为这些政策和项目发展都提供过咨询。

② 杨燕绥. 代表农民利益要落在实处. 党建研究，2003.9

素。上述因素在理论上与实践中都是有用的，但在论证理论与检验政策应用过程中还需要更多的工作。

（2）资产拥有多种积极效应

资产拥有多种积极效应，并不仅是延迟消费。例如，房屋所有权可能不仅创造住房金融平等，而且会产生更稳定、更具有责任的公民。李光耀谈他为什么在 1968 年决定将中央公积金计划从退休计划扩展到住房及房屋所有权时说，是从国家安全角度考虑的。新加坡在 1968 年时非常脆弱，大多数华裔人口是移民，对新加坡作为一个国家缺乏认同感，人们如果拥有房屋将长久呆在新加坡，并且在必要时愿意为国家而效力。现在看来，新加坡的制度安排是成功的，由此证明所有权可以协调公民和国家的关系，不仅具有财产关系、经济秩序和金融价值。

当资产拥有效应的理论被具体论证后，就能支持具有包容性的资产理论。资产拥有的可能效应包括：提高家庭稳定性；有目标的创造未来；刺激资产积累；进一步实现专门化与专业化社会分工；为抵御社会风险提供基础；增加个体效能；增加社会联系和影响；提高公民政治参与；增加福利和子女财富。在经济学、社会学、政治学、人类学和社会工作方面的广泛研究为支持这些建议提供了证据，但研究尚不够严谨和科学，需要更多的实践来论述和检验该理论。

在一项资产预期与教育成就的研究中，展敏与谢若登（Sherraden）根据对家庭与家族全国性问卷调查中的数据分析，发现低收入、单亲母亲的资产与儿童的教育成就是正相关的；而这种相关部分因为资产提高了母亲对孩子的期望值。这一研究支持了“资产效应”的认知理论，即资产可以改变思维，而思维的改变则可以改变行为结果。在这一研究中同样值得一提的是，当资产不在模型中时，收入与教育成就有关。然而，当资产被包括在内时，收入的作用变得不明显。这一发现表明，在资产没有被包含在回归模型的情况下，许多先前关于经济资源对福利效应的研究可能是不准确的。

3.4.3　实践问题

资产建设（可以不用这一词语，用其他语言表述）在贫穷国家经济发展中并不是一种新观念。在没有足够资源支持福利计划的地方，人们更多地是依赖家庭与非正式计划。鼓励小农业、小企业以及其他以资产为基础、产生收入项目的政策是很普遍的。人们可能拥有资产，但经常是低标准的，如一间小屋子和简单工具。

个人发展账户政策在这些情况下的使用程度是尚待讨论的，而且必须在具体情形下处理。或许资产建设最好能采取其他形式，如家畜养殖等。不过，在发展策略中完全不考虑建设金融资产的潜能是不明智的。在一些情况下，政策能与当地的储蓄活动，如“滚动储蓄与信贷协会”一起发挥作用。在其他情况下，金融机构可以开办一个分支机构或者派一个中介来吸收存款。随着信息时代的扩展，电子金融业务处理将变得越来越可能，甚至在一些今天看起来似乎是不可能的领域。

如今，即使在发展中国家，有关以资产为基础的社会发展的讨论也越来越多。这对政府的要求是：建立使每个人进入资产建设的制度；制定法律与规则；为累进的资产积累提供资源，特别是启动资源。主要挑战包括：金融基础设施，如吸收存款与管理账户的能力；投资风险的控制措施，包括个人以及共同积累的资本；政府风险，如政策的稳定性、完整性等；货币风险，主要是通货膨胀的威胁。

资产建设作为一种社会发展策略具有简单、易交流、适应性强等特征，逐渐发展成为国家政策或地方策略。如果政策设计得当，具有包容性的以资产为基础的政策将成为大规模的公共产品。所有公民都将从中受益。政策将在未来几十年里驱动家庭资产积累，刺激经济发展，并且创造更多有责任感的公民。这并不是遥远的。以资产为基础的革命已经发生，并且将可能持续。主要的挑战将在于政府将如何设想并致力于把每一个人都包括到社会保障体系建设和治理机制中来。

第五章　政府与社会保障公共选择

公共利益、公共政策和公共管理这几个定义已经多见于各类政治、经济和社会问题研究的论文之中。社会保障是公共利益，需要公共政策和公共管理的支持。那么，社会保障政策和管理模式的决策就需要进入公共选择程序。

1. 公共选择基本原理

公共选择理论是将微观经济学运用于政治和社会领域的经济思想分支，它部分地否定了经验主义，而是根据标准的经济假设做出预测，然后再寻找证据考察这些预测是否成立，与主体的社会目标和政治目标是否吻合。

经济学是人们对经济现象的归纳、分析和总结，并经历了政治经济、宏观经济、微观经济和部门经济的发展过程。20世纪中期，公共选择理论逐渐形成新的经济学科，是上述经济学科的综合进化。公共选择理论的一般原理对于社会保障的公共选择（包括社会保障领域的不同主体的偏好显示、政治市场、利益集团行为、寻租等）具有普适性。公共选择理论一般与社会保障公共选择的主要差异在于研究对象（研究领域）的不同。

1.1　公共选择理论的核心思想

公共选择理论（public option theory）也称为“公共选择”（public option)、“公共选择经济学”（economics of public option)、“政治的经济学”（economics of politics)、“政治的经济理论”（economic theory of politics)、“新政治经济学”（the new political economy)、“集体选择”（collective option）等，是经济学领域的一个新学科①。

公共选择理论可以定义为非市场决策的经济研究，或者简单定义为把经济学应用于政治学。公共选择的研究主题与政治学的研究主题是一样的，如国家理论、投票规则、投票者行为、政党政治学、官员行为等。但是，公共选择的方法是经济学方法。同经济学一样，公共选择理论以自利的、理性的、追求效用最大化的人作为基本理论假设②。

一般认为，公共选择理论是一个依据新古典经济学的基本假设（如理性人

① Joe B. Stevens. *The Economics of Collectiue Choice*. Westview Press，Inc. 1993. p1－8

② Dennis C. Mueller. *Public Choice Ⅱ*. Cambridge：Cambridge University Press，1989. p1－2

假设等)，运用新古典经济学的理论原理和分析方法，描述和探究政治市场上的居民（或者选民、公民、消费者、纳税人等)、企业（厂商)、利益集团(interest group)、非政府组织（NGO)、政府和政府官员等主体行为规律和政治市场的运行规律的经济学分支学科[①]。

从本质上分析，公共选择是一种把多元社会主体的偏好（意愿）转换成政府政策组成要素的过程（或者机制)，这种过程（或者机制）在多大程度上显示多元社会主体的真实偏好（意愿）直接表明了政府政策的效果和资源配置的效率。

公共选择理论的研究证明，从经济组织结构分析，社会由经济市场和政治市场组成。经济市场的主体包括需求者（居民、消费者）和供给者（厂商、企业)；政治市场的主体也包括需求者（居民或者选民、企业或者厂商、利益集团、中介组织等）和供给者（包括政府及其官员等)。经济市场的主体以货币作为选票来选择效用最大的私人物品，属于经济决策；政治市场的主体以偏好显示（如投票、表达赞成或者反对等）选择能给其带来效用最大的政策、法律、制度、政府和官员等，属于政治决策[②]。

公共选择理论的一个重要理论意义在于：在它产生之前，西方主流经济学只是局限于研究经济市场的供求行为和经济决策，把政治决策作为外生变量。西方主流经济学认为经济市场的主体行为服从“理性人”原则，政治市场的主体行为服从“利他主义”原则。而公共选择理论深刻地说明，经济决策和政治决策密不可分，政治市场主体行为也服从“理性人”原则。

1.2　学派综述

公共选择理论的 4 个学派是影响西方公共选择问题研究成果的主体。公共选择理论划分为 4 个学派[③]（弗吉尼亚学派、芝加哥学派、罗彻斯特学派和印第安纳学派)，主要是根据其核心观点和方法论上的差异。

1.2.1　弗吉尼亚学派（Virginia School）理论

弗吉尼亚学派是公共选择理论中影响最大的一个学派，它的成员(James. M. Buchanan[④]，Gordon Tullock）在公共选择理论中最具代表性。

弗吉尼亚学派的主要理论特征有：方法论上的个人主义；重点研究宪法政

---

① Buchanan，James M. and Tullock，Gordon. *The Calculus of Consent*，*Logical Foundations of Constitutional Democracy*. The University of Michigan Press. 1962. p5—17

② Joe. B. Stevens. *The Economics of Collectiue Choice*. Westview Press，Inc. 1993. p215—229

③ 部分学者把公共选择理论划分为 3 个学派：罗彻斯特学派、芝加哥学派、弗吉尼亚学派。

④ 詹姆斯·布坎南，美国经济学家，公共选择学派最具代表性学者，1986 年诺贝尔经济学奖获得者。

治经济学（constitutional political economics）。与本书相关的弗吉尼亚学派的主要理论成果如下：

（1）詹姆斯·布坎南提出并论证了经济学和政治决策理论的契约和宪法基础，将人们从相互交易中各自获益的概念应用于政治决策领域，弥补了传统经济理论缺乏独立的政治决策分析的缺陷。

公共选择理论认为，在经济市场和政治市场上活动的是同一居民，没有理由认为同一居民会根据两种完全不同的行为动机进行活动。公共选择理论的主要特点是试图建立一种严谨的、原理式的政府一般理论，把政治看成一种居民相互交易的市场，并且用新古典经济理论对其进行分析。公共选择理论用经济学的分析方法来研究公共选择活动和政治行为，把经济学和政治学纳入统一的逻辑体系，是有积极意义的。

（2）居民（或者投票人、消费者、纳税人等）是社会秩序的基本组成单位，政府只是居民相互作用的制度复合体，居民通过复合体做出集体决策，去实现他们相互期望的集体目标。集体（组织）本身不具有偏好（选择）也不行动。社会选择是居民偏好（选择）的综合结果[①]。公共选择理论的研究范围是政治市场，主要包括初级政治市场、政策供给市场和政策执行市场[②]。

公共选择理论也分析政策问题，但它不同于主流经济学中的政策范式，后者主要解释宏观经济政策是如何运作的，两者具有明显区别（见图 5—1 和图 5—2）[③]。

（3）认为外部性、公共物品和信息也存在于政治市场，有可能损害居民的福利。政府失灵是客观的甚至是普遍的，政府不会自然地具备效率，这将妨碍居民有效地表达偏好（选择）[④]。

（4）提出进行宪法改革。

1.2.2 芝加哥学派（Chicago School）理论

芝加哥学派主要成员（G. Stigler，G. S. Becker，S. Peltzman，R. A. Posner，W. E. Landes，Robert Barro）的研究成果具有很强的奠基性和创新性。他们的主张包括以下几个方面：

---

① Buchanan，James M. and Tullock，Gordon. *The Calculus of Consent*，*Logical Foundations of Constitutional Democracy*. The University of Michigan Press. 1962. p53—69

② Alan Peacock. *Public Choice Analysis in Historical Perspective*. Cambridge：Cambridge University Press，1992. p13—16

③ 方福前. 公共选择理论——政治的经济学. 北京：中国人民大学出版社 . 2000

④ Buchanan，James M. and Tullock，Gordon. *The Calculus of Consent*，*Logical Foundations of Constitutional Democracy*. The University of Michigan Press. 1962. p106—131

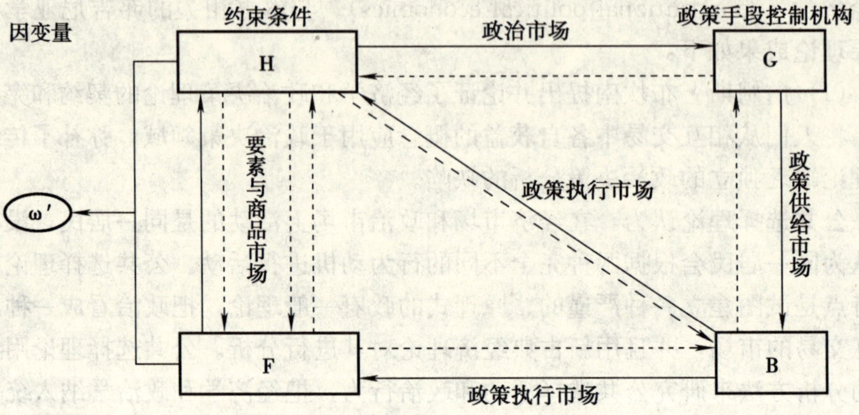

图 5—1　公共选择分析与政策范式

注：图中　ω′——政策结果（反映在政策目标上，如通货膨胀率、就业等）

G ——政府（假设为选票最大化者）

B ——官员（或者政府机构，假设为产出最大化者或预算最大化者）

H ——居民户（选民）（假设为效用最大化者）

F ——企业（假设为效用最大化者）

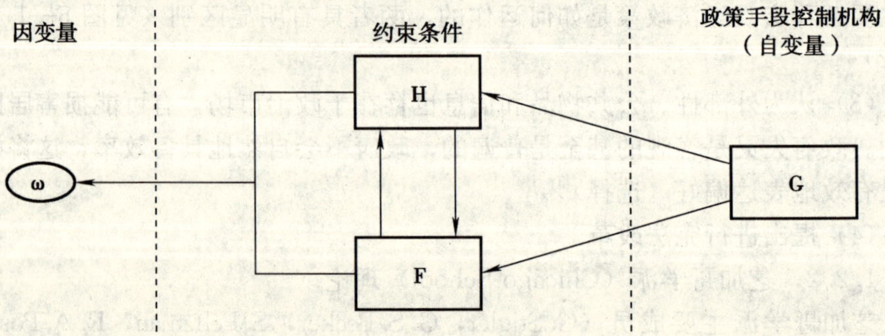

图 5—2　公共选择政策分析范式

注：图中　ω——政府的福利函数

G——政府（假设为集体福利最大化者）

F——企业（假设为利润最大化者）

H——居民户（假设为效用最大化者）

（1）主张自由主义，反对政府干预，认为政府是在社会范围内对财富进行再分配的一种组织，为政府中的“理性人”所利用的，即政府并非纯粹为公众福利服务[1]。

（2）把政治也看成一种市场，政治市场上发挥决定性作用的是利益集团。居民（或者投票人、纳税人）是具有价格的政策的接受者而不是政策价格的制定者，居民只是被动地接受（购买）产品（政策）。在一般条件下，政治市场具备效率，产品（政策）价格合理，交易者通过产品（政策）交易获得利益，交易者要求产品（政策）质量符合其价格。政治市场可以实现出清，也可以实现帕累托最优状态。从政治市场分析，不同的政治制度下政治市场的规律是相同的。对政治市场的分析，使用经济学的分析方法[2]。

（3）居民具有完全的信息，政府由立法加以控制。

1.2.3　罗彻斯特学派（Rochester School）理论

罗彻斯特学派的主要成员（W. H. Riker，P. C. Ordeshook，S. J. Brams，M. J. Hinich，P. H. Aranson，R. Mckelvey，M. Fiorina，J. A. Ferejohn，K. A. Shepsle，B. R. Weingast）大多在美国罗彻斯特大学（Rochester University）从事研究，其主要研究成果如下：

（1）政治活动是一个博弈过程，利益集团竞争是一个零和博弈，一方所得是另一方所失。利益矛盾冲突和利益矛盾的谈判是公共选择过程的主要组成部分[3]。

（2）通过使用精确的统计方法建立数理政治科学（mathematical political science）[4]。

（3）罗彻斯特学派始终一贯地把实证的政治理论用来研究选举、政党策略、投票程序控制、政党联盟形成、立法机构和政府。

除以上理论外，印第安纳学派（Indiana School）也具有一定的代表性，它的领袖人物是一对学者夫妇（Vincent. Ostrom，Elinor. Ostrom）。这个学派研究的主题是居民与社会、政府的关系；强调文化和制度在形成居民偏好（需要）、社会权力方面的作用[5]。需要提及的是，很多学者的论述具有经典理论

---

① Stigler，G. J. *The theory of economic regulation*. Bell Journal of Economics and Management Science，1971，Vol. 2

② B. Kennelly and P. Morrell. *Industry and characteristics and interest group formation*：*An empirical study*，Public Choice. 1991. Vol. 70. p16—51

③ Riker，W. H. and Ordeshook，P. C. *A theory of the calculus of voting*. American Political Science Review. 1968，vol. p62

④ Riker，W. H. and Ordeshook，P. C. A theory of the calculus of voting，American Political Science Review. 1968，vol. p11—35

⑤ Lionel Orchard and Hugh Stretton. *Public Choice*. Cambridge Journal of Economics. Vol. 21. No. 3. May 1997. p410—420

的价值。例如，约瑟夫·熊彼特的《资本主义、社会主义和经济制度的民主》对公共选择理论意义重大。熊彼特提出了竞争的经济制度的民主理论：他否定了“建立在普选制基础上的政府必然维护公共利益”的传统说法，认为每一个政府官员的目标都是为了当选和再当选；在经济制度的民主制度下，政府官员通过选票竞争而获得决策权力①②③。

1.3　国内关于公共选择问题的研究

国内对公共选择问题的研究开始于 20 世纪 80 年代末 90 年代初，初始阶段以介绍国外相关学术成果为主，经济学、政治学领域的很多学者对国外的公共选择理论进行了比较系统的研究，形成了部分理论著作和论文。但是，这些著作和文献大多为介绍性的，基本没有深入研究。其中，比较典型的是中国人民大学的方福前博士写于 1994 年的博士毕业论文《公共选择理论研究》，这篇论文对国外理论的介绍是比较系统和准确的。自 20 世纪 90 年代中期至今，中国经济理论界对于公共选择问题的研究进入一个新阶段——理论联系实际阶段，即应用公共选择理论有针对性地讨论中国经济问题，并研究解决问题的思路和对策。在很多学者的努力下，形成了一批研究成果。

从和本文选题高度相关的角度进行归纳，国内关于公共选择问题的主要理论成果和研究结论如下：

（1）关于公共选择理论的理论意义和政策价值

对此，经过理论探讨，批判地借鉴和应用的观点在理论界占据主流地位。有代表性的观点认为：中国应该依据具体国情在经济制度和行政机制优化的过程中，批判地借鉴和参考公共选择理论中的有益理论④⑤。

（2）国内应用公共选择理论的研究命题范围

1）公共决策优化。有代表性的观点认为公共选择理论有益于建立优化的非市场决策机制⑥。

2）政府失灵。有代表性的观点认为西方学者对政府失灵现象的表现、类型和根源进行了相当深刻的分析，并提出了纠正及防范政府失灵的某些行之有效的建议。这一理论对于中国在市场经济发展过程中，正确处理好政府与市场

---

① ［美］保罗·萨缪尔森等，经济学（第 16 版）．萧琛等译．北京：华夏出版社，1999. 232

② Dennis C. Mueller. *Public Choice Ⅱ*. Cambridge：Cambridge University Press. 1989. p1－2

③ Dennis A. *An Economic Theory of Democracy*，New York：Harper and Row. 2n，1957

④ 方福前．公共选择理论——政治的经济学．北京：中国人民大学出版社，2000

⑤ 中国社会科学院“中国社会发展研究”课题组．中国改革中期的制度创新与面临的挑战．社会学研究。

⑥ 陈振明．论市场经济条件下我国公共决策的优化．厦门大学学报（哲社版），1997

的关系，合理确定、发挥或转变好政府职能，完善宏观调控机制及手段，避免政府失灵，提高政府工作效率都具有启发意义①。

3）政府机构改革和提高行政效率。有代表性的观点认为中国政府历次机构改革，均不能完全摆脱"精简—膨胀—再精简—再膨胀"的怪圈，政府机构及其人员的"经济人"行为倾向是机构改革"怪圈"产生的真正原因②。

4）公共产品的市场化管理。有代表性的学者对公共选择理论的"公共物品供给的低效率"所导致的政府失灵予以关注，主张借鉴各国"公共服务市场化"改革的有益经验③④。

5）政府寻租。有代表性的观点认为寻租导致公共政策非公共化，利益集团和自利的公职人员以公共利益为代价谋求其特殊利益，使公共政策偏离公共利益最大化原则⑤。

综上所述，对于社会保障的公共选择模式研究，公共选择理论的可借鉴之处主要在于对公共物品偏好显示的必要性研究、利益集团理论、公共品（或者产品）供应的寻租理论、政府失灵的研究、关于投票规则的探讨等。

2. 社会保障公共选择研究

本节的研究对象是社会保障公共选择过程。所探讨的社会保障公共选择是对于特定条件下的社会保障公共选择过程反映出的某些特征的一种抽象概括，即社会保障公共选择具体化的特征归纳。

2.1　社会保障公共选择：概念界定

从概念的内涵分析，社会保障公共选择是指公共选择主体（如居民、企业、中介组织、政府等）⑥ 的权责分配结构和围绕社会保障政策的提出（如投票规则、话语权等）、审议、制定、执行、监督、评价等所涉及的程序、规则的总和。从广义分析，关于国家社会保障的多维制度安排构成了国家社会保障体系。其中，社会保障的公共选择是国家社会保障体系不可或缺重要组成部分。社会保障的公共选择在本质上是连续的、动态的过程。离开了动态的观点，则偏离了社会保障公共选择的本质。

从本质上分析，社会保障的公共选择是一种在国家社会保障体系中使居民、企业、中介组织、政府等广义的公共选择主体针对社会保障品（政策）的

---

① 陈振明．公共选择和政策分析学者的政府失败论．中国社会科学．1998（6）

② 叶海涛．公共选择理论与我国政府机构改革．东南大学学报（哲社版）．2001（11）

③ 吴群芳．公共选择理论与"公共服务市场化"．北京科技大学学报（社科版）．2002（3）

④ 郭剑鸣．在政府管理中导入民营方式．浙江学刊．2002（5）

⑤ 陈国权等．公共政策的非公共化：寻租的影响．中国行政管理．2003（1）

⑥ 请参阅本章第 2 节关于公共选择主体概念的详细解释。

偏好（意愿）转换成社会保障制度安排所依据的一种机制，这种机制在很大程度上关注利益相关者，显示居民、企业、中介组织、政府等广义的公共选择主体的真实偏好，并直接影响社会保障制度安排的总体效果和社会保障资源的配置效率。

投票规则（或投票机制、话语权等）是居民、企业等公共选择主体参与的针对社会保障品（政策）提出、审议、评价程序的一种具体形式，社会保障品（政策）的“事前投票”过程发生于提出程序、审议程序，社会保障品（政策）的“事后投票”过程发生于评价程序。

在国家社会保障体系中，社会保障公共选择是整个体系结构中的重要组成部分，与体系中的行为主体存在紧密联系和关联，影响整个体系的效率（效益），发挥着不可替代的作用，构成事实上的一种机制①。

20世纪中叶之前，对于社会保障体系（或者制度等）效率（或者效益等）的评价，基本不涉及社会保障的公共选择问题。自20世纪50年代以来，西方发达市场经济国家的经济学家逐渐形成共识，认为公共选择问题是对于主流经济理论的重要补充，对社会保障的公共选择问题也进行了大量深入而系统的分析，并影响社会保障政策和法律的制定过程，有些关系全体居民的切身利益问题甚至要通过全民公决（这是一种极端）。这主要因为西方国家的社会保障公共选择机制（或者制度）十分发达，广泛分布于各类社会保障运行过程和政府行为中，所以，在公共管理和公共政策研究中，西方学者们对社会保障的公共选择过程普遍给予特殊强调和特别关注。

但是，从19世纪至今，在很多国家（主要是发展中国家）社会保障的公共选择问题未得到人们应有的重视。从社会保障政策形成过程分析，很多国家社会保障制度中的政策决策体制仍然基本上是“封闭的权威结构”。这种制度的特点主要是政府至上：一方面，政府对社会保障政策决策的“一元化”绝对控制；另一方面，政府内部的部门利益又分解了政府的决策能力和执行能力。也就是说，社会保障领域的政策合约安排可能过分强调政府的利益和作用，忽视居民、企业、中介机构等作为政策需求方的公共选择主体的偏好（意愿）。其后果是社会保障政策对居民、企业、中介机构等公共选择主体的激励不足，从而导致社会保障制度的运行的行政成本提高，而制度的整体效率较差。

2.2　社会保障公共选择的结构分析

2.2.1　基于政策流程的社会保障公共选择分析

---

① “机制”一词来源于希腊文，其原意是指机械、机械装置、机械机构及其运行原理。经济机制是指经济运行中各种相互联系、相互作用的关联因素对经济活动的调节功能。

遵循公共选择一般理论，社会保障政策的提出程序、制定程序、审议程序构成初级政治市场的内容，社会保障政策的执行程序构成政策供给市场的内容，社会保障政策的评价程序和监督程序构成政策执行市场的内容。

从社会保障政策形成的流程分析，社会保障的公共选择过程在总体上可以划分为七个运行程序和五个协商（或者谈判）过程。

（1）运行程序

运行程序包括七个环节，其主要内容如下：提出→制定→审议→执行→监督→评价 →矫正，这是一个从“公众→政府→议会→政府→公众”的循环过程。

1）提出预案程序。通过公开的投票规则、话语权保障机制使公共选择主体（也是利益相关者）充分表达自己的意志，在此基础上形成的社会保障议案是一个利益相关者意见的综合选择，不要忽略任何利益群体，更不能随意放弃任何利益群体；这样的议案将放在政府首脑和社会保障主管部门的桌案上，政府作为公共利益的代表其责任是考虑利益相关者的周延性和在各利益群体之间寻找均衡点。

2）政策制定程序。不同利益相关者（利益群体）的均衡需要在多元公共选择主体参与协商或谈判的过程中形成，还有专家论证和公众听政等；这些工作需要政府组织实施，也可以由非政府组织进行，在法制国家通常由议员建立提案，在非法制国家通常由政府主管部门提出。总之，社会保障议案（政策建议和立法建议）在此阶段形成。

3）审议通过程序。社会保障议案（政策建议和立法建议）由政府主管提交代议或立法机构，进入决策程序；有可能需要返回社会进行再论证和议案的再提出。在法制国家，国会审查社会保障规划；立法机构制定社会保障执行方案，即政府和市民均依法办事；在非法制国家，政府可能代行社会保障规划和社会保障执行方案的决策权，即依政策办事。政府的经常性理由是政策灵活好使，且不需要信息披露。

4）进入执行程序。代议或立法机构将审议通过的社会保障法案依法公布，政府首脑（总统/总理）负主要执行责任，即首脑问责制。在西方国家通常由总统/总理委任部长执行，政府的财政部门和社会保障主管部门是政治决策的具体执行机构。在社会保障决策的执行过程中需要依法授权和建立脱离政府决策（权力的代表）机构的、独立的、依法行事的代理机构，该机构可以依据合同进行功能外包和购买私营机构的服务（见图 5—3）。

5）行使监督程序。政府首脑和社会保障主管部门的责任包括建立公共选择主体对社会保障政策和法律执行的监督机制和意见反馈机制。

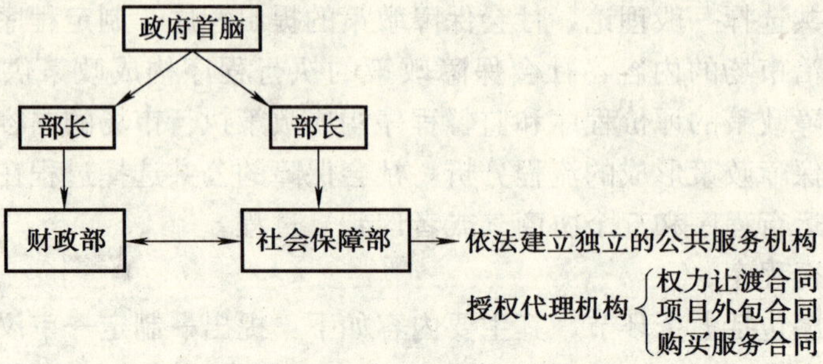

图 5—3 社会保障决策的执行系统

6）科学评价程序。公共选择主体检验社会保障决策的效果，专家和专业机构介入以取得数据进行实证研究，形成科学的立法反馈至代议或立法机构；科学的政策反馈至政府首脑和社会保障主管部门。

7）及时矫正程序。任何一项公共选择都是在动态发展过程中逐渐完善的（起点不能偏离公共利益）。矫正程序可能会反复“公众→政府→议会→政府→公众”的循环过程，但也可能省略一些环节，如通过行政法规补充议会立法，不再返回议会重新进行议案讨论。

社会保障公共选择的程序如图 5—4 所示。

（2）协商过程

协商过程包括五个环节，其主要内容如下：

1）预案协商（投票规则）。主要参加对象为居民、企业等公共选择主体、社会保障的政府部门等。

2）政策制定协商。主要参加对象为社会保障政府部门、相关政府部门、非政府组织、中介组织等。

3）政策审议协商（间接投票协商）。主要参加对象为代议或立法机构、社会保障的政府部门、非政府组织、中介组织等。

4）立法反馈协商。主要参加对象为代议或立法机构、利益集团、中介组织、居民、企业、其他相关政府部门等；立法反馈是指社会保障政府部门将政策执行中的情况和问题及时反馈给代议或立法机构，作为修改立法的依据。

5）行政反馈协商。主要参加对象为社会保障政府部门、各个公共选择主体等；行政反馈是指居民、企业、利益集团、中介组织等将政策执行中的情况和问题及时反馈给社会保障部门，作为纠正政策、完善规制（如行政法规等）的依据。

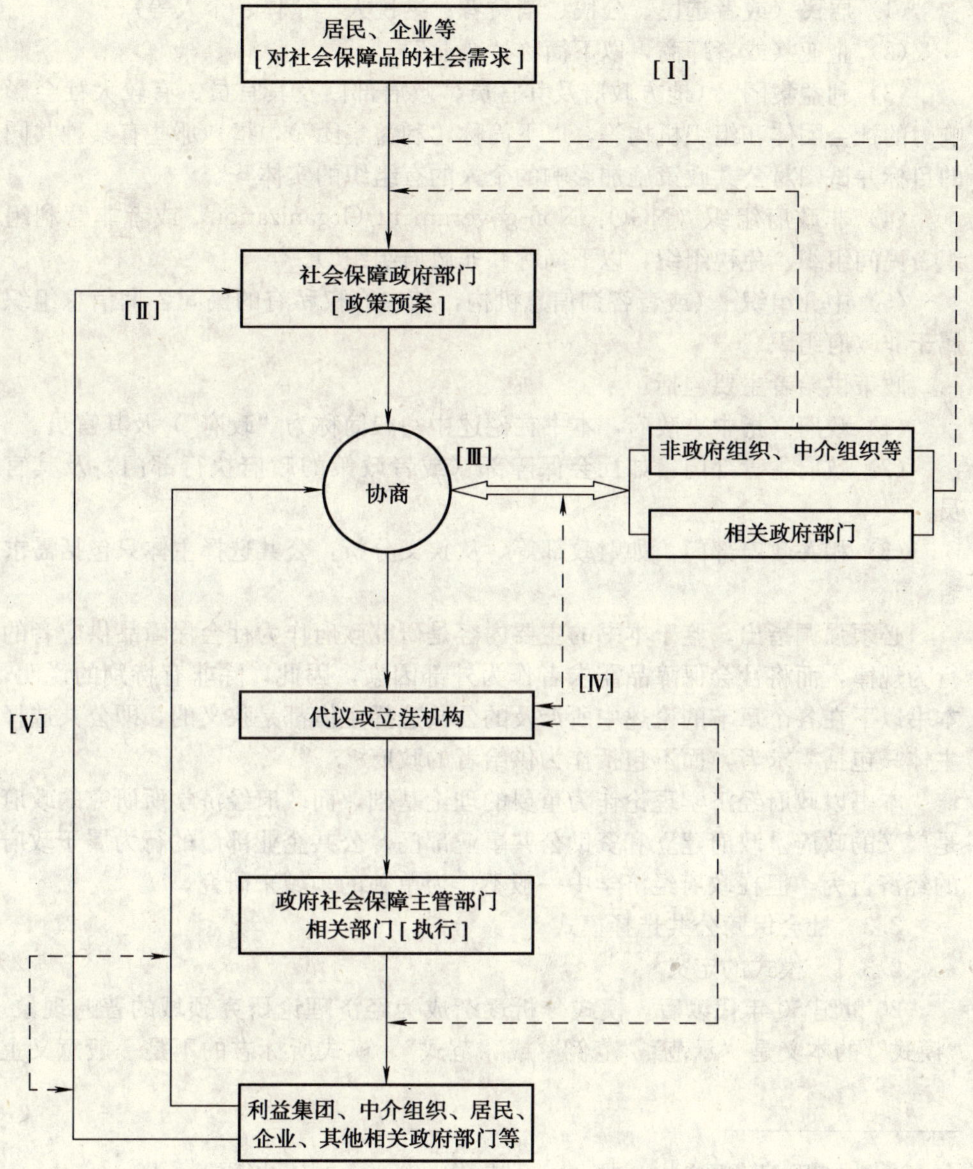

图 5—4　社会保障公共选择的程序

2.2.2　社会保障公共选择的参与主体

从社会保障品市场的行为主体结构分析，可以将公共选择主体（major player of the public option）进行广义和狭义的划分。从广义分析，公共选择主体包括政策需求者和政策供给者。其中，政策需求者主要包括：

（1）居民（或者选民、公民、消费者、纳税人、个体、个人等）。

（2）企业（或者厂商，以下简称“企业”）。

（3）利益集团[①]（地方政府及其官员、政府部门及其官员、有较大社会影响力的社会团体和组织机构等，以下简称“利益集团”），指“那些有某种共同的目标并试图对公共政策施加影响的个人的有组织的实体”[②]。

（4）非政府组织（NGO：Non-government Organization，或者非营利组织、民间组织、免税组织，以下简称“非政府组织”）。

（5）中介组织[③]（或者咨询信息机构，其中产权私有的民间咨询信息组织属于非政府组织）。

政策供给者主要包括：

（1）政府（指中央政府，本书在论述中一般简称为“政府”）及其官员。

（2）政府主管部门，如社会保障部（或者政策的政府执行部门）及其官员。

（3）相关政府部门，如财政部等。从狭义分析，公共选择主体只包括需求者。

必须强调指出，鉴于本书的主要内容是研究政府作为社会保障品供应者的行为规律，而将社会保障品需求者作为外部因素，因此，除非有特别的说明，本书以下在各个章节的论述中所涉及的公共选择主体都是狭义的，即公共选择主体只包括需求者，而不包括作为供给者的政府[④]。

本书以政府经济学理论作为重要的理论基础，而政府经济学所研究的政府是广义的政府。政府建立和资助公共事业部门、公共企业部门的行为属于政府的经济行为，但在政府经济学中一般不作为单独的领域来研究。

2.3 社会保障公共选择模式

2.3.1 模式的定义

20世纪50年代以后，模式分析逐渐成为经济理论研究领域的普遍现象。“模式”的本义是“示范”“范例”或“范式”。模式所标志的不是一般意义上

① 利益集团的英文原文为Interest group，或者Pressure group（压力集团）。

② Jeffrey M. Berry. The Interest Group Society. Glenview，III：Scott. Foresman. 1989. 4

③ 非政府组织和中介组织是否构成利益集团主要在于非政府组织和中介组织是否具备影响政府政策倾向的动机，以及是否具备在总体上影响政府政策倾向的能力。

④ 政府有广义和狭义两种含义。广义的政府是指所有的国家机关，也就是说，广义的政府不仅包括国家行政机关，而且包括司法机关、立法机关等所有行使公共权力的国家机构；不仅包括中央国家机关，而且还包括各级地方国家机关。广义的政府是一种抽象性的概括。狭义的政府主要是指国家行政机关，而不包括司法、立法等其他国家机关。

的不同，而是整体结构特征的不同①。模式是对一个过程（或现象）中多种因素相互作用构成的总体的高度抽象的综合概括。

在本质上，社会保障公共选择模式是指在社会保障品②供应过程中，针对社会保障品（政策）的提出（投票规则）、审议、制定、执行、监督、评价，在多元公共选择主体——既包括作为需求者的居民（或者公民、消费者）、利益集团（地方政府、行业管理的政府部门等），也包括作为供给者的政府（此处指中央政府）——依据合法的路径表达各自偏好（意愿）过程中，多元公共选择主体之间存在的多种关联关系所具有的规律性特征的总和。也就是说，社会保障公共选择模式是对社会保障公共选择过程中的规律性特征的一种抽象概括。

模式的产生是社会保障公共选择理论研究和实践结果具有系统性、逻辑性（或者可推导性、数学化程度）与可比较性三个特征的结果。从认识论的角度分析，本书提出的模式是指作者对社会保障领域的公共选择规则（规律）进行的抽象归纳和理论概括。在理论上绝对正确的社会保障公共选择模式是没有的，社会保障公共选择也是各种模式接续交替的历史，伴随着时序演进条件下社会保障制度安排在本质上的变迁，其形式也必然发生变化。例如，20 世纪 50 年代，新加坡的公积金制度仅覆盖个人养老储蓄计划，国际劳工组织专家批评新加坡模式没有社会保障的味道；而如今新加坡公积金制度已经覆盖了医疗保险、住房保障、养老保障、遗属抚恤、教育投资，甚至购买股票等项目，世界银行专家称其为“政府帮助公民进行终生理财的计划”，不仅具有社会保障的味道，而且符合当今积极福利政策的潮流。

2.3.2　研究对象

公共选择理论的重要内容是研究政府决策方式。公共选择理论考察不同政策决策机制运作的方式，指出没有一种理想的机制能够将所有的居民偏好综合为社会选择；它研究了当国家干预不能提高经济效率或收入分配不公平时所产生的政府失灵；它还研究了代议机构成员（如国会议员）的短视、政府缺乏严格预算、投票规则、政府失灵等问题③。

参照公共选择理论研究对象和研究范畴的一般原理，社会保障公共选择过程研究涵盖的主要命题应该包括以下几个方面：

---

① 张孝德. 模式经济学新探. 北京：经济管理出版社，2002

② 社会保障品指广义政府为居民、企业等提供的有关社会保障的政策、法律、法规以及相关行政措施的总和。关于社会保障品概念的详细说明请见本书第 3 章第 1 节。

③ ［美］保罗·萨缪尔森等. 经济学（第 16 版）. 萧琛等译. 北京：华夏出版社，1999

（1）社会保障的公共选择主体偏好显示路径。

（2）社会保障的公共选择结构及其效率评价标准。

（3）社会保障品（政策）市场及其均衡分析。

（4）社会保障政策的投票机制和投票规则。

（5）社会保障政策对社会福利分配的影响。

（6）社会保障管理中利益集团的行为特征。

（7）社会保障体系的政府责任和管理职能。

（8）社会保障管理和服务中的寻租行为。

（9）社会保障法律和政策的执行与监督。

（10）社会保障行政效率和服务效率的评价标准。

从方法论角度讲，社会保障公共选择是对隐含以上研究对象和研究范畴的社会保障公共选择现象进行抽象概括和高度理论归纳而得出的。

2.4　国外关于社会保障公共选择的研究

从和本文选题高度相关的角度进行归纳，国外关于社会保障公共选择问题的主要理论成果和研究结论如下：

（1）关于公共选择主体偏好表达不充分的普遍性

不论是发达国家还是发展中国家，社会保障品（政策）的供给的低效率（不公平），政府不考虑公共选择主体偏好，未能充分实现社会保障品（政策）促进社会和谐的功能是一个普遍的现象①。

（2）关于社会保障公共选择过程中的偏好（意愿）显示问题

1）偏好的表达过程受到多种因素的制约，政策的通过要求获得过半数十分困难。一般情况下，简单多数可以获得公共选择主体（如选民、投票者等）的认同②。

2）公共选择过程（如投票过程）本质上是一个政策需求的显示过程，能够表达有效的结果。

3）在公共选择过程（如投票过程）中，偏好强烈的公共选择主体如果是少数派，则他们会和其他派别结成联盟。在结成联盟中，形成各种政策选择的政治市场的交易③。

---

① Danzinger, Sheldon and Peter Gottschalk. *America Unequal*. New York: Russel Sage Foundation. Cambridge. Mass: Harversity University Press, 1995. p26

② Danzinger, Sheldon and Peter Gottschalk. *America Unequal*. New York: Russel Sage Foundation. Cambridge. Mass: Harversity University Press, 1995. p73

③ Danzinger, Sheldon and Peter Gottschalk. *America Unequal*. New York: Russel Sage Foundation. Cambridge. Mass: Harversity University Press. 1995. p165－190

4）存在参加社会保障的居民（或者纳税人、投票者）具有希望建立私人经营性质的社会保障管理体制的偏好，认为这种体制对增进自身福利更加有利和具有更高效率。但是，事实上这种体制并不符合帕累托效率，即不能保证整个社会都受益①。

（3）关于社会保障品（政策）引致的不公平

部分发展中国家社会保障税（或者社会保障费）负担过重，直接导致居民、企业对社会保障品（政策）及其供给主体——政府的不满。部分发展中国家社会保障税（或者社会保障费）负担过重，直接抑制了企业的投资，也使社会保障品（政策）的执行率降低②。

（4）关于政府供给社会保障品（政策）的方式

政府提供社会保障品（政策）时是强制的还是考虑了居民、企业、利益集团等的偏好，对于社会保障品（政策）的效率和公平性影响很大③④。

（5）关于政府偏好和政府行为特征

在社会保障公共选择过程中，政府（尤其是地方政府）具有明显的机会主义倾向，并不以居民、企业、利益集团等公共选择主体的福利最大化作为自己的社会保障品（政策）供应的目标函数。围绕包括社会保障在内的公共预算的政策，政府同居民、企业、利益集团等公共选择主体的偏好不同，会直接导致政治冲突⑤。

（6）关于应用交易费用理论解释社会保障的公共选择问题的争议

传统社会保障公共选择的制度安排，主要为封闭的权威结构类型，即政府提供社会保障品（政策）时是强制的，不考虑（或者不充分考虑）居民、企业、利益集团等的偏好。

在运用交易成本经济学理论解释社会保障的公共选择问题时存在两种对立的观点：一种是认为封闭的权威结构是合理的契约安排；另一种是反对封闭的权威结构。显然，可以借鉴交易成本经济学学者（Coase，Alchian，Demsetz，Williamson，Ross，Grossman，Hart，Holmstrom，Tirole）的理论，从“权

① North，Douglass C. Transaction Costs，Institutions，and Economic Performance，International center of economic development：Occasional. No. 30. 1992. p5－32

② World bank. social security for seniors. 1997. chapter 2

③ James，E. Pension Reform：Is There An Efficiency-Equity Trade-0ff？ Working paper. World Bank. 1997

④ World Bank. Averting the Old Age Crisis：Policies to Protect the Old and Promote Growth. World Bank. And Oxford University Press，1994

⑤ Irene S. Rubin. The Politics of Public Budgeting：Getting and Spending，Borrowing and Balancing. Chatham House Publishers of Seven Bridges Press. LLC. 1990

威”能节约交易成本并产生效率来解释社会保障公共选择的封闭权威结构。而委托—代理理论则会予以批判，因为政府、居民、企业等公共选择主体掌握的信息是不对称的，这时存在“道德风险”和“逆向选择”问题。委托人（中央政府、代议机构等）无法观察到代理人（社会保障政策执行机构、地方政府等）的所有行为，这就便利代理人在契约达成后可能采取一些损害委托人利益的行动。从委托—代理理论不难发现，要解决政府、居民、企业等公共选择主体之间的委托代理问题，需要建立激励与约束机制。

国外相关理论研究部分成果的归纳与概括见表5—1。

表5—1　　国外相关理论研究部分成果的归纳与概括

序号	研究者	国别	研究时间	研究对象和研究问题	主要研究结果
1	Duncan Black	UK	1948	集体决策原理	集体（组织）本身不具有偏好（选择）也不行动。社会选择是居民偏好（选择）的综合结果
2	Duncan Black	UK	1958	选举理论	选举是不同社会主体偏好的表达过程
3	Buchanan. James M Tullock. Gordon	USA	1962	宪法政治经济学（constitutional political economics）	提出并论证了经济学和政治决策理论的契约和宪法基础
4	Buchanan. James M	USA	1962	纯粹经济交易政治决策	将纯粹经济交易的成本收益概念应用于政治决策领域；提出的公共选择理论弥补了传统经济理论缺乏独立的政治决策分析的缺陷
5	Buchanan. James M	USA	1962	政府失灵	政府失灵是普遍的，政府不会自然地具备效率
6	Riker，W. H. Ordeshook，P. C.	USA	1968	利益集团与偏好表达	利益集团竞争是零和博弈。利益矛盾冲突和谈判是公共选择过程的主要组成部分
7	Stigler，G. J.	USA	1971	政府功能有限理性人	政府为政府中的“理性人”所利用的，政府并非纯粹为公众福利服务
8	Stigler，G. J.	USA	1971	利益集团	政治市场上发挥决定性作用的是利益集团；居民只是被动地接受（购买）产品（政策）

续表

序号	研究者	国别	研究时间	研究对象和研究问题	主要研究结果
9	B. Kennelly and P. Morrell	USA	1976 1991	政治市场	政治市场可以实现出清，也可以实现帕累托最优状态
10	Buchanan. James M	USA	1978	政治市场	反对把私人物品市场理论直接应用于政治市场
11	W. E. Landes and Robert Barro	USA	1986	公共选择主体（居民）行为	居民具有完全的信息，政府由立法加以控制
12	Irene. S. Rubin	USA	1990	政府偏好	政府具有明显的机会主义倾向，并不以居民、企业、利益集团等公共选择主体的福利最大化作为自己的社会保障品供应的目标函数
13	Joe. B. Stevens	USA	1993	偏好（意愿）显示问题	偏好强烈的公共选择主体如果是少数派则会和其他派别结成联盟。在结成联盟中，形成各种政策选择的政治市场交易
14	Vincent. Ostrom and Elinor. Ostrom	USA	1994 1998	公共选择主体行为	居民自我利益与公有社会文化之间、政府强制与自愿合作之间的协调
15	Barnet. J and John. Cavanagh	USA	1994	公共选择主体偏好表达	政府不考虑公共选择主体偏好，未能充分实现社会保障品（政策）促进社会和谐的功能是一个普遍的现象
注释	1. 表格中研究者的有关研究文献请参阅本书的参考文献 2. 按研究成果发表的时间先后排序				

2.5　国内关于社会保障公共选择的研究

新中国成立后，建立了帮助企业职工和丧失劳动能力以及生活困难者的社会保障制度，如职工劳动保险等。但是，由于经济理论上“左”的错误，以及认为社会保障已包含在社会主义制度之中，因而社会保障经济及其公共选择问题的研究一度被忽视，专门论述社会保障公共选择问题的论著甚少。20世纪90年代初以来，国内学者对涉及社会保障公共选择的很多问题进行了积极研究。

(1) 社会保障品（政策）的供求非均衡。有代表性的观点认为，现阶段对于上缴社会保障费用，存在企业负担和地区负担的不统一；居民（个人）社会保障权益不平等；不应单纯强调个人责任[①]。必须指出，这种社会保障品（政策）的不均质（不平等）只是社会保障品（政策）的供给与需求非均衡的最终结果。

(2) 政府尊重公共选择主体偏好（意愿）的必要性。有代表性的观点认为，社会保障权是人权理想重要的实现机制，也是人权的基本项目[②]。

(3) 社会保障管理中的政府权责。有代表性的观点认为，应当明确中央政府、地方政府在社会保障方面的权责，规范社会保障的行政管理机制[③]。

(4) 政府对社会保障机构的监督。有代表性的观点认为，政府、居民、企业（公民）等公共选择主体都应该参与这种监督过程和这类监督组织，这种监督过程应当实现公开化[④]。

(5) 社会保障制度优化的政治环境。如果政治环境处于非优化状态，政府、企业、部分利益群体将面临较大的社会压力。

(6) 在社会保障管理中，政府、居民（公民）、企业等公共选择主体的行为特征和相互关系分析。有代表性的观点认为，政府、居民（公民）、企业等公共选择主体因为目标函数不同，存在博弈关系。

国内相关理论研究部分成果的归纳与概括见表5—2。

表5—2　　国内相关理论研究部分成果的归纳与概括

序号	研究者	研究时间	研究对象和研究问题	主要研究结果
1	蔡亮	1998	利益集团	利益集团（行业管理的政府部门、地方政府）对社会保障品（政策）有着重要影响，利益集团之间、中央政府与利益集团之间存在博弈关系
2	周小川	1998	社会保障税（费）对公共选择主体（如企业）的影响	在推行社会保障税（费）后，要使企业的成本真实化，要考虑社会保障税（费）对宏观经济形势的影响

① 郑功成主编．全球化下的劳工与社会保障．北京：中国劳动社会保障出版社，2002

② 和春雷主编．社会保障制度的国际比较．北京：法律出版社，2001

③ 蓝志勇．中央政府、地方政府与市场在社会保障上的权责分工．北京：经济科学出版社，1999

④ 成思危主编．中国社会保障体系的改革与完善．北京：民主与建设出版社，2000

续表

序号	研究者	研究时间	研究对象和研究问题	主要研究结果
3	徐滇庆	1998	社会保障筹资政策对公共选择主体（如企业）的影响	征收社会保障税比向企业收费更有利于缩小公共选择主体的贫富差别；由政府、居民、企业（职工）三方共同负担有利于获得企业的支持
4	陈振明	1998	政府失灵	西方政府失灵理论对于中国正确处理政府与市场关系、转变政府职能、完善宏观调控机制、提高政府效率具有参考价值
5	王树盛 朱理京	1998	公共选择主体偏好	实行社会保障政策，要充分重视离退休的老年人群体的偏好
6	蓝志勇①	1999	社会保障管理中的政府权责	应当明确中央政府、地方政府在社会保障方面的权责，规范社会保障的行政管理机制
7	冯蓝瑞	1998	利益集团	利益集团（如部门管理机构）对社会保障政策影响巨大；要建立具有分散性和竞争性的基金管理机制，削弱利益集团的影响
8	郑功成	1998	社会保障品（政策）的不统一和不平等	现阶段对于上缴社会保障费用，存在企业负担和地区负担的不统一；居民（个人）社会保障权益不平等；不应单纯强调个人责任
9	成思危	2000	公共选择主体的权益	社会保障体系应当覆盖全体居民（公民），保障居民的社会保障权
10	和春雷	2001	公共选择主体偏好（意愿）	政府有尊重公共选择主体偏好（意愿）的必要性；社会保障权是人权理想重要的实现机制，也是人权的基本项目
11	叶海涛	2001	政府规模	政府机构及其人员的“经济人”行为倾向是机构改革“怪圈”产生的真正原因
12	吴群芳 郭剑鸣	2002	公共产品的市场化管理	“公共物品供给的低效率”导致政府失灵，主张借鉴各国“公共服务市场化”改革的有益经验
13	陈国权	2003	政府寻租	寻租导致公共政策的非公共化，利益集团和自利的公职人员以公共利益为代价谋求其特殊利益，使公共政策偏离公共利益最大化原则
14	王延中	2002	公共选择主体偏好（意愿）	尊重农村人口的社会保障权益和愿望，建立和完善农村社会救助制度体系

① 蓝志勇为美国托雷多大学学者，因为此处列举的其研究成果主要针对中国问题，所以列入此表格。

续表

序号	研究者	研究时间	研究对象和研究问题	主要研究结果
15	潘锦棠	2002	公共选择主体偏好（意愿）	尊重女性人口的社会保障权益和意愿，完善生育保险制度
16	杨燕绥	2002	管理革命与政府责任	政府部门利益对社会保障改革形成阻力，管理革命将是整合发展社会保障工程的契机
17	杨燕绥	2004	社会保障法制	政府和个人的责任是构建社会保障体系的前提条件，法制和法治是构建这个责任体系的工具
18	杨燕绥	2005	服务型政府	社会保障是最大的公共服务，完善中国社会保障体系需要与服务型政府再造相结合，即以受益人利益为核心的组织体制、服务流程和人员队伍（包括培训）
注释	1. 将研究者列入本表格的依据为其研究成果是否针对中国问题，不限国籍 2. 表格中研究者的有关研究文献请参阅本书的参考文献 3. 按研究成果发表的时间先后排序			

3. 社会保障品供应与公共选择

3.1 市场失灵与社会保障品供应缺位

西斯蒙第在1819年出版的《政治经济学新原理》中指出，自由市场存在分配不均衡的缺陷，工业进步的另一面可能产生人类不平等现象，“一个国家在技术和工业方面越先进，劳动者和享受者命运之间的不协调现象也就越严重，前者受苦越多，后者越可恣意挥霍，除非国家通过一些好像和增加财富的纯经济目的相反的制度。否则，富人就更加奢华，而穷人必然更穷。”[①] 在此之后，经马尔萨斯，尤其是约翰·穆勒综合性描述，为市场失灵理论的出现奠定了重要的理论基础。当竞争的资本主义进入到垄断的资本主义后，由看不见的手支配的市场和谐状态已不复存在，并明显地呈现出诸种弊端，经济学家开始分析这些弊端和探讨国家对其进行纠正的种种措施。

对市场失灵理论的分析要归功于新福利经济学，它侧重于从社会福利的角度来考察市场经济制度的优点和缺点，并将市场失灵作为重要的研究领域。总的来看，现代经济学对市场失灵问题的研究主要集中于以下领域：公平和效率，经济周期与失业，垄断与竞争，市场的外部性，公共产品的供给，地区间发展不平衡，信息不完善，风险及不确定性等。对上述问题讨论的基本结论

① 西斯蒙第．政治经济学新原理（译本）．北京：商务印书馆，1981.61

是：市场虽然在配置资源方面起着很好的作用，但它并不是万能的，还存在许多缺陷。

由于存在市场缺陷，一些公共部门的经济行为，市场经济中通行的利益选择、市场定价、资源配置等原则不再适用，而社会保障制度安排和管理模式均不可能完全按照个人利益选择或市场定价来组织实施。社会保障品供应的市场缺陷表现在以下几个方面：

（1）商业保险市场逆选择

逆选择是指由于信息不充分，投保人往往做出不利于保险合同规定的选择。尤其是当投保人对其身体健康状况和预期寿命的信息比保险公司掌握得更多、更全面时，逆选择成为商业保险市场经常面临的问题。

由于逆选择存在，在保险市场上由纯概率水平决定的均衡处于不稳定状态，因为低风险群体不愿参加。同时，由于竞争因素的影响，保险公司也不愿在不利的条件下提供保险，从而难以通过保险市场机制实现对投保人基本收入的全面保险保障。通过政府干预，实施强制性社会保险计划，至少可以在一定程度上克服因逆选择造成的不利影响。

（2）道德风险及其后果

道德风险是从事经济活动和管理行为的人，为最大限度增进自身效用而做出的不利于他人的行动。道德风险有以下几种情况：由于不确定和不完全的合同，使负有责任的经济行为者和管理行为者不需要承担全部责任，可能也不享有行动的所有好处，这里发生了效用冲突。而造成合同不完全性的原因可归结为信息不对称。例如，消除风险需要进行组合投资的信息，签订合同即需支付费用和熟悉法律。然而，信息不对称的现象在公共部门和私营部门都可能发生，道德风险在两个部门都可能存在。

（3）老年储蓄不足

劳动者能否在就业期间具备老年风险意识并自愿进行养老储蓄，很值得怀疑，居民的不理智是客观的现象。对个体而言，达到一定年龄段（退休前后）收入水平将突然下降，或由于通货膨胀等因素而导致实际收入水平大幅度下降。能否通过个人的力量，如在职阶段相当水平的储蓄，来应付难以预测的收入水平降低的风险，则难以简单下结论，需结合社会经济制度、文化传统、储蓄习惯及个性特征等诸多因素进行分析。发达国家经济理论的一项研究结果表明，人们在生命周期各阶段中对待消费与储蓄方面存在短视，认为即使退休时没有足够的储蓄，政府总不会置之不理，政府有责任和义务提供老年经济保障。因此，人们往往存在老年储蓄不足的问题，需要政府通过建立社会保障制度以弥补老年经济保障方面存在的缺陷。

（4）信息不完备性及近视病

即使人们清楚并愿意为其退休养老制定储蓄计划，但对于涉及未来几十年的退休计划，单个个体还会面临许多问题，如怎样储蓄、储蓄计划的投资回报率怎样、在通货膨胀的情况下如何实现资金保值与增值等。导致这些问题产生的基本原因是个人无法也不可能掌握足够的信息。信息不完备性妨碍了人们自由地安排和支配储蓄计划的投资，妨碍了人们对长期性投资收益的合理预期决策，在趋利避害动机的驱动下，人们往往更热衷于短期投资行为并关注其投资收益，并进而可能推进现期消费水平，但最终不可避免地会将长期性退休养老问题推入不确定性境地。尤其是年轻一代，受短期行为支配，崇尚超前消费，将退休、养老这一类长期理性储蓄计划视为不合理或因其毫无吸引力而放弃。显然，如果离开政府干预下建立的强制性社会保险计划，难以解决劳动者的退休养老计划，难以解决劳动者的退休养老问题，并最终会对社会发展产生严重影响。

（5）处置通货膨胀风险的困难

通货膨胀风险已成为困扰现代经济社会的主要障碍之一，尤其对长期老年经济保障计划的影响较大。如果没有处置通货膨胀风险的好办法，就会从根本上妨碍老年经济保障目标的实现。但是发达国家养老保险发展的进程表明，私营或商业保险机构、企业年金计划在处置老年劳动者面临的通货膨胀风险方面受到很大限制。大多数私营年金保险计划都没有实行反通货膨胀的养老金指数调节机制。一是因为通货膨胀具有不可控性，二是因为指数调节计划的实施，会加大保险成本从而使计划的竞争性减弱，难以付诸实现。当然，最直接的影响还在于与其宗旨相悖。由于私营保险机构在处置通货膨胀风险上存在难以克服的困难，使其成为市场失灵的一种表现形式。

可见，自由市场不能提供社会保障品，需要非市场力量即国家权力机构的干预，对市场缺陷进行纠正，从而实现有管理的竞争。在有管理的竞争环境下，私营机构是可以为提供社会保障品贡献力量的。

3.2　政府失灵与社会保障品有效供应机制缺位

如同市场不是万能的一样，政府干预社会保障也存在失灵问题。如果说经济学家对市场失灵问题的讨论可以追溯到100多年前的亚当·斯密时代，那么对政府失灵问题的探讨则是现代新自由主义经济学家的重要贡献。公共选择学说把经济人的假定引申到政府失灵研究中，并从这一基本假定出发揭示了政府失灵的原因。公共选择理论认为：无论一般公务员还是各类从政者，在其从事各类公务活动中，经济人的本性自始至终支配着他们，其办理任何公务都要考虑个人的得与失（即收益与成本）。既然公务员也是经济人，也具有任何人所具有的一切缺点，那么政府也必然带有人类本性所不能克服的缺点。所以，人们在关注市场失灵的同时，也应当对政府失灵予以充分关注。总之，政府干预如果不能补救市场失灵反而降低了社会经济效益，就发生了政府失灵。政府失灵可能产生于政府决策和实施两个阶段。

（1）强制购买导致资源配置低效率

政府强制人们统一购买社会保险，忽略消费者偏好，福利的边际效益低下。政府统一供给的数量越大，劳动者的薪酬扣除就越大，工作积极性就越小，并希望提早退休。

社会保险是介于公共品与私人品之间的制度安排，带有一定程度的均富济贫性质，不是缴保税（费）高享受待遇一定多，权利和责任的联系常常被割断。政府过度介入这个领域，排除了人们交易在时间、空间和偏好上的灵活性，交易成本可能增加和资源配置可能低效率，人们又不能通过“不同意”或者“退出”的行为来避免损失。例如，如果用医疗保险卡在定点药店购买的药品比外面还贵，参保人便为此付出了缴费和加价的成本。然而，这些弊端在商业保险中很少发生。

（2）成本和收益分离导致低效率

市场行为与政府行为的基本区别之一，即市场组织的收入取自出售产品的价格，而政府收入则主要来自税收、捐赠和其他非价格性来源。市场组织收入与生产成本和质量联系在一起，这种价格又取决于购买者的需求、支付能力和购物选择（消费者用货币投票），生产者需要通过提高产量、降低价格或增加可供消费者选择的产品来扩大其市场占有率。这种市场信号和运行机制是直接的、非人格化的，也是独立运行的。而政府非市场活动割裂了这种联系，不仅意味着资源错误配置的可能，而且会发生资源浪费。同时，市场组织为了竞争会引用新技术改善产品的成本和质量，非市场行为可能忽视技术利用的价值，保留多余成本。

在商业保险中，交易双方互相监督，任何不等价的交换都不会同时被双方所接受，没人做赔本生意，互惠是交易的前提。另外，以获利为目的的人不允许合同条款中有许多漏洞给对方使用，一定要精打细算，提高办事效率，从而使全社会在消耗较少资源的条件下实现发展目标。而由政府举办的社会保障，可能坚持官僚主义和回避信息披露，容忍效率低下，耗费较多的社会财富来实现同样的目标。

（3）权利与义务分离导致低效率和不平等

大部分社会保障项目，尤其是福利救济类项目往往表现为权利与义务分离。对于有权利能力而无行为能力的人来说，这种分离是必要的，但分离的程度是十分敏感的问题，需要技术支持。

这种分离主要有两种表现形式：第一种情况是从现有的或将来的政府项目中获得的利益，集中在某一特定的集团，而支出却是普遍地加在公众身上，如纳税者或消费者；第二种情况是从现有和将来的政府项目中获得利益的是社会上绝大多数人，而支付者却是少数人。在第一种情况下，受益者有很大的积极性，可能会进行政治上有效的努力，去发起、支持和扩大一个特定的项目，这种积极性要比支付者反对这一项目的动力大得多，其结果是造成需求过度及供给低效（总支出超过总收益），或造成一定程度的不平等。第二种情况是由于再分配意图及其造成的政治压力来自低收入的大多数人，而税收的绝大部分往往是由数量少得多的高收入企业和个人提供的，其结果是使扩大再分配项目的机会和动力增加。这种过度的需求将削弱高收入的少数人进行投资和革新的积极性，进而导致经济增长缓慢和人才、资金的外流。其实，对某些人免费的物品必然有人为此付出代价。

总之，在政府再分配项目中缴费者与受益者分离，导致人们热衷于不加限制地扩大这类项目。

（4）政府转移支付项目的产出和质量缺乏评判标准

导致政府转移支付项目的产出和质量缺乏评判的标准的原因很多。首先，非盈利性。其费用支出没有统一、固定的标准。所以，灾民认为救灾物品越多越好。其次，非最终产品。其贡献难以度量，这些项目产生的实际效益和质量好坏尤其难以清晰界定。第三，政府转移支付。政府资助的项目其效益很难以金钱作为衡量标准。

社会保障项目有时具有排他性的垄断地位，有指令性政策的支持和唯一的授权，或两者兼有之。由于缺乏持续的横向竞争，质量和效益指标即退居次要地位，使人们找不到衡量其产出的数量和质量的基准。当某社会保障项目不成功时，因缺乏衡量标准和制约机制而难以刹车，甚至到积重难返时才进行调整。

（5）政府官僚体制与社会保障公共服务的不适应

20 世纪 70 年代以来，发达国家社会保障机构膨胀，办事效率越来越低。例如，意大利的社会保障机构据不完全统计约有 41 500 个，参与福利事业的非官方组织将近 2 万个。究其原因与因人设事、安插亲信、以换取政治支持的做法是分不开的。这不仅增加了社会福利的行政管理费用，还增加了居民申请津贴或救济的手续，即双重成本。而且政府以官僚方式提供社会保障品时，常常出现多部门插手的情况，加大了这类成本的支出。

（6）抵制法律阻碍社会保障健康发展

在法制不健全的发展中国家，政府可能会以多种方式抵制法律，以维护寻租企图和抵制信息披露的民众要求。其方式包括以政策优先替代法律、行政法扩张抵制国家基本法等；还可能利用立法实现设租的企图，导致政府部门无序争夺立法权的局面。在无法可依的社会里，多好的社会保障计划也难以生存。

3.3　公共选择："双向失灵"矫正路径

3.3.1　公平与效率的挑战

社会保障的根本目标是构建社会安全网，对公平原则具有依赖性。但是，在筹集资金、管理基金和支付待遇三个环节中均需要适度引入效率原则，以克服公共产品通常所遇到的养懒人、搭便车、低效率和欺诈等问题，这在理论上被归纳为公平与效率相结合。进一步说，社会保障追求公平，也重视效率，导入效率原则是为了在更高层次上实现公平。

效率原则有两层非常特定的含义：一是社会保障为市场竞争提供安全的社会环境，为市场机制的良性运行创造稳定的社会条件；二是社会保障制度运行的效率，即社会保障公平性和可持续性的并行。例如，就社会保障基金运行而言，主要是其满足社会保障需求的效率，其中包括社会保障基金筹集的效率、使用的效率和投资的效率。而要满足这种效率目标，就应当在社会保障基金运行中引入市场机制，以弥补政府干预在追求效率方面的固有缺陷。

无论是从静态的角度，即实现产出对投入的高比率来看，还是从动态的角度，即长期维持较高的经济增长率来看，市场和政府都不存在绝对的高效率还是低效率，两者都具有提高和抑制效率的因素。但是综合起来看，在短期内市场机制使资源的利用更为有效，从长期看它也更有活力。

从社会可接受的公平性考虑，市场和政府都存在缺陷。这一论断由于"公平"的标准很难统一而变得十分复杂。虽然市场机制讲求机会均等意义上的公平，但是它无法保证这种公平。政府介入社会保障领域的首要目标是进行收入再分配，以维持社会能接受的收入分配差距。但是，行政机构中的僵化、私人利益对公共政策目标的渗入、政策目标与政策效应之间的偏离，又使它不能很好地实现其目标，甚至很可能本身造成不公平；或是解决了一种不公平（财富、收入上的）而又产生了另一种不公平（权力、机会上的）。但是，综合起来看，由政府再分配措施所产生的分配不公平，比这些措施所能消除的不公平一般小得多。

在社会保障领域的政府定位，必然涉及如何处理好政府与市场的关系问题。正如查尔斯·林德布洛姆指出的："撇开专横的政府与主张自由的政府之间区别不说，一个政府与另一个政府的最大不同，在于市场取代政府或政府取代市场的程度。无论是亚当·斯密还是卡尔·马克思都懂得这一点，所以，政府与市场的关系既是政治学又是经济学的核心问题。”[①] 因此，应当从政府与市场的互动关系中给政府定位，即第三种选择。

3.3.2 公共选择理论的实用性

在现实生活中，某些项目或该项目的某些方面可能更适合采用政府行为，而其他方面可能更适合采用市场行为。如果选择的倾向在市场一方，那么政府可以也应当发挥重要的作用；如果选择的倾向主要由政府进行社会保障资源配置，那么市场可以也应当发挥重要作用。也就是说，政府与市场之间的关系，不是一种非此即彼的单向度选择关系，而是在合理分工基础上双方都有机会来促进和改善对方的管理。显然，在政府与市场之间的选择，不是用理想的政府去替代不完善的市场，也不是用理想的市场去替代不完善的政府，而是要在不完善的现实政府和不完善的现实市场之间，建立有效的选择和协调机制，使人们能根据资源优化配置的经济合理性原则和交易成本最小化原则，区别不同的具体项目，在两者的不同组合之间进行选择。

公共选择理论承认基于经验产生的假定，这能适应官僚制政府组织；同时，公共选择理论将微观经济学及其方法运用于政治和社会领域，为寻找证据以证明假定是否可行提供了理论支持和技术支持，为设计各种备选方案提供了有效工具，而现实结果却非常不同。就社会保障而言，有人主张市场功能最大化，有人主张政府功能最大化；有人主张互补，即在政府管理中注入一些市场因素，把政府干预适当进行收缩，以减轻政府失灵的不利影响。什么是最佳的选择呢？一定是经历了科学决策过程和具有验证结果的，并反复矫正的社会保障方案。

在现实社会生活中，政府行为与市场行为的“均衡点”像大钟的摆，永恒的均衡即停止状态；但这只是各经济力量和政治势力较量的暂时妥协，不是永恒的，大钟在停顿片刻之后会再摇摆起来。世界是物质的，物质是运动的，人们要在运动中不断矫正已经做出的选择；尽管永远没有最终的、最佳的“均衡点”，但人们需要在不断汲取教训和总结经验中逐步建立有效的选择和协调机制，并不断接近和创造均衡点，至少使人们的选择不至于越来越偏离均衡状态。

① 陈庆云主编．公共政策分析．北京：中国经济出版社，1996．22

第六章　福利国家的改革与发展

福利国家的历史告诉了我们什么？它是无产阶级的福音还是资产阶级的福音？而我们看到的事实是，它使前者获得就业安全和基本生活保障，也使后者免遭灭亡危机。由此令人不得不进行如下假设，社会保障是政治妥协和社会和谐的结果，是一个具有中性的社会问题。

1. 福利国家的建立

1.1　福利国家的主要特点

第二次世界大战结束后不久，在1948年英国首相艾德礼就向全世界宣布：英国建成了面向全体公民提供福利的“从摇篮到坟墓”福利国家。继英国之后，瑞典、法国、丹麦、联邦德国、奥地利、比利时、荷兰、瑞士、意大利等发达资本主义国家也纷纷按照福利国家模式重建家园；美国、澳大利亚、新西兰以至日本也沿着福利国家的轨迹走下去。

政府在实现这一福利目标的过程中扮演了直接担保的角色。福利国家的主要内容可以从以下几方面来介绍：

1.1.1　充分就业

充分就业成为英国政府经济政策的主要目标之一。1944年5月，英国政府发表了《就业政府白皮书》，正式将维持高就业水平作为政府责任。此后，英国开始推行以维持充分就业为目标的经济政策。英国政府先后推出了一系列促进就业的政策，如政府的职业介绍责任。政府运用立法、行政、直接强制、间接引导等非市场方法加强对劳动力市场的干预，以缓和由劳动力市场供求关系变化引起的就业波动。同时，采用就业服务和失业保险等办法弥补劳动力市场就业保障的不足，并按照经济发展的需要对劳动力市场运行状态进行管理和调节。英国政府就业政策的推行在一定程度上缓解了劳动力供求矛盾。

1.1.2　国家提供福利品

这一时期，在英国由国家主管的社会福利项目得到迅速发展。英国牛津大学教授贝弗里奇勋爵受英国政府委托，于1942年提出了一个题为《社会保险与联合服务体系》的报告，即英国社会保障史上著名的《贝弗里奇报告》。该报告强调由政府统一管理社会保障项目，政府通过国民收入再分配建立和实施社会保障计划。报告建议的社会保障计划主要包括社会保险、社会救济和自愿保险三种方式。该社会保障计划有两个基本原则：一是社会保障以保证居民维持生存所必需的生活资料为限，"社会保障就是对收入达到最低标准的保障"，"国家所组织的社会保险和社会救济的目的在于以劳动力为条件获得维持生存的基本收入"，而那些超出最低生活标准的需要则可以通过参加私人举办的自愿保险计划来解决。二是社会保障应该包括所有居民的各种不同社会保障方面的需要，即体现"普遍和全面"的原则。但是，社会保障计划"不是一个毫无交换条件和随随便便给人提供好处的计划，也不是通过提供好处使受益者从此可以卸去个人责任的计划，而是一个以劳动和捐款为条件，保障人们维持生存所必需的收入，以便使他们可以劳动和继续保持劳动能力的计划。"该计划是为了直接对付物质生活的贫困，同时也是为了应对疾病、愚昧、脏乱和懒惰等弊端。《贝弗里奇报告》得到英国工党政府的批准。

1945 年，英国工党一上台就着手实行国家社会保障计划，先后通过了一系列社会保障立法，如《国民保险法》《家庭补助法》《社会保险法》《国民卫生保健服务法》《国民保险（工业工伤）法》《国民救济法》等，以纯公共品的方式向人民提供"持续收入、保健、教育和住房"四大福利品，试图以此实现经济平等和社会平等，这使英国社会福利一开始就具有普遍性。此后，英国的社会保障福利经济制度在原来的基础上迅速发展，1948 年英国宣布建成福利国家。

1.1.3 社会福利全民化

社会福利不断普及化、全民化，主要表现在以下几个方面：

（1）社会保障包括的阶层或行业已显著扩大。英国的老年、疾病、残疾等保险计划在第二次世界大战以后逐渐发展到包括所有居民。

（2）一些早在第二次世界大战以前就已实施的社会保障计划如家庭补助，在战后才开始真正普遍实行。

（3）社会保障普遍由个人、团体或国家单方面地承担社会责任变为公民应享有的权利，各项社会福利经济政策开始在很大程度上取决于公民投票及如何在个人、团体、国家的利益之间进行平衡。

（4）国家承担了全体公民的终生保障责任，国家在整个社会保障体系中占据了绝对优势地位。除养老、保健、失业、工伤等基本保障计划以外，为了完善"福利摇篮"，英国还设立了各种家庭补助和救济项目，包括孕妇补贴、产妇补贴、幼儿补贴、学童补贴、住房补贴、低收入家庭补贴、寡妇补贴等。

1.1.4 风险保障计划性

社会福利由临时应急贫困救助项目开始向长期保障或保险计划发展，政府履行国家社会保障责任的主动性大为增强。

第二次世界大战以前，英国的社会福利往往是在经济和社会矛盾比较突出时，为了缓和矛盾而不得不采取的一种临时性应急措施。战后，英国政府的社会福利计划是战后重建国家规划的重要组成部分。国民年金计划、全民保健计划、失业救助计划和家庭救助计划等社会福利项目在此期间得以完善发展。英国政府将社会政策与经济政策结合起来，把社会政策作为促进经济增长的一种手段，同时利用经济增长的成果来促进社会福利。例如，把失业救济与就业政策相配合，既保障工人的最低收入，又帮助工人维持、恢复和改善自身的劳动能力。可见，第二次世界大战后英国的社会福利计划更注重的不是“收入均等”，而是“机会均等”。同时，开始强调社会福利计划的统一管理，在社会保障计划中更加突出儿童福利、教育、职业培训等方面。正是这样的社会背景孕育了著名的《贝弗里奇报告》。

以上所述表明以下几个问题：

（1）第二次世界大战后英国社会福利的计划性大大增强，进而成为促进经济增长的一种长期战略。

（2）基于社会福利项目的计划性，政府履行国家社会保障角色的主动性得以加强。

1.2　福利国家诞生的社会背景

“福利国家”（在 20 世纪 60 年代以前不常见、且为英国威廉·贝弗里奇所厌恶）这个概念的形成，曾经历了复杂曲折的历史。1883 年，德国颁布第一部具有社会保险意义的《雇员医疗保险法》，目的之一是应对社会主义的威胁，当时的德意志帝国统治集团鄙视自由放任经济学。但是，俾斯麦模式包容了第三部门的作用，政府与雇主组织和工会形成了伙伴关系，因而取得了成功，继而被许多国家争相效仿。贝弗里奇于 1907 年访问德国，考察和研究了俾斯麦模式，不能否定这对形成贝弗里奇报告的基本原则具有较大的影响。

为什么福利国家会诞生在 20 世纪下半叶的西欧和北欧地区呢？首先，西欧和北欧国家还在 19 世纪就有了实施社会保障制度的实践，20 世纪上叶又有发展。社会救助和社会保险作为社会保障事业的基础，这些国家已经有了几十年的实践经验，劳动者和公民的社会保障意识十分强，把它作为自己生存的基本权利。而其他国家，包括美国，是不具备这些条件的。其次，第二次世界大战结束后，西欧和北欧人民的心态发生了很大的变化。人们要求安居乐业，希望过上一种比第二次世界大战前更有保障、更富足的生活。他们不满足于战争刚结束时的社会救助措施，也不满足于保障基本生活的社会保险措施，而是提出了更高的生活福利要求。另一方面，五六十年代西欧和北欧经济长期保持在较高的水平上，很快成为世界上富足的国家，使这些国家有了广泛、高标准地举办社会福利的经济基础。

西欧和北欧国家走上福利国家的道路还和20世纪战前30年代资本主义世界经济危机的深远影响有关。统治集团担心类似的危机会卷土重来，所以还在战时，英国内阁就委托贝弗里奇设计方案，使战后重建的英国能避免危机的再次袭击。同时，英国是凯恩斯的故乡，而凯恩斯关于大规模开展社会福利来反危机、实现社会安定和经济繁荣的思想，对英国有很大的影响。

西欧和北欧国家走上福利国家的道路与执政党的执政纲领也有关系。战后，英国执政党是工党，其他西欧国家和北欧国家的执政党大多属社会民主党，他们都标榜为劳动者谋取福利。英国工党的纲领就以充分就业和实施普遍福利为主要内容。其他欧洲国家的社会民主党也一贯以给工人阶级争取更多的福利、改善工人的劳动和生活条件作为执政纲领。同时，提供社会福利是各党派争夺选票的重要工具。另外，这些国家企图通过福利措施来安定本国的劳动者队伍，害怕共产主义思想向本国发展。

福利国家在20世纪下半叶广泛推行普遍福利政策收到了一定的成效。

(1) 生活困难、遭遇不幸以及暂时失去工作的公民获得了社会救助，一定程度上安定了社会生活，这是社会救助和失业保险的成果。

(2) 人们对老年生活的担忧得到缓解。这是养老保险的推行以及老人福利服务发展所带来的结果。

(3) 各级各类教育事业获得发展，尤其是义务教育得到普及和提高，职业培训事业得到发展，这些都是社会福利服务带来的好处，使“福利国家”的人口素质尤其是劳动者的科学文化素质继续获得提高，满足了经济发展的要求。

正因为如此，福利国家在推行普遍福利政策的最初年代（20世纪50—60年代），普遍取得了社会安定、经济成长、人民生活改善的进步成果，因而在一定程度上协调了资本主义社会固有的矛盾，挽救了其走向灭亡的命运，开辟了资本主义发展史的又一重要时期。

1.3 福利国家的贡献

1.3.1 《贝弗里奇报告》和社会保险原则

1942年，《贝弗里奇报告》在英国诞生。该报告借鉴了俾斯麦模式中的合理内容[①]，提出了建立社会保险的六项基本原则：

---

① 俾斯麦模式产生与1889年《德国雇员养老保险法》的主要特征为：第一，强制参加；第二，职业关联性，雇主和雇员缴费，行业自治管理；第三，收入关联性，养老金待遇与收入关联；第四，代际赡养，现收现付。实行俾斯麦模式的国家包括德国、比利时、法国、意大利、西班牙和美国等。

（1）提供均等待遇。

（2）确定统一的缴费率。

（3）实行统一管理，即费用收缴和待遇发放由社会保险基金会负责。

（4）受益保障性，即在受益额和支付时间可以维持受益人的基本生活水平。

（5）综合性，即各项社会保障项目之间的协调。

（6）分门别类，即对不同地区和类别的受益者区别对待。

《贝弗里奇报告》很快也成为北欧国家以及其他西欧国家走上福利国家道路的思想基础，实行贝模式的主要是北欧国家和英联邦国家，如丹麦、芬兰、挪威、瑞典、瑞士、荷兰、加拿大、新西兰等。

专栏 6—1　瑞典被称为“福利国家的橱窗”

随着经济的发展，瑞典社会进入良性阶段。一方面，它长期保持了高经济增长率，国民生产总值以年均 4%～5%的速度持续递增；另一方面，它在很长的时间里实现了凯恩斯理论所说的“充分就业”，年失业率保持在 2%左右的低水平。通货膨胀率在资本主义世界也较低，在 4%～5%之间波动。

与此同时，瑞典着手建设“高收入”“高消费”和“高福利”的社会保障体系。在第二次世界大战后的五六十年代期间，将国民生产总值的近三分之二用于国家福利制度。逐渐建成了“项目齐全、范围广泛、标准高”的社会福利体系，在福利国家中属上乘。

丹麦继后学习瑞典也建立了福利国家，以“高福利”享誉资本主义世界，不但全国每个公民，而且侨居的外国人都可以享受到政府一手包下来的种种福利。

1.3.2　全球社会保障最低标准公约

1952 年 6 月 4 日，国际劳工局理事会在日内瓦举行第 35 届会议，讨论了关于建立社会保障最低标准的建议，于 6 月 28 日通过了《社会保障（最低标准）公约》（以下简称《公约》），这是福利国家思潮上的一个高潮。

该公约确定了以下基本原则：

（1）社会保障制度覆盖如下社会风险：医疗补助、病假津贴、残疾津贴、失业津贴、老龄津贴、工伤津贴、生育津贴、遗属津贴、家庭津贴。

（2）社会保障计划覆盖群体应当达到一定比例。

（3）定期支付社会保障待遇并达到工资的一定替代率。

（4）非本国公民享有同等待遇。

(5) 社会保障制度由政府监督，由雇主和工人联合会依法实施管理（见表6—1)。《公约》关于社会风险的规定成为全世界的共识，逐渐被写进各国宪法，形成国家保护其公民的具体责任。

表6—1　　法定受益人的定期支付标准

事项	标准受益人	过去收入的百分比
疾病	工人本人，妻子和两个孩子	45
失业	工人本人，妻子和两个孩子	45
老龄	工人本人，达到法定年龄的妻子	40
工伤		
—伤残	工人本人，妻子和两个孩子	50
—遗属	寡妇和两个孩子	40
生育	女工	45
残疾	工人本人，妻子和两个孩子	40
遗属	寡妇和两个孩子	40

注：上述标准在以后的建议书和公约中逐步提高到55%左右

1.4　福利国家的危机

1973—1975年的世界经济危机以后，福利国家的消极影响逐步暴露出来，使之陷入了严重的危机。

1.4.1　社会条件改变与财政困境

1948年以后，随着福利制度的逐步完善，英国用于社会福利的支出不断增加，到1958年，仅养老金总支出一项就达到近5亿英镑。从20世纪70年代开始，英国经济增长速度大幅度下降，个人、企业和政府的收入明显减少。由于失业和贫困者增加，社会福利开支也随之增加，结果是带有刚性特征的社会福利的增加速度快于同期经济的增长速度，从而使政府财政赤字不断增加，财政不堪重负。养老保险、医疗开支和失业救济支出的快速增长是社会福利支出不断扩张的基本原因。随着经济的不断发展、生活的稳定和医疗水平的提高，出生率下降而人类平均寿命普遍提高，英国出现了人口老龄化的趋势（见表6—2)，在1975年65岁以上老人已经占总人口的14%，加上人口增长及提前退休等因素的影响，政府用于养老保险的开支不断增加，已成为英国社会福利开支增加的一个重要方面。1970—1979年，英国国民养老金计划支出从16.63亿英镑增加到77.19亿英镑，社会福利计划的各项开支占到了公共支出总额的50%。这迫使1979年上台执政的撒切尔政府下决心采取强有力的措施，降低社会福利支出，以减少政府财政支出，英国养老金制度开始进入激进改革的时期。

表 6—2 部分欧洲国家的出生率和老龄化

国家	出生率			寿命预期	
	1960	1995	1960—1995	1995	1960—1995
英国	2.7	1.7	−1.0	77	+6
奥地利	2.7	1.4	−1.3	76	+7
法国	2.7	1.6	−1.1	78	+8
德国	2.4	1.3	−1.1	76	+4
意大利	2.4	1.3	−1.6	78	+8
西班牙	2.9	1.3	−1.6	78	+8
平均	2.6	1.5	−1.1	77	+7

资料来源：Boldrinetal（1999），Rescuring Unfunded Pensions，Economic Policy，Vol. 29. p 294

1.4.2 全球化发展趋势与“高福利”的不利影响

到了 20 世纪 70 年代，高福利的不利影响逐渐显露出来。一方面，高福利补贴措施几乎使劳动者的收入不再主要依靠工资。低收入人群的收入中有相当大的部分不是来自工资收入而是社会福利收入，这不利于鼓励劳动者多劳动多贡献，从而影响劳动生产率的提高，企业经济效益必然受影响。有些艰苦工作，如采矿、挖煤、环卫、搬运、砍木等没有人去干，人们宁愿等待政府支付失业补助，也不愿从事这些工作。此外，由于工薪人群不断减少，限制了个人储蓄的增加，因而影响了投资的形成，不利于经济增长。另一方面，高福利增加了企业的生产成本，既削弱了国家的对外经济竞争能力，又影响了私人企业的再投资。普遍福利政策的内容之一是支付社会保险津贴，这源于雇主和雇员的保险费，因而抬高了社会保险费缴费比例，也就抬高了产品成本，这不利于高福利国家企业的市场竞争力。而一旦商品在国内外市场销售不畅，资金回收不了，必然影响企业的利润和再投资，从而影响国家的经济增长。同时，一些中小投资者开始离开高福利国家，转向人工成本相对低的国家投资。此时，经济全球化的发展趋势已经显现，高福利的弊端越来越突出。

1.4.3 行政体制不合理、管理效率低下

为了对社会福利支出做出计划和进行管理，英国组织了一支庞大的专家队伍，如医生、心理学家、社会工作者、就业问题顾问及受理申请、建立档案、处理日常事务的行政管理人员等，维持这支队伍的开支有时甚至超过向居民提供的福利津贴。随着福利制度的膨胀性发展，国家财政支出不断增加，福利工作者的数量也随之而增加，使得中央和地方的福利管理机构变得越来越臃肿。1960—1975 年间，英国中央政府部门（包括国有公司）的雇员占全部就业人口比例从 1960 年的 21.9%提高到 1975 年的 28.2%。

福利国家的上述问题在各福利国家不同程度地引起了社会危机。英国福利国家制度中的财政困境、长期失业等引发了许多社会问题。高福利政策及社会福利实施过程中的平均化，使人们产生了对政府的依赖，出现了不工作或少工作照样可以生活得很好的社会现象。人们普遍认为，防止贫困和保证社会公平是政府的责任。社会福利在实际上具有“奖懒罚勤”的效果，削弱了社会的生机和活力。同时，社会福利支出的大幅度增加，在意识形态上贬低了商业意识，排挤了中介市场的发展，滋养了行政官僚机构。

高福利的政治后果越来越不容忽视，而每届政府都感到财政紧张，不敢减少福利项目、降低福利标准。一方面怕国民反对，另一方面怕在野党反对。于是，围绕着社会福利问题，出现了政治争斗。在野党总是用提高福利、扩大福利项目作为竞选手段。在瑞典，高福利来自广征所得税，为了维持高福利国家的形象，不得不强化个人所得税，加强对老百姓的个人收入调查、核算、计税和征税工作，防止漏税、逃税事件，以增加国库收入。这样就必须加强对居民的经济监督，而把他们变成了审查、怀疑和处罚的对象，抑制了低收入群体的资产发展能力。对居民个人来说，为了不缴或少缴收入所得税，千方百计隐瞒收入，对国家政权机构采取欺骗和敌视的态度。在瑞典，逃税的“地下经济”十分兴盛，涉及人口竟达总人口的1/8。一方面，国家对人民强化征税；另一方面，人民对国家政权机构产生敌视，滋长了人民与政府之间的敌对关系，这就是有名的“瑞典病”。

2. 福利国家的改革

进入20世纪70年代，尤其是80年代随着福利国家普遍福利政策弊端的显现，不少人要求国家放弃直接干预经济，放弃由政府机构主管社会保障事业，要求回复到过去自由资本主义时期，让市场机制和私人再度充分发挥作用。这些人逐渐形成了一个学派，这就是20世纪70年代在欧美崛起的新自由主义经济学派。

2.1　改革动因和措施

2.1.1　改革动因

迫使西方世界反省福利政策的主要原因是各福利国家财政开始面临困境。在英国，福利国家的各项花费占到了公共支出总额的50％。全国卫生服务费用由于医疗人员的工资上涨而全面上涨，结果使主要医院因为资金不足而难以维持基本的服务质量。花费最大的是社会保障，它占到公共总开支的30％，比国防开支多一倍。在社会保障支出里，养老金开支比重最大，占到整个社会保障开支的45％。此外，英国社会福利部门机构庞杂臃肿，全国各地的福利事务所就有500多个，工作人员达8万人之多，仅管理机构费用一项每年就达

16 亿英镑。典型的福利国家瑞典更是债台高筑，靠举债和赤字预算维持福利国家的开支。对于社会福利支出和经济发展失衡的现象，对于福利财政濒临破产、福利行政臃肿的问题，西方社会从不同的角度表示了不满。在福利国家发展较早较快的英国，改革的呼声最高。英国内阁大臣们认为："如果不大幅度削减社会福利开支，那么到了 1990 年，福利国家的钱就花光了。"

2.1.2　改革措施

从 20 世纪 80 年代开始，英国率先对福利制度进行改革，涉及的领域有养老保险、住房、卫生和其他社会福利机构。撒切尔夫人在 1979 年一上台，就对英国的国民社会福利制度进行了一次全面审查，制定了改革方案。首先削弱了国民养老保险制度，鼓励私营企事业单位进一步发展其职业养老金制度，充分发挥社会的积极性来补充国家养老金的不足。

1979 年，英国确立了私人拥有住房的政策，减少了住房补贴，并用优惠价格向住户出售公有住房。这一政策使房租价格大幅度上升，从 1979—1980 年度到 1985—1986 年度，平均房租增长了 140%，给社会带来了很大冲击。于是，政府提高了社会福利支出中与收入挂钩的补贴，使之超过了房租的上涨额度，这类补贴更加集中于低收入家庭，这就促使高收入家庭购买私房。英国政府住房政策的调整，促进了住房市场的发展和资金的流动。

1982 年，英国政府开始对国民医疗保险制度进行改革，鼓励使用商业合同医院。后来逐渐允许私人服务，即允许公费病人到私人医院看病，强调个人选择自由。于是，英国医疗制度发展成双层结构，每个人都能免费享受基本服务，但服务质量下降；而付费病人则能得到更好的服务。因此，参加私人医疗保险的人数大大增加，从 1979 年的 276 万人增加到 1984 年的 437 万人。同时，国民医疗制度中从事私人营业的人数也有所增加。在其他社会服务领域，英国也开始发展有政府、社会自治组织和私营部门共同工作的混合组织。20 世纪 90 年代，英国保守党政府和工党布莱尔政府都大刀阔斧地推行了住房补贴制度改革。

英国福利制度改革的具体措施可以归纳为以下几个方面：

（1）提高雇员缴纳社会保险费的上限或干脆取消缴纳上限。英国雇员的社会保险税率从 1979 年的 6.5%提高到 1983 年的 9%，而雇主的社会保险税率从 13.5%降低到 11.45%，其中附加税也取消了。

（2）征收社会保障税。英国从 1982 年起对失业津贴开始征税。

（3）提高医疗保健服务收费标准，削减疾病津贴。

（4）削减社会保障金，1981 年，英国减少了对病人、孕妇、残疾者、失业者的附加补助，1982 年则取消了这些补助。

(5) 修改社会保障金的调整办法。1980 年英国政府宣布，无论长期性或短期性津贴，都只与物价挂钩。

(6) 减少国家干预社会保障的范围和项目，将一些社会保障项目交给非政府机构、工人合作社和其他社会团体负责，同时恢复一些传统的社会保障机制，如家庭、慈善机构、各种互助组织等，即实行社会福利项目的私有化和资本化。

(7) 精简机构，解决社会福利行政部门的官僚主义、组织混乱、服务不完善等弊病，以节约资源、提高效率和改进服务。

2.2 改革的制约因素

由于福利经济学及凯恩斯主义强调国家干预的思想对福利国家的形成起了很大的促进作用，各种反福利思潮及新保守主义经济学在很大程度上推动了福利经济制度的改革，因此，福利国家的发展方向必然要受到各种福利经济理论的影响。

2.2.1 社会福利思潮的影响

社会福利思潮的发展变化是制约福利国家发展方向及福利经济制度改革的重要因素。关于福利国家的前途主要有三种社会思潮，即后福利国家论、福利社会论、福利国家改革论。这三种社会思潮先后出现于 20 世纪 70 年代末 80 年代初。“后福利国家”论以“后工业社会”论作为其经济理论基础，认为，“后福利国家”主要考虑发展文化、教育，以改善公民的生活环境，提高公民的生活质量；社会福利作为再分配的工具，不一定必须遵循统一与平等的原则，可以多样化；对社会福利的管理也可以多样化等。“福利社会”论的核心在于福利设施的“私人化”或“再私人化”以及权力下放或“非调节化”，这被视为 20 世纪 90 年代“通向 21 世纪的入口”。“福利国家改革”论者则认为，政府不能因为出现了“福利国家”的危机而将社会福利计划实行“多元化”“私人化”和“市场化”，应该在保持国家管制的同时，改革现存的社会福利制度，减少可以普遍享受的优惠服务，改善低工资工人的处境，增加只给予穷人的补助，让穷人取得国民收入和财富中更大的份额。也就是说，应该继续维持和发展福利国家，通过改革来维持和发展社会福利保障事业，在兼顾社会公平的同时提高其经济效率。

后福利国家论所提出的提高生活质量的目标符合一些阶层的需要，其理论在一定程度上反映了西方各国经济政策调整中新保守主义的思想倾向，但由于其设想脱离了现实经济条件及大多数居民的基本需要而在目前难以实现，因而对福利经济制度的改革不会产生很大的影响。福利国家改革论由于不能满足福利国家解决其危机及经济政策调整和经济结构调整的客观要求，也不会对福利经济制度的改革产生重大影响。福利社会论比较多地体现了新保守主义经济学强调市场机制作用的主张，更符合各国经济结构调整的客观需要，因而对决定福利国家以后的发展方向将可能产生较大影响。但是，由于福利国家长期实行社会福利政策，已经在管理社会福利计划的官员和职工中培植了一个强大的要求维持福利国家现状、反对福利经济制度改革的既得利益集团，福利“社会化”“私有化”的阻力较大；同时，由于作为福利国家社会福利政策主要理论依据的凯恩斯主义经济学说从来没有退出历史舞台，凯恩斯主义经济理论及其政策主张对各国政府的经济政策仍然有着重要的影响；尽管福利社会论主张充分发挥市场机制的作用符合各国经济结构调整的需要，但经济结构的调整离不开国家干预。因此，福利社会论的政策主张对福利国家改革的影响作用会大大削弱。也就是说，福利国家会朝着福利社会论者所指引的方向对福利经济制度进行改革，但改革的步伐有多大、进程有多快，则取决于多种因素相互制约的结果。

2.2.2　政治思潮的影响

不同政党、不同政治力量的发展变化，制约着福利国家发展及福利经济制度改革的方向。在西方国家，不同的政党和政治力量对福利国家的态度和主张有所不同，有的甚至存在着根本对立的主张。社会福利问题历来是各党派之间激烈争论的重大问题。他们之中的任何一个政党上台执政，都必然会要推行自己的政策主张，因而各党派政治力量的对比无疑会影响福利经济制度的改革及福利国家的发展方向。尽管如此，经过半个多世纪的发展，人们已普遍接受了社会福利的思想；同时，由于社会福利问题涉及的范围相当广泛，几乎关系到社会所有阶层和各种不同境遇居民的切身利益；而且，社会福利问题不是孤立的、局部的问题，它与整个政治、经济和社会问题联系在一起。因此，各党派为了获取民心，争取更多选民的支持，谁都不敢贸然反对福利经济制度，更谈不上要完全取消福利经济制度，即使要对福利经济制度进行改革，也要谨慎从事，三思而行。这说明福利经济制度的继续实施是不可逆转的趋势。各国福利经济制度的改革实践也充分证明了这一点。

现代西方国家的主要矛盾是资本统治与社会民主运动之间的矛盾。这一矛盾制约着社会福利的发展及其改革。现代西方国家雇用劳动者阶级的政治代表是以社会民主党为主的社会主义政党，这是自 20 世纪第二国际分裂以来西方社会主义运动的主要政治组织。与此同时，共产党和其他激进政党也是社会主义运动的政治力量。在社会福利问题上，这些政党的基本策略基本上是一致的，既要充分就业，又要扩大社会保障。从总体上来看，现代西方国家社会民主党的基本战略是实行渐进改良主义，即通过改良的方式，不断为工人和其他雇佣劳动者谋取短期的、局部的利益和权利，进而通过量变的累积，逐步实现削弱资本统治、最终建立社会主义制度的目的。在推进社会福利事业方面，社会民主党做出了巨大的贡献。但是，资本统治所要求的是增加就业，削减社会保障。资本统治与社会主义运动之间斗争的结果，会使福利经济制度达到某种均衡状态，但均衡又是暂时的，它会不断地被打破，并产生新的均衡。大体来说，当社会民主党在政治上占优势或者执政，或者在议会中占大多数席位的条件下，福利经济制度的均衡状态有利于雇佣劳动者；而当社会民主党处于劣势时，则会制定有利于资本统治的相关政策。因此，资本统治与社会主义运动之间的矛盾斗争必然会推动着福利经济制度的改革与演变，同时也说明，福利经济制度的改革总是具有特殊和复杂的政治背景。

2.2.3 三大基本矛盾的影响

福利国家的福利制度改革主要围绕如何处理“公平与效率、国家与私人、统一与差别”这三对矛盾展开的。对这三对矛盾的处理结果实际上反映了各党派及其所依据的学派的实力对比。各党派实力对比的变化无疑会影响福利国家的发展及福利经济制度改革的方向。因为平等原则、国家干预和统一标准是福利国家论者的基本主张，而效率原则、私人化和多样化则是福利社会论者的主张。

从各国的实际情况来看，在对福利经济制度进行改革时完全抛弃平等的口号，是不可能的。因而累进所得税还会继续保持，对最贫困居民进行救济的一些措施还会继续实行，社会民主党还会继续积极努力实行有利于贫困阶层的收入再分配政策。只不过所得税的累进性质将会逐步缩小，政府将会采取各种措施进一步加强对社会福利开支的控制，更加注重社会保险、社会救济和其他社会计划的效果。同时，在国家垄断资本主义高度发达、国内外经济形势日趋复杂、市场存在失灵的条件下，将社会福利计划完全交给私人举办，让市场机制自动调节是不可能的，福利国家仍然离不开国家的集中管理。但是，由于各国政府普遍面临着财政经济困难，福利国家开始主动地将部分社会福利计划转交给私人或社会团体主办，或者由私人机构承担绝大多数社会福利费用；有的则是由于政府主办的社会福利计划质量降低，难以满足某些社会阶层的需要，这类社会阶层转向私人计划以获得较好的福利待遇。可见，福利国家的社会福利制度正在直接或间接地实行局部的私人化和社会化，有些国家甚至出现了“双重福利体制”：较富裕的公民越来越多地利用私人保险计划，享受较好的公共服务，大多数社会下层居民则不得不继续依靠国家福利计划。由于大多数社会下层居民需要继续依靠国家福利计划，必然要求继续实行统一原则，履行社会福利义务和享受社会福利待遇。可以说，随着社会福利计划朝私人化和社会化的方向发展，较富裕的居民将从私人计划中获得越来越多样化的福利待遇，多样化将成为社会福利的发展方向。

综上所述，由于社会福利涉及政治、经济、社会、历史、文化等多方面的因素，因而要使福利经济制度的改革成为政治现实，社会福利计划必须能为领取津贴的人提供像样的补助，同时能强烈地刺激人们工作，而且给纳税人所带来的负担必须是合理的。也就是说，福利经济制度的改革会受到福利、效率、负担这三者关系的相互制约，福利经济制度改革的任务，就是要在这三者之间寻找平衡点，而不能顾此失彼。这三种力量相互作用的合力所指引的方向大体就是福利经济制度改革的方向。

2.2.4　经济发展状况的影响

福利国家的经济状况是制约其发展和改革方向的决定性因素。福利经济制度作为国民收入再分配的一种手段，其规模和水平取决于国家的财政收入状况，归根结底取决于一国的生产能力及经济发展水平。那么，福利国家经济发展的前景到底如何呢?

根据有关预测，所有发达国家的经济将有所好转，增长速度将会增加，但影响经济增长的不确定因素仍然较多。首先，在科学技术的推动下，世界经济的信息化和全球化已成为主要的发展趋势，信息化和经济全球化为发达国家经济的发展带来了许多机遇和挑战，但由于没有世界经济的一体化即必要的国际经济规则、制度和秩序的变革与之相适应，世界经济的发展将受到严重阻碍，从而使福利国家经济的发展受到制约。在经济全球化过程中，金融资本的自由流动是一种变幻莫测的不稳定因素，金融资本的巨大破坏力是人们始料不及的。这种不稳定因素将冲击全球金融市场，并对福利国家的金融市场产生不利影响。其次，受亚洲金融危机的影响，1998 年全球经济增长速度放慢，造成美国和欧盟等发达国家的出口下降。尤其是“9・11”事件对美国造成了极大冲击，不仅使经济回升无望，而且进一步下滑，陷入衰退。美国经济走低必然会对世界经济的发展产生深刻的影响。这无疑会影响“福利国家”的经济增长。具体来说，美国经济在持续增长了近 10 年后于 2001 年 3 月开始衰退：美国公司的利润急剧下跌，就业形势持续恶化；在 2001 年第 3 季度，美国企业库存压缩量为 601 亿美元，是 20 世纪 80 年代初期以来相对 GDP 而言季度下降幅度最大的。尽管美国经济中存在着一些制约经济复苏的因素，如不断下降的利润率已成为企业扩大资本支出的最大障碍；严峻的就业形势会对消费产生抑制作用；严峻的世界贸易形势和美元强势将阻碍美国扩大出口等，但也存在一些有利于经济复苏的因素。例如，美联储调控带来的低利率水平和高流动性为投资和消费提供了极为宽松的融资环境，利率已降到 20 世纪 60 年代以来的最低水平，减息的滞后效应会逐步显现；持续的低通货膨胀率使企业投资和消费支出扩大的不确定因素减少；扩张性财政政策有利于刺激投资和消费；多年来产业结构的调整、提升和软化，使经济周期波动的幅度减弱。经历了这次衰退后，美国经济已告别了20世纪90年代后期的高速增长而将进入增长速度较低的一个新时期。欧盟各国自1998年10月开始相继降低利率，对经济进一步进行调整，使各国经济走向健康运行的轨道；而2002年1月1日欧元的正式使用，对欧盟经济增长更是具有积极的意义。但“9·11”事件使欧盟经济在短期内受到相当严重的损失。第一是2001年的经济增长速度因此下降半个百分点，总共比上年减少近2个百分点，这使欧盟的产值损失超过千亿美元。第二是“9·11”事件引起的不确定性和不稳定性严重影响了消费者和投资者的信心，使消费和投资减少。尽管“9·11”事件使欧盟经济受到冲击，但在克服了该事件的短期直接冲击之后，2002年欧盟与欧元区的经济增长率将各自略有恢复，上升到1.9%与1.8%。

从福利国家经济形势的分析来看，福利经济制度既不会从根本上被推翻或取消，也不会完全按照过去形成的模式走下去，福利经济制度的调整和改革势在必行，但这是非常复杂曲折的过程，它将成为当代资本主义新的发展和演变的重要组成部分。

2.2.5 社会因素的影响

一些社会因素直接决定福利国家的发展和改革方向。这些因素主要有：

(1) 人口老龄化，老年人数量增加，人口不断老化，人口变化对社会、文化、休养、保健等方面服务的要求也将增加。

(2) 失业人数有增无减，不仅要求更多的失业救济金，而且需要更多的培训。

(3) 科学技术的快速发展，要求大力加强教育和人才培养，增加对教育方面的支出。

(4) 离婚率的上升及单亲家庭的增多，增加了对救济和补助金的需求。这些因素从需求方面决定了不能大幅度削减社会福利，甚至在某些方面还要继续增加。

2.3 福利国家改革的发展规律

2.3.1 福利国家改革不同步

像当初福利国家模式的传播一样，福利国家的政策和制度改革也很快在西方世界展开。20世纪末期的20多年里，福利国家改革几乎形成浪潮，并形成如下三种局面：

(1) 微改国家，如法国、比利时、奥地利、西班牙等。这些国家的福利政策改革成效不大，并不是没有改革动机和行动，而是由于种种原因改革步履艰难。

（2）小改国家，如德国、丹麦、荷兰、匈牙利等。小改是指“参数改革”，或称“边际改革”，仅对退休年龄、给付水平、缴费标准进行“微调”。

（3）大改国家，如英国、瑞典、意大利、波兰、拉脱维亚、中国等，美国可以包括在这一类别里。大改是指进行基本制度改革，包括管理机构和运营机制的改革。大改国家可以分为两类改革模式：一类是“部分私有化改革”，或称“混合型改革”，包括统账结合、名义账户制等，这类国家包括美国、中国等。另一类是“私有化改革”，如智利等一些拉美国家的改革。

世界银行社会保障专家 Estelles James 根据福利政策改革的创新性划分了两个欧洲。第一个欧洲为创新弱点，包括法国、比利时、德国、奥地利、西班牙等；第二个欧洲为创新强点，包括英国、瑞士、丹麦、荷兰、瑞典、波兰、匈牙利等。但是，在 1995 年以后情况有所变化。德国在 2001 年，意大利在 2004—2005 年也进行了比较激烈的养老金制度改革。

20 世纪 80—90 年代，福利政策改革的社会效应逐渐显露出来。世界银行专家对欧洲 8 个国家经济增长情况（见表 6—3）的比较研究显示：

（1）实行福利政策大改革的国家的经济增长率在 20 世纪 90 年代高于 0.5%，高于微改国家 1%。

（2）微改国家自身的经济增长率普遍下降，总下降率为 1.1%。

表 6—3　　欧洲 8 个国家经济增长率的比较

不改革的国家			改革的国家		
	1980—1990	1990—1998		1980—1990	1990—1998
奥地利	2.2	1.9	丹麦	2.3	2.9
比利时	1.9	1.6	荷兰	2.3	2.6
法国	2.3	1.5	瑞士	2.0	0.4
西班牙	3.0	1.9	英国	3.2	2.0
平均	3.0	1.9	平均	2.4	2.9

资料来源：World Development Indicators. 2003

同期对欧洲 8 个国家失业率情况（见表 6—4）的比较研究显示：

（1）实行福利政策大改革的国家的失业率低于微改国家 5.9%。

（2）微改国家自身的失业率在上升，在西班牙竟高达 20.6%。

表 6—4　　欧洲 8 个国家失业率的比较

不改革的国家（1994—1997）	改革的国家（1994—1997）
奥地利　5.3	丹麦　5.4
比利时　9.0	荷兰　5.5
法国　12.3	瑞士　4.1
西班牙　20.6	英国　7.1
平均　11.4	平均　5.5

为什么欧洲国家的福利政策改革不能同步呢？中国学者郑秉文的研究结果证明：行业自治的社会文化和积分制的制度安排是两个重要原因。

（1）行业自治与福利国家

俾斯麦模式具有明显的行业特征，如依行业而建立福利计划、通过雇主和雇员缴费建立行业统筹基金、行业自治组织管理等。在德国、法国等非英语国家，俾斯麦模式比较盛行，其福利国家同时具有企业特征，很难界定他们的这些福利计划是社会保障还是企业员工计划，为此，欧洲公正法院曾多次试图加以界定。例如，法国的电力（EDF）福利计划与煤气（GDF）福利计划的管理模式就很特别，其管理机构是私营组织，其管理职能具有公益性。行业自治的政治体制决定了行业的谈判能力和政治妥协性，但条块分割和支离破碎的计划体制导致其进行福利政策改革的难度。例如，法国在 1995 年 12 月的福利政策改革计划因长达 6 个月之久的罢工而流产；2004 年 5 月的改革同样受阻，政府需要与“社会参与者”进行谈判才能推动改革。

（2）欧洲大陆的“积分制”

积分制即由参保年限和缴费记录决定养老金领取水平的制度安排。参保年限和缴费记录是参保人的权益记录，与其受益资格和水平关联。积分制的制度安排在德国和法国比较普遍。最典型的是法国的 ARRCO 计划。

基于积分制的制度安排，社会福利政策改革将面临两大风险：一是发生隐性债务；二是受益人权益流失。那么，政府担心的是隐性债务，个人担心的是权益流失，既然两个关键主体都有顾虑，改革阻力自然加大。

2.3.2　福利国家改革的阶段性

在 1981 年之前，基于俾斯麦模式和贝弗里奇模式的影响，福利国家的制度安排主要是待遇确定计划（DB）和现收现付计划（PAYG）。这类计划的主要特征：

（1）比较充分地体现出社会公平性，有力地支持了福利资本主义，堪称社会民主主义的基石，挽救了资本主义行将灭亡的命运。

（2）在后期发展中表现出诸多脆弱性，其制度安排不具有适应性，容易受到外部社会因素的影响；所以，当社会条件如人口、经济和政治等问题发生变化时，社会保障自身无法经过制度调整以适应社会条件的变化；因此，在出生率降低、预期寿命提高、赡养率提高的情况下，婴儿潮一代老人的养老保障将成为问题，其后果是养老金计划成本上升，收不抵支甚至破产，不得不进行改革。

（1）福利国家改革的第一阶段（1981—1996 年）

1981 年的智利养老保险改革，是一项从现收现付的 DB 计划转向完全积累的 DC 计划，即养老金计划的私营化改革。智利改革引起很大争论，至今也没有停止。

智利颁布了新的《养老金法》，建立了私营养老金管理公司，以免税政策强制雇员将个人薪酬的 10％存入个人账户，并自己选择和更换养老金管理公司作为个人养老金计划的托管人。智利的养老金中介市场和投资市场就这样发展起来。政府负有监管责任和最后担保责任，如对缴费达到 20 年的参保人，若个人账户月供低于 60 美元，则给予补贴以达到月供 60 美元。继智利养老保险私营化改革之后，一些拉美国家纷纷借鉴，也进行了带有私营特征的养老保险制度改革。

在此期间，其他国家的改革多为边际改革（单项条件的改革），如削减养老金给付水平、提高缴费率、提高法定退休年龄等。

（2）福利国家改革的第二阶段（1996 年至今）

20 世纪末期，人类完成了养老金计划的南极行和北极行，看穿了社会统筹和个人账户，现收现付和完全积累的各自优势和弊端，很多国家作为后来者聪明的在两者之间进行制度创新，这被称为混合模式。不同国家和地区都进行了制度创新，产生了各类混合模式。

1）欧亚六国的名义账户制，既非 DB 也非 DC 的 NDC＝DC＋DB 模式。

2）爱尔兰的 DB/PAYG 与 DC/FF 两个制度平行运行的模式。

3）挪威在并行两个制度的基础上，另外运行了一个风险投资基金。

4）在澳大利亚、土耳其等国家正在实现两个制度的续接，即 DB/PAYG 计划再运行 10 多年后逐渐停下来，而 DC/FF 逐渐成为其养老保险制度的主流。

5）中国实行两个制度相结合模式，个人账户在改革初期以空账形式存在，2005 年以后开始作实。

基于混合模式的制度创新，个人养老金账户得到发展，由此支持了养老金第二支柱和第三支柱的发展，在很多国家逐渐成为养老保障的主流计划。

2.3.3 第二支柱养老金计划在欧洲的崛起

到2005年，养老金第二支柱在欧洲国家的覆盖率很低，只有欧盟原15个成员国人口的25%～30%（见表6—5）。在各个成员国家的层面上，灵活的、基于个人账户的、确定缴费型的养老金计划发展缓慢，欧洲养老金市场远远落后于美国和加拿大等地区。

表6—5 欧盟国家职业养老金计划的覆盖率（占所有雇员的百分比）

国家	职业年金计划对雇员的覆盖率
奥地利	16%（在2000年）
比利时	33%～50%
丹麦	90%（公共部分是100%）
芬兰	10%以下
法国	100%（强制性补充计划）
德国	大约50%（增长速度很快）
希腊	非常低
爱尔兰	38%
意大利	私人部分有200万计划成员
卢森堡	830家企业（主要是国际性企业）已经注册了补充养老金计划，覆盖了大约5万名雇员
荷兰	91%
挪威	私人部分约为33%，公共部分为100%（不包括每周工作低于14小时的雇员），总体估计为55%
西班牙	2.5%
瑞典	90%（同集合协议型职业年金计划的覆盖程度一样）
英国	大约50%

法国在2003年推出PERCO集体退休储蓄计划，是法国的第二支柱养老金计划，每个雇员可以从至少三个投资基金中做出投资选择。爱尔兰在2003年推出PRSA个人退休储蓄账户计划，个人可以将账户资金投资于集合投资基金或连接基金而不持有现金。瑞典在1994年引入IPS个人养老金储蓄计划，个人可以将账户资金投资于集合投资基金或可交易证券。波兰在2004年推出IRA个人退休账户计划，账户持有人可以同投资基金、经纪人、保险公司或

银行签订协议，对个人退休储蓄进行托管。德国在 2002 年引入的瑞斯特养老金是以保险产品、银行储蓄计划或投资储蓄计划的形式存在的第三支柱养老金工具。比利时同期推行的 PSF 养老金储蓄基金是第三支柱养老金计划，个人持有养老金资产。

欧盟委员会颁布了《职业退休计划经办机构行为与监管法》，为全欧洲养老金市场的建立创造了一个操作平台，这仅是第一步，还有很多障碍需要逐步解决。

2005 年，欧洲基金与资产管理协会提出了一个关于建立欧洲共同养老金市场的《欧洲个人养老金账户》的立法建议性报告，主张健全个人养老金账户（EPPA）作为养老保障第二支柱，雇主和雇员同 EPPA 供应商（EPPI）就 EPPA 计划的规则进行协商和达成协议，投资基金（以及其他金融产品和金融工具）可以作为养老金储蓄的工具，在欧洲构建一个既具有某些欧洲国家现存的养老金计划特点，也符合《欧洲养老金法》的、适用于全欧洲的集合型补偿养老金计划。

2.4　福利国家改革的难题——社会保障基金投资管理

第二次世界大战之前，社会保障制度主要存在于欧美国家，当时只有现收现付制一种模式，除了美国之外，遍及欧洲的是吉尔特式行业割据的职业保险计划，几乎不存在社保基金投资问题。1946 年，英国宣布建成福利国家以后，欧洲大陆其他国家纷纷效仿，独立的殖民地国家也开始建立起社会保障制度，从此社保制度开始出现盈余（见图 6—1）并逐渐遇到投资问题。

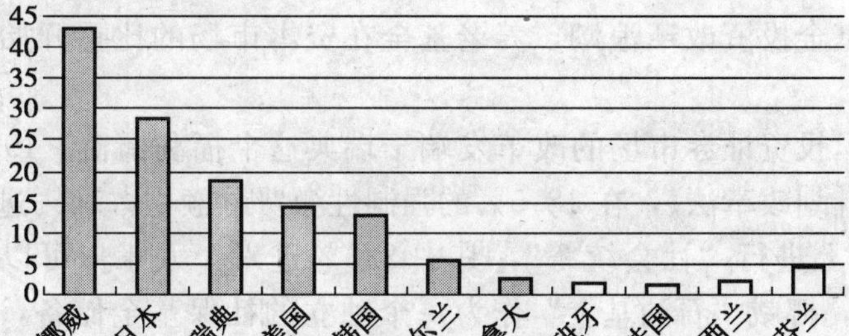

图 6—1　部分经合组织国家社会保障储备情况[①]（占 GDP 的百分比，2003）

社保基金如何投资运营，谁是社保基金受托人（经办机构），如何进行经营管理是个很棘手的问题。就社会保障基金（指第一支柱而言）运营的各国情况不同，社保基金增值保值的情况可以分为三种情况：

① 数据来源：经济合作发展组织计算以及国家来源，2003。

（1）不投资。以英国为代表的一些欧洲国家，其现收现付计划的积累部分不做任何投资，实行收支两条线，积累收入放在财政总储备金里或行业基金储备里，其实余额很少。

（2）限制性投资。以美国为代表的一些国家完全购买国债，名义收益率在6%～7%之间，多年来始终是收大于支，余额较多，目前约有14 000亿美元，其基金运营的安全性和流动性都比较好，是现收现付制的典范。

（3）投资。这类国家的情况比较复杂：其中实行中央公积金的国家几乎将其全部积累进行投资，而有一些实行现收现付制的国家将其5%～20%不等的余额进行投资；在投资的部分中，资产分布差异性很大，主要有不动产、企业债券，政府债券和股票等有价证券；以拉美等实行完全积累制的国家将其大部分投资于股市，而大多数东亚国家主要将其投资于基础设施和不动产。

社保基金入市经历三次改革：第一次发生在20世纪50—60年代，新加坡等十几个英国前殖民地国家开始实行中央公积金制的股市投资，那时他们将其一少部分投资于证券市场。这种做法一直延续到现在，其主要特点是投资主体为中央政府，由其进行集中投资。第二次发生在20世纪80年代后，以智利为代表的实行完全积累制的拉美国家，采取大规模的证券投资；到目前为止大约有十几个国家采取智利模式，主要集中在拉美，其特点是账户持有人实行分散型投资。第三次发生在20世纪90年代中后期，面对人口老龄化的社会经济压力，一些实行现收现付制的发达国家和新兴工业化国家纷纷立法，将其一部分社保基金投资于证券市场，如加拿大、爱尔兰、瑞典、韩国等，从而形成了新一轮的社保基金投资改革浪潮，养老基金在资本市场的比重开始增加（见图6—2）。

在欧洲，投资证券市场的改革发端于瑞典这个福利橱窗。1994年瑞典通过《养老金计划改革法》，在18.5%的强制性缴费总额中，16%进入“名义账户”，在实际上进行“社会统筹”，其中2.5%进入个人账户可以进行证券投资。1997年，挪威“石油基金”作为一个独立的社保基金储备，经过多年的论证之后正式进入股市。该基金建立于1990年，资金完全来源于石油收入。1999年，加拿大放弃实行了几十年的购买省级政府债券的投资政策，开始对“加拿大养老计划”的社保基金实行多元化投资，包括对股票市场进行投资。2002年1月，爱尔兰“全国养老储备基金”在经过多年的制度准备之后开始进入证券市场，该基金由三部分来源组成：参保者增量部分的缴费，一次性从“爱尔兰电信”私有化收益中转移62亿欧元，在2055年之前每年财政转移支付1%的GDP预筹基金。

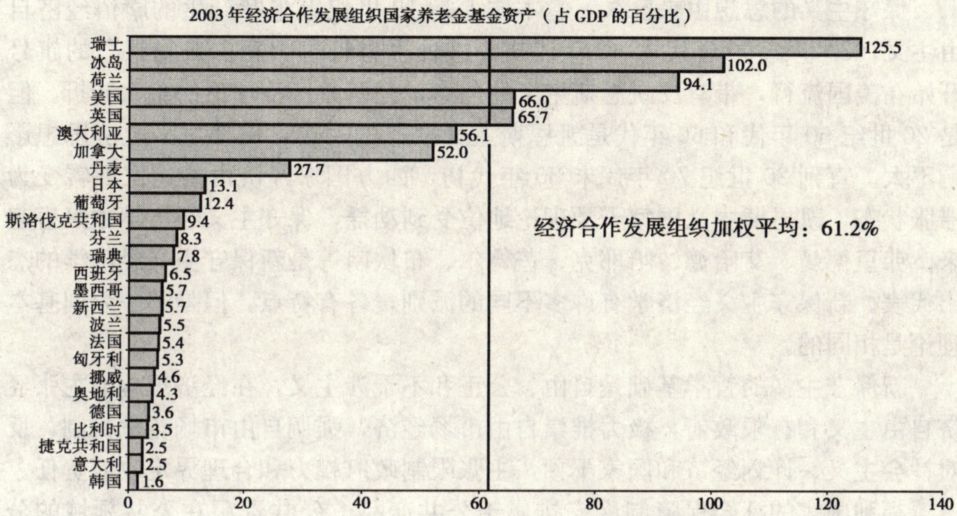

图 6—2　养老金基金资产占股票市场市值的百分比（2003）①

在亚洲，韩国的“国民年金基金”始终没有购买股票和私人债券，但从 1993 年开始逐渐投资于资本市场，从 2%一直扩大到 10%以上。在日本，2001 年 4 月，社保基金由主要投资于基础设施改革为主要投资于资本市场。中国从 2002 年开始建立社会保障储备基金，部分资金投向了国内股票市场。

在美国，2001 年 12 月，布什政府制定了从 2%～4%不等的投资于证券市场的三个改革方案，布什在第二个任期继续推行这个方案，其投资模式在模仿联邦政府 TSP 储蓄计划的投资模式。

3. 在社会保障领域导入私有化

在社会保障领域导入私有化，将引起福利提供方式和提供机制的改变。

3.1　问题的提出

国家干预与经济自由不仅是宏观经济领域的永恒主题，也是社会保障理论长期争论的焦点。自从福利经济学和福利国家产生以来，就有一些经济学家对其所主张的政府承担全面责任的社会福利思想提出不同的观点，特别是 20 世纪 70 年代中期以来，欧美发达国家经济陷入滞胀，高福利成为各国日益沉重的财政负担，直接导致了福利经济学和福利国家论的危机。一些经济学家深入反思传统福利经济学和福利国家论的缺陷，依据不同的立场，提出了不同的改革主张。其中影响最大的是新保守主义经济学（新自由主义经济学）。

① 数据来源：经济合作发展组织，全球养老金统计，2004。

保守主义的思想由来已久，它本质上是19世纪上半叶产生的庸俗经济自由主义，20世纪50年代末60年代初，这种思想打着“新古典复兴”的旗号开始在美国流行，带有反凯恩斯主义的色彩，是西方经济理论的重大转折。但是20世纪50年代和60年代是凯恩斯主义盛行的时代，保守主义经济思想影响不大。直到20世纪70年代末80年代初，西方国家经济由高速发展转变为滞胀状态，凯恩斯主义国家干预理论地位受到动摇，保守主义经济学才兴盛起来。弗里德曼、艾哈德、哈耶克、芒德尔、布坎南等是新保守主义经济学的杰出代表。新保守主义经济学有许多不同的派别，各有特点，但是其一系列基本理论是相同的。

新保守主义的哲学基础是自由、公正和不干涉主义，在经济理念上主张经济自由主义和有限政府，极力推崇自由市场经济，强调自由市场竞争机制，反对社会主义、计划经济和国家干预，主张限制政府权力和合理界定政府责任。

福利国家的社会保障制度安排属于公共产品、公共资源在公共领域的分配，因此缓和社会不公平，创造并维护社会公平是社会保障制度安排的基本出发点。究其根源，是由于这种社会制度缺乏效率所致，因为福利国家模式致力于完全就业，以及将全面性的普遍福利给付与服务提供视为政府责任，行政经费主要来源于政府财政，并舍弃一些可能产生一定效率的义务与权利相统一的做法，这使社会保障制度不可避免地陷入危机。

新保守主义认为福利国家存在以下一些弊端：一是对个人自由构成威胁。新保守主义认为国家福利政策是由少数政府和专业人士制定的，这些决策人士虽由民主选举产生，但他们也追求个人效用最大化，如追求获选，讨好一些利益团体，其福利政策代表的社会效用函数并不能较好地反映选民的福利意愿，个人的自由和责任遭到削弱。二是导致经济运行效率低下。新自由主义指责福利国家为追求政治目的导致福利供给过剩，导致一些人工作积极性不高，形成动力真空。三是对经济具有破坏力。新保守主义认为高福利使国家加重税收，使企业和成功者不愿积极投资和创造价值，资本积累和竞争动力不足。四是对社会发展也具有破坏力。由于高福利，人们习惯于依赖国家和政府，这是对自立、自主和自我负责精神的破坏。

新保守主义者认为，可以在社会保障领域导入个人责任和市场管理手段，使有限的资源得到更有效的使用，改变单纯国家责任和官僚政府提供的观点。让市场发挥基础性作用，树立自我保障意识，家族也必须为其成员的福利承担责任。其政策主张主要有以下几点：

(1) 社会保障目标即提供基本生活保障。他们认为社会保障只是在社会底层建立一种保护网，保护社会底层居民不会因为在最初分配或因市场力量处于不利地位而陷入困难境地。

（2）社会保障资金筹集遵循个人自由、自主、自助的原则，每个人首先依靠自己的力量解决社会保障问题，国家和社会机构只有在个人收入和财富不足时才介入。因此，在社会保障资金来源中，应适当增加雇主和雇员负担的份额，减少国家资助的金额。

（3）社会保障管理主张民营化、私有化、市场化。政府不再是唯一的社会保障经办机构和全权服务提供机构。

3.2　全球社会保障领域导入私有化的具体情况

3.2.1　什么是社会保障领域的私有化

社会保障领域的私有化不是社会保障的全面私化和对社会保障公共品的全面否定。

社会保障领域的私有化主要有两种情况：一是制度模式的个性化和市场化，即强化个人责任和完善个人账户，并进入市场管理和运营；如美国的养老金个人账户和智利的私营养老金管理公司；二是基金管理的私营化，即社会保障基金（特别是养老基金）委托私营的专业机构经营管理，甚至进入资本市场进行投资运作。因此，在社会保障领域导入私有化是社会保障可持续发展的战略性调整的表现。

社会保障领域的私有化有其客观因素和主观因素。

（1）客观因素。一方面，很多国家遇到严重的人口老化，传统的现收现付式保障制度遇到财政困难；另一方面，IT 技术和网络的发展为扩大个人账户功能提供了技术支持，金融业的虚拟发展为建立社会保障市场化运营的受托人制度奠定了基础。

（2）主观因素。只要是政府改革（建立公共服务型政府和网络型政府的改革）以及政府和市场关系的第三条道路选择，人们开始学习在政府和市场之间寻找解决社会问题的途径。个性化的制度安排、市场化管理和社会保障基金入市是社会保障可持续发展的战略调整，首先，将筹集资金的责任全部或部分地转移到了雇主、职工或个人身上；其次，将日常管理和服务的功能对非政府组织甚至私营机构进行授权、外包或购买服务；第三，构建社会保障基金安全运营机制，如信托机制、受托人制度等；最终通过多元化的制度安排形成政府的多元化角色，以提供政府的社会保障能力和强化政府的社会保障责任。在社会保障领域导入私有化的发展趋势对政府来说，是完善社会保障体系的机会，也是自身改革的挑战。

3.2.2　社会保障领域导入私有化的具体情况

最早导入私有化的是美国雇主养老金计划和雇主健康保险计划，这些计划具有个人账户和市场运营的特征，但当时还没有社会保障多支柱和在社会保障领域导入私有化的提法，美国这些实践不被认为具有社会保障价值，也就没有引起人们的注意。

在智利，20 世纪 80 年代的养老金制度私营改革引起了全世界的高度关注。智利的社会保障体制建立于 1924 年。到 20 世纪 70 年代，智利的社会保障体制已经形成了在其他国家也常见到的模式。在这种体制下，不同行业和职业有相互分离、受益既定的保障体系。这些体系是不统一的，因而不同的部门有不同的受益结构和水平。层次繁多的官僚体系降低了效率。政治因素决定受益水平，导致很高的缴费率。1955 年，平均 12.2 个在职职工供养 1 个退休人员；到 1979 年，变为 2.5 个在职职工供养 1 个退休人员。参保职工和雇主缴纳的保险费，已从 20 世纪 20—30 年代占平均工资的 5%上升到 1975 年的 51.4%，企业和职工不堪重负。政府直接、间接用于养老补贴上的支出占总支出的比重 1974 年为 32.4%，1980 年为 35.7%。当时的主要问题是存在一种只要短期有财力就提高受益承诺的政治倾向。总之，旧体制的核心问题是养老金过度依赖于公共财政，制度缺乏可持续性。

基于这些问题皮诺切特政府于 20 世纪 70 年代开始筹划社会保障体制改革。在积累了大量财政盈余后，于 1981 年开始实施改革计划。改革的主要内容是：

（1）在全国范围内成立一定数量的退休基金管理公司，负责管理全国的养老保险业务。这些公司是独立的法人，利用成员缴纳的养老保险费依法进行投资经营活动，自主经营，自负盈亏。

（2）社会成员可根据各个公司的经营状况，自由选择一家公司投保，劳动者必须选择其中一家公司投保。

（3）基金管理公司为每一位投保者建立专门账户，公司把雇员和雇主每月按法定标准缴纳的养老保险费和用这笔保险费投资所应分得的红利，一起存到这个专门账户上。

（4）职工退休后有三种选择来获取退休金：第一种选择是用个人储蓄账户的基金向某一商业保险公司购买即期年金。只有个人储蓄账户基金大到足以使所购买的年金大于或等于国家规定的最低退休金标准时，才有权选择这一方式。第二种选择是通过暂时年金和延期终身寿险获取退休金。退休基金管理公司在年金享受者有权获取延期终身寿险之前支付一定时期的年金，其后由被保人所投保的保险公司以支付寿险保险金的方式给付。第三种选择是获取由退休基金管理公司支付的计划年金。获取该年金的要求是被保人的个人储蓄账户的资本积累必须大到足以使其退休金达到国家最低标准的 120%。有 20 年供款经历且年龄在 65 岁以上的男性或年龄在 60 岁以上的女性，如个人基金积累不足，国家负补足最低退休金的责任。

新的养老保险制度在经过短暂的二三年磨合之后即显现出了传统的养老保险制度无法比拟的优越性：

（1）管理民营化。整个国家的养老保险业务由一定数量的民营退休基金管理公司进行经营管理。

（2）基金资本化。养老基金作为资本进行投资。而其他养老保险模式中养老基金一般作为储备金，除了风险小、回报率低的公债领域，基本上不向其他领域投资，资本化程度很低。

（3）运行市场化。职工自由选择基金公司进行投保。各个基金公司在养老保险市场上自由竞争。而在其他养老保险模式中，由于养老保险业务由政府独家运营，整个养老保险领域处于一种完全垄断的状态，不存在任何竞争，整个系统处于一种低效运行状态，无法为社会提供高质量的养老保险服务。

（4）政府干预间接化。国家除在诸如退休基金公司的设立、基金投资方向及比例结构等问题上做必要的规定外，完全不干涉公司的具体经营管理活动。公司作为独立法人，自主经营，自负盈亏，而在传统的养老保险模式中，养老保险的所有事务由政府直接管理，后果则完全由国家承担。

（5）政府担保责任最小化。根据智利的新《养老金法》，政府仅对建立个人养老金账户和缴费 20 年者，退休后的月养老金收入未达到 60 美元的，政府补足到 60 美元。

智利新养老保险制度实施 20 多年来成效显著。

（1）较好地解决了养老保险基金的保值增值问题，减轻了财政负担。由政府统一管理职工的个人账户和养老基金的投资，缺乏竞争机制，不利于提高养老基金的投资收益率，而且一笔巨大的养老基金统一由一个机构负责投资，对资本市场可能会产生负面影响。成立多家私人养老基金管理公司，竞争对提高养老基金的投资收益率无疑是有利的。改革以来，智利养老基金公司的平均利润率达 12.8％～15％。截至 1996 年 8 月，智利养老基金的积累额已相当于国内生产总值的 40％。这样就有效地克服了其他养老保险模式难以实现保值增值的致命缺陷，既减轻了国家的财政困难，又为养老保险支付奠定了坚实的基础，有利于应对日益严重的人口老化问题。

（2）养老金直接与个人账户储存额挂钩，激发了职工缴费积极性，参保人数猛增。到 1994 年，已达 477 万人，占国内就业人数的 90％。同时由于养老保险费用主要由个人支付，也有效地克服了劳动激励不足的弊端，如智利的失业率在 15 年内从 19.2％降低到 4.7％，当然这也与智利国内经济持续增长创造了大量的就业机会有很大的关系。

(3) 有力地促进了国民经济发展。一是提高了国内储蓄率。现收现付式养老计划本身并没有什么储蓄积累，政府凭借手中的征税权向年轻职工作出的支付养老金的承诺很可能成为年轻职工养老储蓄的替代品。所以长期实行现收现付式养老社会保障计划的国家普遍都有国内储蓄率过低的问题。智利借助社会保障的私有化，利用个人退休账户的强制储蓄功能，提高本国的储蓄率。国内储蓄率从 1981 年的 10%提高到 1995 年的 27.6%。二是加快了国民经济的发展速度。20 世纪 90 年代，智利国民经济的年均增长率超过 7%，财政收支也连续 10 年出现盈余。

(4) 职工负担减轻，而且退休金水平有较大提高。由于养老基金机构开展竞争使成本持续下降，以及延迟退休年龄等因素减少了支出，新制度发放的养老金数额超过旧制度发放的 47%～129%，而费率却有所下降。参加新制度的职工按纳税收入缴费的总费率为 20.2%（其中包括养老保险 10%，残疾和生活保险附加 3.2%，保健费 7%），而在旧制度下仅养老保险一项，私人企业雇员就要负担 27.7%。

但是，在人们认识、承认和借鉴智利模式的同时，它也受到一些批评和怀疑。

1）智利模式完全由个人负担养老金的缴费责任，实质上取消了社会保障的责任共担机制，缺乏共济性和收入再分配功能；那些失业和低收入的劳动者则无力建立个人养老金账户。

2）养老保险基金私营化管理成本高（市场推销和广告费用），潜在风险大，当遭遇经济衰退时基金管理公司可能破产，受益人的基本权益无法得到保护。为此，智利政府提供了最低养老金津贴制度。

进入 20 世纪 90 年代以后，许多拉美国家如秘鲁、墨西哥、阿根廷、哥伦比亚、尼加拉瓜、哥斯达黎加、玻利维亚、乌拉圭等也纷纷实行了不同程度的在社会保障领域导入私有化改革，并不断扩大其覆盖范围（见图 6—3）。

3.3 对社会保障领域导入私有化作用的理论分析

3.3.1 私有化能减少“公共地悲剧”

公共品是指每个人对这种物品的消费并不会导致任何其他人消费的减少。或者说，在对该物品总支出不变的情况下，某个人消费的增加并不会使他人消费等量减少。传统的观点一直认为社会保障是公共物品，甚至是纯公共物品，因为在现收现付制度下一旦一项保障方案颁布，凡是符合条件的个人都可以享有，具有非排他性和非竞争性。但严格地讲公共物品还应有一个与前两者相关的特性，那就是“平均成本递减”，即多一个人消费会降低平均成本。而社会

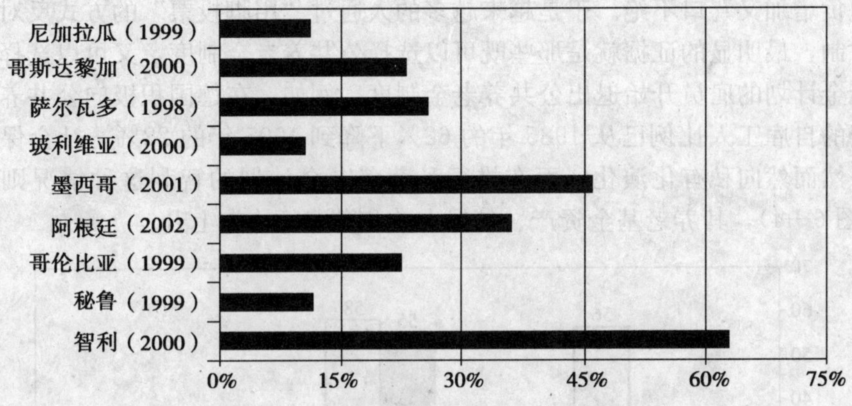

图 6—3　完全积累养老金计划在拉美国家的覆盖水平（2004）

保障不具此特性，仅以养老保障为例：X 先生早退休或寿命延长，享有养老金的增加，要么减少他人包括下一代的享有额，要么增加下一代的缴费额，不仅不存在平均成本递减，而且从某种角度讲也不存在消费的非排他性和非竞争性，与私人物品性质的商业人寿保险没有差别。社会保障不同于国防等其他公共物品，其公共性的产生是信息的不对称、事件发生的不确定性和政府特有的稳定社会的职能。由于逆向选择和道德风险使得人寿保险和失业保险市场极易存在市场失灵，个人的有限理性又造成寿命估计偏差和当前过度消费，单纯由市场提供必然低效，更不可能实现收入再分配。于是，为克服市场缺陷，使整个社会的收入趋于公平，公共供应的社会保障才产生。所以，社会保障只是私有性公共物品，它有公共性，但公共性是外生的。在人的自利性驱动下，公共供应的私有性物品最容易产生过度消费，即“公共地悲剧”。

和商业人寿保险一样，社会保障制度运行的成败最终取决于基金的偿付能力。虽然从帕累托效率角度看，不论是在实际工资增长率和市场利率外生的小型开放经济，还是在实际工资增长率和市场利率外生的封闭型经济，只要人口增长率和工资增长率之和小于市场利率，现收现付制总能实现帕累托有效。简单说就是每一代都替上一代缴费，再通过下一代缴费增加福利，却不会有最后一代蒙受损失，因为人类生命无限延续。但社会保障基金入不敷出，财政不堪负担宣告了现收现付制的失败。早期的保险精算未预见到高出生率、高死亡率转为低出生率、低死亡率带来的人口老龄化加速，的确可以作为社会保障改革的解释，但根本原因是“公共地悲剧”。提早退休人为延长享受养老金的年限，制造残疾人为扩大享受救济金的比例等对社会保障的过度使用导致福利怪圈的产生：一方面，从政府手中拿到养老金和福利支票时喜形于色，另一方面，发现税负增加又骂口不绝。于是越来越多的人通过“用脚投票”的方式反对现收现付制，最明显的证据就是那些既可以选择公共养老金制度，又可以选择市场养老金计划的雇员开始退出公共养老金制度。例如，在德国积极向公共养老金缴费的自雇工人比例已从1985年的62%下降到1995年的22%。社会保障改革自然而然向私有化演化。而在推行私营养老金计划的智利这种情况则相反（见图6—4），其养老基金资产、参保人数和缴费额均在上升。

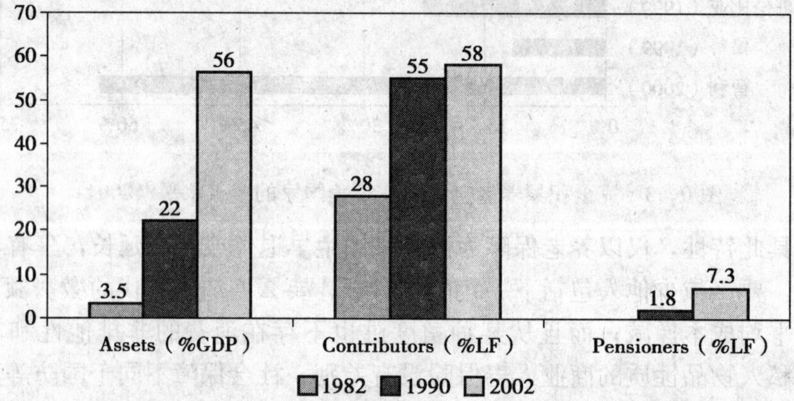

图6—4　智利养老保险制度改革后的养老金计划的资产状况

3.3.2　实现激励机制与社会保障功能的兼容

个人账户与社会统筹的区别就在于公共物品性的强弱，个人账户的建立把缴费与受益直接挂起钩来，消除了社会统筹中的激励紊乱。其实，不论是改革前还是改革后，美国、智利、新加坡等开征的工薪税、社会保障税、公积金基本上都是按照个人工资收入的一定百分比征收的。为什么说在社会保障领域导入私有化改变了融资方式，并能激励人们努力工作，积极参加社会保障项目呢？可以从差别税和均一税的角度来理解：在现收现付制采取的待遇确定制下，缴纳得多不一定享用得多，存在很强的共济性，可视为在不同的投保人之间存在差别税率；在完全基金制采取的缴费确定制下，缴费与受益挂钩，要多消费多势必多缴纳，故可近似视为在投保人之间存在均一税率（之所以说近似，是因为完全基金制下仍有一个最低保障标准）。根据前人的研究，差别性的税率结构会产生更大的扭曲效应，而私有化排除了这种扭曲。在社会保障领域导入私有化能减少“岗位约束”。对公共养老金计划产生的“搭便车”现象和扭曲效应，人们早有认识，所以，各国在公共养老金之外大都建立了企业补充养老金。但企业补充养老金通常以企业账户形式存在，规定雇员必须为企业服务一定年限才能享有，这无疑增加了劳动力的流动成本，而个人账户不受此约束，随劳动力流动而流动。这能让雇员感到时刻在为自己工作，并可在流动性很强的劳动力市场上真正寻找到适合自己的岗位，从而激发工作热情。

在社会保障领域导入私有化可以弱化“政治效应”。许多研究成果证明，现收现付制会引起代际间的不公平，那为什么一开始会选择这种制度？当时理性经济人的远见是存在的，一些专家是用政治效应来解释这个问题的。假定在封闭经济环境中，人口增长率既定，社会保障会减少个人储蓄增加资本回报率，若把人的生命分为四个阶段，前三个阶段工作，第四个阶段退休，那么，独有处于第一阶段人群的效用水平随政策变量而达到最大值，处于第四阶段人群的效用水平随政策变量（为正）下降，处于中间阶段人群的效用水平，能够实现内部最大化，第三阶段人群比第二阶段人群更偏好较高的收益，而政策决策权掌握在第三代人群手里，所以，始终难以退出原来的现收现付制度。一旦通过支付一定成本退出原有制度，这种政治效应便立即弱化，对最年轻的一代形成激励。同时，共同账户转为个人账户，垄断性管理转为竞争性管理。当然，这并不意味着社会保障与商业保险趋同，它仍然具有以下保障功能：一是依法强制缴费，二是依法确定缴费比例，三是给予税收激励政策，四是严格适度的监管，五是制定最低保障标准。

3.3.3　通过提高运营效率来增进社会福利

从智利经验来看，个人养老金账户的建立只是私有化的第一步，真正使私有化体现市场效率的是私人养老金管理公司的竞争性管理。垄断性管理转为竞争性管理必然使现收现付制下不具生产力的资本变为具有生产力的资本；较高的回报率大大提高工人的福利，这是在社会保障领域导入私有化最有生命力的地方。经济人在经济利益上的自我促进，促使参保人主动去寻求业绩良好、佣金合理的基金公司；基金公司在利润的驱动下（不是以公平为目标的基金会）自然也会努力改造治理模式以提高运营效率和管理水平。在实行改革的部分拉美国家，在2002—2003年两年间养老金计划的行政管理成本下降了1%～8%（见表6—6）。

3.4　社会保障领域导入私有化的转型成本

社会制度转型是有成本的，在社会保障领域导入私有化也不例外。对此持反对意见的批评家的主要观点是：现收现付制转为基金制必然损失一代人的利益，因为他们的贡献已经支付给了上一代人，而他们的下一代人要开始个人积累。这代人是社会保障制度改革最大的利益相关者，其利益损失是法律和政府承诺过的，谁来承担这个损失是社会保障转制的主要问题。首先，这是隐性债务，需要选择科学的方法进行计算，将隐性债务显性化；其次，通过政治选择和社会对话来决定是谁来承担转制成本，是政府，还是参保人；最后，进行制

表 6—6　部分拉美国家养老金计划管理费占年总收入的比例① (%)

	2002	2003
阿根廷	1.9%	1.3%
玻利维亚	1.0%	0.7%
智利	0.9%	0.8%
萨尔瓦多	3.4%	2.8%
墨西哥	3.4%	3.0%
秘鲁	3.5%	2.7%
乌拉圭	1.7%	1.1%

度安排以解决如何承担这个债务。

在小型开放经济中，从现收现付制到基金制的转变不可能是帕累托改进的。如果把最优的融资方式定义在给定的受益水平上缴费率最低，或者在给定的缴费率下受益率最高，那么现收现付的养老保险制度就等价于政府的债务融资。这样，这个制度的帕累托有效问题就变成了公共债务政策问题。如果通过公共债务的方式进行转换，那么如果利率大于经济增长率和人口增长率之和，转轨的年轻一代将会从中受益，但这是以转轨的退休一代以及将来各代的福利损失为代价的；反之，如果利率小于经济增长率和人口增长率之和，则转轨时的年轻一代要蒙受福利损失。因此，一旦选择现收现付制的路径，就不可能在不伤害某代人利益的情况下退出。相对于转轨前的初始状态而言，从现收现付制向基金制的转轨肯定要产生额外成本。

当用基金制取代现收现付制时，要想在不使至少一代人的福利变得更坏的情况下就能补偿转轨中的第一代人的福利损失，一般来说是不可能的。这个结论不仅适用于利率外生以及资本市场完全开放的经济，而且也适用于资本回报由内生的供求关系所决定的封闭经济。这意味着融资制度的选择必然包含代际间的冲突。不管以什么样的政策进行制度安排的转轨，总是有至少一代人要蒙受损失。通俗地讲，就是在转型过程中总有一代人要缴两次费：一次是在现收现付制下替上一代缴费，一次是在基金制下替自己缴费。不过这与社会保障基金继续在现收现付制下运行丧失偿付能力相比，如美国估计社会保障引致的债务在 4 万亿～11 万亿之间，在社会保障领域导入私有化就根本不存在转型成本。当然这是从机会成本角度看的。目前，各国对转型成本没有口径一致的分析，但对养老金隐性债务有一个估算。智利在改革初期其养老金债务占 GDP

① 郑秉文. 社会保障体制改革国际经验. 养老保险可持续发展国际研讨会，北京，2005

的比例按不同折扣率算处于 40%～130%之间，秘鲁为 40%，哥伦比亚为 90%，而多数经合组织国家为 100%～200%。

3.5　小结：为什么要在社会保障领域导入私有化

3.5.1　社会保障品的公共选择

在福利国家时期，公民受益权和福利最大化等理论支持了社会保障提供纯公共品的观点和选择。但是，当福利国家遇到财政困难和懒人群体的问题以后，越来越多的人开始怀疑社会保障物品的纯公共特性，主张社会保障是具有拥挤特性的准公共品。

主张在社会保障领域导入私有化的人认为，社会福利是一种准公共品，在实际上存在着消费的排他性，如关于退休年龄的规定、最低生活标准的规定和属地原则的规定，都可以排除一些人的受益权；同时，社会福利也存在着逆选择性，如发生在福利国家的移民潮，有人称他们是社会保障旅游者。他们在一个地方取得受益资格，如果相关政策和法律允许的话，他们就可能选择待遇最高的地方居住，以同等权益获得更多待遇（见专栏 6—2）。

专栏 6—2　生活在比利时的土耳其人

在比利时生活一段时间就会发现在当地人和土耳其移民之间有比较大的隔阂，他们分别居住在不同的社区，很少建立婚姻关系。而这种隔阂来自当地社会保障制度安排。例如，当地人常用“土耳其人八口之家”的事例来讨论社会保障制度改革。根据当地福利制度的有关法律规定，子女津贴实行递进制，生育第一个孩子的津贴是 300 比朗/月，第二个孩子 350 比朗/月，第三个孩子 380 比朗/月，第四个孩子 410 比朗/月，第五个孩子 440 比朗/月，第六个孩子 470 比朗/月，第七个孩子以后均等同。结果，土耳其家庭纷纷生育 6 个孩子。再如，当地家庭补贴法律规定，如父母处于失业状态，其子女津贴附加 20%。以上收入均为免税待遇，一个依赖社会福利生活的家庭其收入几乎与一个中年教授的税后收入相等。因此，多数土耳其人的家庭非常满意，他们选择了依赖社会福利生活，而不去工作，继而他们的子女不愿意上学。

这引起了比利时人的不满。一方面，他们认为土耳其人在分食自己本来已经遇到财政赤字的社会福利；另一方面，土耳其人的人口增长比当地人更快，他们的子女不愿意上学和外出工作，这给比利时带来越来越严重的社会问题。成为其在 20 世纪最后 10 年的社会问题热点，直到 21 世纪初期这种现象才开始改变。

此外，在人的私利驱动下，以无价的公共模式供应福利品极容易产生过度消费（见图 6—5），导致公共资源的浪费。在社会福利的提供问题上导入私人化则有利于减少对公共物品的浪费。例如，在完全积累的制度安排下，个人缴费与受益挂钩，缴费越多消费也就越多；反过来，要多消费就必须多缴费；这就避免了现收现付制度下的过度消费偏好的弊端。因而，社会福利的私人化可以实现激励机制与社会保障功能的兼容。总之，社会福利私人化可以导入效率原则，但是否一定排斥公平原则和在更高层次上实现公平，还有待于在实践中证明。

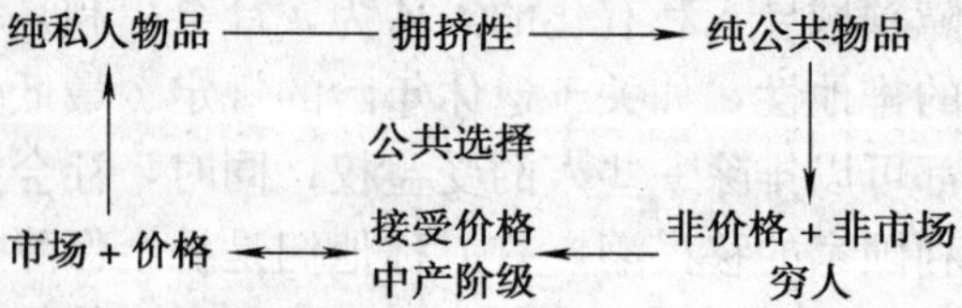

图 6—5　社会保障公共品的公共选择

对社会保障公共品的供应模式进行公共选择，需要判断谁是穷人，向他们提供非价格的福利；谁具有缴费能力，让他们在作出贡献以后取得受益权；谁是富人，他们的贡献应当大于受益。这需要公众参与，建立民主决策机制，其游戏规则是公开、公正、公平；社会契约将是最有前途的机制。

3.5.2　社会保障品可以有三个价格

提供社会福利的物质资源是有限的，而社会福利的需求却是各异的和无限的。讨论社会福利的准公共物品属性，不能彻底否定其公共物品属性。如何处理这个矛盾，政府面临如何运用公共权力的挑战，这里有两个选择：一是基于个性寓于共性原则的集权决策，二是共性寓于个性的公众参与决策。公共选择理论支持第二个选择。如果选择公众参与的决策机制，对利益相关者和相关社会条件应当有充分的了解和承认。利益相关者主要指收入处于不同水平阶层的人群，社会条件主要指围绕社会福利供求关系而产生的事务。这里主要讨论四个问题，即资源状况、需求状况、分配原则和管理手段。

（1）资源状况。提供社会福利的资源包括财政支付、参保人缴费（企业缴费和职工缴费）和动员社会资金，包括人力和物力的投入，但这些资源都具有有限性。

（2）需求状况。谁需要社会福利，根据法学“公民行为能力”原理，在两种情况下的公民需要国家帮助，一是无行为能力人，部分公民由于特定的长期的原因不具备基本生活自理能力和未来风险抵御能力；二是行为能力限制期，即在特定时期的特定条件下，部分公民暂时不具备基本生活自理能力和未来风险的抵御能力，当这些特定条件消失，这部分公民的相应能力将恢复；国家对这两类人的帮助应当有不同的制度安排，如直接提供和间接提供，短期提供和长期提供。

（3）分配原则。关于社会福利分配的争论主要集中在“公平和效率”“积极与消极”两个问题上，其实是如何在“公平和效率”和“积极与消极”两个问题上找到平衡的问题。

（4）管理手段。社会保障的管理手段包括政府、非政府和私营方式，或者说非市场、准市场和市场方式。

综上所述，资源是有限的，需求是多样的，分配原则是多元的，管理手段是灵活的，这是我们对当今现象的认识，因此，不能再简单地认为社会保障是公共物品和非公共物品了。

个人总是根据对自己最有利的结果进行选择，政府是公共利益的代表，在进行公共选择时应当追求政治均衡。政治均衡即人们通过一种给定规则就提供公共物品的数量以及税务负担在个人之间形成集体协议。最好的选择是政治外部性最小、满意度最高的决定。通常具有适应性的决定能够使多数人满意。基于政府和市场两个因素的优势和劣势的互补，人们做出社会保障品多元属性的选择，即社会福利物品三个价格的理论模式（见图 6—6），包括非市场选择、准市场选择和市场选择。

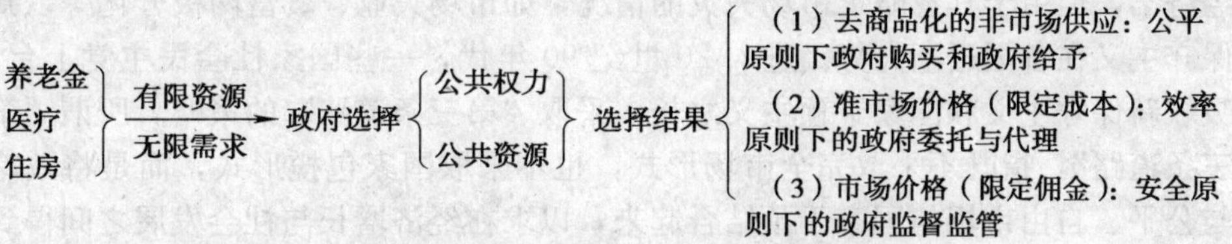

图 6—6　福利物品三个价格的理论模式

（1）非市场选择

非市场选择即去商品化的选择，通过政府购买和政府供给建立社会保障制度。非市场选择的基本特征有三个：一是政府运作，政府通过税收和财政支付建立社会福利计划和提供福利待遇，如基础养老金计划、医疗救助计划等；二是坚持公平原则，对需要帮助的人提供平等的机会和待遇；三是提供最低保障。对受益人而言，获取社会福利是没有价格的。

（2）准市场选择

准市场选择即半商品化的选择，通过政府授权和委托建立社会保障代理人制度。准市场选择的基本特征有两个：一是基于效率原则，政府依法授权、委托和外包，产生社会保障代理机构；二是坚持权利义务对等原则，建立缴费制的社会保险计划；对达到规定条件的参保人提供保险待遇。对受益人而言，获取社会福利要付出的是一种优惠价格，如税收减免、价格优惠等。

(3) 市场选择

市场选择即商品化的选择，允许私营机构经营具有社会保障属性的产品。例如，私营养老金管理公司受托管理企业年金计划和个人养老储蓄计划。市场选择的基本特征有两个：一是政府监管，对私营机构的进入和退出进行监督和监管；二是坚持安全原则构建社会保障品运营机制，以机制的安全性和有效性来确保受益人的利益。对受益人来说，获取社会福利要付出的是公平的市场价格。

总之，当引入委托代理制度和私有化以后，社会保障品的属性发生了变化。社会保障品有三种价格，在三种不同价格的运作模式下，政府和市场的关系不同，政府的角色和功能也不同。但是，如果政府能够合理利用社会保障品的三个价值理论形成有效的运营机构，将提高政府的社会保障能力，从而强化政府的社会保障责任。问题在于如何利用三种价格构建“社会总成本最低和社会福利产出最高”的多支柱的社会保障体系。

3.5.3 新选择与新目标

新保守主义经济学影响深远，在20世纪70—80年代成为一些国家的官方经济学，但由于其忽略了市场失灵的情况，如市场失业、贫富两极分化等，新保守主义在各国逐渐失势。进入20世纪90年代，一些国家社会民主党上台，吸取新保守主义和国家干预主义之长，采取“第三条道路”的策略。所谓“第三条道路”，指既不采取完全市场形式，也不采取国家包揽形式，而是将效率与公平、自由市场与国家干预结合起来，以求在经济增长与社会发展之间得到平衡。在社会保障方面，它主张国家负责与个人负责并重，福利由国家、非政府机构和个人共同参与，国家提供非普遍的社会服务，帮助最需要帮助的社会成员，同时提倡发展私人的和志愿的福利事业作为补充，以引进竞争机制和消费者选择福利服务的自由。他们认为自由市场会引发很多社会问题和阶级矛盾，需要国家进行干预，福利国家的实践也证明可以解决这些问题；另一方面，他们又认为国家提供过多福利会产生许多负面影响，因而政府行为应受到限制。虽然新保守主义经济理论更适合当前西方经济发展的需要，在西方经济中产生了广泛的影响，但由于它在实践中也遇到了一些问题，如失业率上升、贫富差距加大等，因而现在那些接受新保守主义观点进行社会保障改革的国家所采取的政策主张实质上是新保守主义和凯恩斯主义的混合体。

世界银行在1994年发表的报告《防止老龄化危机》中，系统阐述了该组织关于改革公共养老金制度的政策主张。世界银行的这个政策报告认为，完善的养老金制度不仅应当有效地保护老年人，而且还要促进经济增长。具体来讲，养老金制度不仅要具有收入再分配或防止贫困和各种老年风险的功能，而且还要能够使影响经济增长的隐性成本如减少储蓄、加重财政负担、增加管理费用等最小化。报告认为，要达到这一目标需要建立“三支柱”养老保障体系。

（1）公共养老金计划。这个计划由政府税收进行融资，税率不宜太高，但税基可以拓宽，如以收入税或消费税替代工薪税，由此可以保持这一融资方式的长期性效率。这一计划主要通过收入再分配为老年人提供基本保障，防止老年贫困和老年风险。

（2）强制性的民营的完全积累的养老金计划。它与现行体制存在巨大差异，它是强制性的，以收定支，享受的津贴与缴费挂钩，基金交由民营部门管理和投资运作，缴费和投资收入积累起来，最终全部用于个人的退休年金。采取享受津贴与缴费挂钩，是为了阻止人们向非正规行业逃逸，避免劳动力市场受到扭曲。采用完全积累式，可把成本放在明处，防止代际转移的发生，并建立长期的国民储蓄，为投资增值提供稳固的资金来源。

（3）自愿性储蓄。用于那些有资金也有愿望储蓄并想在老年时得到更多保护的人。它能提供补充性退休收入，在养老保障体系中可发挥重要的补充作用。政府应适当地为这种自愿性储蓄和年金提供一些优惠政策。这三大支柱构成养老保障的多支柱体系，共同抵御老年人面临的多种风险。

如今，构建多支柱的社会保障体系是全球社会保障改革的共识，在很多国家出现了一揽子的社会保障制度安排，将原有的社会保障项目和计划整合成系统性的社会工程，其社会目标越来越明确。例如，澳大利亚社会保障规划包括消极目标和积极目标，前者是收入低于法定标准的人，约为人口的30%，他们需要政府的帮助以保障基本生活；后者是依赖社会保险计划、个人储蓄计划和其他具有激励性的社会政策，个人收入高于法定标准，约为人口的70%，他们的基本生活可以不依赖政府的福利也很安全。

3.5.4　福利国家改革与发展的趋势展望

对福利国家的福利经济政策进行必要的调整和改革，这已是有目共睹的事实。在最近的关于福利问题的文献中，用福利社会取代福利国家已经成为一个约定的基调。在目前的形势下，福利社会将朝着“社会化”“市场化”“私人化”的方向发展；社会福利将会走“第三条道路”，而且还会朝着国际化的方向发展。

（1）社会福利“个人化”

社会福利个人化是对福利经济制度进行战略调整的一种表现，其主要内容是：待遇确定制下的公共账户转为缴费确定制（DC）下的个人账户及服务系统，政府公共部门的集中垄断性管理转为市场化管理的竞争性管理，但这并不意味着政府社会保障责任的外移，恰恰是政府社保障责任的强化，即实现附带政府责任的福利个人化。如何附带政府责任和附带怎样的责任需要理念创新和制度创新。从而，政府社会保障责任被分解和被强化。例如，通过税收优惠鼓励或强制个人缴费（代扣他们的当前收入），将他们的当期收入转为延期使用，这需要确定合理的缴费比例，并对基金实行严格监管，最后对低收入者提供救助。在这种模式下，政府不再作为局内人来实施收入再分配政策，而是以局外人的身份通过各种措施来纠正市场失灵。

社会福利个人化不同于社会福利私营化，指依法建立个人账户和强化责任与个人权利，个人资产可以私营、公营和混合经营。

1981 年，智利成功地实现养老保险基金私人化管理后，福利国家也开始了尝试以自由市场政策为主导的激进式改革。英国 75%的劳动力在国家收入关联养老金计划之外与私人职业养老金计划签约；美国带有私人退休储蓄性质的 401（k）计划在 1997 年已为 1 910 万投保者积累了 4 400 亿美元的资产，而且其年缴费流量达到了 1 000 亿美元[①]。2005 年，欧盟加紧建立个人养老储蓄账户计划，并将构建运营个人养老储蓄账户的共同规则和市场通道。

中国不仅将个人账户纳入国家基本养老保险计划，而且实行政府运作的公营方式。主要原因有两个：一是法制缺位，无论“社会保险管理中心”，还是“社会保障基金理事会”都具有泛化事业单位的特征，处在政府和法定公益组织之间，有些甚至处在公益组织和公司之间，定性不清，行为不规范，其自身权益也缺少保障机制；且对金融和信息服务的中介市场产生严重的挤出效应，还为寻租和腐败提供了条件，信托原则和受托人制度在中国难以立足；二是规范的资本市场缺位，人们普遍厌恶风险，通过政府运作资金是不得已的选择。

新加坡个人账户资产具有混合运作的特征，不仅实账实记，个人还具有一定限度的资金安排和投资选择权，最终由政府对进入个人账户的资产作为公积金进行运营。

（2）走“第三条道路”

经济一体化及全球化的双重压力使福利国家在长期实践中积累起来的问题更加突出：沉重的社会福利负担降低了经济发展的效率，加大了经济政策实施

① James M. Poterba et al. 401（k）Plans and Future Patterns of Retirement Saving［J］. American Economic Review，1998，(5)：p179－184

的难度，同时失业问题长期得不到解决，并引发了许多社会问题。对福利国家的政府来说，如果继续沿用新保守主义经济学的经济政策，那么其后果无疑将是社会福利支出被大幅度削减、税负加重、失业率居高不下。这说明，以新保守主义经济学为依据的经济政策，已经不能够在维持经济增长的同时有效地解决经济全球化冲击之下产生的各种经济和社会问题。各福利国家都在寻求所谓“第三条道路”，要在不受约束的个人主义和自由放任主义与旧的政府干预和各阶级合作的社会民主之间，找到一条在当代实现社会公平的道路。它是中左政府政治纲领的统称，是“中左化”现象在意识形态上的反映。“中左化”现象是指各国政治中的“左派”色彩越来越浓的一种现象。例如，民主党的政策主张在美国政治中历来具有“左派”色彩，克林顿政府通过强调“家庭和社区的价值”“社会公正”等更加突出了这种色彩；英国、德国等福利国家现在都是左翼政党执政。“中左化”现象为“第三条道路”提供了政治基础和实践的舞台。

主张实行“第三条道路”的人认为，福利国家诸多问题的根源在于没有处理好公平与效率之间的关系，他们主张通过观念更新、实行政治变革和政策调整来实现经济繁荣和社会稳定，寻求公平与效率之间的平衡。“第三条道路”作为西方国家一种新的发展模式，其主要内容有：第一，在政治上模糊阶级界限。“第三条道路”在接受了社会正义这一社会主义核心价值的同时，抛弃了阶级政治，追求跨阶级合作，反对权威主义和排外主义；同时，在国家干预与自由市场之间寻求“平衡”，即在该进行干预的地方不让市场自由放纵，不让在该市场机制发挥作用的地方政府插手。第二，在经济上制造新的混合经济。这种混合经济不是在国有和私有之间寻求平衡，而是要在管制与解除管制之间、社会生活的经济领域与非经济领域之间寻求平衡；同时，强调经济政策与经济运行的广泛参与性，以实现公平，促进效率，减轻福利国家的支出负担。第三，实行新的社会政策，即在投入与产出、生产与分配之间寻求平衡，进行积极有益的投入—产出模式，变消极福利为积极福利；同时，倡导责任与权利相结合，在“社会主义”与“个人主义”之间寻求平衡。为了在公平与效率之间取得平衡，“第三条道路”强调把经济增长放在首位，用经济增长促进社会公平。在“第三条道路”的具体政策实践中，各个发达国家之间都存在一定程度的差异。

英国布莱尔政府所走的“第三条道路”是“后货币主义”＋“社会公正”模式。这种模式以布莱尔政府的政策实践为主要代表，在宏观经济政策上，基本上保持了政策的连续性：既继承了撒切尔时代的主要成果——私有化、限制工会权利和放松市场管制等，又采取了一些新的政策，如赋予英格兰银行确定利率、独立运作的权利，实行从紧的财政政策，严格限制政府开支等。与此同时，既适度增加对社会公益事业的投资，又对私有化的公益企业征税，将税收收入用于支持政府的青年就业计划，以解决青年的失业问题。布莱尔一再强调社会福利政策应以促进经济增长为目标，社会福利的支出要有针对性，应将社会福利的削减和增加就业机会结合起来，使社会福利发挥出最大的效用，避免社会资源的浪费。这些思想体现在 1998 年 4 月公布了题为《我们国家的新动力：新的社会契约》的绿皮书中。勾画了 2020 年英国福利国家制度的发展蓝图和新福利制度的原则。

美国克林顿政府主张的“第三条道路”则是一条在企业、劳动者、政府、投资者和消费者之间的强大的新的混合型自由市场竞争经济之路。它首先关注的是经济增长，更强调将自由放任和国家干预相结合，因而具有更多的实用主义色彩。美国的“第三条道路”实际上就是介于自由资本主义和福利国家之间的“中间道路”，其内核可归结为“第三条经济道路”。德国政府则企图通过推动劳资合作的方式来缓解失业。

总之，“第三条道路”所要解决的实际上是政府作用与自由市场作用的协调、国家管制与自主经营的协调问题，这是一种制度模式上的变革，涉及政府组织、管理方式和人员素质的改变和创新。

(3) 构建社会福利的国际通道

社会福利国际化是十分困难和简直不可能的事情。但是，随着科学技术的不断进步、世界市场的发展及经济全球化趋势的不断加强，生产的规模和人员的流动已经突破了主权国家的界限，以主权国家为基本框架的福利国家的公民福利保障机制越来越表现出对生产规模和人员流动的不适应。同时，福利国家的价值观随着生产国际化和经济全球化的发展而被广泛传播。在这种形势下，福利国家要么强化政府，提高关税，防止资本外流，抵制外来廉价劳动力产品对福利国家内部劳动力市场的冲击，要么降低劳动力价格，迎接世界市场的挑战。由于高福利政策得到了广大劳动者的支持和拥护，因而福利国家企图通过大幅度降低福利以适应世界市场劳动价格的做法难以实现。而实行关税壁垒又会引起雇主的反对，雇主要求有灵活、竞争的市场，能让所有公民都能自由发展。这就要求各国政府制定共同的社会福利政策，协调彼此之间的关系。更重要的是，当前世界各国居民正被贫困、失业、环境、社会解体等问题困扰着，国际贩毒、犯罪集团活动日益猖獗，也威胁着世界各国居民，特别是富国居民的安全。在日益恶化的国际社会环境中，福利国家很难独善其身而继续得到发展。因此，社会福利问题不再是单纯的内政课题，而逐渐成为国际性的课题，福利国家的发展已经突破了传统意义上主权国家的社会福利政策领域，而逐步涉及区域性的政策协调及国际性发展战略。

欧盟为了建成真正的统一大市场，除了必须解决一些经济问题外，还必须解决劳动力自由流动、企业之间平等竞争等与经济发展密切相关的社会问题。目前，欧盟国家之间的分歧在于福利标准和福利支付，而制定福利标准必须参考价值观。欧洲传统价值观要求欧盟各国在社会政策方面实行“过程中的和谐”和“不歧视”的社会福利政策：如果一个工人到其他成员国去工作，他可以享受到与其在自己国家一样的福利待遇；如果他总是由一个国家到另一个国家不停地变动工作，则他只能享受他本国的福利待遇。这种社会福利政策保证了劳动力在流动情况下的劳工权益，它的推行已经使欧盟各成员国在社会福利政策方面相互磋商、协调和合作，主权国家在社会福利政策方面的界限则被突破。

由于社会福利国际化的问题相当复杂，欧盟作为世界第一个区域经济集团，不可能在近期内建成“福利共同体”或“福利联盟”。其主要原因有：一是欧盟有些国家的福利标准，如每周 40 小时的工作制和 4 周休假制度，对于大多数国家来说，是一种成本相当高的制度而难以实行，这些国家又难以将标准降低；二是由于欧盟各国贫富程度不同，贫国主要使用共同体的资源，以创造更多的就业机会，而富国则是资金的提供者，这就会使资金的使用出现矛盾及不公平现象；三是由于欧盟的建立不是依靠军事，不是一个国家吞并其他国家，而是在经济互利的基础上建立的经济联合体，因而没有一个强大的政府或具有强大权威的机构出面协调各国的社会再分配或实施适合欧盟各国经济发展的社会福利政策。因此，欧盟至今仍没有统一的社会福利政策，在处理就业问题上仍然束手无策，其社会福利基金也非常有限，只能用于劳动力培训及其流动费用，工人的生活保障仍然是各成员国自己的责任。这样，欧盟的社会福利政策就不能有效地为欧洲经济大市场的发展和整合服务。

值得肯定的是，欧盟毕竟走出了福利国际化的第一步。从社会政策的国家协调实践来看，社会福利政策的协调是在各国经济发展水平相近、政治制度相同的主权国家之间进行的。由于人类的需求有不同的层次，各国在国际竞争、资源支配、经济体系、文化传统等各方面都存在着较大的差异，在更广泛的范围内实现社会福利政策的协调更加困难。例如，由于发达国家和发展中国家各自代表其主权国家的利益，因而在社会价值观念和社会行动战略方面存在着根本的分歧。尽管如此，各国在社会福利的形式和方法上开始了国际性的各种尝试，已经在一些人类可以共同工作的领域如妇女儿童保健、文化教育、环境保护和资源管理等方面进行工作；而且“福利国家”都在尝试建立一种能够适应国际资本市场发展新变化、经济全球化新趋势的新的社会责任关系，在这一设想的关系中，国际组织、国家、企业、家庭和个人都要承担一定的责任。也就是说，社会福利将以社会福利私有化经营为先导，不断向相互依存的国际社会福利通道和平台发展。

综上所述，政府社会保障责任“三七开”的趋势日益凸显。政府将直接提供福利品的责任限定在30％以内，而去开发以间接的和相对的方式承担另外70％责任的能力。因此，在社会保障制度安排范畴出现了以下迹象：

（1）国民年金向最低保障水平发展。

（2）职业计划得以强化并更加安全。

（3）个人储蓄附带了政府责任呈现制度化特征。

第二篇　制度安排

社会保障制度安排围绕资金筹集、基金管理和待遇支付展开，涉及国家、企业、个人和社会各界的利益和责任，以及他们之间的协调关系。

社会保障的理念和基本原则将体现在资金从哪里来，基金如何管理和待遇怎样支付的三个问题上，由此形成不同的社会保障公共选择和制度安排。

20世纪90年代以来，人类开始具备评价公共项目的能力，并逐步在世界范围内普及。社会保障是最大的公共服务项目，在政府与市场相结合的社会条件下其治理机制更加科学，也相对复杂。在国家层面上，通常用以下方面来观察一个国家社会保障在资金筹集、基金管理和待遇支付方面的制度安排的公平性和可持续性：

• 通过财政当年支出和社会保障预算的比例看执政党和政府的社会保障动机和态度。

• 通过社会保障的决策过程看一个国家的民主程度和法治进程。

• 通过用工单位缴费和员工薪酬扣除的比重来看用工成本、个人责任和社会保障资金筹集的公共逻辑和政府所承担的责任。

• 通过社会保障税费征缴方式和运营情况看其行政管理的绩效。

• 通过待遇支付条件、方法和水平看社会保障制度安排的公平性和保障力度。

• 通过社会保障服务流程的社会化和系统化看政府的公共服务能力。

• 通过社会保障基金是否收支平衡看制度的可持续性。

• 通过社会保障财务是否具有积累特征看其对人口老龄化、社会经济发展和国家参与国际金融竞争能力的影响。

本篇涉及政府与社会保障资金筹集、行政管理、法治环境、养老保障、公民医疗等话题的讨论。最终会发现这样一个结论：在法治环境下，社会保障依法进行制度安排，即形成公民的权利、国家的义务和政府的责任；如果离开法治，上述三者的关系就可能被扭曲。

第七章　政府与社会保障资金筹集

GDP的一部分用于社会福利是政党和政府的公民福利思想的体现。因此，政府的首要责任就是兑现GDP的一部分向社会保障的转移和支付，使政府成为社会保障资金筹集的主要责任者。但筹集资金可以多元化，提供方式可以具有弹性，政府如何出资，又如何利用和组织其他资金来源，甚至进行市场融资，这里关系到政府的信誉和能力问题。

1. 社会保障筹集资金中的政府责任

资金筹集是社会保障制度安排的第一个环节，即为建立社会保障制度和保证其正常运行准备资金。资金收支平衡是社会保障制度正常运行的基本要求，为此政府应当适时承担提供资金和组织多渠道资金来源的双重责任，以保证各项社会保障制度收支平衡和正常运行。政府提供资金出现在筹资阶段还是出现在支付担保阶段，则体现不同动机和具有不同效果。

1.1　社会保障制度安排可利用的资金来源

早期社会保障资金来源主要是国家财政供款（社会福利）和参保人缴费（社会保险）。20世纪70年代以后，很多国家由于经济波动和人口老龄化给财政供款带来困境，便开始寻求更加多元的筹资渠道。例如，1993年2月克林顿在向国会递交的经济发展报告中提出“综合保障经济政策”，即让个人、家庭、社区、市场和政府共同发挥作用。如今多渠道筹集资金主要包括国家供款、用工单位缴费和员工薪酬扣除、社会捐助、基金运营收益等，国家供款的方式伴随政府执政方式和能力的改变也日益多元化，包括财政支付、减免延税政策、债务认可券等。

1.1.1　国家供款

国家供款主要有三种类型：

（1）财政支付，主要用于社会保障基础设施和行政费用，以及困难群体的待遇支付。拨款方式有二：一是事前支付，即根据社会保障预算拨款，包括中央财政拨款和地方财政拨款，中央财政和地方财政的社会保障供款方式和责任分工，取决于一个国家的体制和宪法规定；二是事后拨款，即根据有关法律和社会协议的规定，当社会保障计划的待遇支付出现赤字时，由国家财政给予补贴。

（2）国家让利，即指依法授权企业、员工、自雇人和居民在缴纳所得税之前缴纳保险费或者进行养老储蓄，并对社会保障基金的投资收益和社会保障待遇受益人实行免税政策（EEE）或者延期纳税政策（EET）。

（3）债务承诺，即指国家对社会保障待遇支付的预先承诺，包括对参保人以往权益记录和以后待遇支付的承诺，如智利在养老金制度改革中对“中人”（改革前参加工作，改革后退休的群体）前期权益记录支付的认可券，又如中国对“中人”的视同缴费政策等。

1.1.2　用工单位缴费

先作贡献（缴费、风险储蓄）后受益是社会保险制度安排的主要特征，让用工单位分担社会保险缴费义务是强化企业社会责任的制度安排。企业纳税是回馈社会的公共责任，为其员工缴纳社会保障费则既是社会公共责任（对劳动力折旧和折损的补偿），也是企业分配制度的组成部分（延期支付）。但是，如果企业的社会保险缴费进入社会统筹账户和公共再分配系统，就近似于社会保障税，人们将其视为附加税或者工薪税。

用工单位的社会保障缴费分为两类，即向社会统筹缴费和向个人账户缴费。前者的费基是工资总额（经过政府核定），费率由专门法律加以规定，并在税前列支。后者的费基是个人工资总额。用工单位的社会保险缴费费率约为工资总额的10%～30%，取决于社会保障制度安排的原则和项目的多少。

在社会保障体系相对成熟的国家，企业在依法缴纳社会保险费以后，还被授权依法举办补充养老金计划或者医疗保险计划，如果是合格计划（符合一定条件）即可以得到税收减免待遇。

至此，我们可以看到，用工单位为社会保障筹集资金的贡献方式包括社会保障税、社会保险费和补充保险计划供款等多种方式，需要审慎选择，避免重复义务导致企业过重负担，这涉及公共政策的质量问题。

1.1.3　个人收入扣除

个人为社会保障纳税、缴费和储蓄是强化个人社会责任的制度安排。个人贡献指员工薪酬扣除和自雇人收入扣除，将他们的当期收入以法定的社会保障理由该为延期支付。薪酬和收入扣除即指依法规定扣除的基数和比率，由个人缴纳或由用工单位代扣代缴。个人收入扣除是个人当期收入的延期领取，应当为个人建立账户，准确记录积累情况，并长期保留，还要便于个人携带，以满足个人流动时的需要。

个人积累制度无论是实账运作还是名义账户运作，都要严格遵守个人产权的法律规定，不得随意挪用个人账户资金或者变相转化为公有（如社会统筹和再分配)。当然，个人账户可能计入雇主缴费和政府补贴，一旦进入个人账户即为个人延期支付的财产，也应当受到法律保护。

自 20 世纪 90 年代以来，个人积累越来越成为社会保障的筹资手段。一旦进入社会保障体系的制度安排和筹集资金的方法之一，个人积累便具有公共价值，其主要特征如下：

(1) 为抵御社会风险而建立，因此具有公共计划的一些特征，如普遍性和规范性等。

(2) 依照相关法律和具体方案进行，非个人随意行为，不得随意支取；资金运作和投资行为常常受到法律约束。

(3) 需要建立规范的个人账户，在个人名下进行理财，有明确的账户管理机构和管理规范：在有些国家甚至由政府统一对个人账户进行管理。

此外，伴随个人积累制度安排的逐渐普及，带动了个人账户管理系统（中介服务）和投资市场（养老金市场、医疗保险市场）的发展，以及个人理财业务的发展。

1.1.4　社会捐赠

社会捐赠是以自主自愿的方式筹集社会保障资金的一种形式，也是一条重要的社会保障基金来源渠道。社会捐赠直接吸纳到社会保障基金名下，由社会保障机构根据实际需要使用，或者根据某些特定事件（如自然灾害）或特定对象（如残疾人）的需要，临时向社会募捐。募捐的方式有直接筹款、义演、发行彩票等。

1.1.5　基金运营收益

社会保障基金的运营收益，包括储蓄增值和投资收益。基金数额大、投资组合的效果相对好，其风险相对低，则可以获得比较高的回报和收益。在某些国家经济环境相对好的时期，仅靠基金增值部分就可应付年度开支。

1.2　社会保障筹集资金与政府责任

1.2.1　政府经济职能的历史转变

公民福利思想、福利经济学理论和社会保障制度安排的实践培育了政府的新经济职能。通过政府供款为社会保障筹集资金，标志政府新经济职能的建立。社会保障资金是一项关系社会安定和社会发展的特定社会支出，其资金来源应当具有稳定性和透明度，并可持续发展，政府的介入（包括直接介入和间接介入）是必要的。

(1) 西欧政治领袖的变革

政府要对人民福利承担责任。新历史学派继承和发展了李斯特“国家主义”精神和旧历史学派的传统观点，主张国家用法律和政权进行积极干预，建立和谐社会，并突破单纯的理论思考，致力于社会改革和影响政府决策层。俾斯麦部分地接受了德国新历史学派的主张，承袭原普鲁士王国既有的社会政策——济贫和雇主责任制，于1883年、1884年和1889年相继出台疾病、工伤、老年三项社会保险立法，从而建立起正规的工人社会保障体系。这标志政府经济职能的历史性转折。自然是出于维护资产阶级专政的目的，德国的俾斯麦、英国的格拉德斯通和以后美国的罗斯福等西方政治领袖接受了政府对人民福利负有责任的新思想。

（2）福利国家的兴起

政府的公共服务包括福利品的提供。在资本主义由自由竞争阶段向垄断阶段过渡过程中，社会经济矛盾和阶级矛盾不断激化；工业化迅猛发展，工人群体面对了日益深化的社会风险，阶级斗争加剧。俾斯麦"胡萝卜加大棒"的政治改良和德国社会保险制度的产生，与主张国家出面举办社会福利以创造社会和谐的学者互相呼应，福利经济学应运而生。

1920年，英国经济学家庇古《福利经济学》一书的出版，标志着福利经济学的正式诞生。庇古因此被称为"福利经济学之父"。该书第一次将福利经济学作为一门独立的学科进行研究，系统地阐述了福利概念及政策应用，首次建立了比较完整的福利经济学体系。继后，瑞典福利学派主张通过政府干预，利用累进所得税以及转移支付，建设社会福利设施，使社会各阶级、集团之间的收入和消费水平趋于均等化，实现收入平等。维克赛尔很早就提到了收入再分配的合理性问题，他针对自由竞争条件下，无产阶级分配状况恶化会加剧阶级间的利益冲突的弊端，主张通过收入再分配来缩小贫富差距，改善劳动者的处境，从而增加社会总福利。

凯恩斯经济理论和政策主张，为20世纪40年代后各国政府干预经济和社会生活提供了系统的理论支持。罗斯福新政中的大量政府干预活动以及美国1935年《社会保障法》和随之建立起来的社会保障制度与凯恩斯理论如出一辙。1942年，《贝弗里奇报告》提出社会保障制度的六项原则，主张强化国家对社会保障制度的干预，建立统一收费的（以雇员为主要对象）养老保险制度和不缴费的以困难家庭为主要对象的国家救济制度。1952年，国际劳工组织通过了《社会保障（最低标准）公约》。该公约确定："社会保障制度覆盖医疗补助、病假津贴、残疾津贴、失业津贴、老龄津贴、工伤津贴、生育津贴、遗属津贴、家庭津贴；社会保障制度由政府监督，按照法定标准由雇主和工人联合会实施管理。"

福利经济理论推动了福利国家的兴起，福利国家的实践促进了福利经济学的发展。资产阶级政府开始明白，为对抗社会主义革命和维持统治地位，必须对人民的基本生活负责，这就是资产阶级政府建立社会保障制度的初衷，由此推动政府经济职能进行如下转变：

(1) 在公共财政预算中增加了社会保障项目。

(2) 社会保障进入政府支出项目。

(3) 社会保障项目支出所占比重越来越大。

1.2.2　国家财政与社会保障的关系

为建立社会保障体系筹集资金是政府责任，这与国家财政制度和政府公共支出活动密不可分，也必然对其发生重大的影响。

1.2.3　国家财政要保证社会保障基本支出

政府是社会保障体系的发动者和构建者，这意味着政府应当对启动一项社会保障计划提供资金支持，进入社会统筹基金，这项资金在理论上是劳动者的风险补偿、人工维修费用或劳动力折旧费用；还有启动计划所需要的行政费用和网络费用等。政府也是社会保障待遇支付的最后担保者，这意味着当社会保障计划出现收不抵支情况时，政府要出资补贴赤字。政府可以选择做前期发动者，也可以选择做后期担保者，这取决于一定的政治背景和决策程序。在 100 年前的欧洲，英国统治者选择了发动者的角色，而德国统治者就选择了担保者的角色；在大约 40 年后（1935 年），美国统治者对穷人承担起发动者的角色，对具有劳动能力和收入能力的人仅以税收优惠鼓励他们建立雇主计划和提供最后担保。

从资金分配量的方面看，社会保障资金是政府财政公共支出的重要组成部分；从分配制度看，政府财政主要是通过公共支出和转移支付制度向社会保障制度分配资金；从管理体制看，政府财政主要是通过社会保障预算制度来管理社会保障制度。如果企业和职工向社会保障计划缴费是税前列支，就会减少财政当期收入，这在一定程度上可看作是国家财政对社会保障的间接资助。

社会保障资金的主要部分直接或间接构成政府财政支出的一部分。政府的社会保障支出主要用于如下项目：

• 社会保障制度建设费用，包括行政费用（人头费，即工作人员薪酬和办公费用）、基础设施建设费用（如办公环境、服务设施、网络建设等）。

• 公共福利项目（包括公务员和公共部门的保障待遇）、公益补偿项目和社会救济项目待遇支付所需要的资金。

• 转制过程出现的个人和企业不可能承担的债务。

• 社会保障储备基金用于应对经济波动和社会危机时期的社会保障支出。

社会保障资金与政府财政存在互动关系。一方面，政府财政承担着国民收入的分配和再分配，是国家、企业、个人之间分配关系的“管家”，直接控制社会保障分配的总量和结构，尤其是由财政直接安排资金的项目更是如此。另一方面，各项社会保障计划的覆盖面、保障水平、给付条件等制度因素都会影响制度的收支，并影响财政的收支水平。同时，社会保险基金筹集、运用、支付全过程的管理绩效也会影响制度的收支，有些国家将社会保障行政财务与社会保障计划财务分离，以避免产生奥肯的“漏桶”效应，引起人民的怨声，但最终都将影响财政收支水平。保障水平高且管理效率低的制度，必然导致沉重的财政负担。因此，既要考虑社会保障待遇水平与国家财政能力相适应，又要考虑社会保障管理系统的有效性，以合理控制和减轻财政负担。

社会保障收支是财政管理有效需求的一个工具。财政是政府干预经济的常用的和有效的工具，社会保障收支构成财政收支的一部分，因而现代政府也经常利用社会保障收支来管理有效需求。社会保障对有效需求的管理可以分为自动的和自觉的。一般来说，社会保障制度关于覆盖率、保障项目、保障水平、给付条件等一旦确定后，它具有自动调节有效需求的功能。在就业充分、经济繁荣、工资上升时，以工资为基础的社会保障制度收入就会增加，而失业保险、贫困救济等项目的支出就会减少；相反，当失业增加、经济萧条时，失业保险金、贫困救济金的支出就会增加，有效需求也会增加。同时政府还可以自觉利用社会保障制度管理有效需求的功能，以熨平经济波动。随着人口、经济的变动，财政部门与社会保障部门共同协商调整社会保障的保障水平、给付条件等等，以影响国民收入分配和再分配的总量和结构，进而调节和控制有效需求和总量。有时，政府还会相机抉择，采用一些政策性的手段，透过社会保障制度的收支来影响有效需求。

正因为社会保障收支构成财政收支的一部分，社会保障制度收支的变动直接影响到财政收支的变动，而且财政是社会保障制度的最后责任人，所以，国家财政负有管理社会保障资金的责任。国家财政应当通过社会保障预算来履行其对社会保障计划的管理职能。

1.2.4 “有人点菜、无人买单”现象的具体分析

在社会保障领域出现了“有人点菜、无人买单”的现象，如仅规定“工龄视同缴费”[①] 却不安排资金来源，这是社会保障制度安排的缺陷和公共管理的病态，通常与政府社会保障问责制缺位关联，主要有以下两类表现：

（1）就受益人和待遇水平具有明文规定（即政府承诺），但是资金来源缺位，要么政府说空话，不兑现承诺，要么由待遇支付单位四处挪用资金来垫支。

① 视同缴费是很实用的公共政策方法，可以在社会保障制度改革过程中照顾利益缺失群体的利益；但是，一旦相应的财政支持缺失，则可能使公共政策陷入病态，负面效应凸显。

(2) 社会保障待遇支付承诺和筹集资金责任分离，如中央政府作出的承诺要求地方政府出资，当期政府作出的当期待遇支付承诺，用下代人储蓄支出，给后期政府留下债务。

这两类现象都将危及社会保障计划的收支平衡，不利于社会保障制度建设。其主要原因如下：

第一，公共财政和社会保障预算制度缺位。这些制度缺位可能导致在中央政府和地方政府之间，社会保障责任和分工不明确，中央政府处于政治考虑常常需要作出一系列社会保障待遇支付的承诺，以实现执政党的政治纲领，而地方政府特别是市政府则负责兑现这些承诺，如果两者责任范围和协作方式不明确，就会出现上述现象。

第二，社会保障法制缺位，无法可依和政策优先。在这种社会环境下，可能出现中央政府的社会责任不到位，依赖政府部门设计社会保障政策和方案，政府部门利益将影响社会保障政策质量和增加政策风险，具体方案可能因缺乏与财政部门的协调和支持而出现"无米之炊"的现象。

第三，社会保障信息不对称。这种现象在信息对称的情况下是行不通的，会引起公众（缴费人）的置疑，只有对这类公共信息不做披露，才可能存在。

1.2.5　政府债券及债务政策

政府债券发行条件一定程度上影响社会保障基金增值的程度。一般来说，如果社会保障基金大量投资于政府债券，其回报率大致等于政府债券的利率水平。如果政府专门针对社会保障基金发行债券，所确定的国债实际利率就决定了社会保障基金增值的程度。当政府债券面向不确定对象的市场发行时，利率水平取决于市场资金供给状况以及人们对未来市场利率走势的预期。社会保障基金购买可上市债券时，取得的是市场的平均利率水平，政府债务政策不会对投资于国债的这部分社会保障基金的增值产生直接影响。但当基金购买的是不可上市、可提前兑取的政府债券时（如美国社会保障信托基金等），政府债务政策的主动性就极为突出，专门针对社会保障基金发行的特种债券的期限、利率、兑取条件等都对基金资产价值变化及至运用产生影响。如果因债券期限过长，发给社会保障基金的国债利率低于通货膨胀率，就将对职工形成隐蔽的税收，基金储备失去了意义。

政府债务政策在社会保障体制改革中发挥着重要作用。一些社保计划对受益人的既定权益（如未来支付的养老金）作出了承诺。例如，在待遇确定型的现收现付制社会保险计划下，需要政府承担"隐性债务"，从政府在征收社会保障基金和作出待遇支付的承诺时，隐性债务就开始存在了。

尽管在许多国家，这种隐性债务没有明确的法律上的约束力，但社保计划的举办者——政府仍然有一项社会和政治的义务，向职工提供津贴，这是所有的以支定收的现收现付制所固有的。在那些社会保障覆盖面高、高福利和人口老龄化的国家中隐性养老金债务问题尤为庞大，很多甚至超过了由政府债券所支持的显性债务，有些国家，如乌拉圭、克罗地亚、匈牙利等为 GNP 的 200％。由于政府不能轻易背弃其支付义务，隐性债务会对社会保障体制由现收现付制向基金积累制的改革产生很大的影响，因为改革将把隐性债务的转化为显性债务。在智利，隐性债务的显性化部分是通过政府发债券解决的（见专栏 7—1）。

专栏 7—1　智利政府的养老金债务政策

20 世纪 80 年代，智利开始进行养老保险体制改革，彻底停止了债务重重的现收现付计划，代之以完全积累的私营计划，由私营养老金管理公司经营个人养老储蓄账户。由于在原来现收现付制中，在职职工所缴纳的保险费已被政府用于退休人员的养老金支出，而这批职工将来的养老金在新制度下必须来源于自己个人账户的积累。为了避免在这代人身上的双重负担，必须寻找另外的资金来源，这是所谓制度过渡时期的资金缺口，即政府如何补足它所欠下的“隐性债务”。

在智利，这一资金缺口是通过政府债务、养老保险缴费和财政预算结合起来筹资的。在政府债务方面，政府对旧制度下的缴费者发行了一种认可债券来认可人们过去的贡献，在他们退休时偿还。智利政府发行内债和一般财政预算拨款相结合的财政支出政策，有效地解决了养老保险体制过渡时期的资金问题。筹资手段诸如发行债券、提高税收、降低支出、公共资产转移等手段的搭配和选择，将决定社会保障制度的改革对经济增长、制度改革费用和利益在代际和代内进行的分配产生影响，其中发行政府债券筹资被认为是解决过渡时期资金缺口的有效方法之一。

2. 社会保障预算与公共财政

2.1　社会保障预算

社会保障预算是检验公共财政制度建设的重要指标。为实现社会保障目标，需要根据有关法律法规反映社会保障收支规模、结构及变化的政府行为。社会保障预算是政府社会保障责任规范化、民主化和公开化的具体表现。建立社会保障预算必须具有以下条件：明确政府对社会保障筹集资金所承担的责任，以及社会保障支出在国家财政中的地位；健全的社会保障预算法制和编制原则，可以做到有法可依和执法必严；建立了公共财政制度，具备转移支付和税费征缴的工作条件。很多国家已经建立了社会保障预算制度，主要包括三种类型，即政府公共预算、基金预算和一揽子预算。

2.2　公共财政与公共预算

公共财政的理论意义在于兑现法律和政策对GDP用于社会保障支付的承诺。公共财政包括财政收入和财政支出，旨在以政府为主体参与社会总资源配置的经济活动，从而实现国家职能。这必然涉及如下问题：财政收入的来源和支出方向，以及政府主体与其他主体之间的资源分配关系。因此，公共财政必然具有“公共需要和规范运作”的主要特征。英国在世界上第一个建立公共财政制度，基于建立福利国家的政治动机，社会保障支出很快就成为其公共支出的最大项目。

公共财政需要与其相适应的公共预算，即国家以社会管理者的身份，凭借政治权力对社会产品进行分配，以满足公共需求。在一般情况下，公共需求是不具有排他性的需求，唯独通过公共财政和公共预算才能提供国家安全、公共设施、文化卫生、社会保障等。

政府的发展观可以从其公共财政制度建设程度和公共预算的结果中进行分析和判断。以中国在1978年的财政收入与支出为例，基于“一大二公”的基本原则，财政收入的80.6%来自国有企业，财政支出的40.4%用于基本建设，政府投向国有经济的资金占财政收入的90%以上。直到1998年，中国开始适应市场经济体制的需要进行财政体制改革，并构建公共财政体系。

2.2.1　政府公共预算

政府公共预算即指将社会保障所需资金单列并同其他政府收支一同编入政府预算的政府行为。在一些实行福利国家制度的欧洲国家，即采取这类预算，为此政府均背上了沉重的财政包袱。有些接近欧洲的中等收入国家也是如此(见表7—1)。

表7—1　　土耳其政府社会保障财务账户（1995—2005年）

基本情况	GDP的百分比						
	1995	1996	1997	1998	1999	2000	2005
收入	21.6	19.0	18.4	18.0	17.6	17.3	16.9
直接税收	6.4	6.5	6.6	6.7	6.7	6.8	7.2
间接税收	7.6	6.3	5.8	5.6	5.4	5.2	4.9
社保缴费	3.1	3.3	3.3	3.3	3.3	3.3	3.4
其他非税收入	2.5	2.4	2.2	2.0	1.9	1.7	1.2
奖励	0.1	0.1	0.1	0.1	0.1	0.1	0.0

续表

基本情况	GDP 的百分比						
	1995	1996	1997	1998	1999	2000	2005
年预算收入	0.1	0.1	0.1	0.1	0.1	0.1	0.0
私有化收入	1.2	0.0	0.0	0.0	0.0	0.0	0.0
资本收入	0.0	0.2	0.2	0.1	0.1	0.1	0.1
政府转账收入	0.7	1.2	1.5	1.8	2.0	2.2	3.2
其他收入	0.4	0.2	0.1	0.1	0.1	0.1	0.0
支出	24.7	22.5	21.5	19.6	18.4	17.8	18.0
个人	6.8	6.7	6.6	6.5	6.4	6.3	5.9
其他当前支出	1.8	1.8	1.8	1.8	1.8	1.7	1.4
社会保障待遇	4.1	4.4	4.5	4.0	4.9	5.1	6.1
投资	1.3	1.1	1.1	1.1	1.1	1.1	1.1
利息	7.5	5.3	4.5	2.4	1.3	0.8	1.0
国企转移支出	0.6	0.6	0.6	0.5	0.5	0.5	0.3
社保机构转移支出	0.7	1.2	1.5	1.8	2.0	2.2	3.2
其他转移支付	2.7	2.7	2.6	2.5	2.4	2.3	2.2
账户结余	−3.2	−3.5	−3.2	−1.6	−0.8	−0.4	−1.1
给付扣除	0.3	0.1	0.1	0.1	0.1	0.1	0.0
预支出	0.3	0.1	0.1	0.1	0.1	0.1	0.0
现金结余	−3.2	−3.5	−3.2	−1.6	−0.8	−0.4	−1.1

资料来源：国际劳工组织预测报告

2.2.2　基金预算

基金预算即指以基金方式反映社会保障支出状态的政府行为或其他组织行为。在通过社会保险费的方式筹集社会保障资金的情况下，常常使用基金预算方法。

美国社会保障信托基金是基金预算。在 1990 年以前，该信托基金被纳入联邦政府预算之内，此后脱离联邦预算成为独立预算。但是，具有讽刺意义的是，为了削减联邦财政赤字，社会保障信托基金收支余额被计入联邦财政预算盈余，由此联邦政府的真实财政赤字被隐瞒（见表 7—2），这是政府对纳税人和公民的欺骗行为。

表 7—2　美国计入和不计入社保信托基金盈余情况下联邦政府财政盈余和赤字的不同结果①（1998—2008 年）　单位：10 亿美元

年份	计入社保信托基金盈余	不计入社保信托基金盈余
1998	+9	−92
1999	+2	−111
2000	+1	−122
2001	+13	−116
2002	+67	−71
2003	+53	−95
2004	+70	−88
2005	+75	−95
2006	+115	−64
2007	+130	−59
2008	+138	−59

资料来源：U. S. Congress，House，Committee on Ways and Means，1998 Green Bool，Background Material and Data on Programs with Jurisdiction of the Committee on Ways and Means（Washington，DC：U. S. Government Printing Office，1996）Table 1=47，P 80

美国社会保障信托基金每年对全体公民进行一次综合性信息披露，即提供年度财务报告（见专栏 7—2）。其年度报告不仅反映社会保障收支情况，也反映社会保障基金的投资情况和积累情况，年度报告的作用是对社会保障基金在一定时期内的总收支情况进行预测和预警。

专栏 7—2　美国社会保障托管基金年度报告

在美国，社会保障基金通过工薪税进行筹集，通过信托基金的方法进行管理。社会保障信托基金受托管理委员会需要提供年度报告（见表 7—3），根据现有支出水平预测基金未来发展趋势。1983 年以前，美国社会保障基金一直处于“收支相抵、略有节余”的状况，此后出现人口老龄化和失业率持高不下的局面。在 1995 年，美国医疗保险托管基金（HI）公布，基金将在 2001—2002 年耗尽；老遗残社会保障基金（OASDI）将在 2029—2030 年间耗尽，这引起国内强烈反响和一系列关于社会保障改革的新方案和争论。

① ［美］George E. Rejda. 社会保险和经济保障. 陈秉正译. 北京：经济科学出版社，2005. 124

表 7—3　　2004 年美国社会保障托管基金委员会年度测算报告（亿美元）

	老年（OASI）	遗属（DI）	老遗残（OASDI）
不计息比上年超支	2 018	2 005	2 017
计息比上年超支	2 028	2 014	2 027
托管基金耗尽年份	2043	2027	2041

资料来源：摘自美国社会保障信托基金年度报告（2005）

2.2.3　一揽子预算

一揽子预算即指将社会保障支出与政府其他公共支出混为一谈，国家全面承担社会保障支出的政府行为（见表 7—4）。传统福利国家的社会保障预算基本属于这个类型。

表 7—4　　部分国家混合型社会保障资金筹集和支出情况以及占总收入的比重　　单位：%

	奥地利 1994	保加利亚 1995	智利 1995	埃及 1993	荷兰 1995	英国 1995
支出						
社会救助与保障	18.8	10.5	6.4	3.0	18.8	13.0
医疗保障	5.5	1.4	2.3	0.7	7.4	5.8
其他	16.2	29.6	10.5	23.7	24.6	23.0
总共	40.5	41.6	19.2	27.4	50.9	41.8
收入						
税收	18.8	20.3	16.5	14.2	23.8	27.3
社保缴费	14.1	7.7	1.3	2.6	19.2	6.2
其他收入	3.3	8.4	3.8	13.8	3.1	3.0
总共	36.2	36.4	21.5	30.6	46.1	36.5
盈余/亏损	−4.2	−5.2	2.3	3.2	−4.7	−5.3
社会保障支出占总收入比例	41.98	35.36	85.05	28.86	26.92	66.83

资料来源：国家互惠基金统计

建立社会保障预算制度的意义有：

（1）稳定社会保障资金来源。社会保障支出是一项关系社会稳定的公益项目，应当做到来源充足、稳定和透明，以确保社会保障资金的安全性和社会保障计划收支平衡。

（2）规范政府出资人的行为。建立社会保障预算是公共服务型政府的行为，明确政府为社会保障筹集资金的责任，规范政府的财政行为；也便于估算社会保障支出对政府预算造成的影响；否则，政府的社会保障出资行为就可能成为政府的部门行为甚至个人行为，由此为部门利益和政府寻租留下制度空间。

（3）信息披露。通过社会保障预算报告向全社会进行信息披露，可以使社会各界对社会保障收支情况有所了解和认识，以便就社会保障改革达成共识。

2.3　政府的社会保障供款

政府社会保障供款的意义在于执行“GDP 向社会保障支付”的政治承诺和法律承诺，执行方式是多样的。

2.3.1　政府直接供款和间接供款

政府为社会保障筹集资金的方式包括直接供款和间接供款。通常政府的直接供款是最主要的社会保障资金，用于公共福利和社会救助特征比较明显的计划；政府的间接供款则用于带有社会保险和个人储蓄特征的计划。

（1）政府直接供款

政府直接供款即来自政府的资金，多指财政支出。政府通过财政支付或转移支付，以及其他方式为社会保障计划供款。供款的方式包括分摊社会保障基金和补贴社会保障赤字。在财政支付以外，政府可以开发多种渠道为社会保障筹集资金，如增加税收、国有资产私有化过程中的收益、从资本市场借贷、甚至重新启动的养老金计划中筹资（在新计划初期一般会有大量盈余，可以通过规范的借贷方法为养老计划筹集资金）或者发行认可债券等多种办法进行社会保障资金筹集①。

认可债券是一种财务缓冲措施，由政府向个人发放，确认个人在原计划下的贡献，并可以转化为个人福利权益（如养老金），但政府需要通过长期资金运作计划来逐渐解决资金问题，没有任何退路。例如，中国自 20 世纪 90 年代以来在进行养老保险计划改革过程中，由于挪用个人养老储蓄支付当期退休老人的养老金而形成了个人账户的巨额空账（养老储蓄），已经累积了 7 000 多亿（2005 年）债务，为此中国政府进一步改革公共养老金计划（国家基本养老保险），对个人账户作实。有些地方得到中央转移支付以弥补个人账户空账，有些通过地方财政来弥补，有些地方则采取“空账实记”的方法逐渐作实个人账户，实记即如实记录并对参保人进行信息披露。

① Colin Gillion 等．全球养老保障——改革与发展．杨燕绥等译．北京：中国劳动社会保障出版社，2002，316

（2）政府间接供款

政府间接供款即非来自政府的资金，多指政府让利。对于宏大的社会保障计划来说，政府的财政能力还是有限的，需要开辟间接供款方式。为了鼓励企业和个人为社会保障筹集资金，政府通常会使用法律手段强制企业缴费和对个人薪酬扣除（当期分配、延期支付和消费），或者使用税收优惠政策鼓励企业和个人愿意为社会保障筹集资金。税收优惠政策包括全程免税（EEE），指在缴费、投资收益和待遇领取三个阶段均对参保人和受益人免除纳税义务；减税指在缴费阶段减少税基或者降低税率；延期纳税指受益人在领取待遇时需要纳税（EET）。如今，越来越多的政府开始关注个人账户的功能，通过精心安排的和政府支持的计划进行个人储蓄、雇主供款，甚至政府补贴，实现通过个人账户积累养老金和医疗费用的目的。

社会保障基金由各类资金组成。例如，在英国，通过税收、财政支出筹集的社会保障资金约占全部费用的43%，用于非缴费项目；基于税优政策征费筹资约占55%以上（雇主30%以上，雇员25%）；基金投资收入约1%～2%。资金筹集的来源包括财政拨款、参保单位和个人缴费和个人风险储蓄，以及社会保障基金运营收益。筹集资金的方式包括征税、征费和鼓励储蓄。筹集社会保障资金的方式多种多样，形成了上百种模式。

以养老金计划为例。第二次世界大战以后，社会保障体系逐渐成熟和壮大。《贝弗里奇报告》对“福利国家”政策产生很大影响，缴费型养老金制度安排逐渐普及。从19世纪末期到20世纪中期，那些试图建立正规养老保障制度的国家，一面借鉴他国经验，一面根据自己国情选择养老保障模式和设计养老金计划。在160个国家中存在209种不同的养老金制度安排（见图7—1），根据世界银行《老龄危机研究报告》的分类，其中公共计划有200个，私营计划有9个；支付国家年金的计划有181个，其中19个计划通过个人储蓄筹集养老金。

3. 财政支出和社会保障税

国家财政对社会保障支出的手段包括公共支出及转移支付，为社会保障筹集资金的手段主要是税收，包括普通税、特种税和社会保障税。

3.1　公共支出

公共支出与政府动机和职能紧密相关。与古典经济学自由放任的经济主张相一致，古典财政政策强调财政健全目标。古典财政理论主张，政府需要关心的是年度收支平衡、不轻易举债的财政健全目标；就公共支出而言，真正重要的是保证支出用于该年度预算的法定用途，而不是支出本身对宏观经济及公共政策的影响作用。20世纪30年代末，发生了世界范围的经济危机，古典经济

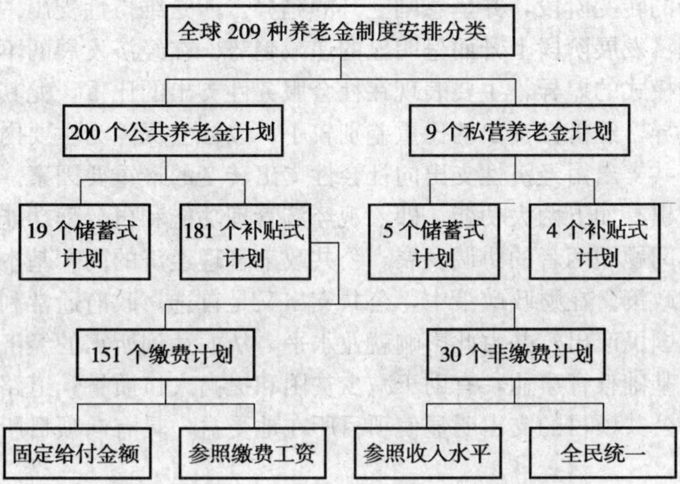

图 7—1　全球各类养老保障模式的汇总（1995 年）①

自由主义受到挑战，凯恩斯主义成为主流经济学，政府对经济的干预政策取代了自由放任政策，公共支出规模随之扩大。在这种背景下，公共财政理论进入了新的发展时期。理查德·马斯格雷夫于 1959 年出版了极有影响的《公共财政理论》，使支出分析的重点有了巨大的变化。从此，支出分析的重点从传统财政健全领域转移到功能财政领域，公共支出对宏观经济稳定、资源配置与经济行为的影响与后果被提到了前所未有的高度。公共支出已成为各国政府经常采用的政策工具。

公共支出结构变化及其主要功能。按使用目标分，公共支出可分为经济性支出、社会性支出和维持性支出三大类。社会性支出用以提供社会性服务，主要指文化教育、医疗卫生和社会保障。社会性支出具有较强的再分配功能，对平等目标的关注居于重要地位。社会性服务具有需求收入弹性较高的特点，只有当经济发展达到一定的高度时，居民才能享受到社会服务，以保证国家机器的存在和运作。

从世界范围看，公共支出结构演变的长期趋势如下：一是经济性支出占公共支出的比重，随着经济繁荣阶段的到来而呈明显的递减趋势，社会服务性支出将逐步上升。二是在经济性支出内部，基础设施投资将经历由高到低的转变阶段；人均收入处于低水平的国家，对基础设施的需求上升的速度较快，在收入达到中等程度时再逐步下降。三是在社会服务性支出内部，转移支出将会经

① 美国社会保险署．世界社会保障制度，1995

历由低到高的转变阶段，并呈急剧上升的趋势。四是维持性支出占公共支出的比重，随经济发展阶段上升而呈明显的递减趋势。在经济发展的不同阶段，公共支出结构模式的差异，主要表现在社会服务性支出的比重，尤其是转移支付的比重的差异，经济性支出的比重差别较小。以社会保障为主要内容的转移支付制度是公共支出由经济性支出向社会性支出转变的最重要因素。

公共支出有如下两大功能，即宏观经济管理功能和再分配功能。构建和谐社会的关键问题即两者的协调发展。公共政策管理经济的两个基本工具是货币政策和财政政策。在财政政策中，公共支出又是首选。政府通常利用公共支出政策来影响国民产出，并由此影响就业水平，从而达到所需的经济目标。发展社会保障及基础教育事业，有助于减少贫困和提高人口质量；道路、水利、电力、电网等公共项目的支出明显使项目所在地受益，具有向项目所在地倾斜的再分配作用。

作为再分配的工具，公共支出比税收更有明显的优势：第一，在税收阶段，税收是以向下拉动的方式减少富人的收入和财富，损害了富人的利益却没能使另一部分人受益；而在支出阶段，公共支出是向上拉动再分配的，在不损害富人的情况下，穷人的福利增加了。第二，由于税种税目、征税对象、边际税率等设计的困难，以及征税管理的难度也使税收累进的程度削弱，所以，发展中国家更多地利用公共支出来为社会保障供款，以促进社会公平。

3.2　转移支付

在西方公共财政理论和发达国家预算中，按是否获得等价的商品或劳务，将公共支出划分为购买支出和转移支出，即转移支付。转移支付的一般特征是其支出与商品或劳务没有等价交换关系，是一种无偿的支付。转移支付的最终目标是实现社会公平，尽可能缩小地区间、居民个人之间的贫富差距，维持社会稳定，为经济发展创造良好的环境，因此，成为政府的社会保障供款手段。

按其范围不同，可以将转移支付分为四种，即广义转移支付、财政转移支付、政府间转移支付和国际间转移支付。与社会保障制度直接相关的是财政转移支付。财政转移支付又称财政转移支出。它的本意是财政资金的转移，是广义转移支付中的政府转移支付的一部分。财政转移支付或财政转移支出是市场经济国家为了实现社会公平的目标而将部分财政收入无偿让渡给企业和居民个人所发生的公共财政支出。它是政府单方面对居民或企业等利益主体的无偿财政拨款，不以获得等价的物品或劳务作为补偿。转移支出与购买支出相对立，在西方公共财政理论和发达国家的预算中，按是否获得等价的商品或劳务为标准，将政府支出划分为购买支出和转移支出，即本级财政直接用于购买商品或劳务的支出为购买支出，而转移给他人并由他人使用的支出为转移支出。例如，公务员的工资和各类直接支出都是购买支出，而政府对企业和个人的补贴则为转移支出。转移支出主要包括社会保障支出、公债利息补贴等，在中国还包括对国有企业的补贴。社会保障支出是财政转移支出的一部分，随着社会经济的发展，社会保障支出在财政转移支出中的份额越来越大。

为了缓解地区间财政能力的差异，保证财政体制的公平和有效运行，中央政府与地方政府、上级政府与下级政府发生了纵向社会保障转移支付行为。政府间财政转移支付的主要理由是：第一，政府间纵向的财政不平衡必须由转移支付来解决。例如，中国养老保险制度改革引起的转制成本，本应是中央政府的责任，但因目前制度运行的主体是地方政府，因此，近年中央政府每年都向地方政府进行转移支付社会保障补助。第二，政府间横向的财政不平衡也必须由转移支付来解决。由于种种原因，如自然资源条件、人口结构、非均衡发展政策因素等，地区间经济发展不平衡，经济发达的地区税收多，贫困地区税收少，而贫困地区往往是对社会性支出尤其是福利救济支出需求最大的地区。这样，地区间财政能力和支出需求的差异使得一些地区在同样的税收努力下无法提供其他地区所能提供的社会保障。由于这些差异一般是由地方政府所不能控制的因素引起的，所以，这些差异需要由中央政府通过转移支付来解决，以保证地区间的公平。

3.3　社会保障税

3.3.1　社会保障税概述

社会保障税也称工薪税，是为社会保障计划筹集资金而设立的专门税种。建立社会保障税是调整国家、雇主、个人之间社会保障责任和依法进行社会保障基金筹集的强制性制度安排。国家通过社会保障税的方式筹集资金，主要用于福利计划和社会救助计划。对于以社会保险计划为主要支柱的社会保障制度安排，社会保险费是资金筹集的主要方式。社会保障税不能替代社会保险费。

建立社会保障税是一项有利于完善社会保障制度的公共选择，具有如下主要优势：

（1）使社会保障具有可靠稳定的资金来源。

（2）有利于社会保障系统工程建设，对不同社会群体、不同计划和不同机构实行统一政策，在统一的系统下实行统一管理，从而降低运行成本和提供保障力度。

（3）可以促进公共财政和社会保障预算的执行，有利于国家加强宏观调控，以实现社会保障与经济社会发展水平相适应的目标。

社会保障税具有统一性（统筹考虑各项社会保障支出需求）、明确的目的性（为社会保障筹集资金）、有偿性（与领取社会保障待遇关联）、再分配性

(高收入者向低收入者倾斜)、源泉性(基于企业收入和个人薪酬征收)等特征。

社会保障税比重呈上升趋势。发达国家的社会保障税占税收总额的比重普遍呈上升趋势(见表7—5),达到30%;美国为37.1%(1994年),日本为31.3%(1993年),德国为49.3%(1993年),瑞典为42.4%(1994年)。在不少国家中,社会保障税已经超过个人所得税而成为第一号税种,如日本、法国、瑞典等。发展中国家的社会保险税发展很不平衡。在欧洲和南美洲的一些国家,此税占税收总额的比重为25%～35%,如罗马尼亚为32.5%(1994年),巴西为33.7%(1992年)。其他国家或是在10%以下,如韩国为8.2%(1995年),南非为1.8%(1994年),智利为7.3%(1994年);或是没有开征此税。但是在经济发展较快的国家中,此税收入的比重普遍上升,如韩国、泰国、巴西等。

表7—5　　OECD国家的税制结构(占总收入的百分比)

税种	1980	1985	1990	1994
个人所得税	32	30	30	28
公司所得税	7	8	8	8
社会保障税	25	25	25	27
财产税	5	5	5	5
一般消费税	14	16	17	18
其他商品和劳务税	17	16	15	14

资料来源:OECD收入统计

3.3.2　纳税主体和课税对象

社会保障税的纳税主体是具有稳定收入的人,主要是雇主、雇员和个体经营者,在特定的条件下,社会保障待遇也会成为课税对象。税基、税率和责任分摊是社会保障税制度安排的主要环节。

(1) 社会保障税基

社会保障税的课税对象(税基)主要是企业薪酬总额或个人收入。税基即计算税率的基础,与收入密切相关。税基与税率具有反向影响,为了确保社会保障基金收支平衡,大税基可以接受低税率,小税基需要高税率。关于税基的规定有如下种类:社会平均收入、单位工资总额或个人工资总额;个人终身平均工资、某阶段平均工资、风险发生之前的工资。在实践中,通常在计算应税收入之前依法进行税前扣除,即法定起征线。税基直接影响社会保障资金筹集的效果。税基制度建立在规范的工资制度和个人收入报告制度基础之上，与社会信用体系和税收制度等多种社会因素相关联。社会保障税的税基与个人所得税不同，一般不作税前项目扣除；但是，如果社会保障纳税享有减免税待遇，税基即具有上限规定，并随社会平均收入增长调整上限规定。例如，美国社会保障缴税的税基在2003年是87 900美元，2005年提高到90 000美元。

（2）社会保障税率

社会保障税率即纳税额与应税收入的比例。税率影响社会保障计划的覆盖范围、社会保障计划的收入水平和支付能力，也可以成为影响受益人收入的因素。税率通常会基于税基大小而定。

如何确定税基和税率是十分敏感的公共选择问题。在欧洲国家社会保障改革方案需要在几个自治机构之间达成共识，雇主组织和雇员组织在其中起着重要的作用。在德国和奥地利，人们认为养老金改革的重大决策不仅要在各个政党之间达成共识，还要得到工会和雇主协会的认可。

在实践中，税基和税率的制定和执行常常体现政府和纳税人的博弈，可以测定政府对收入的控制能力和征税执行能力。政府无能的表现是忽略对税基（如工资报告制度的建立和执行）的控制而使用强制手段扩大税率，纳税人即利用政府的忽略和无能竭尽全力利用缩小税基的手段来逃避纳税义务，接下来，征税机构便不得不对征税基数进行审核。

（3）纳税责任分摊

纳税责任分摊指在法定税率下雇主和雇员分摊纳税的制度安排。劳动关系双方如何分摊社会保障纳税义务，具有不同原则和方法，由此形成不同分摊比例，包括双方对等、雇主大比例、雇员大比例等。不同分摊比例反映一定的政治动机，是强调雇主责任还是强调雇员责任。

3.3.3　社会保障税的种类

社会保障税有广义定义和狭义定义，前者指普通税用于社会保障支出，后者指专门为社会保障筹资开征的税种即专项税。社会保障税的种类包括普通税、专项税、特种税、福利税等。

普通税即一般国家税收。很多国家使用一般税收收入为社会保障筹集资金，但是支付方式不同，包括事先投入和事后补贴，两者体现政府的补贴动机，且具有不同效果。在丹麦等国家，依法规定国民年金的资金来源于国家税收；在日本，国家税收占社会保障资金来源的1/3①。在一些国家，国家税收

① Colin Gillion等．全球养老保障——改革与发展．杨燕绥等译．北京：中国劳动社会保障出版社，2002.127

用于弥补社会保障支付的赤字，如保加利亚、乌克兰、俄罗斯等。

专项税即专门为社会保障筹集资金建立的税种。例如，1935 年美国率先开征社会保障税，随后，西方发达国家及部分发展中国家纷纷效仿。虽然社会保障税是一个年轻的税种，但在一些国家中已成为头号税种。美国社会保障税在税收总额中的比重上升较快，1955 年为 12%，1965 年为 20%，1975 年为 32%，1986 年为 37%，1993 年高达 41%，成为联邦税收中的头号税种。专项税包括两大类，分科目征税（如美国、德国、日本等）和不分科目征税（如英国、澳大利亚等）。

特种税即为社会保障筹集资金而设立的附加税。例如，法国将汽车保险费由 6%提高到 12%，增收资金全部用于医疗保险。比利时提高了奢侈品的增值税，用以增加社会保障计划收入。在巴拿马，部分酒类税用于政府对社会保障的补贴。

福利税即由领取社会保障待遇的受益人缴纳的税款，这被称为延期纳税政策（EET）。美国自 1974 年开始对雇主举办的养老金计划的领取者实行延期纳税政策。一些欧洲国家自 1981 年起向退休金领取者征收所得税。在比利时，退休人员每月按退休金的 2.18%缴纳医疗保险税；法国按退休金的 2%缴纳医疗保险税。1981 年，联邦德国也通过了相关法律，要求享受私营退休金的人按 5.9%缴纳医疗保险税，这导致养老金的实际水平下降。1982 年 4 月，比利时对残废补偿金和提前退休金超过一定限额的部分征收 3.5%的所得税，拨入老年和遗属保险基金。荷兰从 1983 年 1 月起征收医疗保险税，连失业救济金也在纳税范围之内。自 1982 年 6 月起，法国也开始对失业救济金超过全国最低工资的部分征收 1%的所得税，用于医疗保险计划。

4. 社会保障资金分摊和征集方式

4.1　社会保障费用的分摊方式

社会保障的资金来源主要是国家、企业和个人，但各国法律规定的负担方式存在差别，主要有以下几种负担方式。

4.1.1　由国家、雇主和雇员三方负担的方式

采取三方负担方式的国家主要有英国、日本、意大利、德国等。

三方负担国家的共同点是承认政府、雇主和雇员在社会保障中均应承担相应的责任，这种方式体现了风险共担的原则，其理论依据主要有：

（1）国家作为社会的组织者，对于依靠社会力量保证社会成员基本生活、稳定社会秩序的社会保障制度负有不可推卸的责任，因此，在国家预算中应当拿出一部分资金保证公民生存和发展的权利，并尽可能帮助全体居民分享经济发展的成果。

(2) 企业作为劳动力的使用者，有义务为劳动者提供一定数额的社会保障基金，使劳动力在工作期间有病有伤时享有医治和康复的权利，在劳动者年老丧失劳动能力时能从企业获得一部分生活资料。

(3) 在市场经济条件下，个人的非理性等问题会导致市场失灵。比如个人的非理性行为和短视使其可能低估个人养老、医疗的支出，而且一旦个人为养老等需要储备不足，最终还是要由国家和社会解决个人决策失误所产生的问题，这无疑对政府和社会都是一种额外的负担。个人责任部分社会保障费用的规定，是一种责任信号，有利于培养个体的自我保障意识，增强其行为的理性程度，也可以较为有效地遏制保障水平的盲目提高，减少社会整体的风险和负担。

4.1.2　主要由雇主和雇员共同负担的方式

雇主和雇员承担社会保障基金的主要有新加坡、印度、印度尼西亚等国。新加坡实行公积金制度，由雇主和雇员共同缴纳，并且多数年份两者的缴费率相同。政府虽不承担缴费责任，但为公积金的支付担保，对制度的最终安全负责。印度的养老保险基金就是由雇主和雇员共同缴纳。总的来看，实行雇主和雇员两方负担方式的国家更注重政府作为管理者的功能，相信市场主体（即个人和企业）能够通过政府的有效引导达到保障的目标。在这种分担方式中，政府只是起到规则制定者的作用。

4.1.3　主要由政府和雇主两方共同负担的方式

采用这种方式的主要有瑞典、挪威、冰岛、丹麦、芬兰等斯堪的纳维亚半岛上的最为典型的高福利国家。这些国家的福利支出绝大多数由政府和雇主承担，而且政府在其中起着主导作用，承担着巨大的责任。采取这种模式，与这些国家的政治理念和文化传统有着密切关系。他们强调社会保障是每个公民应当享有的权利，坚持平等主义原则，在社会保障层面上注重打破等级结构的不平等，强调政府承担全面责任的原则，政府把济贫转变为经济性的福利项目，把各种社会保障项目制度化，逐步纳入政府的必要职能，从而全面承担起社会保障责任。这种负担方式最大的特点是强调政府对社会保障制度应尽的责任，公民对福利的享有是其应有的权利。

4.1.4　由雇员单独负担社会保障基金的方式

实行这种方式的主要是拉丁美洲的一些国家，其中智利最为典型。智利原来也实行个人、企业和政府三方共同负担社会保障基金的方式，其中政府的责任较重。这种模式在运行过程中的负面影响非常明显，管理混乱、成本极高、分配不均等问题促成了智利的社会保障改革。20 世纪 70 年代末，智利出现了社会保障私有化的浪潮，特别是在退休金制度方面，1980 年的改革改变了公共部门和私人部门工人退休金制度的性质。新的退休金制度通过立法取消了雇主供款，改变了原有的资金来源结构，同时将原来的普通基金转换成为个人基金，这样资金来源的单一化和个人基金账户的建立，使智利新的退休制度成为强制性的个人保险制度。政府对大多数人的退休金不再负有直接责任，但对退休金储蓄不足的人，提供最低养老金（60～100美元/月）。

以上四种分担方式中涉及政府负担的，其资金来源渠道有两个：一是由一般税收的公共经费中拨付，其程序由政府主管部门根据法律规定或宪法中一般政策原则及社会保险的实际需要列入中央预算或地方预算；二是开辟特别新税种，作为专款，由社会保障行政主管机关独立支用。

从社会保障资金的来源构成看，大部分发达国家社会保障资金中雇主（企业）缴费比例普遍比雇员个人缴费比例大；国家拨款约占20%～40%，其他收入不足10%。发展中国家的情况较为复杂，国家参与拨款占比较高，社会保险计划不够发达，保费收入不多，其他收入较少。

我国在国家、企业、个人多种渠道外，对无劳动能力和非在职的贫困者的保障，除了国家财政拨款外，还可以从下列渠道筹资：一是社会组织、企业和个人赞助。其主要形式有：动员社会力量对社会福利事业设施项目建设赞助，动员社会力量参加救灾和扶贫，动员国外友好团体、海外华侨和港澳台同胞个人捐赠；二是社会福利有奖募捐，即通过发行奖票的形式筹集资金；三是互助储金会，这是农村以村为单位建立的群众合作互助的社区经济组织形式，是我国农村通过群众互助筹集扶贫资金的有效形式。

4.2　分担方式及其运行效果分析

各种分担方式均有成功和不成功的例子，从整体上看，不同分担方式的社会效用和经济效果存在着差异。

4.2.1　雇主与雇员分担方式的运行效果分析

雇主与雇员分担方式即以雇主与雇员缴费为主建立社会保障基金的制度安排。本节以美国和新加坡为例对其运行效果进行分析。

美国的社会保障资金主要部分来源于雇主和雇员，它在筹资制度上实行现收现付，体现了社会保障的社会互济性，同时鼓励个人自我保障和企业的补充保障，美国的社会保障制度是当今世界成功的制度之一。仅以老遗残计划为例，全美95%以上的人口都被纳入该计划中，享受各项相关福利。该计划在实施过程中将保持90年的有效运行。但随着人口老龄化的加剧，该制度将收不抵支，面临破产。这样，一方面加重了政府的财政负担，另一方面也使代际间矛盾加深等问题凸现出来。为了摆脱这一困境，一些经济学家主张社会保障私有化，提倡个人为自己投保，增强对个人的激励机制。需要明确的是，这种主张是在美国社会保障制度本身运行良好的状况下提出的，它反映了对社会保障制度承担主体选择的倾向。

再以新加坡的中央公积金制度为例。该项制度在近50年的运行中，对新加坡的经济和社会发展起到了积极的促进作用。首先，它使新加坡人在年老、疾病、住房及子女教育等方面有了一定的保障，而且未使政府背上沉重的福利包袱。其次，公积金储备的大部分用于政府发行的公债，修建了一系列公共设施，并向国外投资，为新加坡的经济快速增长创造了条件。第三，个人和家庭自保的价值取向，激发了劳动者的积极性。但新加坡的中央公积金制度也存在一些问题：①从严格的意义上讲，这种制度不能被称为社会保障制度，在社会成员之间没有互济功能；②它提供的社会保障水平不一，可能会加剧贫富差距；③中央公积金制度过度储蓄降低了人们的当期消费，导致社会有效需求不足。而且这种制度过分依赖基金的运营管理状况及宏观经济的运行情况，抗风险能力不强，一旦出现大的经济波动会对制度参与者的生活产生较大影响。因此，有人提出，应对其进行改革，体现社会保障的再分配性。

4.2.2 政府和雇主分担方式的运行效果分析

政府和雇主分担方式即以政府出资与雇主缴费为主建立社会保障基金的制度安排。采用这种方式的国家主要是以瑞典为代表的北欧福利国家。

以瑞典为例，这种方式为全体社会成员提供了基本生活的福利待遇，提高了公民的生活水平，使居民收入实现了均等化，缓和了社会各阶层的利益冲突，促进了经济和社会的稳定。但免除个人交费的政策也带来了一些问题。第一，全民保障目标对社会保障的再分配性要求很强，高赋税以及高累进税形成的收入均等化，虽然实现了公平，却严重挫伤了劳动者的工作积极性，牺牲了效率。第二，不需劳动者缴纳相应的社会保障费用的失业保险使失业者消极对待失业，不仅造成国家财政不堪重负，也严重影响了经济的发展。可见，免除个人对社会保障基金缴费义务的做法是不可取的。它虽然在一定时期提高了公民福利，但由于对经济产生了巨大的负面影响，最终会阻碍经济的发展，因而也会影响福利的提高。

4.2.3 雇员负担制的运行效果分析

雇员负担制即通过雇员薪酬扣除进行个人账户积累的制度安排，本节以智利为例进行运行效果分析。第一，个人缴费建立个人账户的方式，强调了社会保障基金的储蓄功能和自我负责精神，但弱化了再分配功能，无法实现社会保障社会共济的目标，即以牺牲公平的代价换来效率的提高。第二，个人自我积累的方式对积累基金的保值增值的要求非常高，而几十年的积累过程面临的风险是巨大的，一旦基金发生贬值，会影响人们的生活，造成社会动荡，国家不可能坐视不管，所以风险的最终承担者仍是国家。从长期、动态的角度来看，国家面临着巨大的风险和责任，这迫使政府开始探讨社会保障基金（尤其是养老基金）安全运营机制问题，并致力于打造安全运营机制，以安全运营机制来担保受益人的利益，如美国《雇员退休收入保障法》中规定的养老金计划信托制度。

4.3　社会保障资金分担方式的历史演变与发展趋势

社会保障资金的分担方式并非固定不变的，不同历史阶段的经济状况和社会文化均会对分担方式产生影响。

在以国家为主导的公共养老保险制度形成之前，就出现了企业员工福利计划。英、美等国在17、18世纪出现企业养老金计划。在19世纪末，英国工人开始采取自我保护措施，很多人参加了工会组织的养老计划，有些工会还迫使雇主提供养老保险，这导致职业性养老保险计划发展非常迅速，劳资关系发生变化。

随着资本主义的发展，产业革命推进了社会化大生产，要求实现劳动力再生产的社会化，人们越来越难以靠家庭和用工单位来解决社会保障问题。政府作为社会生活的组织者，为了协调劳资关系，促进经济发展和稳定社会秩序，开始出面建立社会保障立法，一些国家如英国、瑞典、挪威等国走向了福利国家的道路，政府成为社会保障资金的主要供给者；另一些国家如美国、德国等国则走向狭义社会保障和社会保险的道路。由于这些国家社会互济性的社会保障水平相对较低，因此，比较注重企业补充保险和个人自我保障，逐渐形成多渠道的社会保障基金来源。

随着人口老龄化及社会保障支出水平的不断提高，特别是英国及北欧的高福利国家越来越难以支撑各种福利支出，出现了社会保障改革的浪潮。人们开始反思国家、企业和个人在社会保障体系中应承担的责任。从目前世界社会保障改革发展趋势看，政府全面负责的状况将会逐步改变，社会保障的互济性逐渐减弱，个人自我负责、充分发挥个人积极性的政策取向将会被广泛接受。同时，企业补充性质的社会保障作为企业发展的一项战略也将受到人们的重视。政府、企业、个人三方负担社会保障制度是未来的发展趋势，政府直接供款和直接提供的制度安排将被限定在一定范围内，会越来越小，其主要职责将转移到社会保障提供机制的设计、发动、规划和监管上来。

在社会保障基金分担方式问题上，国际劳工组织确定筹资原则反映了这一趋势。要求职工个人所承担的费用比例不应超过全部费用的一半，并要避免低收入者负担沉重，具体负担比例要充分考虑各国的经济情况。目前，有一半以上实行国家、企业和个人三方分担费用的方式，而且带有一定的强制性。但需要注意的是，三者分担费用的比例应当合理确定，既能达到保障的目的，又能有效地促进经济的发展。

4.3　社会保障资金征收方式

社会保障资金征收方式伴随社会保障资金来源的性质而定，社会保障税通常进入国家税收系统一并征收；社会保障费原来由行业组织和自治性经办机构自行征收，现在由法定的、独立的、统一的征收机构进行征收（见专栏 7—3）；个人积累则通过托管机构的开户银行进入个人账户。社会保障资金征收制度改革经历了两个阶段：第一个阶段的改革目标是为了保证资金安全，做到收支分开两条线；第二个阶段的目标是为了提高工作质量和工作绩效而进行系统整合（见专栏 7—3），做到“一票征收”和“一站式服务”，以方便参保人和受益人。

专栏 7—3　法国的社会保障和家庭津贴征收联盟

在法国，社会保障日常管理由非政府组织承担，政府对社会保障事务保持强有力的干预权和控制权：①制定和颁布法律法规；②制定社会保障基金财务制度；③决定各基金行政费用总额；④任命和罢免中央一级基金经理；⑤实施财务监督和行政决策；⑥决定缴费率和调整待遇标准。

中央一级社会保障组织有全国疾病保障基金会、全国老年保障基金会、全国家庭补贴基金会；在地方有两级基金会组织。社会保障基金会由理事会管理，在理事会中，2/3 为工人代表，1/3 为雇主代表。理事会的决策必须经过联邦政府批准（有批准程序）；理事会的主任由联邦政府任命；总会计师由联邦社会事务部和财政部共同任命。社会保障基金会的职能：①管理社会保障费用的使用，实现财政预算平衡；②就医疗费用的标准同医务卫生工作人员协商；③监督医务人员的工作质量。

法国“社会保障和家庭津贴征收联盟”在全国设有 105 个工作站，负责社会保障费的征收和管理。该联盟是非政府机构，其主要职能如下：①接受雇主的缴费申报；②收取雇主缴纳的保障费，并检查其与申报的一致性。至少三年内进行一次严格的检查。雇主拖欠保障费三年后被发现，不得追究。征收联盟的主任可以发出具有法律效力的通知，对雇主采取法律措施，如强行雇主缴纳、查封雇主的银行户头、提高雇主的缴费比例、通过法庭判决没收雇主的财产、对雇主动产和不动产进行拍卖等。甚至通过司法机构迫使雇主破产。保障费必须存入国家银行，给付利息，不收手续费。征收联盟与银行和邮局订立合同，提供优先服务，保证每日的收支工作高效进行。征收联盟必须保持收支平衡，否则由各联盟之间平衡，或者财政垫支。

法国各项社会保障征收业务均实行全国计算机联网，社会保障工作具有高度专业性，因此，法国建立了欧洲唯一的“社会保障高级人才培训中心”，全国600多个基金会的负责人和高级管理人员均经过该中心的培训。

5. 社会保障资金需求的精算评估

精算评估是一种财务管理工具，用于社会保障计划设计和决策程序，以及基金管理和运营部门了解当前财务状况和未来发展趋势，以便进行科学决策。社会保障精算工具的使用大大提高了政府进行公共决策、市场监督和建立社会保障安全运营机制的能力。

社会保障资金需求精算的操作程序如下：依据现行法律，通过对待遇给付规则和资金筹集情况对照来估算社会保障制度的财务承受能力，然后对相关法律和政策的条款及财务管理提出意见和建议，以保证社会保障制度安排不断得到改善。因此，对社会保障资金需求进行精算评估可以提高政府构建社会保障体系的能力，从而强化其提供社会保障的责任。可以说，没有对资金需求进行精算评估的社会保障制度安排（尤其对养老保险计划而言）是初级的和盲目的。

5.1　精算债务和精算评估

以养老金计划为例，精算债务是计划未来养老金支付的净责任，也是养老金计划参与人在达到退休年龄成为受益人时，过去权益积累的价值。在计划承诺的支付时点上不能收支平衡，做到足额支付养老金，即产生赤字。养老金是老人的“养命钱”，这类赤字将对社会稳定与和谐产生负面影响。

精算评估通常指对养老金计划长期成本和收支状况进行估计，其重点不是制度的短期财务管理，而是长期财务承受能力。精算口径必须延伸到多年以后，以求准确预期保障受益人养老金权益所需要的资金积累额（即计划成本）。长期制度必然受到经济环境变化和人口变化的影响，这些变化对测试和分析社会保障制度至关重要，甚至决定制度改革方向。以养老保险为例，通过对缴费工资基数和养老金的测算，可以预测制度的收支是否匹配，以及在当前财务状况下，未来费用支出是否可以平衡；或者可以分析出缴费率的预测值，以及预测值对制度筹资能力的影响。

作为财务和管理工具，精算评估需要在一定条件下进行，这些条件必须在立法中有明文规定：

(1) 没有对财务状况进行精算预测的改革方案和立法方案都是无效的，使政府有关部门、计划参与人（雇主、雇员）以及受益人关注该方案的潜在财务问题，这有利于在改革的关键问题上取得共识。

(2) 法定精算评估用来定期监督财务状况，做到早期发现和及时处理财务危机因素，以维持财务的稳定性。养老保险制度需要每年进行一次评估，其余至少每3～5年要进行一次评估。

(3) 法律不但要明文规定精算平衡的概念，还应该规定在财务部门没有履行上述职责时，哪一个机构对其进行处罚（追究法律责任或者行政责任）。精算平衡可以提出该制度最低筹资水平（有时可能提出最高水平），根据目标筹资水平对当前财务状况及发展趋势进行评估。

(4) 制定精算评估报告中（有可能是年度报告），报告资金收支状况、投资收益和风险，以及未来面临的危机。精算师应当在这个报告中对影响财务状况的因素进行阐述，包括养老金在设计和运行中存在的缺陷和问题，以及筹资制度安排的适用性和持续性、管理效率和成本、投资政策和结果等。

(5) 精算评估需要由专业精算师或者专业机构和团体来执行。法律对精算师的资质要求必须给予详尽的说明。

5.2　显性债务和隐性债务

显性债务通常指进入养老金计划支付栏目财务记录，无论政府计划、雇主计划和私营计划都是如此。根据精算盈余/亏损的情况，如果有匹配的财务计划保证支付，则债务消失；否则出现赤字。

隐性债务是对未来支付需求和财务风险的预测。如果出现以下几种情况都可能导致隐性债务转化为计划赤字：对社会保障计划的受益人底数不清，财务计划没有精算评估，在作出待遇支付承诺以后财务计划缺位（如由于大量存在非正规就业而导致社会保障税费征缴不到位）等。养老金计划的隐性债务通常有两种计算方式：

(1) 隐性债务等于将来收益的现值减去待支付的养老金现值，再减去养老保障最初的储备。

(2) 隐性债务等于将来收益的现值减去当前和预期发生的待支付的养老金的现值，减去养老保障最初储备，再减去当前和预期缴费的现值。

世界上主要的社会保障制度都没有最终储蓄。对于社会保障制度而言，这一水平往往不是由投入的财政资源决定的，而是由社会承诺和几代人之间的契约决定的，因此这种水平毫无意义。债务的概念在不同代人之间评估养老保障基金状况时有实践意义。如果现行养老保障基金有赤字，确定当代人缴费水平时就必须考虑未来（近期）养老保障基金收支平衡的需要。

必须强调，隐性债务并不是用来描述政府和计划的真实财政债务。由于它的前瞻性特点，只是说明潜在债务的趋势和政府财政面临的风险。如果政府政策选择得当，并及时做出缴费水平或纳税税率的调整，或者降低支付水平等，可以逐渐避免或减小债务规模，直至收支平衡。例如，1990 年瑞典养老保障改革是以消除潜在债务为目标的。20 世纪 80 年代以来，一些国家为了减少隐性债务而改革社会养老保障制度，从现收现付制向完全积累制转移，并且由政府财政弥补转制成本。OECD 国家养老保障债务预测（用 GDP 的百分比衡量）如图 7—2 所示。1990 年，养老金支付平均占 OECD 国家 GDP 的 8.5%。根据国际劳工组织的模型，这一数据会提高到 2050 年的 15.2%。

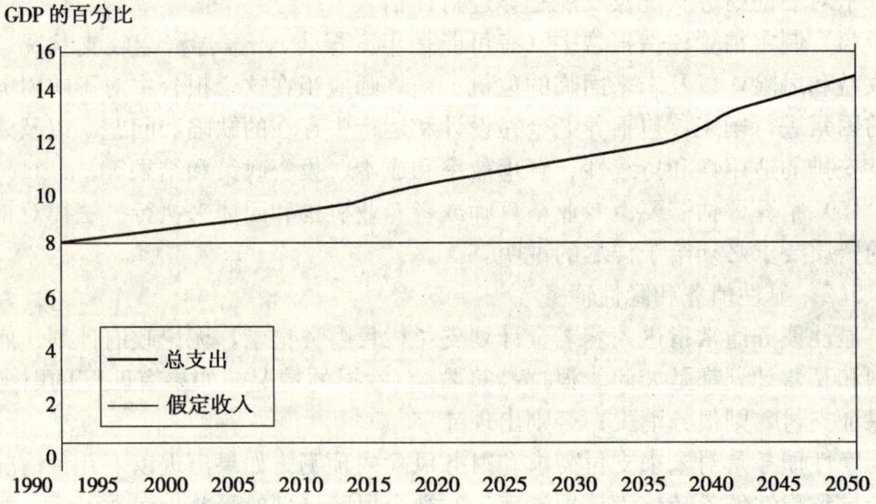

图 7—2　OECD 国家养老保障债务预测

资料来源：国际劳工组织预测

在 OECD 国家中，预计将领取退休金的法定年龄再提高 3.5 岁，人均达到 67 岁。同时，税（费）率也将提高到工资的 20%左右，以弥补 60 年来的隐性债务。

5.3　美国案例

根据美国《2004 年社会保障老龄、遗属和残障基金受托人报告》预测，从短期看，社会保障基金收入和积累的资产的确可以足够支付各项社会保障计划。从长期来看，社会保障老龄、遗属和残疾保险信托基金（OASDI）将于 2042 年全部耗尽（见图 7—3）。这引起政党和社会各界的关注和讨论，诸多改革方案层出不穷。

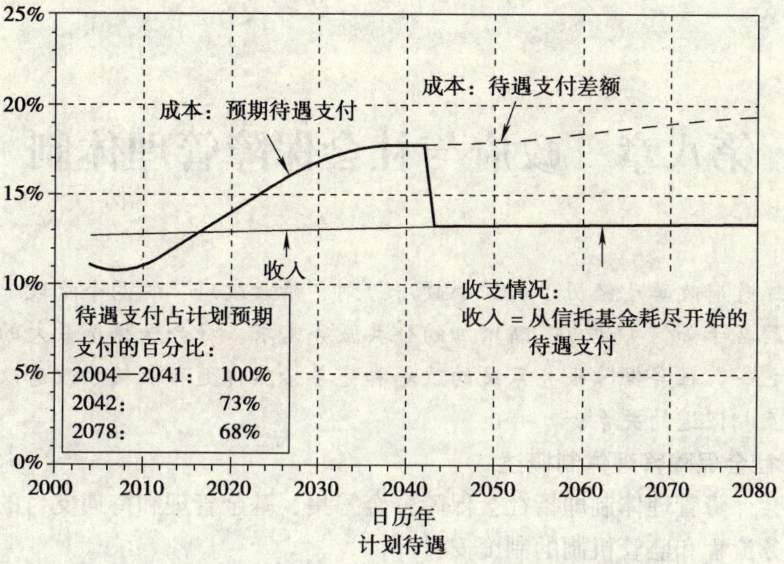

图 7—3　2000—2080 年老、遗、残社会保障基金的收入和支出情况（占工薪税百分比）

资料来源：《2004 年社会保障老、遗、残社会保障基金受托人报告》

从图 7—3 中可以看到，在 2010—2030 年期间，由于婴儿潮这代人将到达退休年龄，该基金的支出费用迅速增加。2030 年以后，预期寿命的增长和相对较低的出生率，将使社会保障的支出费用继续增加，只不过增长速度将有所减缓。从 2018 年开始，社会保障支出大于收入，到 2042 年，社会保障基金将全部耗尽（如果将老龄与遗属保险基金和残障基金分别考虑，前者于 2044 年全部耗尽，后者于 2029 年全部耗尽）。

第八章　政府与社会保障管理体制

全球政府改革已经历了从“小政府”到“绩效政府”的两个阶段，政府改革的动因在于如何去适应不断增加的公共服务需求。社会保障是最大的公共服务项目之一，社会保障服务系统的改革和完善必然伴随和依赖于政府改革，两者具有互相促进的关系。

1. 社会保障管理体制概述

社会保障管理体制即指社会保障资金筹集、基金管理和待遇支付的管理组织、服务流程和监管机制的制度安排。

1.1　社会保障日常管理的主要内容

社会保障制度安排由资金筹集、基金管理和待遇支付三个环节组成。社会保障日常管理和服务即指发生在上述三个环节中的管理组织、服务流程和监管机制的制度安排。

1.1.1　社会保障资金筹集的管理组织和流程

（1）社会保障资金收缴组织

社会保障资金筹集指在依法明确特定社会保障计划的资金来源的条件下，社会保障费的征收及其资金流程。

社会保障费收缴组织以公共部门为主，主要发展趋势是建立多种保障计划的统一征收系统。目前有税务部门征收、专门机构征收和社会保障经办机构征收三种类型。例如，美国实行税务机构征收、法国实行专业机构征收。中国目前实行税务和社保经办机构选择性征收（由省级政府决定）。

资金流程指社会保障专有资金从供款人、征收人、支付人到受益人的现金流动过程。收支两条线是社会保障资金收缴的基本原则。通过比较图 8—1 和图 8—2 可以发现，同样执行收支两条线基本原则，美国和中国却有不同的制度安排和运营结果。

在美国，社会保障费从税务部门的征收账户流向专门的社保基金托管部门进行投资运营，社保经办机构向社保基金托管部门申请资金以保障待遇支付。美国社保资金流程如图 8—1 所示。

在中国，社会保障费从税务或者社保部门的征收账户流向社保待遇支付的经办机构。在社保部门征收的条件下，仅能做到账户分离而机构不分离。社保经办机构需要将一定期限内保证待遇支付后的余额存入国家财政专户。中国社保资金流程如图 8—2 所示。

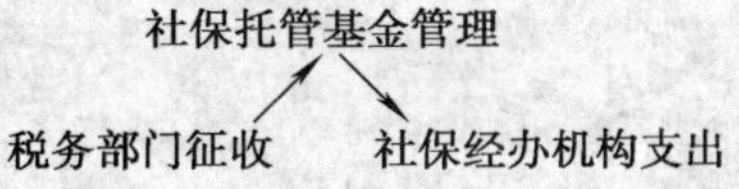

图 8—1　美国社保资金流程

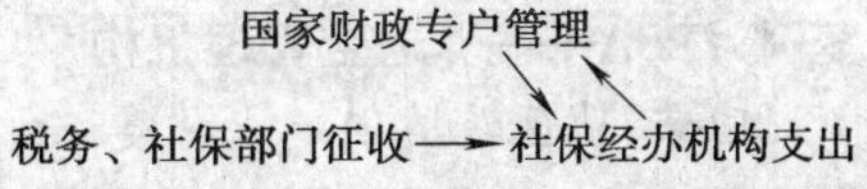

图 8—2　中国社保资金流程

（2）社会保障资金收缴流程

社会保障资金收缴流程，即指社会保障供款人和征收人之间的工作程序。主要包括：①参保人申报登记，在一些发达国家可以用口头、电话等方式进行社会保障缴费申报；②社会保险经办机构核定和缴纳，包括雇主缴纳和雇主代扣代缴雇员社会保障费；③开设社会保障基金专户，通常指在具有托管资格的银行开设账户，包括社会统筹账户、雇主账户和个人账户；④信息披露和财务报告，缴费单位、缴费个人有权按照规定查询缴费记录；⑤接受监督，社会保障费征收机构应当定期向社会公告征收情况，并接受政府、社会和参保人的监督。

1.1.2　社会保障基金的管理组织

社会保障基金即指保障社会保障计划正常运行的专有资金，包括计划正常运行资金和长期积累基金。前者的管理组织是法定经办机构，后者的管理组织是专业基金公司。

（1）社会保障资金管理组织

社会保障资金即指保障社会保障待遇支付和日常管理成本的专有资金。其管理组织通常指社会保障事务的经办机构和资金托管（开户）银行。社会保障事务经办机构包括政府部门或授权组织、社会公益组织和法定受托人。如中国的社会保险结算中心、欧洲国家的雇主组织和工会联合组织、汇丰银行的香港强积金受托人等。

（2）社会保障基金管理组织

社会保障基金即指社会保障资金储备或长期积累的专有资金。其管理组织通常指专业的基金组织。目前，很多国家为了应对人口老龄化建立了社会保障储备基金，如中国的国家社会保障基金、比利时的银色基金等。另外，预先积累型雇主养老金计划的资金，需要依法委托专业投资机构管理，如具有管理养老金计划资格的基金公司、证券公司、保险公司、混业银行等。

1.1.3　社会保障待遇支付管理组织

社会保障待遇支付，即指养老金、失业津贴等福利待遇的领取资格审核、计算和发放。其管理组织主要指法定社会保障经办机构和接受委托具体经办的中介服务机构，主要发展趋势是在多项社会保障计划之间建立“一站式”服务系统。

案例　RSA——养老金管理机构

国家/地区：美国　　　委托方：政府机构

客户简介：阿拉巴马州退休系统管理部门（RSA）位于阿拉巴马州的蒙哥马利市，负责管理公共事业员工的退休和健康保险计划。

业务现状：陈旧的现有系统和频繁的立法变化促使该机构的IT部门必须找到更好的解决方案，以便更有效地管理会员和受益人的数据及支付信息。

解决问题的方案：Windows Server System统一体系结构

BizTalk Server的长期效益之一是帮助RSA实现了一个更为统一的体系结构。

Douglass说道：“千禧年转换之后开始对多种工具和IT环境进行调研，以便创建出一个效率更高的体系结构。我们尝试使用UNIX创建‘开放式的’异类体系结构。但是，UNIX软件不仅自身价格高昂，而且运行UNIX所需的熟练技术人员同样价格不菲。使用基于Windows Server System的环境后，我们可以借助当地的员工和承包商来构建所需的解决方案。我们能够很容易地找到擅长使用例如Microsoft Visual Basic.NET和Microsoft SQL ServerTM这些工具和应用程序的人员。从长期来看，微软平台是最佳选择。可以通过Windows Server System创建的体系结构，能够支持XML并可以使用诸如BizTalk Server 2004等应用程序，可以重复使用代码，节约了时间和开发资源。还能够对业务流程进行十分细致的划分，以便于我们进行规模很小的修改和变更，而不会影响系统的其他部分。虽然我们不会受市场的左右，但必须考虑紧迫的时间安排，迅速的对立法变动作出响应，不断适应以服务为导向的环境。”

社会保障经办机构通常包括中央、地方、基层和特殊机构。中央水平的社会保障机构是为实施制定法律和一般监督职能而建立的；地方水平的社会保障机构是为实施综合管理职能而建立的，如操作社会统筹基金（省级或市级）；基层水平的社会保障机构是为实施社会化服务功能而建立的，如社会保障费的征缴、缴费信息记录、社会保障金的发放等；特殊的社会保障机构是为实施特殊功能而建立的，如设计社会保障改革方案的特殊委员会（土耳其的国库局负责设计私营养老保障计划）、管理社会保障基金的公司（智利的私营养老金管理公司是个人账户养老基金的管理人）等。

社会保障经办机构包括政府组织、社会组织、金融组织和私人组织。政府组织是依据政府组织法建立的机构，包括政府机构和事业单位，事业单位与政府可以是授权关系或委托关系。社会组织是依据社团法人法律建立的公共组织，社会组织包括营利性和非营利性，一般为非营利性组织，如很多国家都建立的“社会保障基金管理委员会”，又如德国各行业建立的社会保障理事会和美国医疗保障领域的“蓝十字”和“蓝盾”协会。金融组织是依《企业法》和有关规定建立的专门从事金融工作的机构，如银行、基金管理公司等。私人组织是指依法建立的专业社会保障基金管理公司，如智利的养老金管理公司等。

社会保障管理机构的名称多种多样，多数机构名称反映了该机构的职能。①政府执行一般监督职能的多为中央政府部门，如社会保障部、社会保障总公司（约旦）、社会福利部、社会事务部、劳工部、劳工与社会保障部、劳工与社会事务部、家庭和社区服务部（澳大利亚）、劳工与公共管理部、财政部、人力资源开发部（加拿大）、联邦卫生和福利部、社会事务与卫生部、社会事务与就业部、社会事务与代际团结部（法国）等。②执行日常工作职能的社会组织包括非营利的公共机构或社会自治组织。公共机构包括政府部门设立、委托或授权的社会保障经办机构、事务所、服务中心等。社会自治组织指各类社会保障协会或理事会，如德国的养老保障管理委员会或职业伤害保障管理委员会。③执行基金投资运营职能的基金组织有综合的“社会保障基金委员会”和管理某一险种的专业委员会，如“养老基金委员会”“医疗保险基金”等。德国的医疗保险基金会，负责向雇员收缴医疗保险费，并与医生协会和医生签订协议，规定每个受益人的年费（一次支付）。④专业管理公司包括“养老金管理公司”“审计所”“精算所”“会计所”等。⑤在社会保障制度改革的特殊时期，基于特殊任务的需要，一些特殊的机构出现在社会保障领域内。例如，布几纳法索（西非）的“经济发展部”负责全国养老保障、医疗保障、工伤保障和家庭救助；“劳工部”负责技术监督，“财政部”负责财务监督；印度的“社会公正部”由许多部门演变而成，负责全国的社会保障综合开发项目；土耳其的“国库管理局”负责私营养老保障基金投资运营的设计和监管；冈比亚的“社会保障与住房资助公司”管理养老保障和储蓄保障。1995 年 1 月 1 日，比利时建立了一个被称为“综合银行”的综合机构，即社会保障信息归集和输送系统。

1.2 社会保障监管体制

社会保障监管包括对社会保障日程事务管理与服务的监督和对社会保障基

金的监管。

1.2.1　社会保障监督

社会保障监督即指对社会保障日程事务管理与服务的监督，包括一般监督、业务监督和特别监督。一般监督指政府主管部门对社会保障法律和政策执行情况的监督；业务监督指审计和法律部门对社会保障财务和权益执行具体过程和结果的审查和报告；特别监督指针对特别计划或特别事件的监督。例如，澳大利亚的审慎人监管局是针对其《雇员超级年金计划》的受托人制度安排而设立的。

1.2.2　社会保障基金的监管

社会保障基金监管即指对社会保障基金管理组织的资格审查、投资管制和过程监督。

（1）资格审查即指对社会保障基金受托人和投资管理人等机构的准入资格审查。

（2）投资管制即指对社会保障基金投资范围的限制，以保障社会保障基金的安全运营。

（3）过程监督即指对社会保障基金管理机构资金运营过程的监控，包括现场检查和全程监督等。

以养老基金投资市场为例，澳大利亚、加拿大、日本、荷兰、瑞士、英国和美国七个国家最为成熟，标志之一即成熟的监督制度安排（见图8—3）。主要经验有：

（1）保持社会保障基金的资产独立性。

（2）建立具有内控机制的、专业的社会保障基金托管机构。

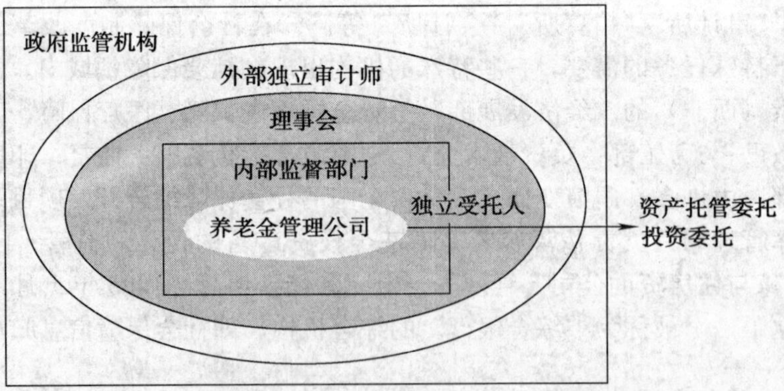

图8—3　社保基金管理机构内部与外部的监管体系

（3）社会保障资金由专业受托机构和托管银行按照钱权分离的原则进行管理，并远离行政权力。

（4）社会保障基金投资管理由受托人委托，必须是专业的、审慎的投资经理。

2. 全球管理革命对社会保障管理体制的挑战

管理革命的内涵是对生产方式、生产关系和上层建筑对 IT 技术的适应，即服务型政府和一站式服务。

2.1　全球管理革命与社会保障管理体制改革新目标

当人类进入 IT 时代，社会保障管理体制改革的目标，即通过建立综合性社会管理系统工程实现有效管理，向全体成员提供。

工程是人类有目的的活动，即运用人类的知识，使物质、能量和信息变换成对人类更有用的新的物质、能量和信息。系统是规模庞大、结构复杂、目标多样、功能综合、因素众多的工程，建立有效管理结构，并通过计算机和网络进行有效控制。系统工程是跨越自然科学与社会科学的综合性新科学，诞生于 20 世纪 40 年代，在现代化大生产中迅速发展，并发挥出其巨大的生命力和增效作用。

社会保障事业已经历了项目阶段（1601 年英国《济贫法》中的济贫项目）、计划阶段（1883 年德国《雇员医疗保险法》中的医疗保健长期计划），开始进入社会系统工程建设阶段。例如，法国推行社会保障领域的“高效合同”制度，即在银行、邮局和社会保障经办机构之间的优先合作协议，目的在于创造低成本、高效率的管理体制，以最大限度地保证参与人的合法权益。

社会保障是由若干子系统和个人账户组成的大系统。如个人养老保障账户管理从第一次缴费到退休后的第一次领取养老金，再到支付死亡抚恤金和个人账户财产继承，是一个历时 40～60 多年、经过多种运作渠道的系统管理。社会保障是由养老、医疗、失业、生育和职业伤害保障等子系统组成的大系统，才得以发挥安定社会、促进经济发展发生的保障作用。新加坡公积金制度下的个人账户，具有养老、医疗、教育、购房和个人投资等多项保障功能，对个人、家庭和国家经济具有重要的制约作用。将社会保障管理视为系统工程，即要求用系统工程的思想、方法和技巧，为社会保障管理选择最优模式和提供最佳实施方案，创造效率高、成本低的管理体系。这对中国是巨大的挑战，中国缺乏统一高效的运作程序，各省做法不一，阻碍了社会保障的发展。

社会保障管理系统工程常用的统计与预测方法包括：人口发展与养老保障供需预测分析、定期社会保障基金收支预测、养老保障缴费率预测、养老保障债务预测与评估、医疗保障年度总费用控制预测、就业状况与失业保障预测、投资效益分析、社会保障管理成本分析、信息处理分析等。

在知识经济和经济全球化的条件下，传统的社会保障管理体制和新社会背景的冲突日益明显。

(1) 社会保障理论研究僵化，难以解释在新经济条件下出现的问题，特别是不能根据本国国情选择解决问题的最佳方案，如原英法殖民地仍然在原宗主国的传统理论框架下寻找解决本国问题的出路。

(2) 不同地区、不同群体的不同社会保障项目之间缺乏协调性，在一些亚洲国家虽然很早已经建立了部分社会保障项目，但是缺乏对社会保障体系的综合考虑和各项制度的协调，如马来西亚、印度尼西亚、菲律宾等国家。

(3) 改善原制度和修订旧法律的机制刚性化，以至于社会保障计划改革由于法律修改程序的滞后而延迟。

(4) 社会保障管理法制缺位，机构臃肿、官僚主义和缺乏透明度，参与人监督机制不完善，行政管理成本高（见表 8—1）；在官僚政府体制下，行政和服务的组织体制不分离，或者是表面分离而实际不分离，以至于行政长官（包括政府内阁主管部门长官和地方政府长官）可以长驱直入的进入公共服务系统，动用其人、财、物，从而酿成公共悲剧——公共基金流失，筑成公共陷阱，使公务员面临陷入腐败泥潭的危险。

表 8—1　　社会保障行政管理成本与当年收入与支出的比例（%）①

国家	年度	管理成本与当年收入比例	管理成本与当年支出比例
澳大利亚	2004	2.14	2.2
加拿大	1993	2.29	1.44
智利	2001	1.80（养老金）	—
秘鲁	2001	2.39（养老金）	—
丹麦	1993	0.12	0.12
德国	1993	1.58	1.57
新加坡	2005	0.05（公积金）	—

资料来源：(1) 国际劳工组织，社会保障成本，1993—2005

(2) 维森特·哥塔. 拉美国家养老金改革. 见：孙建勇主编. 社会保障基金监管制度国际比较. 中国财政经济出版社，2004.137

(5) 社会保障财务困境，一是保障计划因缺乏在精算评估基础上的财务预

① Colin Cillion，John Turner，Clive Bailey，Denis Latulippe. 社会养老保障发展与改革国际劳工组织. 日内瓦，2000

测和预算而缺乏合理性，难以持续发展；二是投资政策和市场的不足。

经济全球化，一方面导致世界各国经济间的互相渗透、互相影响、互相关联和互相依存不断加深；另一方面要求各国加深开放程度。这对国家社会保障管理提出挑战：①政府管理系统要成为一个有组织的动态稳定系统，在信息化和全球化浪潮中能够自行调节、更新，以至重新组合自身结构，及时转变职能；立法程序也应改革，以提高适应性；②建立对外开放，可以与国际接轨的社会保障制度平台与相应的管理体制，消除不同管理程序和待遇标准给劳动力合理流动造成的障碍；③建立社会化服务体系，将社会保障发展规划与经济发展目标和现代城市建设结合起来，提高方便人民群众的管理与服务；④社会保障数据与信息管理网络化；⑤建立社会保障数据统计和财务预算与预警制度。

2.2　管理革命与服务型政府再造

社会保障是最大的公共品之一，服务型政府改革与社会保障管理体制改革需要同步进行。社会保障预算、政策设计与决策、社会保障管理和服务系统的改革和完善，与服务型政府的执政理念、组织体制、服务流程和人员素质密切关联。

2.2.1　全球政府的“瘦身”运动

小政府是一个相对概念，包括政府规模的缩小和政府公共服务职能的扩大，其实质在于进行政府体制改革，以应对日益增加的公共服务需求。世界各国纷纷采取行动，各显其能、各得其果。

小政府在英国即执行“公民宪章”。1999 年，布莱尔政府颁布《现代化政府白皮书》，进一步明确政府执行“公民宪章”的思想导向和行动计划，包括在公共决策中追求结果，在公共服务提供中追求高质量、高回应，公务员管理追求绩效和利用电子技术整合政府部门、信息和功能。

小政府在美国即“更小但更好”。1993 年，克林顿入主白宫以后，将政府改革置于优先考虑的问题，力图塑造精干、灵活而又有竞争力的“更小但更好”的政府，即职能合理、规模小、花钱少，但服务好、效率高的政府。采取的主要措施有：

(1) 精简机构和裁减冗员，取消和合并农业部 1 200 个基层机构，减少 7 500 名雇员。

(2) 重视私营部门的作用。克林顿第一任期内新增的 1 070 万个就业机会中，93%是私营部门创造的。

(3) 改革社会保障制度。实行积极的就业政策后，领取福利金的人数由 1 410 万减为不足 1 000 万。

小政府在俄罗斯即“向臃肿开刀”。俄罗斯前总统叶利钦在 1998 年指出，必须对国家管理的原则和方法进行重大改革，按新的方式重组国家机关，并改变联邦政府、总统办公厅、地方政权机构的行政职能，改革目的在于建立精干高效和受社会监督的国家机关。总统办公厅的改革先行一步。俄宣布撤销国防会议办事机构所属各委员会。总统办公厅现有的20多个局，有些是同政府机关重叠的，有些则是“因神设庙”。因此，总统办公厅的局和处将削减30%。只留下管理经济、人事、机关事务和新闻等几个部门。精简副总理和部委的数量。俄罗斯政府现有第一副总理和副总理共8人，每人分管一个方面，联系有关的联邦机构。

小政府在日本即“最大化”精简。日本政府是“小政府”。衡量政府大小的标准有两条：一是公务员在全国人口中所占的比例，美国、英国、法国、德国的比率分别为6.8%、7%、11.8%、6.9%，而日本政府只有3.9%；二是财政支出占国民生产总值的比率，美国、英国、法国、德国分别为18.4%、27.2%、21.5%、12.1%，日本为15.8%，虽略高于德国，却低于其他发达国家。

小政府在韩国即取缔“地下政府”。1998年，金大中执政后果断地把长期维持的2院、14部、5处的政府机构压缩为17个部，其中把副总理级的财经院和统一院降格为部级单位，对人员实行分流处理。据统计，韩国政府各部门的附属机构约有532个，人员49万余名，资产规模570万亿韩元，预算规模达164万亿韩元，是政府预算的4倍，被称为“地下政府”。目前，大部分政府附属机构已经提出各自的整顿、改革计划，以实现政府行政效率最大化的改革目标。

小政府在新加坡即“按需分配”。1998年4月1日，新加坡劳工部正式改组人力部，主要任务是负责制定和协调国家人力发展战略。人力部将对人力资源实行统一管理，以减少重叠的机构和人员，提高效率。新加坡政府设立的新机构包括两类：一类是隶属于相应政府各部的法定机构（不轻易增设新的部级单位），如金融管理局隶属财政部，经济发展局和贸易发展局隶属贸工部；另一类是法定机构，即基于特定立法设立的具有“官方性、独立性、公益性和垄断性”特征的准政府机构，负有法律赋予的行政职能，但不享有政府部门在法律范围内所享有的特权与豁免权，是政府提供公共服务的一种形式，属于新型政府的一部分。这些机构在提供社会产品和劳务方面，不受过度的集中控制和管理约束，在履行职责时享有较大的自主权和灵活性。法定机构的工作人员不属于国家公务员，虽然政府法定机构随实际发展需要不断增加，目前法定机构约有83个，但国家公务员编制可以不扩大。

20世纪70年代以来的小政府改革，是政府在IT时代的第一轮改革，结果是新型政府的出现（见图 8—4），其组织体制具有如下特征：

（1）政治功能与服务功能分离，官僚体制和网络体制分设，建立了依法独立经营的公共服务组织——公益受托人。

（2）信托文化和制度安排进入新型政府组织体制，促进委托代理理论在公共管理的实践中深入发展，社会保障管理体制顺时发生了质的变化，成为依法产生的、独立运营的、信托原则的公益受托人。

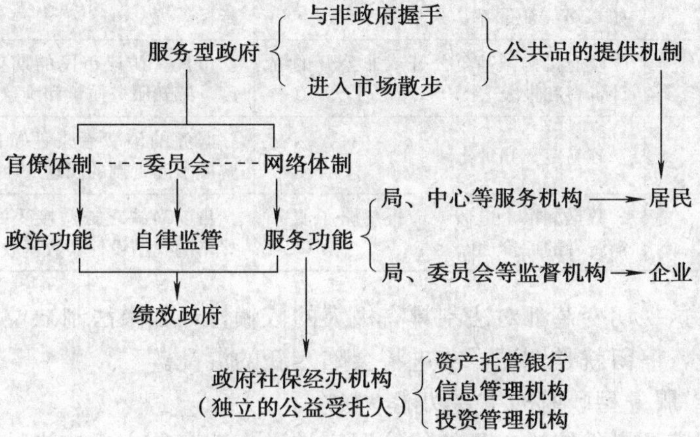

图 8—4　新型政府下的社会保障经办机构

20 世纪 90 年代，在 IT 和网络的支持下，人们检验政府公共服务能力和公共项目质量的能力不断提高，政府改革进入再造绩效政府的新阶段。全球研究国家竞争力的权威机构——瑞士洛桑国际管理发展学院（IMD）认为国家竞争力即“支持企业发展的服务能力”。可见，带领国家竞赛队伍的政府就被推向 CEO 的位置，政府部门成为运动队，政府人员成为运动员中的生力军，全球经济和社会发展奥运会将各国政府置于同一赛场，展开了政府之间的公开竞争。面对市场政府不再无能但有失灵，市场有其客观规律但也不是万能的。当前述两者被紧密的融合起来时，政府改革步步深化，并出现从电子政务到网络型政府的变革，从组织体制改革转向绩效型政府的再造（见表 8—2），社会保障管理体制在组织体制、服务流程和人员素质等方面也发生了质的变化。

表 8—2　　　　主要的政府绩效评价方法

	传统绩效评价学派 (Efficiency-oriented)	新绩效评价学派 (Effectiveness-oriented)
代表性人物及论著	Ammons（1995，2001），Berman（1995，1998），Harty et al.（1992）	Brudney et al.（1982），Gore（1993），Wang（2001），Wang & Berman（2001）

续表

	传统绩效评价学派（Efficiency-oriented）	新绩效评价学派（Effectiveness-oriented）
评价角度	客观指标 审计、内部控制和结果核算	主观指标 问责（Accountability）和效益（effectiveness）
评价重心	工作量、产出和结果等效率指标，如 GDP、犯罪率、入学率等	公共服务的社会影响、效果等质量指标
评价主体	政府机构，基于公开或非公开的统计资料和报表	市民，访谈市民的期望、需求、态度、感知服务质量和满意度
优点	容易定义和量化	服务的消费者来评价服务提供者，解决了问责制的问题
缺点	数据漏报、造假或谎报忽略了服务消费者的评价	目前尚缺乏普遍接受的方法，需要严格的模型设计、数据收集和分析

然而，这一切变革都对法制具有极大的依赖性，如果法制缺位，政府改革将陷入困境，停留就是倒退，前进将会陷入新的混乱。

2.2.2 服务型政府的主要功能

基于国家是暴力统治工具的传统国家学说，政府的主要功能是以国家强制力工具维护政治秩序和人民生活，即实现执政党和人民两个满意。两个满意均需要以发展经济和社会进步为基础，政府促进经济发展和社会治理的能力体现在依法制定政策和依法行政两个环节上。

为实现执政党满意目标，政府需要将执政党的政治纲领转化为可以量化的执政目标，建立公共财政和预算制度，并向议会进行量化的信息披露和工作报告，真正落实政府首脑问责制。

为实现人民满意的目标，政府需要提供公共品以保障人民的基本生活。保障基本生活的公共品包括持续收入、保健、教育和住房（包括食品），政府的职责在构建公共品提供机制，政府可能是设计者、生产者、提供者和监督者。

这需要政府做好以下几项工作：

（1）改变政府理念，从权力本位到服务本位，废除权力分赃式的政治任命制度。

（2）改革政府职能，管好政府应该管而没有管好的事。应该继续把政府不该管的事交给企业、市场、社会组织和中介机构，更大限度地发挥市场在资源配置中的基础性作用。为此，要积极开展和深化事业单位的改革，管好政府应该管而没有管好的事。大力推进教育、卫生、科技、文化等公共事业改革，发展多种就业形式，千方百计扩大就业。

（3）改变政府角色，政府扮演“掌舵者”，而非“划桨者”的角色。强调政府公共服务职能，并不意味着一定要扩大政府规模，也不意味着一定要增加公共支出，应建立适合提供公共服务的组织机制和治理模式，这些变革建立在政府自身变革的基础之上。

（4）改善政群关系，重视公众的利益，协调不同群体的利益。贯彻以人为本，发展中国家千万不要忽视占全国人口的广大农民，农民在当今社会和政治生活中的声音太微弱。解决农民问题要突出办好三件事：给农民土地使用权、处分权和收益权；保障农民的生存权；尊重和保障他们全面发展的权利（包括卫生保健、教育、文化和政治权利）。

2.2.3　服务型政府的组织体制

小政府服务大社会的改革使政府的组织体制发生了根本变革。政府功能改变将带动政府文化变革，由此带动政府理念变革，“权力本位”的官僚政府体制受到冲击。

韦伯认为，任何组织都必须以某种形式的权力作为基础，没有某种形式的权力，任何组织都不能达到自己的目标。人类社会存在三种为社会所接受的权力包括传统权力（Traditional Authority）即传统惯例或世袭得来、超凡权力（Charisma Authority）即来源于别人的崇拜与追随、法定权力（Legal Authority）即理性的法律规定的权力。

（1）关于传统权力韦伯认为，领袖人物占据着权力地位。

（2）关于超凡权力韦伯认为，取决于领袖人物的信仰，过于带感情色彩并且是非理性的，缺乏规章制度，不宜作为行政组织体系的基础。

（3）关于法定权力韦伯认为，只有法定权力才能作为行政组织体系的基础，其最根本的特征在于它提供了慎重的公正，原因在于：管理的连续性使管理活动必须有秩序地进行、以“能”为本的择人方式提供了理性基础、领导者的权力并非无限且应受到约束。韦伯总结了官僚体制的优势，重视人的分工和专业化运作流程，依赖层级进行协调，下级对上级负责，实行非人性化的特殊道德和行为标准，称之为管理社会和人群的工具。官僚体制以层级权力分配为核心，即“权力本位”。以权力为核心建立分配权力的组织体系，在政府的一个工作单位内，必然形成级别清晰、下级服从上级的领导关系和由此构成的官僚体制（见图8—5）。目标在于完成既定工作计划，追求过程的完美而无暇顾及政府工作的结果如何。不关注工作结果的政府将导致宪法原则和政党纲领的空泛化，失去政府存在的政治意义。

如果完全按照政府官僚体制进行行政建制，封建的等级和层级被自然而然地延续下来。在计划经济时期，中国的国有企业要根据政府体制来建立和设置

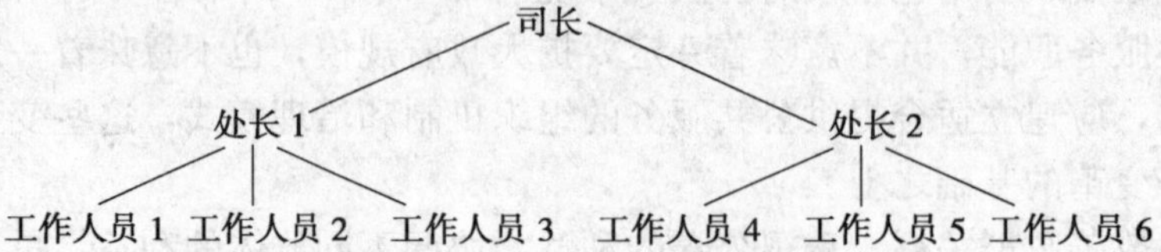

图 8—5　基于权力的三角立体型组织结构

部门和岗位，以便执行政府的红头文件。在百姓眼里，人们进政府即为做官，甚至勤杂人员也要沾一点官气；做官即吃喝公家和行使权力。这种官僚体制在越来越多的国家逐渐受到法律的约束，使其更加严肃、廉洁和公开化。

如今，当全球竞争将政府推向 CEO 的位置以后，这种基于"权力本位"的官僚政府体制处处被动，难以适应。一轮又一轮的政府改革势不可挡，先是要求政府"瘦身"，后是向政府要"绩效"，政府文化开始向"能力本位"进化。政府的能力建设即成为形成国家竞争力的关键问题。公共服务需要方便可得，其对象是公众，要求直接面对公众的管理人员和服务人员具有全能的素质，以保证服务绩效和服务质量。因此，政府的组织体制需要伴随功能的改变而改变。新西兰政府改革比较激进，1988 年颁布了《国家部门法》，截然分离了政策制定部门和公共服务部门，在公共服务提供者之间建立竞争机制。1989 年颁布了《公共财政法》，分离了公共服务出资、购买和提供的制度安排。彻底改变了政府的组织结构，以适应公共服务需求（见图 8—6）。

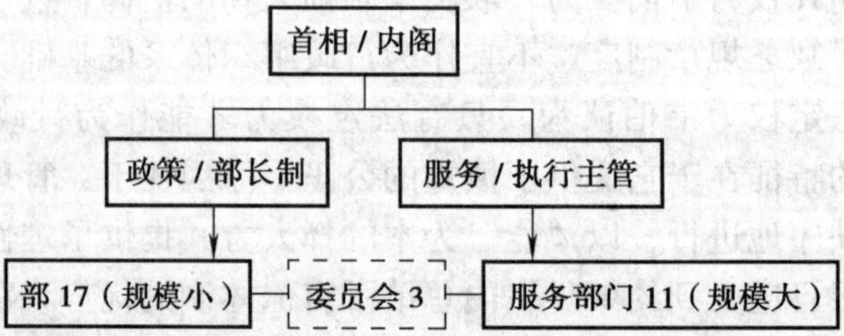

图 8—6　新西兰新型政府的组织结构

OECD 是一个国际组织，现有 30 个成员。OECD 定义治理是一种制度，塑造公共政策，以长期保证公众利益。治理有六大原则，即法治、问责制、透明度（信息公开于众）、有效化及效率、反应迅速和前瞻性（预测未来形势）。在过去 20 多年里，OECD 国家加强了法制，开放了中介服务市场，增加了公共服务，减少了政府的成本。20 世纪 70 年代以后，OECD 国家的政府纷纷以新的组织体制和面目出现在公众面前（见图 8—7），旨在保留传统官僚组织以执行政治功能，创立法定机构以提供公共服务。

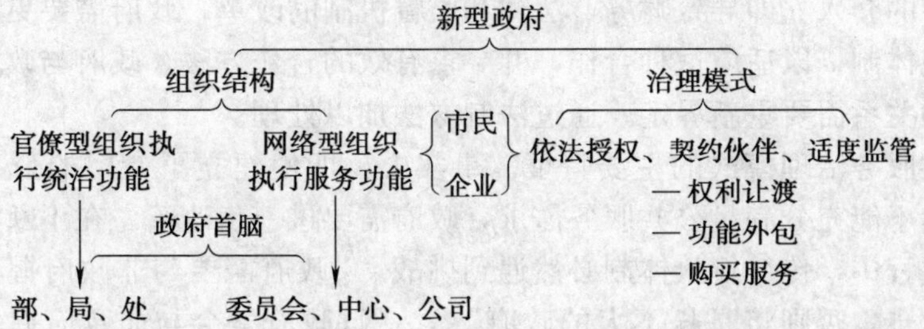

图 8—7　新型政府组织体系及公共服务治理模式

面对不断增长的公共服务需求，传统的政府组织体制必然遇到挑战，其权力本位的理念、等级的权力配置和冗长的操作程序是应对公共服务的障碍，新型政府组织体制应运而生，其主要特征为：

（1）分解政府功能。将统治功能和服务功能分开，分别设立机构，在纵向上形成两支系统，即官僚组织系统和网络组织系统。官僚组织系统以权力为核心形成金字塔结构（见图 8—8），网络型组织以服务对象为核心形成扁平结构（见图 8—9）。

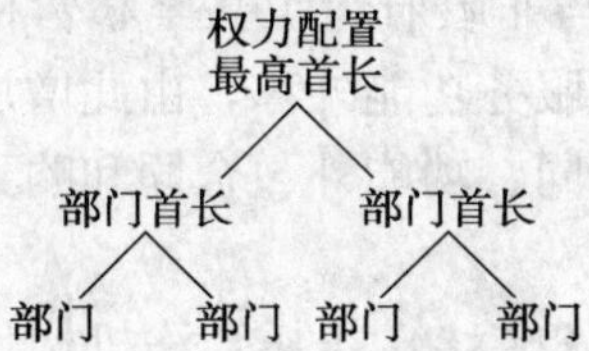

图 8—8　金字塔组织结构

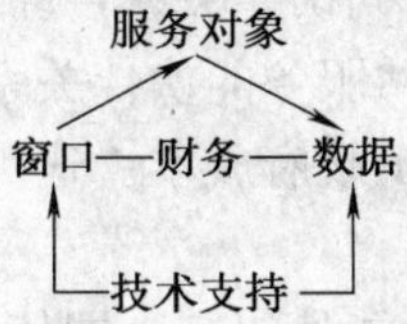

图 8—9　扁平组织结构

（2）增加服务组织。将服务功能分解，并建立公共服务组织，执行统治职能的官僚组织可以冷静的从事政治策略和宏观社会问题的规划和监督，不必直接面对市民和企业，突发事件的“火”一般不会烧到这个系统；公共服务组织作为新型政府的一部分（或者称为准政府组织），在网络支持下建立且权力分层扁平化，这类组织有些隶属于官僚政府组织，有些独立于前者；两者在横向上形成指导、协作和制约关系，如社会保障部与国家社会保障服务中心之间的指导与协作关系。

（3）以市民和企业为中心。公共服务组织的建立以服务对象为核心，即市民和企业，强化了政府的服务功能，受益者是市民和企业。

（4）建立公共服务和社会治理机制。政府开始通过依法授权、合同伙伴和购买服务等方法与非政府组织握手，并实施适度监管。

1998 年，英国《福利制度改革绿皮书》提出了未来福利国家的 8 个主要原则，其中第二个原则即“公共部门与私营部门合作，使更多人受益”。但是，私营部门的介入立即导致财务、法律和监督机制的改革，政府需要更新组织结构和管理体制，以适应这种合作，并寻求有效的合作方法。政府与政治，政府与市场的关系需要重新界定，通过法制方法加以处理。

公共服务治理模式的主要特征。事实上，即使建立了专门的公共服务机构，仍然不能充分满足公共服务需求，政府需要进一步改革。在不断深化的政府改革过程中，传统行政体制必然遇到挑战，“政府需要与非政府握手，并进入市场散步，否则将是长不大的政府”①，一旦政府学会与非政府握手，并在政府和非政府之间形成和谐的文化；一旦政府学会在市场中散步，并保持理智和廉洁。一个公共管理的、公民社会的治理模式即在眼前，其主体特征如下：

（1）职能代理

基于新型政府和公共管理的治理模式，政府可以通过四种模式将部分服务功能向外转移，即授权制、合同伙伴关系、功能外包制和购买服务制。

1）授权制，即依法将政府职能授权法定机构代理履行的制度安排，代理机构是具有法定性、垄断性、公益性的非营利机构；如保险监督委员会、公积金局、社会保险服务中心等。

2）合同伙伴关系，即通过订立契约的方式与非政府组织甚至私营机构建立提供公共服务的伙伴关系，将政府的部分公共服务功能外移，由此增加公共服务和减少政府成本。这类契约包括权利让渡合同、功能外包合同和购买服务合同。

3）功能外包制，即依法将政府功能（非责任转移）委托合法机构代理履行的制度安排，代理机构是具有合法性、不具有垄断性的非营利机构或营利机构，如国家考试学院；对于营利机构则需要特别准入或注册制，如养老金管理公司。功能外包是具体服务功能的外包，通过该项服务所承担的政府责任并没有外包，仍然是政府的责任。政府哪些职能可以外包，如公共事务的日常管理和服务；如何管理政府功能外包，主要程序包括成立决策机构、进行成本—效益分析、拟订规划、通过招标寻找服务商、制作项目书/投标建议书、确定服务商、协商和签订服务合同、维护和监督合同的履行情况、财务报销与财务支付等。

4）购买服务制，即一个机构购买其他机构服务的制度安排；购买服务的机构可以是政府机构、公益机构和营利机构。

（2）责任强化

在政府服务功能外包的同时，政府提供公共服务的责任并没有外移，反而

① 这是体现本书核心思想的语言。

得到强化。根据政府责任和政府能力分离原理，政府基于公共服务的责任进行委托和选择代理人，代理人的行为要对委托人负责，最后的责任承担者仍然是政府；所以，公共服务代理人仅代理政府公共服务职能，不是公共服务责任的最后承担者。政府通过授权和外包，委托出去的是公共服务功能，而不是法定责任的推卸和外移。在委托代理中，政府可以集中有限的财力、物力和人力，做好制度建设，由此提高政府能力和强化政府责任。

中国经济体制改革必然引起上层建筑的改革。胡锦涛在党的十六届四中全会报告中从执政党的角度强调："加强党的执政能力建设，是我们党充分利用所面临的难得机遇、正确应对所面临的严峻挑战、从而完成所担负的历史使命的现实需要，也是关系到全面建设小康社会进程、关系到社会主义事业兴衰成败、关系到党和国家长治久安的重大课题。各级党委和全党同志都要充分认识加强党的执政能力建设的重大意义，坚持以提高党的执政能力为重点，全面推进党的建设新的伟大工程，不断提高领导水平和执政水平，不断改革和完善领导方式和执政方式，抓紧解决执政能力方面存在的突出问题，使党始终成为中国特色社会主义事业的坚强领导核心。"

2.2.4　服务型政府是绩效政府

在经济全球化和国家竞争的第二阶段开展了全球性的政府"绩效"运动。向政府要绩效几乎成为21世纪社会生活的流行语。20世纪70年代，一个普遍的思想是"政府的官僚作风抑制了经济发展和社会进步"。这引起政府理念变革、组织改革和行为矫正。社会中出现了两个变化：一是在政府中出现了一批懂经济的学术型官员，他们开始接受政府外部影响和研究市场运行规律，与专家和企业集团共商行政事务；二是经济学家开始讨论行政效率。

(1) 绩效是什么？政府年终总结是否适于绩效管理？

进入21世纪，绩效问题已成为众多组织特别关注的热点。飞速变化的社会环境和市场，使企业、政府和各类组织都更加关注自身的发展问题，并希望通过考核来促进自身的发展。那么，究竟什么是绩效呢？其实，人们对绩效的理解是多方面的，更有说服力的解释即绩效是一个结果。绩效应当是实现预期设计和最佳管理的结果。这个结果带给个人的是经济实惠和心理满足，带给组织的是"有效运转和强竞争力"，带给社会的是"发达与进步"。传统政府的年终总结常常脱离公共服务过程和忽略其对结果的影响，为表彰人，甚至为贯彻政治精神而进行总结，这与绩效管理的内涵具有差别，在外延上有交叉。

1) 影响政府绩效的主要因素有以下五个方面：①工作者的态度、工作技能、掌握的知识等；②工作目标、计划、资源需求、过程控制等；③工作方法，包括流程、协调、组织等；④工作环境，包括文化氛围、自然环境以及工作环境；⑤管理机制，包括计划、组织、指挥、监督、控制、激励、反馈等。其中每一个具体因素和细节都可能对绩效产生很大的影响。控制了这些因素就等于也同时控制了绩效。管理目标即通过控制这些影响绩效的因素来实现最佳的工作结果。

2）控制影响因素的主要手段包括绩效预算、绩效管理和绩效评估。绩效是实现预期设计和最佳管理的结果，所以，绩效广泛存在于人们的工作、学习、日常生活和人际交往等各项具体事物中。只要有需求、有目标、有喜好，就存在绩效。其实，绩效的意义不仅仅限于企业和政府，任何组织和个人都应该研究绩效，从各方面有效降低成本和提高效率，这有助于提高我们生命的品质。绩效贯穿于每个人的一生，需要自我管理，建立在绩效预算和人员自律的基础之上。

2.3　政府再造和能力建设

基于政府理念改变和绩效管理原则进行政府能力建设，包括三个再造工程，即组织系统和管理体制再造、管理和服务流程再造、人员编制和素质再造。绩效原则必将渗透在政府再造工程中。政府再造工程主要由三个部分组成，即组织体制再造、服务流程再造和人员培训。

（1）公共服务型政府组织体制再造

如果将服务型政府的理念和绩效原则结合起来，政府组织和管理将改变官僚体制，坚持"以民为本"，为发展经济而根据市场需要，为社会进步而根据人民安居乐业的需要设置政府组织。运用标杆效应理论，可以把香港当成有效政府的楷模（见专栏8—1）。

专栏8—1　香港政府架构与绩效

香港《文汇报》2004年7月11日发表的《世界经济自由度：2004年周年报告》称，香港再次被评选为全球最自由的经济体系。

由美国卡托研究所、加拿大费沙尔学会连同57家国际研究所公布的《世界经济自由度：2004年周年报告》，香港在经济自由上获得的评分仍然是最高的，在10分满分中取得8.7分，紧接是新加坡，取得8.6分，新西兰、瑞士、英国和美国并列第三位，各取得8.2分。

《世界经济自由度》报告对123个经济体系2002年的数据进行评估，香港除了整体排名居首外，在"政府规模""自由国际贸易"及"信贷、劳工及商业规制"三个范畴均名列榜首。香港财政司司长唐英年说，自由市场经济是香港成功的基石。香港特区政府将会继续创造最有利的经商条件，便利市场运作及促进市场发展。为此，特区政府必须维持和不断完善现有的制度结构，以做到：

- 强化法治建设；
- 让资本和资讯自由流通；
- 创造公平的竞争环境；
- 打造高效率和廉洁的政府；
- 保持简单而低水平的税制。

香港自 20 世纪 70 年代以来，一直是国际社会近 100 项经济指标评价后，经济自由度最高的地区。香港回归以后，这样的评价没有受到影响，这使中国政府赢得世人信任。支持自由市场经济的香港政府组织结构突出了三项功能（见图 8—10）。

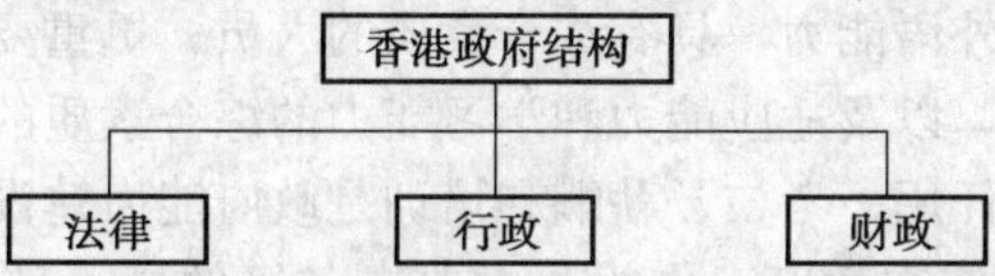

图 8—10　香港政府组织结构的第一层次

（2）网络型政府和服务流程的再造

政府变革经历了官僚体制流程阶段、电子政务流程阶段和网络型流程阶段（见图 8—11）。

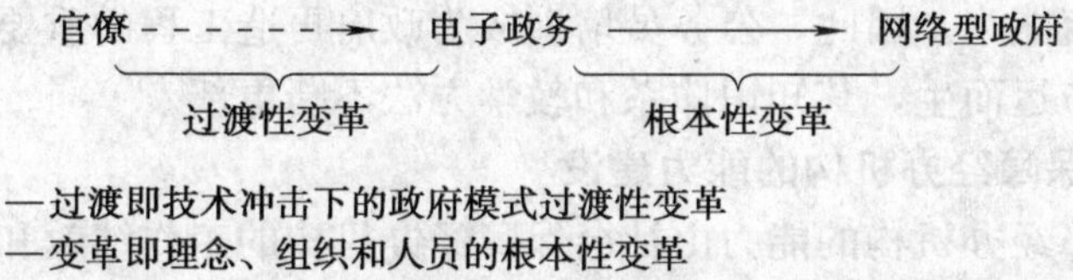

图 8—11　政府变革的阶段性

传统政府工作严格按照行政建制设计和建设，上下级之间是隶属和服从的关系，互相呼应，机构臃肿和无效是不可避免的，甚至影响国有企业。政府工作的目标是落实既定计划，而不是检验实际结果。

在电子政务流程阶段和网络型流程阶段。IT 技术使政府许多人工业务可以由计算机来做，通过网络传递，大大节约了人工成本和时间成本，提高了政府的工作效率和质量，并开辟了政府发布信息的方便途径，使政府形象有所改变，但其本质功能仅是用 IT 技术代替政府做官，并没有引起政府理念、组织系统和管理体制的改变。因此，电子政务是政府改革在技术冲击下的过渡阶段。

网络型政府（也称电子政府）的管理和服务流程即人和机构的重新安排。服务项目和被服务对象的满意度是设计流程和实际操作的基本原则，人和机构根据网络系统下的服务功能来设置，通常包括前台服务、数据处理与管理、监督稽查、系统维护、行政支持等部门。在这样的服务系统内，岗位和责任第一，行政级别被淡化。各操一方的小天地没有了，工作效率和收益是一个团队的事情，指挥官和业务员都重要，能力和效率融为一体，政府在理念、组织和体制安排等方面已经焕然一新。

（3）能力型政府人力资源需求和素质再造

能力型政府所需要的人力资源是多方面的。从素质方面讲需要领导型人员、管理型人员、技术型人员和服务型人员；从知识结构方面讲，需要有政治学、哲学、经济学、数学、法学教育背景和懂金融、市场、贸易、财务等，具有文字、计算机和外语能力，具有综合素质的人员；更重要的是具有为公、敬业和团队合作精神，以及适应能力和学习能力的综合素质的人。因此，能力型政府人员的选择、任用、考核、薪酬和培训是政府能力建设的重要组成部分。

2005 年，温家宝在政府工作报告中要求各级领导干部要增强三个意识和能力，即按市场经济规律领导经济工作的意识和能力；按国际通行规则办事的意识和能力；运用经济、法律手段调节经济运行的意识和能力。

此外，能力型政府对公务员的素质要求有所改变，即由专业型向全能型发展。公务员不仅要懂经济、政治和法律，还要懂金融、计算机和数学，甚至要具备外语交流能力。因此，公务员培训成为政府再造工程的重要组成部分。公共管理学科应运而生，其知识体系和教学方法不断更新。

3. 社会保障经办机构的能力建设

社会保障经办机构的能力由社会保障经办机构的工作绩效和服务系统的方便程度构成。

3.1　公共服务能力建设

目前人类进入网络时代，一台电脑、一次点击就能让人们坐在家中购买商品，甚至遨游世界，人们的生活越方便，对社会公共服务的需求就越多，这必然对政府的公共服务能力提出挑战，基于传统的官僚体制，政府需要增加机构以应对不断增加的公共服务需求，以此类推，政府的规模将无限扩大，人们不可能接受这样的结果。因此，在全球掀起一场“小政府服务大社会”的政府改革。

在知识经济时期，扁平化的组织机构设置、一体化的服务系统流程和相应的人力资源配置（即服务型学习型团队）是公共机构服务能力建设的三个环节（见图 8—12）。

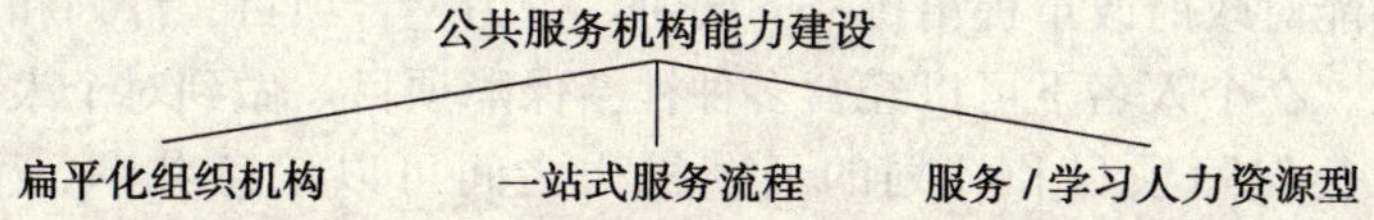

图 8—12　公共服务机构能力建设的结构

（1）扁平化社会保障服务组织

扁平化社会保障服务组织即指具有扁平特征的网络化社会保障经办机构，其主要特征为：

1）社会保障服务提供组织应当以客户需要为导向，必须强化其前端的能力，即服务窗口的接待、登记、账户和数据管理能力，追求四个 E（经济、效率、效益、公平）的绩效。

2）该组织应当脱离国家行政系统，做到依法建立、全国统一、并具有独立的法律地位，其经营行为依法界定和受到监督，其经营情况需要向公众进行信息披露。

此外，社会保障管理涉及资金筹集、管理和支付等财钱事务，政策制定部门和行政官员不应对其施加影响，更不得经手财钱事务，坚决做到“钱权分离”。

我国的十一五规划指出：“切实转变政府职能，加强各级政府的社会管理和公共服务职能。”温家宝总理在 2005 年政府报告中指出：“建设服务型政府、扩大公众参与公共管理，增加政府工作的透明和增强公众对政府的信任。”中国学者提出，省级以下地方政府应不再统计 GDP，也不作为地方政府的政绩指标，而是以公共服务、社会管理、市场监管作为主要政绩指标，以便通过实现高效的社会管理和提供优质的公共服务来达到公众需求的最大化满足。

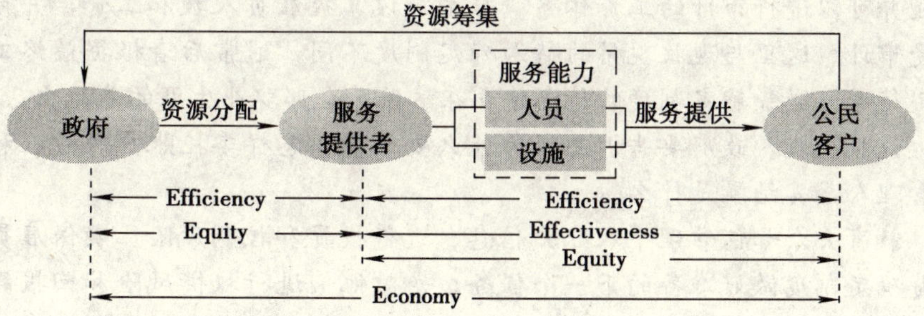

图 8—13　公共服务提供链

（2）一站式服务流程

社会保障历史悠久，从一个一个保障项目干起，又逐渐形成为一个一个保障计划，其名目繁多、管理机构重叠和地区壁垒是显而易见的。因此，IT 技术和网络功能对政府改革提出挑战的同时，也为整合项目、计划和服务系统提供了可能性。在个人名下可以经营多种社会保障项目，做到对个人提供一站式服务；各社会保障项目和计划的经办机构之间可以信息共享，消除人为障碍。

然而，信息化建设无法跨越政府改革，只有有目的、有计划、有步骤地整合政府流程，才能避免“IT 黑洞”，发挥电子政府便民利民的效果。21%的欧洲公共组织在引入信息技术前进行流程优化，这些部门电子政务的生产率达到同行的 3～7 倍，公众满意度的提升率达 45%～65%。为此，美国联邦管理和预算办公室提出了“政府总体架构业务模型”（BRM），新加坡建立了“电子公民中心”，北京市发改委和信息办联合推出了“北京市电子政务网上审批二期工程”。

1）建立以个人账户为中心的社会保障系统工程

社会保障卡即个人进入社会保障系统的标志，账户即个人社会保障权益和财务记录，系统即连接个人账户的网络和操作流程。基于这样的系统，社会保障服务可以随人走，以适应劳动力市场、用人单位和参保人的流动性需求。

匈牙利在经济转型中不失时机地进行了以个人账户为中心的社会保障改革和系统改造（见专栏 8—2）。

专栏 8—2　建立个人养老储蓄账户的准备工作

1997 年末，匈牙利正式通过了向“积累缴费确定型”养老保险制度转移的立法，这需要建立缴费和向相关基金转移的金融网络体系，还有工资申报和缴费记录体系。匈牙利政府的工作不得不从以下步骤开始。

整合工资和社会保障待遇。运行良好的缴费确定制度的基础是准确、高效并可以进行审计的工资体系。雇主应该掌握雇员人数和工资，并可以接受审计。这里与现收现付的待遇确定制度不同，通常后者根据最终工资确定待遇。缴费确定制度的待遇建立在参保人全部职业生涯的基础上。

说服公众。政府要告诉公众为什么要储蓄，怎样委托账户保管人和投资管理人，其结果是什么。

教育公众如何管理个人账户信息、进行投资和控制风险。确保雇员为缴费确定制度做好准备的下一个任务，是对他们进行权衡风险和回报的教育。雇员不仅应该明白对回报的期望越高，需要面对的风险就越大。他们应该明白，不同的经营者可以采用不同的方法权衡风险和回报之间的关系，然而他们所宣传的风险和回报的组合形式也许听上去不错，但是不足为信。雇员也需要明白不同的风险和回报组合适用于不同的年龄段和不同的生命周期阶段。

转换账户需要对参加者进行有关金融资产买卖的教育。参加者们至少应该了解一些基本概念，如资产多样化、市场信号、投资价值与成本的匹配等，以避免对短期商业周期的波动的反应过度，或者被投资商夸大诱惑所吸引。这样就可以建立起长期资本。

不是所有希望采用缴费确定制度的国家都具备成功的先决条件。这些先决条件包括做好准备的雇主、受过教育的雇员以及经过改革的且准备好了的社会保障制度。不具备就已经开始实行社会保障制度的国家，注定难以达到预先确定的政策目标。

2）结束“多险分立”的局面，整合社会保障服务系统

社会保障在起步阶段均分门别类建立，普遍存在四个不统一的问题，包括法律、政策和制度体系不统一，需要合并同类项，实行统一费率和建立统一的账户系统；管理体制不统一；业务流程不统一；技术支持工具不统一。社会保障行政处于“各险分立”“多票征收”“多账户服务”的局面，参保企业和职工以及受益人都感到十分不便；特别是进城务工的农民，他们中的多数人因为携带不便而不愿意参加社会保险计划。网络型政府则通过 IT 技术将各类公共管理和社会服务归类处理，将复杂的分散的项目和计划经过梳理后编辑进入简短程序，大大提高政府的服务能力，这种势不可挡的力量促进了社会的进步，也推动了政府理念和行为方式的改变。

（3）建设社会保障系统工程

一些国家已经完成基于网络型政府的社会保障系统工程建设的初期工作。早在 20 世纪 50 年代，社会化管理和服务体系已经在欧洲国家开始建设，如今已经形成完备的信息库和服务体系。例如，法国有银行系统与社会保障经办机构之间的高效合作合同。比利时和德国有社会保障信息银行，即一个全国统一的记录和处理参保人信息的数据库，提供安全有效的信息管理和服务。这些都需要在社会系统工程中完成。

在过去的 20 年里，中国在社会保障领域取得的成果是巨大的，但由于缺乏综合性理论研究、统计精算、预算预警系统和网络技术的支持，存在中央被动补贴、各级政府重复建设、地区差别加大、政府各部门之间协调不够的问题，在建设社会保障体系的同时，也在制造阻碍社会保障持续发展的障碍。

在社会保障行政系统工程中，信息管理是最重要的环节，必须做到准确、及时。因此，必须建立严密畅通的信息行政制度，使有关信息在每个当事人、

经办机构和相关机构之间有效地传递。社会保障信息行政需要五个数据库：人口统计、雇主注册、被保险人收入记录、缴费记录及社会保障待遇发放。

各项社会保障计划顺利运行需要持续的双向信息沟通。公众需要被告知社会帮助制度操作的基本规程，以及有关权利、义务和责任。同样，经办机构需要掌握受益人的最新情况和需求。在德国，经办机构工作人员走出办公室，向雇主发放小册子，向新工人做讲解。在美国，经办机构向学校教师提供资料，通过他们的宣教促进双向信息沟通。瑞典实行家庭调查法，了解公众对经办机构（包括邮局）提供服务的满意程度。

首先，社会保障行政系统必须识别个体信息。向每个缴费人分配一个账号以便记录。在瑞典，基于保护隐私权的观念，每个新生人口由主管税收的部门给予一个通用的身份证号码，这个号码被用在所有的公共制度上，包括养老保险。在德国则相反，禁止救济部门和其他福利机构之间共享信息。在公共制度中，养老保险、医疗保险、失业保险、税收等部门分别建立个人账号。养老保险账号在一个人首次被雇用时发给。美国社会不愿意承认通用身份证号码的必要性，因此，美国的制度也是这三个国家中效率最低的。美国人在出生时即得到一个养老保险账号，为能够得到基于个人所得税提供的儿童津贴。在事实上，社会保障账号已经被当成通用的身份。

其次，社会保障行政系统需要保留参保人生平薪酬记录，这常常是制定缴费基数和计发公式政策的依据。该程序必须保持低成本、高准确性，为经济分析、政策法律制定和制度改革奠定基础。在美国，雇主必须报告每个工人的姓名、社会保障号码、年工资报酬总额。如每一步都通过计算机完成，雇主负担和经办机构费用很低。额外的负担来自错误信息。

第三，建立初始待遇发放程序，其步骤包括：审查受益资格、计算待遇金额、建立记录，以保证定期支付。全过程由经办机构操作，各国为受益人建立档案的方法不同。在瑞典，这些业务活动全部由国家社会保险办公室当面处理完毕。在美国，第一次的联系往往通过电话，随后通过信函。在德国通过电话讨论养老保险被认为不利于保护个人隐私，养老保险申请通过信函。其步骤包括：查询申请人的收入记录，允许申请者有一次机会核实记录的准确性，计算其收入产生的收益，解释申请者可以选择何时开始受益，怎样和在哪发放养老金。经办机构还必须定期复查待遇领取人的记录，每当受益规则改变或者受益人的经济状况改变，必须重新计算待遇金额；输入地址、银行账目信息的变化；确保社会保障待遇持续正确的发放。

最后，实现管理和服务科学化。管理和服务的科学化需要高效率、低成本和高度适应性，其运行必须坚持下列原则：

1）依法管理。社会保障的全民性、综合性、延期支付特点决定其对法制的依托性。只有在社会保障各个环节均依法办事，才能形成长期的、有机的系统工程，标准制度的持续发展，保障参与人的权利可以落实。

2）公开、公正与绩效管理。向全体公民和参与人公开必要的信息，公平参保，并按照服务项目设计统一的操作流程，关注影响绩效的主要因素，根据客户满意度设计检验标准，将绩效原则渗透到社会保障服务的全过程，这是保证高效率、低成本运行的基本条件。

3）行政管理与基金运营分开。社会保障行政管理与其基金运营是工作对象与性质完全不同的工作。行政管理需要及时、准确，基金运营需要分散风险、保证回报率，两者需要不同类型的人才操作、执行不同的工作程序、承担不同的风险。将行政管理与基金运营分开以保证各自工作效率，避免社会保障基金的不正当使用与管理。

4）集中管理与分类管理相结合。在社会保障的分类和社会保障的险种之间需要具体分类的管理，如养老保障、医疗保障和失业保障的适用对象不同，可以分类管理，但是，在缴费和监督等方面可以进行综合管理。

5）政府管理与民间管理相结合。在社会保障事务管理的各个环节中，主体之间存在大量的信息不对称现象，政府全面管理必将导致财务成本和行政成本越来越大，还有助长懒惰和骗费的可能，这在医疗保险领域尤为突出。在市场机制中创造政府与民间专业组织协调管理的体制是最科学的选择。

6）中央协调与属地管理相结合。基金制社会保障制度的运作规则应当在中央制定，基金统筹水平受到地区间经济差别的影响，应当根据各地经济发展情况决定基金统筹水平，属地管理。在属地管理的基础上建立协调措施，以保证劳动力的合理流动。

7）将社会保障作为社会系统工程，促使众多政府部门和组织进行有效协作，这是社会保障有效管理的必要条件。

管理和服务科学化还要适应多支柱社会保障体制。多支柱的社会保障即国家基本社会保障、企业补充职业年金和个人自愿储蓄三者的有机结合。这代表了新经济环境中世界各国社会保障制度改革的发展趋势。因此，在政府管理机构之外，大量企业基金、民营组织将出现在社会保障领域；社会保障基金由国家机构管理或者由民营机构管理的局面也将出现。

管理和服务科学化要与多渠道融资体制协调发展。在多支柱的社会保障体系中，国家、企业和职工个人都是社会保障基金筹集资金的义务主体。节余的社会保障基金也将从单纯地存入政府银行和购买政府债券，向市场融资的方向发展，更多的金融工具被使用和被创造，社会保障管理机构与金融机构的联系更加密切。他们之间的协作需要共同遵守的法律和规则，甚至需要在中央政府内建立专门的、高层次的权威机构来协调他们的工作。

管理和服务的科学化必须强化监督监管。在多支柱社会保障体系的发展过程中，各类民间组织和基金组织出现在这个领域内。政府的角色不是直接介入各个层面，而是通过加强立法和监督功能来保证多支柱社会保障制度政策运行和健康发展。因此，政府准入的、依法律与合同建立的各类专业监督组织将进入社会保障管理领域和社会保障基金运营领域，如社会保障基金管理委员会、精算机构、审计机构、伤残鉴定机构、医疗事故鉴定机构、法律事务所、咨询顾问机构，以及法律仲裁和司法检察机构等。

管理和服务的科学化需要运用科技手段和培养专业人员，做到社会保险缴费"一票征收"，社会保险待遇"一站式支付"和全国范围的"可携带"服务。

(4) 服务型、学习型人力资源

社会保障管理和服务系统需要具有服务理念的人力资源团队，包括三类人员，即具有学习能力的管理人员和技术人员，以及善于接人待物的服务人员。其专业涉及财会、法律、计算机、金融、医学等。与能力型政府相适应的人力资源规划是实现政府创新和再造目标的基本条件。

2001 年，中国官方就社会保险服务能力提出急需下列人员，并提出以下专业人员的市场短缺量[①]：计算机管理（93%）、社会保障理论研究（74%）、财务会计（63%）、法律（52%）、人力资源管理（48%）、经济学理论(48%)、金融、证券理论和操作（44%）、行政管理理论和事务（37%）。此外，从事社会保障工作的人都要具有一定的文字写作能力和外语水平。

3.2 社会保障经办机构的主要类型

社会保障日常业务包括：

(1) 为参保人建立账户，包括参保登记与审查、缴费申报与检查、账户信息交流。

(2) 有关数据和信息的管理，包括管理部门之间的上传下送、管理部门与各类经办机构、参保组织和参保个人之间的信息交流，以及在社会或市场中的横向交流。

(3) 受理参保人的申请和审查受益人的资格，以及待遇支付和信息交流与沟通。社会保障日常业务可以通过授权的方式由准政府机构，或通过外包的方

① Willy van Eekhutte，杨燕绥. 论社会保障法［M］. 北京：中国劳动社会保障出版社，2003.165～167

式由社会组织和营利组织承担并提供服务。

目前，社会保障事务经办机构的发展趋势是多样化、一致化和系统化。多样化即经办机构的性质多元化（见图 8—14）；一致化即由分门别类的组织和机构整合归一，建立统一的、独立的经办机构，以完善社会保障体系和服务系统；系统化即通过建立信息共享系统，逐步整合不同经办机构之间的服务流程，以降低管理成本和提高服务能力。

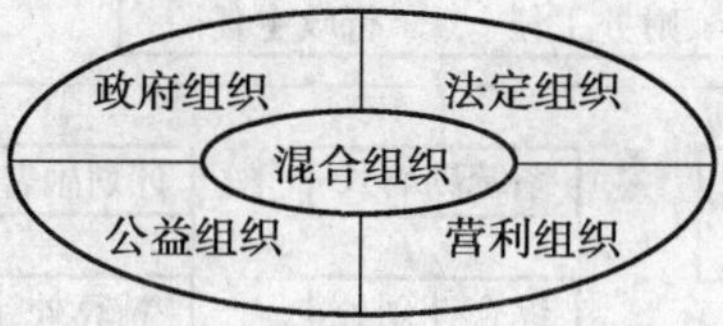

图 8—14　公共管理主体多元结构

社会保障经办机构的主要类型如下：

—政府组织；

—法定组织（准政府机构）；

—社会组织；

—营利组织；

—混合组织。

（1）政府组织

政府组织即由原政府内阁机构直接经办。例如，英国自 20 世纪 90 年代曾经将养老金和儿童补贴等事务通过建立独立机构的方式经办，但实践证明其行政费用加大，效率却没有提高。所以，20 世纪 90 年代末期，又将国民年金等福利待遇的支付工作收归社会保障部，通过直接购买服务的方式管理。

（2）法定组织

法定组织也称准政府机构。法定组织具有法定性、独立性、垄断性、非盈利性等特征，是新型政府的一部分。法定组织必须严格按照法律规定建立组织和任用人员、财政拨款和履行职责，包括公开性和透明度，接受议会和公众监督。法定组织的服务收费必须依法实施，其工作人员包括派任的公务员、招聘的专业技术人员和服务人员。例如，美国的社会保障总署是直接对总统负责的法定组织。澳大利亚的中央连接机构是独立管理社会保障信息库和操作账户系统的法定组织。新加坡公积金局是全面管理公积金和操作个人账户系统的法定组织。

美国的社会保障署是最重要的社会保障行政机构，以前隶属于联邦人力资源部。1994年，美国国会通过了“社会保障机构独立”的议案①。从此，社会保障总署独立管理主要社会保障事务，隶属于总统办公室。其内部结构如图8—15所示。

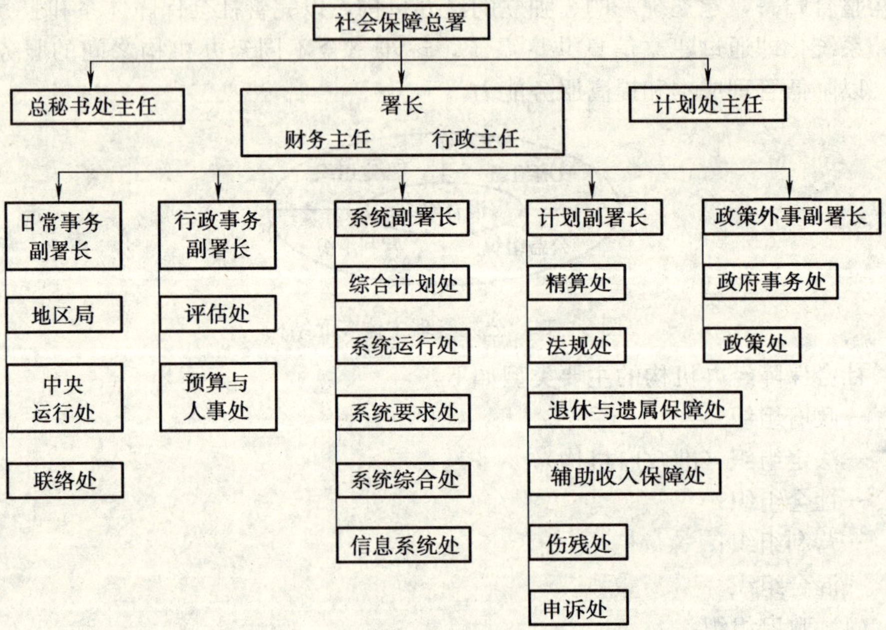

图8—15　美国社会保障机构的内部结构

新加坡中央公积金局是一个具有本国特色的社会保障管理机构。它是在政府劳工部监督下的半官方机构。实行董事会领导下的总经理负责制。董事会主席和总经理由劳工部任命，任期三年，董事10人，有政府代表3人，雇主代表2人，专家4人。董事会有决策权，下设财金委员会和规划决策委员会。中央公积金局内设6个部门，即会员服务部、人事部、电脑部、雇主服务部、行政部和内部审计部，全局700个工作人员。中央公积金局内部具有严格的操作

① 1994年，克林顿总统改革社会保障体制，把社保局升格为独立的“总署”。同时，应国会要求创立了常设“社会保障咨询理事会”。根据当时法律，该理事会是跨党派的咨询机构，共7名成员，由总统和国会联合任命。负责向总统、国会和社保总局局长提供有关社会保障计划的战略和政策建议。7名成员的具体任命方式为：总统任命其中3名（不得全部来自同一党派），众议院议长和参议院当值主席分别任命2名（不得来自同一党派）。其中，总统的任命需经参议院确认。每名成员任期6年。总统从理事会成员中指派一名主席，其任期与总统任期一致（4年）。理事会成员大约每月开会一次，主要职能有：研究社会保障体系的长期财务问题并探讨对策；研究社会体系怎样更好为公众服务，社会保障基金的风险评估，长期跟踪评估社保局工作，促进公众更好地理解社会保障体系等。

规章，年行政费用控制在当年保费总额的0.5%。中央公积金局对外具有权威性和强制执行权，对拖欠缴费的雇主规定了严格的处罚办法，从罚金到停止营业，直至移交法院判处2年徒刑，滞纳金高达每日1.5%。新加坡中央公积金局的组织结构如图8—16所示。

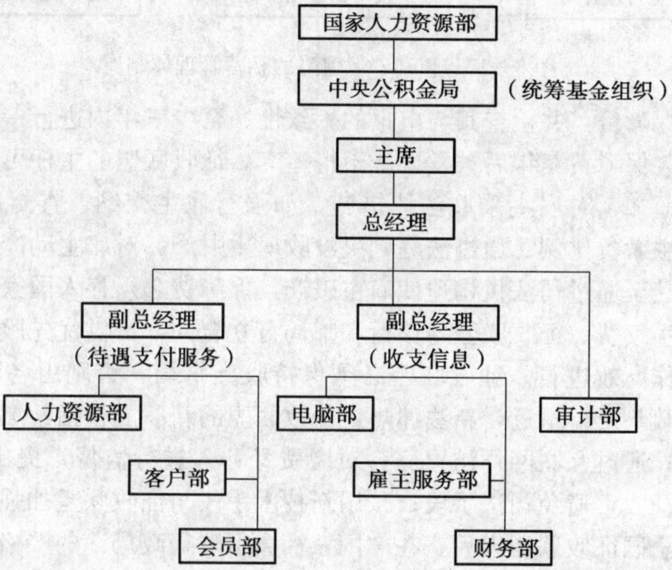

图8—16　新加坡中央公积金局的组织结构

（3）社会组织

社会组织即非政府、非经营性质的公益组织，如雇主协会、工会等。在德国和法国，社会保障日常事务分别由雇主组织和工会组织管理，即分门别类的社会保险公共基金组织。

表8—3　　法国社会保险经办机构

中心办公室	国家雇员疾病基金	国家老年基金	国家家庭救助基金	地区基层家庭救助基金	工会
联合征收机构	地区疾病保障基金	地区疾病基金			雇主协会
	基层疾病保障基金	巴黎老年基金			

（4）营利组织

营利组织即以营利为目的的经营社会保障事务的机构。例如，智利养老保障的私营管理体制（见图8—17）。

法国“社会保障和家庭津贴征收联盟”在全国有105个工作站，负责社会保障费的征收。该联盟是私营机构，其职能如下：接受雇主的缴费申报；收取

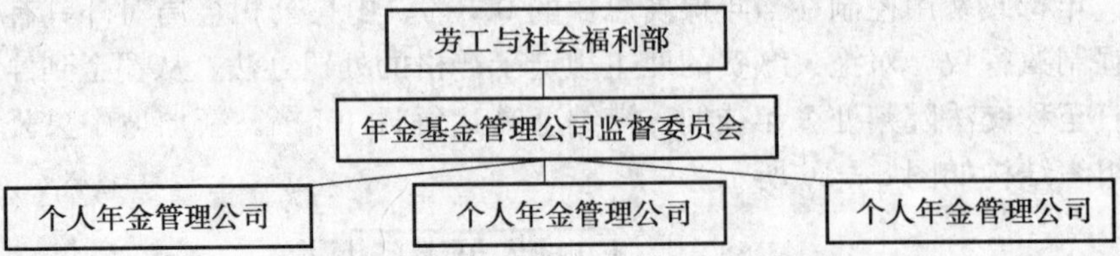

图 8—17　智利养老保障的私营管理体制

雇主缴纳的保障费，并检查其与申报的一致性。至少三年内进行一次严格的检查。雇主拖欠保障费三年后被发现，不得追究。征收联盟的主任可以发出具有法律效力的通知，对雇主采取法律措施，如强行雇主交纳、查封雇主银行户头、提高雇主缴费比例、通过法庭判决没收雇主财产、对雇主动产和不动产进行拍卖等。甚至通过司法机构迫使雇主破产。保障费必须存入国家银行，给付利息，不收手续费。征收联盟与银行和邮局订立合同，提供优先服务，保证每日的收支工作高效进行。征收联盟必须保持收支平衡，否则由各联盟之间平衡，或者财政垫支。最近，新法律规定征收联盟的新职能包括：缴费者的文件和信息处理；通过互联网拜访家庭；对缴费义务人进行监督，提出预防忠告；以友好方式征收，避免司法手段；采用新技术手段与征收联盟加强联系。社会保障费缴到全国征收联盟以后，在“国家社会保障行政局”的严格的控制下拨给各基金会使用。

法国各项社会保障业务均建立了全国计算机联网，社会保障工作具有高度专业性，因此，法国建立了欧洲唯一的“社会保障高级人才培训中心”。全国600多个基金会的负责人和高级行政人员均经过该中心的培训。如果出现争议由普通法院依简易、速结、费用低的特殊程序处理。

(5) 混合组织

混合组织即政府、非政府公益组织和私营机构的混合行政体制。典型例证来自阿根廷（见图 8—18）。

4. 建立社会保险（保障）公益受托人制度——国家社会保险服务中心

有了服务理念和信息系统的人力、物力基础，人机结合的体制安排就成为关键因素。按照公益受托人的模式建立国家社会保险（保障）服务中心是建设和完善中国社会保障体系的重要组成部分。公益受托人即基于全体公民信任委托经营公共基金和管理公共服务事业的法律主体（机构）。公益受托人具有法定性、独立性、审慎性和公开性的特征。

法定公共服务组织是新型政府的一部分。很多国家的政府组织发生了改变，针对新的公共服务需求建立了法定组织，为新型政府的一部分，履行政府

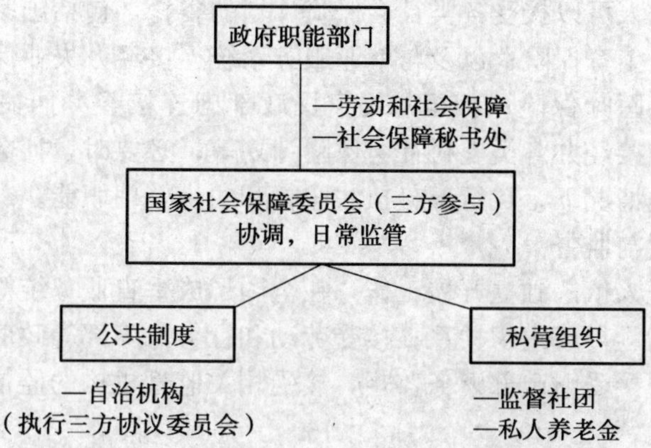

图 8—18　阿根廷社会保障公私混合管理体制

公共服务职能，如美国的社会保障总署和新加坡的公积金局。

社会保障是最大的公共服务，社会保障是系统性社会工程，依法授权建立全国统一的社会保险管理中心，作为国家、政府和人民社会保险事业的受托人是适时的最佳选择。社会保险受托人属于法律概念，即受人之托，代为管理社会保险计划的法律主体。社会保险服务中心（或其他统一名称和形象设计）即承担社会保险受托人责任的组织。该机构是法定的独立组织，是中国公共服务型政府的一部分，即履行政府职能和需要财政支持的组织。中国多支柱的、城乡协调发展的社会保障体系还处于调整和完善期，相关法律法规也在起草过程中，这是建立社会保险受托人制度的大好时机。

首先，通过《社会保险法》明确社会保险受托人的法律地位和功能、组织结构和人员资质、经费来源和收费办法等问题。

其次，有步骤地将现有社会保险事业管理中心（以下简称“社保中心”）改造和完善成具有中国特色的社会保险受托人机构。

（1）依法建立

原社保中心依据《社会保险费征缴暂行条例》由劳动和社会保障部设立，社会保险受托人应当依据《社会保险法》建立，具有独立的法定机构资格，严格依法建立；并根据不同社会保险计划的需要设立中心代理机构和地区派出机构，以完整统一的形象展现于社会。

（2）运营资产

原社保中心的资产依法归社会保险受托人所有，财政部按照年预算有计划的支付社会保险网络系统建设经费。

（3）业务范围

社会保险受托人可以接受各类社会保险计划的委托，包括国家举办的养老保险、工伤保险、生育保险；以及与就业服务系统连接经办失业保险，与医疗服务系统连接经办医疗保险；甚至与国家民政部门连接经办居民最低生活保障，与相关机构连接经办各类农村社会保险计划等；必要时，社会保险受托人可以在依法授权的情况下，代行部分执法监督和纠纷处理职能。

（4）业务指导与监督

社会保险受托人依法独立开展工作，在全国形成垂直业务统筹关系，以及相应人、财、物的领导或组织关系；接受劳动和社会保障部等政府主管部门的业务指导与监督，接受财政部财务监督，接受相关监管机构的监督和检查。

（5）组织与运营

社会保险受托人机构内部将其所经办的社会保险计划按照业务特点进行归类，规定统一的具有适应性的运营规则和绩效评估，建立计算机操作系统，做到“一个窗口对缴费人，一个账户对受益人”；组织机构和人员根据业务操作流程进行配置，实行总经理负责制。在条件成熟时可建立董事会或监事会制，对不同类别的社会保险计划进行监督。

（6）人员与薪酬

社会保险受托人机构人员由三个方面组成，即政府派出人员（派出期间根据自愿原则保留公务员身份，并可以根据工作需要回到政府部门）、技术主管人员和一般业务员工。建立动态的一揽子薪酬计划，实行具有保障性和激励性的公司式人力资源管理战略。政府派出人员，按照人头由财政拨付行政经费；技术和业务人员服从社会保险受托人机构的薪酬计划，根据所经办社会保险计划类型由委托合同规定薪酬水平。

（7）经费来源

国家财政支付国家基本保险项目运行的行政管理费用和信息系统建设费用，该机构依法获得佣金（依法提取社会保险基金的一个百分比），可以在法律许可的范围内与民间机构和营利机构联合开发社会保险服务项目。

（8）业务展开

社会保险受托人可以接受各类社会保险（乃至各类社会保障）计划的委托，依据平等协商原则签订委托代理合同，建立委托代理关系；根据委托代理合同选择资产托管银行，具体经办社会保险计划的账户管理和基金运营（对积累型计划可以再委托专业投资机构）。账户管理包括共同账户和个人账户的资金收缴和待遇支付，属于财政拨款或地税部门代征的资金，基于低成本和高效率的原则，由委托合同规定资金进入账户系统的途径和方法。

附件

社会保障行政成本和待遇支出与缴费收入之间的对比（所有的数字单位都以当地货币的百万为单位进行计算）

国家	货币	年份	缴费				总缴费	待遇	管理成本	管理利益	管理缴费	发展指数	洲
			保险人	雇员	国家参与	其他公共机构参与							
奥地利	先令	1993	83 276	90 818	57 486	0	231 581	225 648	4 954	2.20	2.14	高	欧洲
加拿大	美元	1/4/93—31/3/94	5 850	5 858	0	0	11 699	18 536	268	1.44	2.29	高	北美
智利	比索	1993	681 536	0	923 274	0	1 604 810	1 072 177	129 760	12.10	8.09	高	南美
中国	元	1992	886	34 292	0	0	35 178	93 198	823	0.88	2.34	中	亚洲
丹麦	克朗	1993	2 823	1 393	71 290	2 672	78 178	75 836	90	0.12	0.12	高	欧洲
斐济	美元	1/91—30/6/92	49	49	0	0	98	65	4	6.08	4.05	高	大洋州
德国	德国马克	1993	126 734	111 830	69 811	0	308 375	310 374	4 880	1.57	1.58	高	欧洲
加纳	塞地	1993	24 600	61 500	0	0	86 100	2 618	9 933	379.43	11.54	低	非洲
格林纳达	ES$	1993	6	6	0	0	12	3	2	54.25	13.16	中	拉丁美洲
危地马拉	格查而	1993	81	155	0	0	236	151	29	19.15	12.30	中	拉丁美洲
几内亚	法郎 CFA	1992	52	247	0	0	299	108	104	96.30	34.78	低	非洲
意大利	里拉	1993	39 025 633	51 750 618	29 490 681	131 028 960	131 028 960 499	154 697 753	2 912 888	1.88	2.22	高	欧洲
马来西亚	林吉特	1993	111	388	0	0	499	174	33	18.71	6.52	高	亚洲
毛里求斯	卢比	1993	0	0	1 066	0	1 066	1 050	14	1.33	1.31	高	非洲
摩洛哥	迪拉姆	1992	271	541	0	0	812	1 037	167	16.10	20.57	中	非洲
尼日尔	法郎 CFA	1992	441	677	0	0	1 118	713	369	51.83	33.04	低	非洲
菲律宾	比索	1993	4 355	6 631	0	0	10 987	11 861	881	7.43	8.02	中	亚洲
多哥	法郎 CFA	1993	544	817	0	0	1 361	2 827	766	26.67	56.28	低	非洲
也门	格瓦查	1994	137	205	0	0	342	96	27	27.75	7.75	低	亚洲

注：1）包括养老金制度以及公积金。2）包括疾病/生育现金待遇

资料来源：国际劳工组织办公室，1990—1993年社会保障成本

第九章　政府与社会保障法治

如果承认社会保障是公民权利，就需要建立社会保障法制以保护公民权利；在法治社会里，政府角色和责任又进一步发生变化，需要在完善自身依法行政的基础上“与非政府组织握手和进入市场散步”，完善社会治理和提供社会保障。社会保障的法治要求在挑战政府的进步与改革。

1. 社会保障是公民权利

21世纪的人权口号是“体面生存”，就业和社会保障是人们能够体面生存的两个基石。在新公共管理时代，保障公民的社会保障权利，可以通过政府能力和市场能力，这对法制支持和法治环境具有极大的依赖性。需要一些必要条件，即健全的社会保障法制、习惯于依法行政的政府、完善的监督监管制度、制度化的信息披露等。

1.1　公民保障权的由来

福利经济学派庇古等人提出“公民受益权”，即国民收入总量增加、收入分配政策合理，是创造社会福利的条件，也是结果。自1689年，英国议会颁布的《权利法案》中提出了自然权利的主张，其中包括生存权的内容，如人民有向国王请愿的权利，公民的社会保障权利便开始了，因为可以代表全体公民基本要求和需要向国王请愿的问题主要指基本生活的安全保障，以后的人权宣言均在不断深化和细化这个思想。例如，1789年，法国《人权宣言》规定了天赋人权、人人生而自由、权利平等原则。又如，1889年，美国国会修订1787年宪法《人权法案》时，规定了人民享有生命、自由、财产、信仰、结社、言论和向政府请愿的权利。

但是，公民具有请愿的权利以后，国家和政府应当做出怎样的反应呢？将公民保障权推向更深层次的是1848年的《法兰西第二共和国宪法》，该《宪法》第13条规定：“社会应当对弃儿、病弱者和没有资产的老人给予救助。”这里虽然没有明确指明政府责任，但宪法是规定国家和公民关系的大法，此处的“社会”应当寓含国家义务和政府责任。以后出现的宪法越来越具体地规定了国家义务。

直到1952年ILO通过了《社会保障（最低标准）公约》（102号），在全球就公民基本生活所面对的社会风险达成了共识，并规定了国家和政府建立和完善社会保障制度的指标体系，为国际社会评价国家社会保障体系提供了量化标准和定性评价的依据。

1.2　如何检验政府的公民社会保障权利意识

1.2.1　公民权利来自法制

政府的公民社会保障权利意识即指政府将建立和完善国家社会保障体系作为实现公民权利的理念和行动。权利是个法学概念，指实现某种利益的可能，权利的实现来自宪法的原则规定和法律的制度安排。宪法规定如下问题：

（1）公民社会保障权利的实质内容。例如，1919 年德国魏玛《德意志共和国宪法》第 161 条规定："为保障公民健康及工作能力，保护产妇及预防因老、病致贫，联邦应当建立社会保险制度……"该规定反映了德国政治人士关注健康和保险制度安排的倾向，因为德国是社会医疗保险和社会工伤保险的发源地，在德国的社会保障体系中更加突出社会保险制度安排的特点。再如，法国《第四共和宪法》规定："国家对所有人，尤其是儿童、母亲和老年工人保证健康保护、物质安全、休息和闲暇；如果因为年龄、身体或精神状态或经济状况而不能工作，他们中的任何人都有权从社会或单位获得体面生存的手段。"该规定反映了法国工会的能力，所以，将"从单位获得帮助"写进了宪法，这是法国具有最好的工会健康保障计划的重要原因之一。

（2）政府的责任和行动方针。德国魏玛《德意志共和国宪法》第 161 条规定："国家给予全体劳动者就业和获得生活来源的机会，当公民丧失这种机会时，由国家建立法律制度，给予必要的生活保障。"这是魏玛宪法的划时代意义，它确立了国家的社会保障义务。魏玛宪法第 7 条进一步规定："联邦对于下列各项事务有立法权：（4）救贫制度及移民救助。（7）人口政策，孕妇、婴儿及青年保护。"从而明确了联邦政府的具体责任，这些宪法原则至今仍在影响德国的法制建设。

此外，《社会保障（最低标准）公约》从以下几个方面详细地规定了国家义务和政府责任：

（1）社会保障制度覆盖的事物包括医疗补助、病假津贴、残疾津贴、失业津贴、老龄津贴、工伤津贴、生育津贴、遗属津贴和家庭津贴。

（2）社会保障制度覆盖的群体及该群体在全部人口中的比例。

（3）社会保障待遇定期支付原则及与工资的替代率；非本国公民同等待遇。

（4）社会保障制度由政府监督，按照法定标准由雇主和工人联合会实施管理。

（5）建立司法制度，保证公民诉权。

20世纪70年代以来，西方法制国家在政府改革中纷纷依法建立独立的公共服务组织和行业自律与监督监管委员会。世界银行专家认为，在法制不健全的发展中国家不宜建立这类独立组织，以免出现行政管理失控和官商勾结的混乱局面。这样，非法制的发展中国家将陷入两难困境，保留官僚体制与现代生产工具和生产方式不能互相适应，甚至阻碍生产力的发展，停留就是倒退；在法律缺位的情况下进行政府改革和学习西方国家经验将会陷入新的混乱，政出多门、职责不清，出现百姓流传的“杀一口猪要加盖12个公章”的笑话；甚至由于缺乏依法行政的有效制约机制，出现官商勾结侵吞公共财产和破坏市场规则的腐败大案，贻害无穷。

1.2.2　检验政府公民社会保障权利意识的两条标准

公民社会保障权利来自宪法和法制，有法可依是保护公民社会保障权利的前提条件。因此，检验政府的公民社会保障权利意识如何有以下两条标准：

（1）积极参与和促进社会保障立法，认真听取公民的社会保障请求，以完善保护公民社会保障权益的法律法规。

（2）将保障公民社会保障权益和诉讼请求作为政府工作和公共服务的核心内容，接受公民监督并敢于向公民进行信息披露。

江泽民于1998年12月14日在中共中央第八次法制讲座上指出：“为了建立符合我国社会主义市场经济发展的完备的社会保障体系，进一步做好社会保障工作，必须十分重视和不断加强社会保障的法制建设。”“社会保障是一个很重要的经济和社会问题。社会保障的主要作用是帮助人们降低生活和工作中可能遇到的风险，保障社会成员的基本生活，增强他们的生活安全感。社会保障体系是否健全，这方面的法制是否完备，对一个国家的经济发展和社会稳定会产生直接的影响。”

2. 论社会保障法治

2.1　从“法制”到“法治”

20世纪70年代以来，建立多支柱社会保障体系已经是全球共识。社会保障计划的资金来源和基金管理呈现多元化的发展趋势，国家、各类企业和个人都有责任，因此，完善社会保障体系建设需要政府、企业和个人的协同治理。

2.1.1　法制即法律制度化

法制即法律制度化。法制的核心问题是依法办事，包括有法可依、有法必依、执法必严和违法必究四个环节，其目标是完善法律制度，建立人人遵纪守法的社会。20世纪50—80年代，英国分析法学传统的当代杰出代表哈特在他的《法律的概念》一书中贯穿了一个思想，即“法律是由许多因素和事实构成的复杂的社会现象。只有将行为规则构成一个体系和形成一个制度，法律才能存在。”① 有效安排法律体系的目的在于使法律与其调整的社会关系和谐发展。例如，如果我们认为社会保障是一个综合性社会工程的话，就需要从长期发展目标出发来科学合理地安排社会保障的法律体系和建立健全社会保障法律制度。

法律制度化是法律存在的条件。法律制度化的主要标志包括：

（1）国家意志通过法律形式表现出来。

（2）政府、法人和公民的行为规范化。

（3）普法教育和遵纪守法成为社会人文文化的主流。

法律制度的形成是法制建设的前提条件，即有法可依和有法必依。法制建设还需要必要条件，如执法监督和司法制度，以便做到执法必严和违法必究。

综上所述，法制是克服人治的第一阶段。它要求执政党、政府和人民都要依法办事，一方面强调有法可依，另一方面强调守法，强调对违法行为的惩罚。

2.1.2　法治即依法治理

伴随社会变迁，法制也在不断深化和不断完善。当人们在政府和市场两者之间提出第三条道路并踏出小径时，公共权力、公共管理和社会治理等问题逐渐成为热门话题，且思路日渐清晰，带来国家、政府和公民的关系的深层次变化，社会则进一步远离人治，进入法治时代。

法治即依法治理，强调协同治理。根据世界银行《治理与发展》（1992年）和《治理，世界银行的观点》（1994年）两个报告中反映的观点，治理的内涵更深，外延更广，是国家经济和社会资源管理的风格和方式，反映政治制度的形式、国家经济和社会资源的管理过程和政府的能力和施政方式。如今，世界的每个政治角落都在从不同角度谈论协同治理问题，其结论均具有为我所用的倾向。可以说，依法治理对国家权力的限制和制约，可以有效地运用公共权力，使法律获得普遍的服从；其目标是建立公民社会。

法治定义需要从形式上和实质上加以理解。形式意义的法治强调“依法治国”“依法办事”的治国方式、制度及其运行机制，实质意义的法治，强调“法律至上”“法律主治”“制约权力”“保障权利”的价值、原则和精神。形式意义的法治应当体现其价值、原则和精神，实质意义的法治也必须通过法律的形式化制度和运行机制予以实现，两者均不可或缺。

① ［英］韦恩·莫里森. 法理学. 武汉：武汉大学出版社，2003.391

法制与法治的主要区别在于，前者强调法律制度自身建设，后者强调法律向权利和社会的渗透；如果说前者的意义在于要求人们依法办事，对不依法办事者给以制裁；而后者的意义在于建立完善的依法办事机制，使人们受机制约束而自觉的依法办事，使人治和特权没有生存的空间，人权自然得到承认和保障，使国家和公民的关系、政府和居民的关系回到自然和谐的状态中。

2.2　社会保障法治的基本原理

2.2.1　社会保障法治的基本原则

当今社会保障基本原则与法治原理十分协调，这些思想和原则已经进入各国宪法和有关的国际公约和建议书，极大地影响和促进了各国社会保障立法和法治形成的进程。

(1) 权利保障

权利保障即将获得保障视为公民权利和国家义务。《经济、社会、文化权利国际公约》人权公约和国际劳工组织的公约和建议书，规定了成员国保障公民享有社会保障权利的义务。目前社会保障作为公民的一项权利已经被写进很多国家的宪法。社会保障既是经济权利，也是社会权利。社会保障是实现上述公约和国家宪法规定的国家义务的主要途径。

(2) 国家责任

国家责任即指国家提供基本保障、监督管理补充保障计划，以及鼓励发展个人储蓄，一个目标和多种角色的责任。社会保障学说有国家责任和自由发展流派。受政治经济学派影响，国家责任学说发源于欧洲，自由发展学说发源于美国。基于国家责任原则，社会保障是公民权利，欧洲学者将社会保障视为国家对人类风险的全面保护。

(3) 社会伙伴参与

社会伙伴参与即协同治理。通过法律和契约的方式，在国家、企业和个人合作的基础上共同建立可持续发展的、多支柱的社会保障体系。政府在构建协同治理的机制中具有重要角色。例如，在德国自治性社会保险计划管理体制下，政府的责任之一是促进社会群众之间的相互认同。在中国，一度出现的公众不知什么是“社保基金”，包括新闻媒体都将全国社保基金理事会管理的储备基金与各省管理的社会保险计划滚存资金，甚至企业年金计划的市场运营基金混同起来；更有甚者，社会保险经办机构名称不一，公众无法识别；这些现象都可以归因于缺乏社会认同和共识。

(4) 公平与效率结合

公平与效率的关系在社会保障领域，即将效率寓于公平原则之中，以实现更高级的公平。在国家福利型社会保障制度中，公平的含义即人人有之的均等待遇。20世纪70年代以后，人们开始反省福利国家政策的消极性，追求公平与效率相结合的最佳社会效能。公平即公平筹集资金和公平分配基金；公平筹集资金是指纳税者和缴费者之间财政负担的公平分配；公平分配基金是指在公民之间创造公平的社会保障利益分配机制。效率，即以更经济的方法将有限的社会保障资源分配到最需要的人群中去。

基于公平与效率结合原则，实现了再分配与储蓄并用的实践经验。越来越多的国家，基于国家再分配功能不断完善公共社会保障制度（第一支柱），同时基于个人储蓄功能建立职业年金制度（第二支柱），这就是再分配与储蓄的并用。

（5）多支柱的社会保障体系

多支柱的社会保障体系即国家最低保障、企业基本保障和个人自愿储蓄补充保障的协调运作。建立多支柱的社会保障体系已经成为共识，并融进很多国家的社会保障立法。世界各国均根据国情选择多支柱的模式和协调原则，新加坡公积金制度是一个内在组合模式，英国在职业年金和企业年金之间允许参保人自主选择和退出，大多数国家的模式属于外在结合模式。

（6）国际协调发展

国际协调发展即不同国家之间建立协调措施，创造处理缴费和支付待遇的国际平台，为全球劳动力流动创造条件。例如，OECD国家就《企业年金治理准则》达成协议，欧盟委员会颁布了《企业补充养老金令》。国际劳工组织公约要求在社会保障领域实行本国公民和外来合法移民同等待遇，以保护劳动者权益和促进全球劳动力市场的发展。此项原则在欧盟国家之间得到初步实施，在其他国家之间尚不具备实施的条件。在社会保障领域建立国际协调发展的原则、技术措施和立法是世界各国和有关国际组织均面临的挑战。国际劳工组织公约还要求各国保证投保人和受益人的申诉权，由于各国原有的法制基础不同，其实施的程度也不同。

2.2.2　法律渊源、功能和地位

社会保障关系是人们社会生活中普遍、具体、生动的组成部分。西方学者T. H. Marshall精辟地比较和概括了社会保障法的功能和地位：“民事权利创立于18世纪，它导入了个体自由和财产权利；政治权利创立于19世纪，它授权于公民参与政治和国家权力；社会保障权利创立于20世纪，它使全体公民有权利分享社会财富。”[①] 因此，继1804年法国民法典之后，社会保障法被称为现代法制建设的里程碑，因为它创造了社会权利，使每个公民平等地分享社

① 艾膺. 民主社会主义和劳动法. 发表于工业法律季刊，1995

会财富，面对社会风险得到国家和社会的保护。西方学者将社会保障法视为矫正资本主义价值观和挽救资本主义命运的工具。

社会保障法律渊源即由硬法群和软法群构成的法律规范体系。硬法是国家立法和授权立法的产物，包括宪法、法律和法规，软法包括公约、协议、合同以及执行方案等，并由此构成的社会保障法律体系和功能结构（见图 9—1）和实施宪法社会保障原则的途径。宪法的社会保障原则是执政党、政府和公民的基本共识，构建社会保障体系和完善社会保障制度安排还需要具体法律规范，以及法律法规的支持。法律的意义在于宪法原则的实现，具体描述社会保障制度安排，包括国家、企业、个人及其他组织在社会保障资金筹集、基金管理和待遇支付方面的责任。行政法规（包括地方行政法规）的意义在于宪法社会保障原则和社会保障法律制度安排的实现和执行。软法包括两类事物，一是立法解释，包括立法机构的权威性解释、司法机关判例性解释和非权威性的学理解释；二是基于国家法律法规，在当事人协商基础上产生的，仅对当事人和签约人具有约束力的规范性文件，包括公约、协议、合同和执行方案等。如中国与德国签订的社会保险双边合作协议、行业性企业年金管理计划协议等。

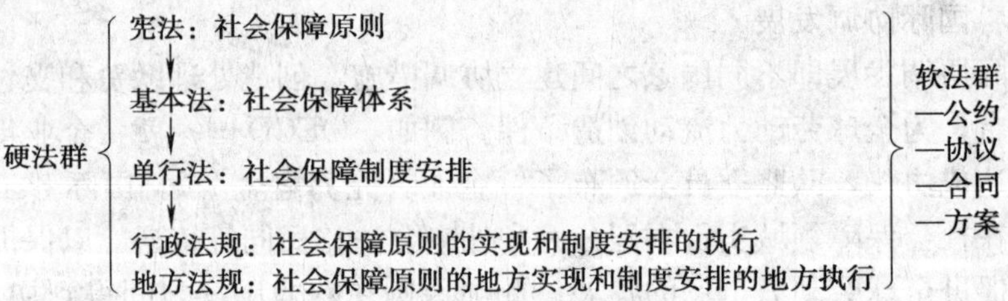

图 9—1　社会保障法的功能结构

社会保障法从产生即是独立于民事立法和劳动立法的新兴法律。社会保障法的独立性基于以下三点：

（1）具有独立的调整对象。当今人们已经认识到社会保障法律关系的综合性和复杂性；同时，随着社会保障模式和制度在全世界范围的改革实践，人们还需要在更广阔的领域去认识社会保障法的调整对象及法律关系。

（2）需要特定的调整原则。当今人们正在争论和修订已经形成的社会保障立法的原则，创造适应知识经济时代的新原则。

（3）已经形成专门的内容体系。基于国际劳工组织 102 号公约，社会保障立法的基本内容体系已经形成，人类进入 21 世纪以后，社会保障制度将沿着多支柱的道路发展，其内容将更丰富；多支柱发展趋势决定了它向私法领域和金融领域延伸，社会保障法调整对象的交叉性决定了它具有跨部门发展的趋势，成为跨部门的综合性社会立法工程。社会保障立法在公法和劳动法范围内发展的历史已经结束。

2.3　社会保障法治的主要内容

社会保障法治的主要内容包括社会保障权利、社会保障法制和社会保障治理机制。

2.3.1　让公民社会保障权利深入人心

正如德国《魏玛宪法》第161条规定的："为保证健康及工作能力，保护产妇及预防因老、病致贫，联邦应建立保障制度，并使这个资格和待遇人人皆知。"这是人类进入社会保障法治时代的信号和信息。

公民社会保障权利主要指参加如下计划获得相应待遇的可能和途径：

（1）健康保障权利，包括健康的生活环境和疾病治疗条件。

（2）生育保障权利，包括生育妇女和母子的医疗条件、物质保障和精神慰藉。

（3）失业保障权利，包括提供失业期间的储蓄收入以保障基本生活，以及促进就业的措施，如求职帮助和职业培训。

（4）职业安全保障权利，包括安全卫生的工作环境和工伤待遇，如医疗条件和生活津贴等。

（5）住房保障权利，即指拥有基本住房。

（6）最低生活保障权利，即指通过社会救助和政策支持，使收入在贫困线以下家庭的基本生活得到保障。

（7）养老保障权利，即在丧失劳动能力之前得到住房、医疗计划和养老金计划。

公民社会保障权利深入人心的必要条件如下：

- 明确的宪法原则；
- 完善的社会保障法律体系；
- 合理的社会保障制度安排；
- 普及的社会保证法制教育；
- 健全的社会保障执法与监督机制。

其中最重要的是政府敢于把社会保障作为公民权利来对待。

2.3.2　建立和健全社会保障法制

（1）公民保障权利对法律具有依赖性

法律文化具有自身特点和矫正功能。配置社会物质和人力资源的主要方法包括市场方法、政府方法和法律方法。市场通过供求关系和根据成本与收益的匹配进行资源配置，政府通过战略、计划和政策进行资源配置，法律配置资源的方法是明确主体、确认产权和规范物权。

1）法律将人们依一定依据划分为具有特定属性的主体，如国家、组织和个人。

2）法律规定人们对物的财产权利，如公有、共有和私有。

3）法律规范人们处理物权的行为，如占有、使用、收益和处分。

4）法律使人们的社会关系上升为法律关系，即法定权利和义务关系。

5）法律约束人们的行为，即假定、处理和制裁。

6）法律规范由国家强制力保证实施。所以，法律是人们的行为规则。法律文化的科学性就在于它让人们透过社会现象看问题本质。

公民保障权是一个宪法原则，需要通过具体法律制度加以实现；公民保障权常常列入延期支付范畴，其合法权益需要更加严格和完善的法律制度加以保护，如信托制度和受托人法律。保障公民上述基本权益的法律制度即社会保障法。

社会保障具有三个财务要素，即筹集资金、管理基金和支付待遇。基于这三个财务要素，必然产生一系列法律制度。首先，在资金筹集方面需要依法明确政府责任、企业责任和个人责任。例如，《德国养老金法》规定了雇员和雇主的缴费责任，是雇员工资的19%，雇主和雇员各分摊50%；政府按照前一年支出总额的一定比例提供补助。新加坡《公积金法》规定了参加公积金计划的缴费水平约为个人工资的40%，雇主和雇员各分摊50%，不同年度有所调整。其次，在基金管理方面需要依法明确账户管理模式和经办机构。账户管理模式包括社会统筹和个人账户，经办机构包括政府机构、公益机构、营利机构，以及法人受托人或个人受托人。社会保障基金和个人账户资产需要进行安全和有效的管理，建立信托制度。完整的信托制度包括委托人、受托人、账户管理人、资产托管人和投资管理人的法律制度。最后，在待遇支付方面需要依法规定参保人的资格和受益人的条件、待遇支付原则和支付水平，以及对参保人既定受益权益的保护。

以上三个问题涉及国家、企业和个人的利益，需要通过法律手段来界定主体（资格）和主体权利并根据规定的程序进行资源配置，从而建立具有统一性、权威性、稳定性和具有强制执行力的社会保障法律制度和监督机制，在全社会达成共识并采取一致行动，以此实现建立社会保障系统工程的目标。在实践中，社会各国均是依法建立和管理社会保障制度的。

（2）政策具有局限性，向法律优先迈进

政策的局限性在于政策制定者与宪法权利的距离，以及政策制定者的自身缺陷。所以，一旦做出实行社会保障改革的政策选择，并设计了改革方案，就应当起草法律；否则，即使是不易产生分歧的简单改革也会遇到阻碍和加大改革成本。

政府可以用政策手段去设计和推动社会制度改革，但不能依据政策去完善宪法原则，去推行新制度和要求公民做什么和不做什么。因为政府与公民不具有直接的法律关系，无权直接干涉宪法赋予公民的权利，需要依法律途径处理政府与公民的关系，政府和公民都需要服从国家法律。在现实生活中，每届政府都有任期和部门利益，这决定政府没有制定长远计划和管理统一计划的动力、眼界和能力。

如果停留在政府部门制定政策和行政立法的现象，还可能助长公共部门的寻租甚至设租企图，强化政府部门利益，诱发腐败，阻碍各项经济和社会改革规划的实现，加大改革成本。

社会保障模式需要不断完善，社会保障改革需要繁重的立法准备，对每一次转制的经济成本和政治成本给予充分估计并做好安排，尽力争取帕累托效益，不使任何群体的利益受损；绝对不允许以牺牲一个群体的利益去换取另一群体的利益，这将背离社会保障的基本原则。

（3）有法可依是建立社会保障法制的前提条件

社会保障是基于宪法原则在国家、企业和个人之间产生的权利义务关系。实施宪法原则需要建立健全的立法和执法体系。国外经验证明，无论是发达的OECD国家还是不发达的亚非国家，均依法进行社会保障制度的建设。在欧洲国家社会保障立法具有100多年历史，经过不断补充和调整已经形成完整的体系。新加坡《公积金法》经过多次修订后，实现了完全积累原则与社会互济原则的有机结合。完善的社会保障法律是社会保障缴费、数据管理、待遇支付和基金投资运营的坚强后盾，国家、企业和个人的责任明确，各个环节有法可依、有章可循。特别是社会保障基金的投资运营，需要在与《公司法》《金融法》《信托法》等相关法律协调发展和严格监管的规范体系内运作，以确保缴费人的利益。

在中国，无法可依、无章可循的状况导致政府机构的行为不到位、不协调，逃避交纳社会保障费，道德风险制裁不力，公民合法权益保障不力等现象，已经构成发展社会保障制度的障碍。制定与颁布《社会保障法》以及相关的法律法规已经成为推进中国社会保障制度建设的首要任务。但是，科学充分的假定是保证社会保障立法质量的基本条件，所以，社会保障理论研究与教育同样非常重要，是中国亟待发展的事业。

（4）社会保障法律责任要明确

社会保障法律责任即违反社会保障法的行为应当承担的法律后果，包括不履行缴费义务、提供假数据、财务违法行为等。承担社会保障法律责任的形式包括经济责任、行政责任、刑事责任等。承担社会保障法律责任的主体是社会保障法律关系的当事人，如《印度尼西亚社会保障法》第30条规定："无论雇主、雇员还是管理机关，凡不遵守本法条款和不执行条例都应受到制裁处罚。"社会保障法律责任通常出现在《社会保障法》的惩罚规定中（见表9—1）。

表9—1　　部分国家关于社会保障法律责任的规定

国家	承担法律责任的形式经济责任	刑事责任
瑞典	酌情赔偿	罚金、监禁（不超过6个月）
美国	酌情赔偿	罚金（5 000美元以下）、监禁（5年以下）
智利	—	双倍罚金（受托人）
印尼	酌情赔偿	罚金50万盾、6～8个月监禁
泰国	酌情赔偿	罚金、监禁（1年）并用（如提供假数据）
新西兰	—	罚金（100镑以下）、监禁（12个月以内）

（5）社会保障立法坚持公平与效率相结合原则

社会保障的本质功能在于实现社会平等，为此其立法应当坚持公平原则；然而，提供社会保障的资源是有限的，其立法应当兼顾效率原则。公平是前提，效率是辅力，只有导入效率原则，实现两者有效结合，才能在更高层次上持续的实现公平。首先，需要区分公平和均等。坚持公平原则不等于人均缴费和人均受益，只有给矮个子的人垫一块砖，两个人才能一般高，即向弱势群体倾斜。将均等待遇理解为公平是小农经济时代绝对平均主义的产物。其次，需要建立经济状况调查制度，甄别真正需要帮助的人，使社会保障资源有效地分配到最需要的人群。最后，可以在国家、雇主和个人之间建立多元筹资制度和管理机制，分担风险，保障受益人利益。

（6）保护公民诉权是社会保障法制的组成部分

法律赋予公民的权利只是享有该权利的可能，保证公民实现权利是国家的责任。从西方国家的实践中可以看到：

1）在社会保障领域不仅需要完善的立法和执法体系，而且具有同样完善的司法体系；司法体系不仅机构健全适当，而且拥有素质很高的专业法官和兼职法官队伍。

2）独立司法原则在社会保障领域得到应用，人们的社会权利得到了保障。

3）当前的西方国家社会保障司法原则、组织和程序，不仅继承了传统的欧洲理论和实践经验，而且根据实际需要进行了反复的改革，在各国均有别具一格的特殊原则和程序处理社会保障争议。

西方国家社会保障领域的司法制度也不可避免地面临着20世纪80年代以来，信息技术的发展和普及带来的市场经济和民主政治全球化发展的挑战。面对高额的开支和漫长的诉讼程序，为了提高工作效率和降低成本，许多欧盟国家正在酝酿司法制度的改革，如减少审级，实行三级审理的国家朝着两级审理的方向努力。又如，发挥民间调解和行政协调的作用，在法院的门外筑起防线，既使争议得到及时处理，又可减轻法院的开支和负担。

中国正在选择处理劳动与社会保障领域争议的适合中国国情的模式。借鉴国际经验可以做出下列选择：

1）研究“社会法和社会权益争议”的概念，同时发展社会法的执法机构与程序和争议处理机制。

2）发挥企业调解和地方仲裁机制的优势，在仲裁机构和司法机构之间合理分工和有机合作，因此，需要区分个体争议和集体争议、社会权益争议的权利纠纷和利益纠纷、诉权的广义概念和狭义概念。

3）建设由专业法官和陪审法官组成的特别法庭执行特别程序（简易程序）处理社会法领域的争议，如劳动争议、社会保障争议等。

（7）执法必严是建立社会保障法制的必要条件

有法必依和执法必严是社会保障法律得以实施的条件。为此，有些国家立法对挪用养老基金的犯罪行为给以加倍惩罚。建立健全社会保障法监督体系是社会保障法制建设的重要组成部分，主要任务包括：

1）选择监督机制。国际经验证明，政府一般监督与受益人参与的社会组织监督和业务监督相结合是最通用的模式，很多国家都建立了由政府、缴费人和专家组成的“社会保障监督委员会”。

2）制定既严格又易操作的监督监管程序，包括资格准入与退出、报告制度和常规、定期与定点检查程序。

3）依法建立行业自律规则，培育中介服务市场。

4）培养实施监督监管的专业人员队伍。

上述讨论的是保证社会保障法律得以实施的行政管理条件，其实施成本很高。在社会保障立法中导入利益激励因素和市场竞争原则可以降低执法成本，如降低确定给付（DB）分配比例，转向确定缴费（DC）分配比例，可以提高参与人缴费的积极性和增强监督资金管理的主人翁意识。

3. 社会保障法律体系

社会保障法律体系即指社会保障制度的法律安排的总和。社会保障制度安排涉及资金筹集、基金管理和待遇支付三个主要环节，涉及国家、企业、个人和社区的责任和功能，涉及中央和地方的责任和功能，建立社会保障法律体系需要将上述要件公平有效地组合起来，做到：

（1）依法建立政府首脑问责制。

（2）依法进行社会保障制度的法律安排。

社会保障制度的法律安排，指依法对社会保障制度安排三个环节（资金筹集、基金管理、待遇支付）中各主体的责任、权利和义务进行法律规范，即建立社会保障法律规范。

3.1 建立社会保障法律规范的基本原则

建立社会保障法律规范的基本原则不同于社会保障立法原则，它更加强调结果，即社会保障法制的绩效。社会保障法制的绩效包括公民社会保障权益的实现和社会保障制度体系的合理性、科学性和实用性。因此，建立社会保障法律规范应当坚持以下原则：

（1）明确保障对象，合理进行分类的原则

社会保障立法的调整对象是社会风险和可能遭遇社会风险的人群。首先，社会风险中的老年、疾病、失业、工伤、生育和家庭困难是六类不同的社会风险，其保障原则和方式也不同，例如，老年保障方式属于持续收入，疾病保障方式属于提供医疗服务和分担医疗费用。其次，可能遇到社会风险的人群包括雇员（含公务员）、自雇人（含农民）和居民（包括城乡居民，即没有稳定收入的人），他们的缴费方式和参保方式有所不同。社会保障法律规范应当针对不同社会风险和人群制定法律规范。

世界上大多数国家的社会保障制度建设和立法是从特殊群体开始的，如雇员。至今，在很多国家的社会保障制度体系中保留了受益人的身份特征，如公务员和国有企业雇员的优越性。在中国，城乡居民的待遇差距甚远。可见，消除城乡和用工单位带来的身份差异，按照就业和基本生活状况划分人群更合理。

（2）适应国情的原则

国家是社会保障的载体，政府是构建社会保障体系的责任主体。但是，在特定国家建立和完善社会保障体系需要考虑和适应国情。适应国情即与经济发展、国家机构、立法体制和社会文化相适应。社会保障涉及诸多因素，就其制度安排进行立法必须考虑这些因素，在其中寻找适合本国家的运行模式；所以，在世界各国的社会保障制度安排中几乎找不到一个不同国家完全雷同的模式。

（3）明确政府责任的原则

政府的社会保障责任需要依法加以确定，以保障政府角色不缺位和不越位。政府角色缺位即政府就社会保障责任的不作为，政府角色越位即政府包办一切，将应当由非政府组织和用人单位及个人承担的事务和责任包揽自身。无论发生政府社会保障角色缺位或越位，都会成为阻碍社会保障制度建设的重要原因。例如，如果发生社会保障财政预算的缺位，将影响社会保障计划的建立和运行，导致现行社会保障管理部门的尴尬，甚至出现“高费率”“重复征税和收费”，以及降低待遇支付等现象，导致国家社会保障义务缺位，影响国家存在的合理性，势必影响社会和谐与稳定。

政府责任发生在资金筹集、基金管理和待遇支付三个环节，主要责任是构建养老金、医疗服务和费用分担、失业救济和就业促进等社会保障公共品的供应机制，保障社会保障资金来源稳定、基金管理安全、服务提供方便，而不仅是全额支付养老金、办医院和养医生。

（4）循序渐进的原则

建立和健全社会法律体系是一项长期的、循序渐进的工作，不可能一蹴而就。发达国家的社会保障制度有 100 多年的历史，其制度体系和法律体系都是循序渐进地健全和完善的。新加坡建立健全公积金制度也用了近 30 年（从养老储蓄到医疗和住房基金）。智利完成从现收现付养老保障到个人积累养老金的制度转移预计需要持续 40～50 年，直到选择继续跟随老制度的“中人”群体大部分消失。目前，关于建立中国社会保障法律体系有两种不同的建议：一个坚持自下而上原则，即沿着《养老保险条例》《社会保险法》《社会保障法》的顺序和路线健全社会保障法律体系；另一个坚持自上而下原则，即首先制定《社会保障法》，将政府责任和部门分工一步到位，在此基础上尽快完善社会保障法律体系。

（5）与相关法律衔接的原则

社会保障法是综合性很强的法律部门，必然与《税法》《信托法》《基金法》《银行法》《保险法》《合同法》等法律法规的相关规定结合考虑。因此，社会保障法律体系内包括主体法和相关法两个部分。处理交叉内容的法律机制包括权威立法、内容互补和社会合作协议三种模式。权威立法即同更高层次的立法来协调交叉内容，内容互补即在不同的法律中对同一事务做出呼应性规定，社会合作协议即不同社会主体之间通过社会对话签订合作协议。

3.2　社会保障法律体系的架构[①]

社会保障法律体系的架构即由针对不同社会风险进行的不同层次和结构的制度安排构成的社会保障法律体系的内容组合。

3.2.1　国家基本法层面

---

① 郑功成. 论中国特色的社会保障道路. 武汉：武汉大学出版社，1997. 484～493

在国家基本法层面的法律结构，即基于《中华人民共和国宪法》制定综合覆盖特定社会关系领域的基本法，如《社会保障法》《公民健康保障法》等（见图9—2）。《社会保障法》是制定社会保险法、社会救助法的基本法。《公民健康保障法》覆盖公共卫生、医疗服务和医疗保障（包括医疗保险和医疗救助）。

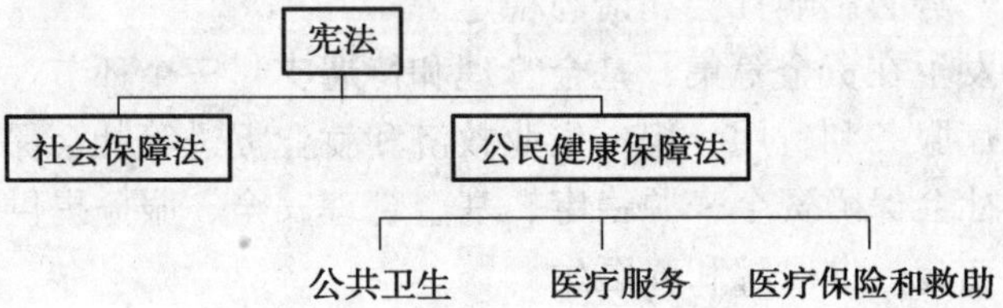

图9—2　社会保障基本法的结构

是否制定综合性《社会保障法》可以基于国情做出选择。在建立正规福利制度比较早的国家，覆盖各类社会风险的法律基础和制度基础都很好，选择制定《社会保障法》可以全面反映宪法的社会保障宗旨和原则，并且具有权威性。否则，可以选择将宪法中的社会保障基本原则分别写入多部单行法，如《社会保险法》《社会救助法》《社会福利法》等。

3.2.2　单项基本法层面

单项基本法是社会保障法律体系中体现制度结构的主要组成部分，其设计是否合理和适用，关系到我国社会保障立法的效果和进度。单项基本法可以设计三层结构或两层结构（见图9—3）。

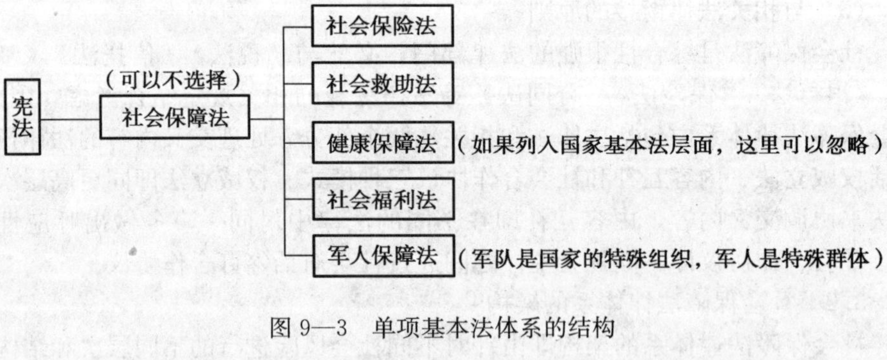

图9—3　单项基本法体系的结构

3.2.3　行政法规层面

行政法规和部门规章是社会保障法律体系中体现执行和操作规则的主要组成部分，其设计是否合理和适用关系到我国社会保障法律执行的效果和进度。社会保险法规体系的结构（见图9—4）如下：

社会保险法
- 养老保险条例［(1) 按照雇员（含公务员）、自雇人（含农民）和居民分类建立计划
  (2) 包括雇员分类建立职业养老金计划］
- 失业保险条例（短期限的失业救助和就业促进津贴与帮助）
- 职业伤害保险条例（由工伤逐渐向职业伤害延伸）
- 生育保险条例（可以考虑纳入健康保障法律体系）
- 其他

图 9—4　社会保险法规体系的结构

3.3　社会保障法律规范的治理机制

3.3.1　社会保障制度安排多元化的发展趋势

社会保障立法需要适应社会保障制度安排多元化的发展趋势，以构建社会保障法律规范的治理机制。

立法即指多支柱社会保障制度安排的法制化，是规范国家基本保障、企业补充保障和个人自我保障的法律规范的总和。多支柱社会保障立法包括整合国家基本保障、企业补充保障和个人自我保障制度安排的综合立法及其单项立法。

20 世纪 80 年代末期，欧美国家为了摆脱福利危机，纷纷开始改革社会保障制度和修订《社会保障法》。例如，英国在 1992 年和 1998 年两次修订《社会保障法》，改变了国民社会保险缴费制度，取消了失业津贴制度，建立了求职者津贴制度。20 世纪 80 年代初，美国里根政府开始削减福利财政开支。法国、德国、意大利、荷兰、比利时、加拿大等国家通过立法提高了社会保险费率和降低了福利支付水平。日本在 1987 年颁布新的《社会保障法》，2001 年颁布《企业年金法》。澳大利亚在 1991 年颁布《雇主养老保险缴费保证法》。新一轮社会保障法的修改结果，即构建由国家基本保障、职业补充保障、雇主补充保障和个人自我保障等多支柱的社会保障体系，改变了单一国家保障的局面。很多国家在社会保障领域引入了预先积累、个人账户和私营经办机构。

21 世纪初，OECD 国家颁布了《OECD 企业年金治理准则》（OECD Guidelines for Pension Fund Governance）。欧盟成立了“保险和职业养老金委员会（European Insurance and Occupational Pensions Committee，EIOPC）”，鼓励发展第二支柱养老金计划。

OECD 国家鼓励私营机构介入的立法策略影响了发展中国家。1980 年，智利颁布了《私营养老金法》，以私营养老金制度替代了原现收现付的社会保险制度。该法强制雇员建立个人养老金账户，并按照个人工资的 10%在缴纳个税前缴费。国家依法建立若干专业的私人养老金管理公司，对个人养老金计划进行账户管理和投资运营（AFP）。秘鲁等拉丁美洲国家开始仿效。此

外，原来争议颇多的新加坡《中央公积金法》，在20世纪80年代以后，引起全球各国家的关注，被国际劳工组织称为“基金社会主义”式的保障制度安排。

20世纪80年代以来的社会保障立法改革呈现出以下特点：

（1）强调社会保障水平必须与国民经济发展相适应。

（2）强调“公平加效率”的立法原则。

（3）发展国家、企业和个人共建的多支柱的社会保障法律体系，发展企业年金立法。

（4）加强立法与政府监督，鼓励私营机构介入以促进竞争性养老基金投资市场的形成。

（5）规范基金由现收现付向完全积累或部分积累过渡的过程，保护受益人的合法权益，妥善处理代际间的利益分配与协调。

3.3.2　社会保障法律规范治理机制

社会保障法规治理机制即指保障社会保障法律规范得以实施的价值选择、制度安排和运作程序等。基于政府和市场相结合原则建立多支柱的社会保障体系需要完成以下制度建设：

（1）健全的社会保障法制，有法可依和执法必严。

（2）习惯于依法行政的政府和完善的市场竞争规则。

（3）成熟的监督监管制度及制度化的信息披露，以保障经办机构合格（包括人员资质、信用能力），从而形成具有充分竞争的市场。

在社会保障系统工程中，包括政府计划和非政府计划。通常提供基本保障的第一支柱计划为政府计划，提供补充保障的第二支柱的企业员工福利计划和第三支柱的个人储蓄计划为非政府计划；在非政府计划内，又根据法律规定的义务和政府介入的程度区分合格计划和非合格计划。政府计划即以政府信用和政府能力支撑的社会保障计划，不参与市场竞争，在其治理机制中一般不需要审查其主体资格和信用担保能力（在具有公共财政和社会保障预算的条件下），仅需要对其服务流程和服务人员进行监督。非政府计划没有政府的信用担保和能力支持，需要市场化运营，其治理机制中必然包括对主体资质、信用担保能力的审查，以及更加严格的流程监控和人员监督。

综上所述，在多元化社会保障体系建设过程中，社会保障治理机制的主要环节包括：主体资质审查（建立准入推出机制）、市场竞争、信用担保、服务流程监控。社会保障基金数额巨大，任何机构都不可能以财产做抵押来承担信用担保责任，建立非政府社会保障计划，即市场化运营的计划（如企业年金计划），必须辅之以安全运营机制作为信用担保。

以中国企业年金制度安排为例，根据《企业年金试行办法》一个“两环三圈型治理机制”正在形成（见图 9—5）。在这个治理机制下，首先，企业年金计划“资产独立”，以隔离市场风险和经营风险；其次，企业年金计划由独立第三方主体按照“权钱分离”的原则管理与经营，以隔离道德风险；第三，信息披露制度化，职工的资金向市场深处走，相关信息往回流，以便让职工放心。

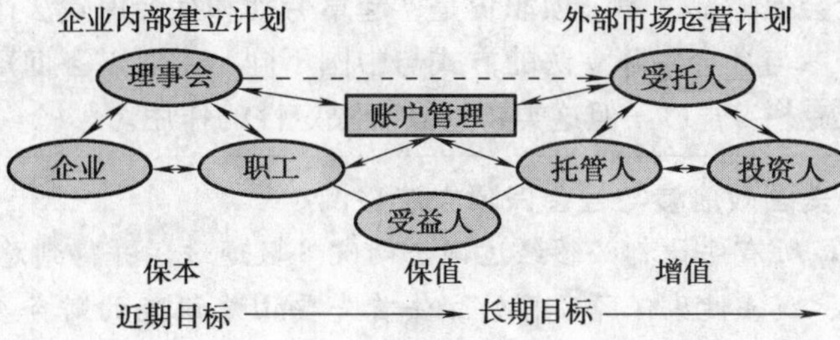

图 9—5　中国企业年金“两环三圈型”治理机制的结构

政府的责任是构建养老金计划安全运营机制，以安全运营机制对非政府养老金计划承担相对担保责任。具体工作包括主持制定规则、组织专家评审和建立准入与退出的监督监管机制，最终目标是实现“只有受托人退出，没有养老金计划破产”的效果，以确保受益人利益最大化。

4. 政府在社会保障法治中的角色

宪法将明确国家保障公民基本生活安全的责任，并授权政府实现宪法原则的权力、义务和责任。这决定社会保障是政府工作的主要内容，政府在社会保障法治中扮演如下重要的角色：

（1）参与社会保障立法。

（2）作依法守信的楷模。

（3）促进社会保障执法。

（4）以双重角色进入社会保障司法。

4.1　政府改革与促进社会保障立法

立法包括法律议案提出、法律草案讨论和法律议案通过，法律以最高首长令的形式颁布。政府不是立法机构，所以不具有立法职能。至今，西方国家宪法均规定立法和行政分立。例如，《美利坚合众国宪法》第一条第一款规定：“本宪法所授予的全部立法权均属于由参议院和众议院组成的合众国国会。”但是，在实践中世界各国的行政立法数量都很惊人。这反映了市场经济和民主化发展的两个客观要求：一是通过行政立法适应专业化、快节奏的管理事务；二是政府行为规范化，即将政府的部分管理行为纳入法制轨道，通过行政立法来履行政府职责。因此，政府参与社会保障立法的方式有两种：一是参与国家立法，如起草立法草案；二是进行行政立法，即经过宪法授权制定行政法规，已经为大多数国家所采用。

4.1.1　参与国家社会保障立法

政府参与社会保障国家立法的普遍形式是提出立法建议或制定立法草案。例如，1998 年中国组建劳动和社会保障部时，国务院颁发的“三定方案”中规定劳动和社会保障部的第二项职责是“起草劳动和社会保险法律法规……”

美国政府参与社会保障立法的方式与中国不同，主要以咨询角色参与社会保障立法（见专栏 9—1），但这类咨询具有决定性的作用。

专栏 9—1　美国政府参与社会保障立法咨询

在美国，所有法律都必须经过国会两院多数通过，并得到总统的批准。影响老、遗、残、健康保障项目的立法首先要由众议院的财务委员会起草和提议，参议院在立法过程中是一个平等的合作伙伴，由下设的委员会负责与此项目相关的事务。

两种不同的机构（养老金计划信托基金受托人理事会和定期社会保障咨询理事会或委员会）共同对该制度的运行进行监督。财务职能主要由各社会保障项目信托基金受托人理事会监督。这个项目有 6 个受托人，其中 4 个来自政府的行政机关：国库部、劳动健康部、人力资源服务部和社会保障总署的行政长官，他们都是由总统亲自任命的。另外 2 名是由总统任命的任期四年的市民，其中有 1 名必须来自在野党。理事们的工作是接受社会保障会议的建议（定期），他们可以得到经济学者和保障精算师委员会的援助。

实际上，社会保障制度的所有重大政策变动，只有经过官方顾问小组或者委员会斟酌之后才能够最后获得通过。直到 1995 年为止，仍要求健康和人力服务部的秘书长每四年建立一个新的顾问委员会，这个委员会负责对项目的各方面进行评述，并通过秘书长把结果报告给国会。该委员会由 13 名成员组成，雇主代表和雇员代表各 6 名，另外 1 名是自我雇佣者的代表。但随着 1996 年社会保障管理部的建立，定期任命顾问委员会的法律被废止。一个新法律取而代之，即建立一个持久的咨询委员会，成员由总统亲自任命，少数民族和多数民族的代表都必须属于国会两院。

4.1.2　制定社会保障行政法规

根据市场经济对行政立法的客观需要，各国均通过宪法对政府授权以制定行政法规。例如，《美利坚合众国宪法》第 1 条第 18 款规定政府：“制定为执行上述各项权力和由本宪法授予合众国政府或其任何部门或官员的一切其他权力所必要而适当的各项法规。”中国宪法第 89 条规定，授权国务院及其附属部门有权在各自有效司法权限内制定条例；第 100 条授权地方政府根据国家法律、条例制定地方法规，且其基本精神要与国家法律相吻合。

通常政府制定行政法规发生在两个层面，即中央政府层面和政府部门层面。在中国，前者被称为行政法规，即《条例》；后者被称为行政规章，即《规定》或《办法》。例如，1999 年 1 月 20 日，国务院颁布的《失业保险条例》，1998 年，劳动和社会保障部颁布的《社会保险费征缴暂行规定》。一个健康的行政法律体系是国家行政法规影响和约束部门规章，而不是部门规章影响国家行政法规。部门规章立法在先，将强化部门利益，淡化政府公共利益代表的角色，增加政府失灵的概率。

4.2　作依法守信的楷模

社会保障是范围最大和内容最丰富的公共服务，直接连接政府和个人，是最体现政府公信度的领域；因此，政府是社会保障法治的主角。

4.2.1　树立保障公民权益的理念

获得社会保障是公民的权利和国家的义务。政府需要树立保障公民权益和承担服务义务的理念，建立公共服务型政府的形象、组织、服务流程和工作人员队伍；坚决避免“权力错位”，即错误地认为社会保障服务是政府权力，以官僚行政模式管理社会保障计划。应在公共服务型政府模式下，增加服务系统功能和培训操作人员，对参保人提供“一站式”服务。

4.2.2　依法建立和管理社会保障计划

社会保障计划涉及资源分配和责、权、利的确定，由此构成社会系统工程，应当依法建立。社会保障立法将坚持“政事分离”“资产独立”“钱权分离”的原则，建立社会保障行政系统和基金运营机制，以避免政策风险、隔离道德风险和市场运营风险。对养老金个人账户的信息和养老保险基金实行法人受托制度。这些制度都需要政府的楷模作用，一方面做到自身遵纪守法，另一方面依法实施监督监管。这是建立社会保障法制和法治的关键环节。

“政策先行、立法后继”是中国特有的现象。中国是一个发展中国家，在产权明晰和信息披露方面与完善的法治国家差距较大，这直接阻碍了社会保障立法，涉及筹资责任、产权处理、信息披露等方面的法律比较空泛，难以务实。

在社会保障改革过程中，推行改革的方案和政策结为一体，并成为实施改革的依据，官员们将国务院决定称为“规范性文件”，视同法律，因其对政府各部门具有一致性的约束力。这类视同的法律不经过公民讨论、立法审议程序，也不作为法院审理案件的依据（可以作为法官参考，而不进入判决书）。

通常将“成熟的政策作为立法基础”，社会保障立法处于“层次低、空白多”的状况。因此，政府失灵在中国社会保障改革进程中表现得比较充分。指导社会保障改革的方案多为国务院各部委的文件，事实上是由负有行政职能的部门在制定政策，部门利益必然影响改革方案的质量；而且，各部门之间的利益冲突也必然导致协调与合作不利，阻碍改革进程和加大改革成本。中国共产党的第十六次大会和第十届全国人大均将社会保障立法列入工作日程。加强社会保障立法已经成为推动中国社会保障体系建设的关键性问题。

4.2.3 履行各项承诺和维护政府信誉

在社会保障计划中有一系列支付承诺，这些承诺一旦作出即以政府信誉为担保，具有政治意义和社会意义，成为社会保障计划的管理目标。通常，通过目标替代率等技术要求来确定这类承诺。确保实现支付承诺和树立好政府形象需要通过以下几项措施：

（1）依法办事和保持政策稳定性，避免政策风险。

（2）保证实现资金筹集目标。

（3）确保基金安全管理和有效运营。

4.3 政府依法介入社会保障行政

政府依法介入社会保障行政主要包括两项职能，一是依法监督社会保障法律执行，二是依法提供社会保障服务。

各国均通过社会保障立法分别明确政府在国家基本社会保障体系和雇主福利计划中的角色。以下主要讨论政府在国家基本保障体系中的行政功能与职责，主要有三类模式：

（1）政府管理型，即政府实施一般监督，并管理（或委托公共经办机构）社会保障的日常工作。政府管理型包括政府集权管理与分权管理，新加坡公积金管理模式属于前者，中国属于后者。

（2）政府与非政府组织混合管理型，即政府实施一般监督，由两方或三方委员会具体管理日常工作，混合管理模式在 OECD 国家比较普遍（见表 9—2）。如果德国是实行社会自治体制的国家，联邦劳动和社会事务部一般监督社会保障工作，由联邦和地方（23 个州）的经办机构和特别社会保险委员会（雇主和雇员两方）具体管理社会保险缴费、政府补贴是否到位、支付资金预测、收支平衡预测等。联邦薪金雇员保险协会管理公务员的养老保险。

（3）政府退出型，推进市场化运营，政府实施深度管制或一般监督，为推进市场发展创造环境。

表 9—2　　部分 OECD 国家医疗保障管理体制立法

国家	政府角色
法国	社会事务和就业部一般监督，医疗保障基金会（理事会由劳资双方组成）协调，基层医疗保险基金会具体管理（登记、支付、报销）。另设社会保障费联合征收机构
德国	联邦劳动和社会部一般监督，七个行业疾病基金会与地区医生协会签订合同实施管理，包括规定费率和支付方式
美国	医疗津贴由州就业保障机构管理。医疗待遇由卫生与公众部一般监督。健康保障财务署协同公共卫生业务局、社会保障署和州卫生部门管理。公共服务机关和私营机构与医疗服务机构签订合同，规定付款条件
日本	后生省通过年金局监督，社会保障厅管理全国业务，地方分支机构具体管理两种医疗保障制度（国民年金制和雇员年金制）

以医疗保险改革为例，政府角色定位与改革可以沿着如下路径发展：

第一步，伴随中国民主法制建设以及社会对话和社会契约机制的形成，政府角色应当从包揽一切的“保姆”向中国医疗保险改革设计者和推动者的核心地位转移（见图 9—6a 和图 9—6b），摆脱日常事务，建立患者与保方和医方平等对话机制和简易诉讼程序，建立非政府的医疗保险受托人制度，建立多元产权和管理体制的医药机构，这是中国“强政府”的发展趋势。

第二步，伴随中国公共服务型政府目标的实现，逐步实施政府退出计划（见图 9—6c），将政府角色从核心位置向外移动，使用法律和政策赋予的管制和监督工具，全力构建管理型医疗的社会治理机制。

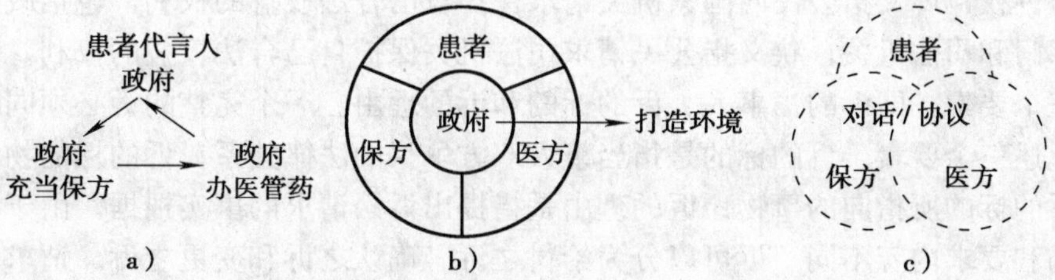

图 9—6　政府角色定位与改革路径

a）政府包揽模型　b）政府管制模型　c）政府退出模型

4.4　政府介入社会保障争议处理

总结世界各国的情况，可以看到政府在社会保障争议处理中具有三类不同的角色：

（1）第三方，如行政调解人和仲裁人。在实行行政调解制度的国家，政府可以成为部分社会保障争议的调解人；在中国，政府是劳动争议仲裁委员会的主角。

（2）被告，在法治国家政府行为已经纳入法制轨道，参保人和受益人可以就政府主管部门和行使政府职权的经办机构不履行社会保障管理或服务义务的事实，向本国法院提起诉讼。

（3）公诉人，即出现在社会保障法庭上的公诉人。

4.4.1　社会保障争议的概念

社会保障争议，即社会保障当事人之间围绕社会保障权利义务发生的纠纷。通常围绕社会保障法律关系的产生，以及由此产生的权利和义务的履行而展开的。社会保障涉及千家万户的老、病、育、伤、残、死、失业等社会风险，在受益者和社会保障服务和社会保障基金经营机构之间不可能永远做到事实清楚、意见一致。在社会保障法制健全的国家，社会保障争议的处理机制也是很健全的。

可以选择不同的依据来对社会保障争议进行分类。依社会保障项目进行分类：养老保障争议、医疗保障争议、失业保障争议、生育保障争议和职业伤害保障争议；依社会保障的模式进行分类：公共社会保障争议、私营社会保障争议和混合社会保障争议；依社会保障主体关系进行分类：雇主与雇员之间因履行缴费义务发生的争议、雇主雇员与社会保障经办机构之间的争议；依争议的标的进行分类：缴纳社会保障费争议、支付社会保障金争议、不服从劳动与社会保障机关行政处罚争议等。

4.4.2　社会保障争议的诉权

诉权，广义指公民向国家机关请求保护自己合法权益的权利，包括政府有关部门和司法机关；狭义指公民请求司法机关保护自己合法权益的权利。诉包括三个要素，即诉的当事人、诉的标的和诉的理由。一个完整的诉必须同时具备上述三个要素。诉的标的是指当事人双方争议的法律关系；诉的标的物，是指诉的标的所指向的事物；诉的理由是指提出诉讼请求的事实根据。由于诉的目的和要求内容不同。诉可以分为给付之诉、确认之诉和变更之诉。请求裁判对方当事人履行一定义务为给付之诉；请求裁判确认自已和对方当事人某种法律关系存在或者不存在为确认之诉；请求变更或消灭和对方当事人某种法律关系变更和消灭为变更之诉。诉权是起诉的前提条件，没有诉权法院不予受理。诉权存在的依据是当事人必须是本案的权利主体。这就要求：本诉存在规定权利义务的法律依据；当事人具有享有该权利的权利能力和履行该义务的行为能力。因此，在实践中权利争议的诉权应从狭义理解，因为司法机关必须依据法律明确规定权利维护当事人的合法权益。利益争议和因集体协议或个人合同约定内容产生的争议可以从广义理解诉权。所以，不是所有社会保障争议都需要进入司法程序来处理。

社会保障法赋予公民保障权，还应当建立司法机制保证公民实现这些权利，这是民主法制的基本要求。欧洲学者对社会保障争议的诉权进行如下解释："人们有权利获得社会的保护和实现相应的利益，当他们这样的权利和利益受到侵犯时，应当具有向国家提出保护这种权利和获得这种利益的请求权。这种请求权可能涉及对政府服务机构的选择、刑事责任的追究和其他。"①

国际劳工组织102号公约第70条对保护公民的社会保障权利提出两项原则：(1) 公民对拒发津贴应享有上诉权，对质量和数量有申诉权，含对拒绝给予医疗或医疗质量问题的申诉权；(2) 某项要求已被处理社会保障问题的特别法庭解决，并有受保护人出席的，即不再享有上诉权。

4.4.3　处理社会保障争议的方式

社会保障领域的争议多为权利争议，其处理方式多为司法程序和行政调解。在20世纪，很多西方国家根据《法院法》建立专门法庭处理社会保障争议，或者授权普通法院适用特殊程序处理社会保障争议。处理社会保障争议的方式包括司法和非司法两种方式。非司法方式包括调解和仲裁等，这些方式在不同国家适用的原则是不同的。

(1) 司法方式

专业法院包括劳动法院、社会法院等。一些OECD国家劳动法院处理劳动争议的同时也处理社会保障争议，如比利时（见专栏9—2）和芬兰等。除劳动法院以外，OECD国家还具有其他法院处理劳动与社会保障争议的丰富实践，如德国（见专栏9—3）、葡萄牙、希腊的行政法院，西班牙的社会法院，英国的社会保障法庭等。

专栏9—2　比利时的社会保障公诉人

在比利时由劳动法院处理社会保障争议，实行职业法官、陪审法官（雇主和雇员组织代表）合议制，具有两个审级。从保护公民基本权益出发，处理社会保障争议的劳动法庭具有如下特征：①具有较短的诉讼期限；②可以不请律师；③分案合庭审理（每个案件独立，但可以在一个法庭依律师或当事人的年龄按顺序当天处理）；④国家公诉人出庭。国家公诉人出庭是比利时劳动法庭和社会保障争议处理制度的特色，旨在保护劳动者的合法权利。

① Danny Pieters. 社会保险的基本理论与原则. 比利时：安特卫普发行商，1993. 219

专栏 9—3　德国的社会福利法院

德国在 1953 年建立社会福利法院。社会保障争议的处理程序为社会保障机构复议和社会法院审理。根据 1954 年德国《社会福利法院法》，德国社会福利法院从行政法院体系中分离出来。目前，德国共有基层社会法院 86 个，州级社会法院 16 个，联邦社会法院 1 个。全国职业社会保障法官约 1 100 人。每年处理社会保障争议案大约 35 万件。与德国劳动法院相比较，因争议的当事人、内容和处理争议适用的法律及原则不同，社会法院具有下列特点：兼职法官不仅来源于雇主和雇员，还有大量的兼职法官来自社会保障部门和社会团体，兼职法官与专业法官的比例大约是 15∶1；劳动法院实行先行调解原则，大量的争议案件由调解方式解决；社会福利法院不实行先行调解原则；向社会福利法院的起诉条件是：不服从社会保障复议机构的决定；上诉条件是：标的在 1 000 马克以上或者涉及重大原则问题；劳动法院由当事人举证或者法官取证，社会福利法院由法官决定如何调查取证；劳动法院开庭后再制作和送达判决书，社会法院宣布判决结果（法官合议后）；劳动法院的审理结果是调解、判决、撤诉，社会福利法院的审理结果是判决、认定（被告认可、原告撤诉）、撤诉。

在英国，根据 1992 年《社会保障行政管理法》的规定设立了社会保障专员，由其领导社会保障纠纷的二级诉讼机构，专门受理社会保障法庭的上诉法律事务。在法庭判决后的 3～6 个月内，可以上诉到社会保障专员，社会保障专员实行独审制。这些法院具有如下特色：

1）组成人员不同于普通法院。法庭由职业人员组成，这些人员可以是职业法官，也可以不是。兼职法官常常是劳动法庭的重要组成人员。兼职法官可以来自雇主组织、雇员组织（工会）、甚至个体就业者协会。总之，他们必须是社会保障领域的专家。他们的出现是为了保证法庭的工作更加有效和公正。

2）适用简便的程序。当事人受律师的制约较少，他们可以请求职业组织的代表、工会的代表或者家庭成员参与诉讼。

在比利时皇家最高劳动法院设立公诉人，处理劳动争议和社会保障争议时可以多案同审（见专栏 9—4）。在澳大利亚，劳工补偿机构和法院均可以处理社会保障争议，法官有权作出提高医疗保障费用的决定。

专栏 9—4　法官的良心与政府的社会保障责任

乔舒厄出生于 1979 年，由父亲兰迪监护。1982 年，其继母通知温内贝戈县社会福利局，兰迪虐待乔舒厄。

温内贝戈县社会福利局与兰迪进行了面谈，兰迪否定了被指控的事实。

1982 年 1 月，乔舒厄被送往医院。他身上有多处碰伤和擦伤，医生通知社会福利局可能存在虐待儿童事件。在社会福利局的要求下，温内贝戈县少年法院让医院暂时监护乔舒厄。一个儿童保护小组考察了乔舒厄的情况，认为被虐待的证据不足。社会福利局建议兰迪接受忠告。

1983 年 2 月，乔舒厄被再次送往医院急救，社会福利局没有再起诉。6 个月以后，社会工作人员每月都探访乔舒厄家，他们观察到乔舒厄的头部有多处可疑的伤痕，并做了记录。有时社工被告知乔生病，不能见面，但社工没再做什么。1984 年 3 月，乔舒厄生命垂危被送往医院，脑部受重伤，成为植物人。兰迪因此被判处虐待儿童罪。

乔舒厄的母亲代他诉州社会福利局，“知道乔舒厄处于被虐待的环境下，而不作为”，因而触犯了宪法第 14 条赋予乔舒厄的被保护权利。

首席大法官伦奎斯特认为，上诉人的主张是“州政府对乔舒厄的绝对保护义务；而不是诉州政府没有采取适当保护程序，等于剥夺乔舒厄的被保护的机会。”宪法只规定政府依法行政的正当程序，不能侵犯公民权利，但没有规定政府负有保护公民安全的绝对责任。在法官之间也引起争论。有观点认为，政府有责任保护弱势群体，这足以引发保护公民的责任。最后这一观点被否定了。法院驳回了乔舒厄和母亲的上诉。

美国众多媒体报道说，美国宪法原则竟然如此虚伪，令人心酸。伦奎斯特法官的良心受到谴责，在重新就任期间纠正了此案，维护了乔舒厄的母亲诉讼请求。

发生在美国的乔舒厄诉温内贝戈县社会福利局案引起人们对政府社会保障责任的深思和争论，同时，也可以从中体会到美国大法官的作用。

（2）非司法方式

非司法方式包括各种类型的调解和仲裁。调解方式以行政调解为主，例如，印度尼西亚《社会保障法》第 24 条规定：“因工伤事故津贴数额的计算发生的争议应由部长解决。”又如，丹麦具有行政色彩的国家调解员办公室。在仲裁方式上，如中国政府与民间混合体制的劳动争议仲裁机构处理部分社会保障争议。

5. 全球社会保障立法的历史沿革

社会保障立法标志着国家正规社会保障制度的建立，以及政府对社会保障事务的介入。德国在1883年颁布的《疾病保障法》是社会保障制度立法的开端。社会保障立法经过国家福利立法时期和社会保障改革立法时期。

5.1　社会保障发展型立法

国家福利保障立法形成时期发生了三个重要事件，即1601年的英国《济贫法》，1883—1889年德国的《雇员医疗保险法》《雇员意外事故保险法》《老年与残废保险法》，1935年美国的《社会保障法》。

(1) 英国《济贫法》

1601年，英国伊丽莎白政府颁布的《济贫法》是最早的官方济贫法。一方面，它企图通过转移支付和再分配手段，使穷人免受战争、流行病、饥饿和圈地的危害，满足贫民最基本的生活需要；另一方面，它可以减缓暴乱的压力，满足统治者安定社会的需要。所以，当时的官方济贫法是英国统治者政治供求结构的边际调整和下层贫民生活供求结构的边际调整取得了平衡的产物。《济贫法》鼓励让穷人住在富庶者家中的互助方法，通过立法引导社会互助规范化和普及化。这是导致英国政府到1908年以前始终没有建立公共社会保障制度的原因之一。

(2) 德国《雇员医疗保险法》

在1883—1889年间，德国先后颁布了《雇员医疗保险法》《雇员意外事故保险法》和《老年与残废保险法》。19世纪后半期，俾斯麦任普鲁士帝国首相。俾斯麦是扼杀巴黎公社和德国工人运动的刽子手，号称"铁血首相"。当时德国经济萧条，人民生活贫苦，德国产业工人运动高涨。社会党人提出建立不由政府控制的社会保障制度，社会民主运动空前壮大。这些给当时的俾斯麦政府造成很大的压力。俾斯麦任驻法国大使期间，研究了拿破仑三世的社会保障思想后改变了统治思想，在颁布反社会党人法令的同时，颁布了上述一系列社会保障法令，在德国建立了由政府控制的公共社会保障制度。以后，欧洲国家纷纷效仿。法国1898年实施工伤保险；俄国1903年实施工伤保险；英国1908—1911年间颁布了《养老金法》和《国民保险法》；瑞典1891实施疾病保险制度。国家福利保障制度在此时期形成。

(3) 美国《社会保障法》

1930年，美国各大城市爆发了128万人的抗议失业大罢工。为了缓和社会矛盾，稳定资产阶级民主制度，罗斯福实施"新政"，发展公共事业和福利制度。1935年颁布了《社会保障法》。《社会保障法》是不同于欧洲国家社会保障制度的另一种类型的制度。它的意义在于：在历史上第一次提出了社会保障的概念；同时，美国结束了“克服社会风险是个人、家庭和社区的事情，而非政府所为”的统治阶段；兼顾了效率和公平两项原则。

综上所述，社会保障立法是当时国家社会政治与经济发展的产物，各国政府的态度和人文环境决定社会保障立法对政府角色的定义和保障模式的选择。政府角色在社会保障立法初创时期即分为三种类型：

1）德国为主动型，企图通过社会保障立法强化收入转移和再分配功能来实施政府对社会的控制。

2）英国为中性型，对社会保障立法的期望值就是追求均衡结果。

3）美国为被动型，社会保障立法仅为推动、弥补及纠正私营市场失败因素造成的不良影响。

部分国家社会保障立法情况见表 9—3。

表 9—3　　部分国家社会保障立法情况[①]

国家	首次立法	覆盖项目	政府角色	社保总支出/GDP（%）
英国	1911/养老	生老病伤、失业、家补	政府分权管理	27.7（1994）
德国	1893/疾病	同上	政府/劳动组织混合	29.4（1995）
美国	1935/综合	老、伤、失业	政府/托管基金混合	14.9（1995）
加拿大	—	生老病伤、失业、家补	政府分权管理	22.3（1993）
土耳其	1922/健康	生老病伤、家补	政府分权管理	5.5（1996）
新加坡	1955/综合	生老病伤、失业	政府集权管理	—
中国	1950/综合	生老病伤、失业	政府分权管理	1.8（1996）

5.2　社会保障改革型立法

20 世纪 80 年代末期，OECD 国家为了摆脱福利危机纷纷实施福利制度改革[②]。继福利制度改革的后尘就是社会保障法的修订。

5.2.1　OECD 国家社会保障改革立法

在 OECD 组织的 24 个国家中（即 1993 年的成员国）制定和实施了一个地区性的《社会保障政策和改革报告》，不包括后来的成员国，如捷克、匈牙利、韩国、墨西哥和波兰。在此之前，1986 年英国政府通过了新《社会保障

① Colin Gillion 等．社会养老保障．国际劳工组织，2000.

② 经合组织（OECD）成立于 1961 年，旨在引导和鼓励国家间的经济合作。成立时的 20 个国家中只有 2 个欧洲以外的国家：即加拿大和美国。从那时起经济进步导致经合组织拓展了它的经济边界。有四个亚太国家加入：澳大利亚、日本、韩国和新西兰。最近，随着共产主义世界的衰落，三个来自东欧的国家——捷克、匈牙利和波兰加入了 OECD 组织。在拉美国家已有了一个成员国，即墨西哥。

法》；废止《失业救济法》，用《求职者津贴法》取而代之；多次修订《养老金法》，最后一次是 2004 年。1987 年，日本开始实施新《养老金法》。20 世纪 80 年代初，美国里根政府开始削减福利财政开支；后来，布什政府自上台开始进行一轮又一轮的社会保障制度改革，并颁布新的法令。法国、德国、意大利、荷兰、比利时、加拿大等国家纷纷修订社会保障法，提高保险费率、退休年龄和受益条件。

OECD 国家社会保障改革立法的主要内容如下：

（1）减待遇的趋势。由于赡养率的提高，为了应付不断增加的养老金支出，许多国家正在普遍削减待遇或者针对高收入群体削减待遇。削减待遇的技术手段之一，是在待遇确定制度中增加工资基数参考年限（计算退休金）。

（2）提高强制缴费率。不断增加的制度赡养率的负担将在在职者和退休者之间分担，在职者将支付更高的缴费率。

（3）提高退休年龄。随着人口寿命的增加，退休年龄趋向于提高。在一些国家通过提高女性的退休年龄，以达到与男性相等的方法来实施。

（4）男性与女性平等待遇。许多国家通过改革来降低男女之间的不平等。

（5）整合多种养老金模式。许多实行普遍年金的国家已经增加了收入关联待遇。一些实行收入关联制度的国家增加了最低养老金制度。

（6）统一最低养老金制度。所有国家都趋向于建立一个覆盖所有雇员的统一的全民养老保障制度。

（7）推行缴费确定计划。一些国家都趋向于缴费确定或者名义缴费确定制度。

（8）导入私营保险和理财计划。

5.2.2　拉美地区社会保障改革立法

20 世纪 80 年代以后，上述地区的国家纷纷进行社会保障体系改革，并颁布新的社会保障法。下述问题已经引起人们和政府的高度重视：

（1）建立复合型的社会保障体系，以延伸制度的覆盖范围，进一步克服社会中的贫穷现象。

（2）降低待遇水平。

（3）制裁逃税和拖延缴费等。

（4）养老保障基金投资回报低。

（5）缴费义务和退休金受益权利之间的脱节。

（6）超支的行政管理成本和低效服务。

1981 年，智利颁布了新的《养老金法》，对新参加工作的人试行缴费确定型的私营养老金计划（见专栏 9—5）。巴西在改革国家退休金制度的同时强化了雇主提供补充性退休金的责任；哥伦比亚修改了国家《社会保障法》，依法明确由传统制度向缴费确定制度转移的原则、筹资和管理等问题。然后，授权参与人去选择他们将参与哪一类保障制度；拉丁美洲国家均在实施养老保障制度改革，在完善养老金待遇的同时，对病残和遗属也始终坚持社会互助和共同分担的原则给予完善。

专栏 9—5　智利养老金法

智利的新《养老金法》在1981年1月1日开始实施。新制度属于缴费确定型私营计划，不再由公共部门管理，依法建立了私营养老金管理公司(AFPs)。法律对其经营的资本总量和基金投资回报率有明确的最低限规定。全部新职工必须参加新制度，自我雇佣者自愿参加。

私营养老金管理公司在扣除行政管理费用以后，对剩余金额进行投资运营，其经营费用和回报率必须做到信息公开。国家为养老金投资管理建立了公平竞争的市场，参与人有权选择和更换养老金管理公司。

雇员依法在税前按照自己工资的10%缴纳养老保障费，并可以自主在税后增加缴费额。自我雇佣者也可以享受减免个人所得税的优惠政策。雇主没有为其雇员缴费的义务。雇员缴费以后可以从政府那里得到正规的认可券，以承诺他们的缴费具有至少4%的回报率。男雇员在65岁和女雇员在60岁可以开始领取退休金。退休金可以是与物价挂钩的指数化年金，也可以分阶段支取，或者是混合领取方式。受益人在达到退休年龄时，必须同一家保险公司签订养老金账户管理和年金支付合同，或者与私营养老金管理公司签订合同，分期支付养老金。

政府有关监督机构对私营养老金管理公司的财政状况和经营行为实施严格的监管。《养老保障法》明确规定：参与人的养老基金资产与私营养老金管理公司的资产分离。在智利资本市场的发展的初期，投资手段不够充分，养老金资产主要投资于有限的政府债券和银行储蓄，两者均具有抵制物价通货膨胀的指数化功能。分散风险的组合投资策略问世以后，智利政府不断修正投资法律和运作规则，以保证养老金资产可以进行多项投资，以分散风险和在合理组合中获得理想的回报。政府对个人账户积累不足的退休人员实行最低担保制度，担保给付的条件是具有缴费记录20年以上。政府还对经过经济状况调查后的贫困老人提供困难救助。政府规定养老金管理公司最低投资回报率，并强制要求养老金管理公司在获得高于行业平均回报水平时，建立收益储备金，以备担保委托人最低回报。

上述地区的国家在建立缴费确定制度过程中，形成了三个不同的群体：

（1）在玻利维亚、智利、萨尔瓦多和墨西哥，新的缴费确定制度主要覆盖原来的待遇确定制度下的受益人，新制度与旧制度的覆盖范围很接近。

（2）在阿根廷和乌拉圭，建立了混合型的制度。新制度在老制度以外运行，传统的社会保障制度向人们提供基本待遇，同时，人们从新的缴费确定制度中领取补充养老保障待遇；在阿根廷政府允许“老人”在旧制度和新的混合型制度中作出选择；在乌拉圭，低收入的雇员只能参与旧的社会保障制度。

（3）在哥伦比亚和秘鲁，新旧并行，由受益职工自主选择；在这些国家缴费确定制度与原来的待遇确定制度展开竞争。

5.2.3 中欧和东欧国家社会保障改革立法

20世纪90年代末期，捷克、拉脱维亚、匈牙利、波兰、克罗地亚等国开始实施新的社会保障法律。

阿尔巴尼亚依法建立了三个层次的养老保障体系，包括基本强制养老保险、职业养老金计划和附加自愿养老保险。

保加利亚通过立法将男女退休年龄提高到63岁，雇员开始缴纳个人工资2%的养老保障费。国家建立社会保障经办机构管理退休制度和短期津贴项目。而且，上述计划的日程管理工作已经从政府部门分离出来。

克罗地亚经过四年讨论，《社会养老保障法（草稿）》在1997年公布，国会于1998年夏正式颁布了这部新法律。根据新法律，现收现付社会养老保障制度与缴费计划相关联（在点数制度基础上），并提高了退休年龄，还开始试行强制性积累型养老金制度。

捷克共和国依法建立了两个层次养老保障制度。第一支柱是待遇确定型现收现付制度，提供均等的国民年金，退休年龄已经逐渐增加到男62岁，女子取决于孩子个数为57～61岁。待遇计算公式中计入的工作年限增加到30年。政府支持自愿建立补充养老保险计划。

爱沙尼亚依法将退休年龄增加到男65岁，女子60岁，将于2003年全部实现。

在匈牙利，由雇主和工会监管的自治国家养老基金于1991年建立，直到1998年才由政府直接监管。自愿的补充养老保障在1995年开始（建立在共同基金基础上）。经过两年的准备工作和公共讨论之后，国会在1997年夏颁布了新的《养老金法》。从1998年开始，一个包括两个强制层次的新制度逐渐开始实施。第一个层次是待遇确定型的现收现付制度，全部实行收入检查（从当前四分之三的缴费人口中筹资）制度，对缴费达到35年的参保人提供40%替代率的养老金。第二层次将是一个完全积累的个人退休储蓄制度。在1998年新制度刚开始实行时，47岁以下的人可以选择进入新制度，也可以留在原来制度中。拉脱维亚在20世纪90年代后期，依法建立三层次养老保障制度。第一层次是现收现付与缴费确定（建立在“名义积累”基础上）相结合的制度，第二层次是一个小范围的强制性完全积累和私营计划，第三层次是自愿性和补充性的职业养老金计划和个人养老金计划。

波兰国会在1997年通过了《养老保障制度改革纲要》。所有新法律在1998年底开始生效，改革在1999年初开始实施。原先的社会保障制度逐渐被两个新的强制性计划所代替，一个是现收现付与缴费确定相结合的计划，另一个是完全积累的私营缴费确定型计划。任何已经参保的低于50岁的人都要进入名义缴费确定制度（起初的“名义资金”分配到在老制度下积累了权利的所有人）。养老保障缴费的三分之一计入完全积累账户，由30岁以下的人口缴纳；30～50岁之间的人可以选择缴费进入名义缴费确定制度，也可以将三分之一缴费计入准入的私营养老基金。私营基金管理者必须将基金放入托管银行。在1998年，有22个公司取得了养老基金管理资格。养老基金投资限制法律规定：40%投入一级股票市场，5%投入海外市场，10%可以投入股票市场二级市场，10%进入国家投资基金，10%进入国家银行债券，15%购买地方政府债券。养老基金管理者必须将他们的基金放入托管银行。

5.2.4　亚太国家社会保障改革立法

1955年，新加坡颁布的《中央公积金法》引起西方世界的指责和东亚国家重视。新加坡政府不断颁布新法律完善其公积金计划，1964年颁布《公房建设法》，并与公积金制度相结合，为参保人个人账户分立出普通账户，用以管理购房计划；1974年依法分立健康账户，用以管理参保人的医疗储蓄计划。20世纪90年代以来，加快了公积金制度改革和法律修订的速度。

从1995年开始，印度由原来的雇员强制积累基金制度转向待遇确定养老保障计划；同时，开始设计和试运行预先积累型个人养老金计划。

越南在1990年颁布了《社会保障法》，依法导入了待遇确定型的养老保障制度，由国家、雇主和雇员依据受益人收入的3%缴纳养老保障费。新制度自1998年开始运行。目前，该制度适用于雇佣10人以上的企业（准备向雇佣5人的企业延伸）；该制度还包括受益人的病残津贴和遗属抚恤，向符合条件的受益人支付相当于个人原工资50%的养老保障待遇，直至受益人死亡。

世界各国始于20世纪80年代的社会保障立法改革呈现出下列特点：

（1）强调社会保障立法必须与国民经济发展相适应。

（2）强调“公平加效率”的立法原则。

（3）发展国家、企业和个人共建的多支柱的社会保障法律体系，发展企业年金立法。

(4) 加强立法与政府监督，鼓励私营机构介入以促进竞争性养老基金投资市场的形成。

(5) 规范现收现付向完全积累或部分积累过渡的过程，保护受益人的合法权益，妥善处理代际间的利益分配与协调。

5.3 国际社会保障立法

基于各国社会保障立法与执法的经验和教训，国际劳工组织对社会风险达成共识，在此基础上通过了关于社会保障标准的国际公约。1952 年 6 月 4 日，国际劳工局理事会在日内瓦举行第 35 届会议，讨论了关于建立社会保障最低标准的建议，于 6 月 28 日通过了《社会保障最低标准公约》。

该公约具有两大贡献：

(1) 就社会风险概念在全球达成共识，主要包括年老、患病、失业、职业伤害、生育和家庭困难；因此，社会保障制度安排需要覆盖以下事物：医疗补助、病假津贴、残疾津贴、失业津贴、老龄津贴、工伤津贴、生育津贴、遗属津贴、家庭津贴。

(2) 社会保障制度安排的评价指标，包括风险覆盖率、人口覆盖率和保障力度（待遇水平），以及政府监督、雇主和雇员参与的管理体制。

1952 年《社会保障最低标准公约》颁布实施以后，为多数实施社会保障制度的国家所接受。至今，在社会保障领域的国际劳工组织的公约和建议书，主要内容如下：

1）综合标准

- NO. 102《社会保障最低标准公约》1952 年
- NO. 118《社会保障同等待遇公约》1962 年
- NO. 157《维护社会保障权利公约》1982 年
- NO. 167《维护社会保障权利建议书》1982 年

2）医疗和疾病津贴

- NO. 130《医疗和疾病津贴公约》1969 年
- NO. 134《医疗和疾病津贴建议书》1969 年

3）老年、病残和遗属津贴

- NO. 128《老年、病残和遗属津贴公约》1967 年
- NO. 131《老年、病残和遗属津贴建议书》1967 年
- NO. 71《海员退休金公约》1946 年

4）工伤事故和职业病津贴

- NO. 19《工业事故赔偿平等待遇公约》1925 年
- NO. 121《工伤事故和职业病津贴公约》1964 年

- NO. 121《工伤事故和职业病津贴建议书》1964 年

5）失业津贴

- NO. 168《促进就业和失业保护公约》1988 年
- NO. 176《促进就业和失业保护建议书》1988 年
- NO. 8《失业赔偿公约（海滩）》1920 年

6）生育津贴

- NO. 3《保护生育公约》1919 年
- NO. 103《保护生育公约（修订）》1952 年
- NO. 95《保护生育建议书》1952 年

中国尚未加入《社会保障最低标准公约》。从 20 世纪 80 年代起，中国已经将《社会保障最低标准公约》的精神逐步贯彻到国内社会保障法规和政策中，但还不具备立即批准这个公约的条件。

第十章　政府与养老保障

人类出现老龄化后养老成为社会问题，传统养老金制度在各国纷纷遇到财政困难，致使养老金计划向市场化和私人化转变以追求货币的时间价值，又使养老金计划溢出促进资本市场和提高国家金融竞争力等社会多种效用。政府的养老保障责任开始出现“三七开”的发展趋势，即直接责任为三，间接责任为七。

政府要对构建公民养老保障机制承担主导责任，但政府支付养老金的能力是有限的；人口老龄化加大了养老金的需求，明确政府养老保障责任和强化政府相应能力是本章的主题。

1. 老年经济问题与养老保障

1.1　老人经济风险和老龄人口红利

老年经济的研究对象是老人的生活安全问题。老年人即达到一定年龄和丧失劳动能力的人。老年经济问题即人们退休后的资金来源、供款能力和生活水平问题。然而老人不可避免地面对供款风险。

风险是损失的可能性和不可预测性。老人的经济风险特征如下：

（1）风险必然性，因为人人都要进入老年，进入老年的人都将逐渐丧失劳动能力、就业机会和生活自理能力；因而他们需要持续的收入、住房、医疗服务和生活照顾。

（2）风险相对可预测性，人们可以确定退休年龄（尽管很多人还很健康，且具有劳动能力），并依法确认达到一定年龄的人丧失劳动能力；人们还可以根据生命表预测退休后的余命和运用精算技术对养老金进行损益处理，以应对死亡率风险；但这些措施均具有相对性。

基于老人经济风险的必然性和可预测性建立的养老保障制度就可能产生两个效应，一是保障老人生活安全，二是创造老龄人口红利期，将人口红利的窗口向老龄人口开放。精心设计的养老计划可以使梦想成为现实，可以将陷入泥潭进行博弈的老、中、青三代人解救出来，并联手成盟①。为社会安全而进行

---

① Marshall N. Carter，William G. Shipman，*Promises To Keep Saving Social Security's Dream*，1996，State Street Boston Corporation，p101

养老储蓄，使老龄人口消费能力不减，企业订单增多，老年服务业带动就业和第三产业的进步；使老龄人口具有纳税能力，政府收入不减；因此，提高老年人的收入应当进入宏观经济范畴，成为国家经济发展和社会进步的战略之一。

1.2　保障老人生活安全的三要素

应当将现金、住房和医疗视为保障老人基本生活的必要条件，即养老保障三要素。老年人的一个明显特征即劳动能力的丧失，继而表现为就业机会的丧失，养老储蓄能力和养老基金的保值能力都是有限的；因此，依赖养老储蓄解决老人住房和医疗问题是最不合理的选择，在人们进入老年之前对住房和医疗做出安排才是最佳选择。

1.2.1　现金

现金即支持老人基本生活中衣、食、行的持续性收入，是保障老人基本生活的第一物质要素。用以养老的现金被称为养老金。养老金具有如下特征：

（1）不得低于最低标准

养老现金最低标准即保障老人基本生活需要的现金数额，通常以月和周为计算周期。在不考虑社会风险和精算损益情况下，养老现金需求最低标准包括三级核定标准：

1）在具有住房和医疗计划条件下的养老现金最低标准。

2）在住房和医疗缺项条件下的养老最低现金标准。

3）退休人员供养亲属的考虑。

在考虑精算损益的情况下，养老现金的支付水平应当与通货膨胀率挂钩，以保障老人的支付能力。

（2）具有稳定的收入来源

养老即养老生活的基本保障，持续性现金收入是基本条件。因此，各类养老计划的提供方式都是支付养老金。养老金即支持老年人衣、食、行等基本生活需要的现金（见专栏10—1）。养老的现金需求有四个特征，即稳定的资金来源、支付年金、年金指数化和指数化的生命年金。

稳定的不低于最低标准的养老金可以由政府提供，也可以由雇主提供，还可以由自己积累。然而，一定数额的养老金（现金）只有与医疗保险计划和住房计划同时存在，才能保障老人的基本生活，不能用养老金去支付购房款和医疗费用。

专栏10—1　一个英国老人的退休生活和养老金

汉斯是某银行职员，今年65岁，独居老人，住在肯特郡内的一个小城镇里。他刚刚开始退休生活，首要的事情是学会管理养老金计划和安排退休生活。

汉斯退休第一年基本生活与休闲费用的支出预算见表10—1。

表10—1　汉斯退休第一年基本生活与休闲费用的支出预算（英镑）

日常生活支出	周估计费用	休闲支出	每次估计费用
1. 饮食	80	酒吧消费	5
2. 衣着	600（年）	暑期欧洲旅游一周	1 200
3. 杂费（包括水、电、电视频道费）等	35		
4. 看私人医生	预留1 000英镑（年），已购买商业门诊医疗保险，可报销费用的80%；住院可以享受公费医疗		
5. 住房	—		
6. 汽车	—		
7. 其他	60～80		
年总支出	(80×52)+600+(35×52)+1 000+(70×52)=11 220		5×52=260 260+1 200=1 460

根据汉斯的支出预算，年总养老金需求约为12 680英镑，每周需求约为244英镑。汉斯拥有自己的住房和两份医疗保险，不需要汽车，经过一番经济状况审查后他从政府那里每周可以得到75英镑养老金。汉斯查询了自己的雇主养老金账户，积累总额为9.7万英镑；汉斯检查了自己的个人养老储蓄账户，有5.3万英镑。汉斯在咨询了税务律师后，决定将雇主养老金账户的全部资金和个人养老账户中的2.3万英镑用于购买某保险公司的年金产品；为此，他每周可以从该保险公司得到年金240英镑。因此，汉斯的周养老金基本来源如下：

—政府提供国民年金75英镑。

—雇主养老金和个人养老储蓄转换保险公司年金240英镑。

—合计：315英镑。

其次，汉斯考虑用余下的3万英镑和利息收入，在退休的最初几年里，在自己拥有健康的时间实施旅游计划和其他休闲计划。

1.2.2　住房

住房是保障老人基本生活要素之一。住房可以作为商品，也可以作为福利。在有限的土地上，可以建造房屋的土地更加有限，因此，需要政府介入土地规划，在开发房地产、保障工薪层购房和向贫困群体提供服务住房三者之间制造平衡，以保障人有其屋，维持社会稳定。

家庭拥有住房的方式包括购买住房、租赁住房和福利住房。作为保障老人基本生活需要的住房，应当在人们进入老年之前解决，很难想象依赖养老金购房的状况。解决老人住房主要有如下几种选择：在退休之前结束购房供款，并拥有自己的住房；低租住房（通常有政府补贴）；居住公房（通常由政府向困难老人和家庭提供）。

在以上几种方式中，第一种方式应当是最佳选择。在人们进入老年之前拥有住房，可以减少老人生活成本和降低老年风险。住房作为养老要素之一，可以同积累养老金的过程统一考虑，即建立养老和住房统一的储蓄计划，如新加坡模式（见专栏 10—2）。

专栏 10—2　新加坡公积金计划

新加坡《公积金法》于 1955 年 7 月开始实施，最初仅是一个养老储蓄计划。从 1968 年 9 月 1 日开始用个人账户资金购买政府提供的廉价房（福利价售房），1978 年允许参保人用公积金购买股票，1984 年 4 月 1 日开始分立保健储蓄账户，1989 年 5 月 14 日开始用公积金支付病残遗属抚恤金，1989 年 6 月 1 日开始用公积金支付教育费用；至今，公积金计划已经成为个人终身理财账户。

公积金计划为全体参保人建立个人账户，并根据不同的需要在个人名下分立账户（见图 10—1）。

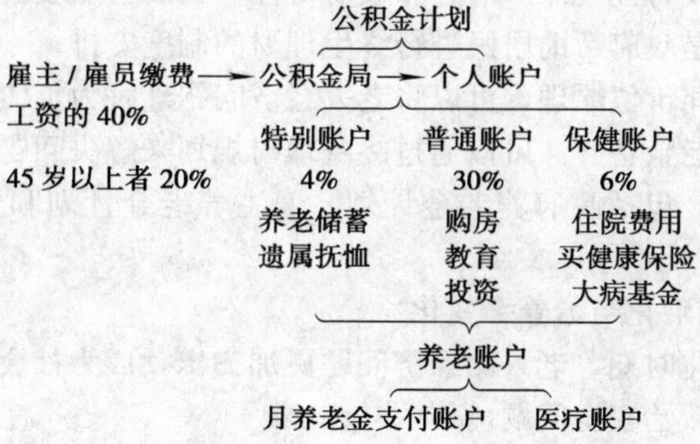

图 10—1　新加坡公积金计划下的个人账户结构

参保人达到退休年龄时（55～60 岁），关闭普通账户，合并特别账户和保健账户为养老账户，账户资金保留一定数额（如 8 万新元，不足者从子女账户拨款以补足）用于支付养老金和医疗费用，其余一次性领取。养老金基于精算考虑按照月支付，医疗费用不足时可以向政府出售廉价房，申请居住政府经营的廉租房，以换取医疗资金。

综上所述，新加坡公积金计划是为参保人提供养老三要素的综合计划。

1.2.3　医疗计划

医疗计划是保障老人基本生活要素之一。老人的健康状况决定他们的医疗需求呈上升趋势，特别是在进入养老生活的最后阶段。工业化国家的资料表明，老龄人口的医疗服务需求是0～14岁人口的3倍之多①。解决老人医疗问题有如下几种选择：

(1) 政府提供免费医疗服务。

(2) 建立社会医疗保险、合作医疗计划或购买商业医疗保险产品。

(3) 个人进行医疗储蓄，包括强制性储蓄和自愿储蓄。

总之，在人们进入老年之前，应当有比较完善的健康保障计划或医疗保险计划，以减少老人生活成本和降低老人的经济风险。新加坡公积金和个人账户的制度安排被世界银行专家称为终生理财的账户系统，被国际劳工组织专家称为基金社会主义，就在于其统筹了会员一生的制度安排，做到了养老无忧。

老人生活成本的阶段性。一般可以将退休生活分为三个阶段：退休生活初期（1～5年）为高消费阶段；退休生活中期（1～10年）为平稳消费阶段；退休生活晚期（最后1～3年）为健康支出阶段。多数老人无力靠自己的能力为养老供款，由此成为社会保障内容和政府责任，因而新加坡公积金制度经过多次修正，被称为是政府帮助居民进行终生理财的制度安排。

根据货币时间价值原理，可以将老人经济问题理解为负债，而不需要在退休时日将全部养老金备齐。可以通过终身理财规划来解决问题老人在以上三个阶段的生活成本，包括政府养老金计划、雇主养老金计划和个人养老储蓄计划。

1.3　人口老龄化与赡养率变化

在人口老龄化时期，老人的经济问题更加突出，成为社会安全问题、经济稳定问题，乃至政治安全问题。

1.3.1　全球人口老龄化问题

人口老龄化是指老龄人口不断上升，并达到一定比重时的人口结构状态。当前，人口老龄化是根据60～65岁以上人口，在国家人数中的比例来决定的。

① Peter S. Heller，Aging in the Asian "Tigers"：Challenges for Fiscal Policy，IMF. Working Paper，1997

在未来 40 年里，全世界老年人口数将增加两倍，接近 4 亿，占人口总数比例由 1990 年的 9%增到 2030 年的 16%（见图 10—2）。

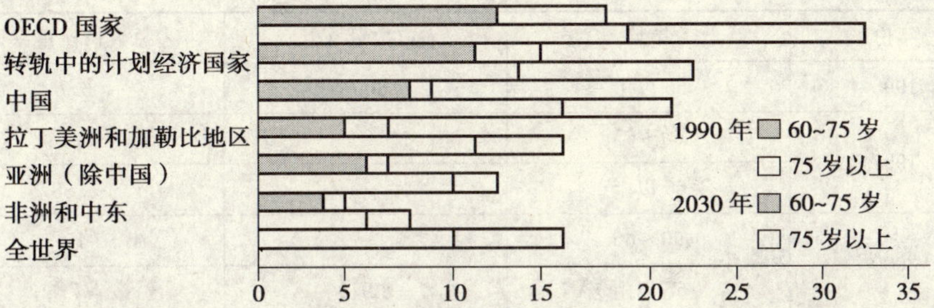

图 10—2　1990—2030 年按地区划分 60 岁以上人口所占百分比[①]

1.3.2　中国人口老龄化问题

中国是世界上人口最多的国家之一，也将是世界上老年人口最多的国家之一。自 20 世纪 80 年代以来，60 岁以上老年人口平均每年以 3.2%的速度增长。在 2000 年，中国老年人口达到 1.3 亿，超过总人口的 10%。据世界银行预测，在 2030 年以后中国老龄人口将占全世界老龄人口的 1/4 以上（见图 10—3）。

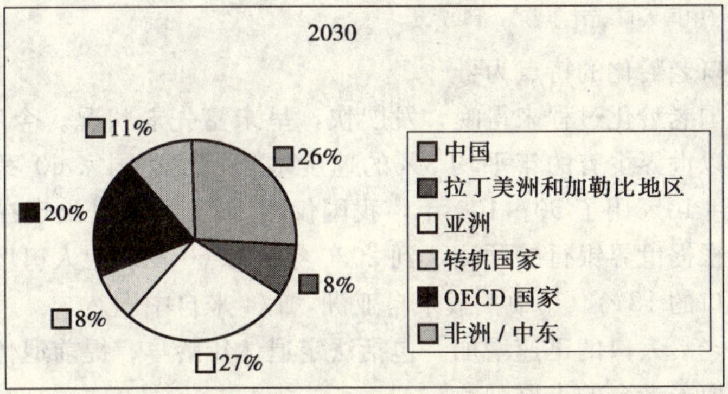

图 10—3　2030 年世界老龄人口分布

依据联合国人口老龄化标准，根据中国老龄问题全国委员会同日本大学人口研究所，以第三次人口普查为基础，对中国老龄人口发展趋势进行的预测，老龄人口在中国的发展大体分为三个阶段（见表 10—2）：1982—2000 年是快速老龄化阶段；2000—2025 年是加速老龄化阶段；2025—2050 年是缓速发展，

① 世界银行政策研究报告. 防止老龄危机. 牛津大学出版社，1994. 中译本，中国财经出版社，1996. 15. 资料来自世界银行人口数据库。

且已高度老龄化阶段。

表 10—2　　　　　　　中国人口布局发展趋势

年份	年龄	人口数量（万）	占总人口比重（%）
1995	65 以上	8091	6.7
1997	60～65	—	8.9
	65 以上	—	5.58
2000	60～65	—	10
	65 以上	8 913	7
2010	65 以上	11 136	8.2
2020	60 以上	25 000	18
2020	65 以上	16 474	11.4
2030	65 以上	22 586	15.3
2040	60 以上	34 000	25
2040	65 以上	29 378	20.1
2050	65 以上	29 240	20.6

资料来源：《中国人口统计年鉴》，1997

中国人口老龄化的特点为：

（1）中国老龄化过程来得晚，发展快，呈未富先老状况。今后 40 年中国老年人口将以世界少有的年平均 3%的速度增长。发达国家 60 岁以上人口比重从 7%增到 10%用了 50～100 年，我国仅用 10 年，而且出现在经济不够发达的时期。根据世界银行的预测，到 2030 年全球 60 岁以上人口增加到 14 亿，约占世界人口的 18%，其中一般来自亚洲，1/4 来自中国。

（2）准老龄人口的迅速增加。包括法定退休年龄早、提前退休失控等，加大了需要领取养老金的人群。

（3）老龄人口的城乡二元化。城市人口老龄化的速度快于农村，在城镇化进程中农村富余劳动力进城务工，其人口老龄化将加速。

1.3.3　赡养率的变化

多数老年人不能通过当前经济产出来满足当前生活需要，需要通过其他方式分享经济产出——家庭供养、储蓄和投资、社会保障等。老年人在国家财富中分享比例，决定他们的福利生活水平。制定老年人福利政策时，必须同时考虑老年人的需要和国家财政力量。在过去的几十年里，世界各国和地区的经验和教训都是丰富的，其养老保障计划出现不同程度的赤字，甚至波及其他经济正常运转。人口老龄化又加深了这个矛盾，在职职工赡养负担加重。预计到21世纪中叶，中国将会出现2名职工供养1名退休人员的沉重的代际负担局面（见表10—3）。

表10—3　　1995—2050年中国养老保险供养比例①

年份	职工人数（万）	退休人数（万）	负担比重（%）
1995	16 018	2 955	18.45
2000	17 901	3 654	29.91
2010	19 664	5 147	26.17
2020	20 995	7 067	33.66
2030	21 878	9 127	41.72
2040	22 206	10 247	46.14
2050	22 206	10 303	46.40

1.4　养老保障模式的演变及挑战

养老保障即保障老年人生活安全。伴随人类社会的不断进步，养老问题从自然状态逐步进入理性状态，成为国家义务和政府责任，其制度安排也逐步走向规范化和科学化。至今，养老保障已经过了三个历史阶段，即家庭养老保障时期、国家养老保障时期和社会养老保障时期。如今，在知识经济和全球化的社会条件下，欧美国家正在由单一的国家养老保障向多元的社会养老保障过渡，而亚非国家也在由传统的家庭养老保障向多元社会养老保障过渡，人们起点不同，但面对的挑战和发展目标却相同。

1.4.1　家庭养老保障

家庭养老保障即由家庭供养和照顾老人。具有供养老人能力的家庭指社会学意义上的大家庭（三代或者三代以上），承担生产、分配、储蓄和风险保障全部功能的大家庭。伴随商品经济和城市化的发展，家庭观念和家庭结构发生了根本性变化，三代同堂的家庭越来越少见，取而代之的是3～4口人组成的单代小家庭，老人独居和空巢现象比较普遍。总之，家庭养老的保障功能在下降。

1.4.2　国家养老保障

国家养老保障即由政府供养老人。国家举办各类提供养老金和医疗服务的计划，以保证老人基本生活。1889年，世界上第一个由国家建立的养老保险

① 根据《中国人口统计年鉴》、劳动和社会保障部预测方案制表。

计划在德国诞生，即《老年与病残保险法》。英国也于1911年颁布了《养老金法》，对65岁以上的老人支付普惠式国民年金。1935年，美国在雇主福利计划运行了100多年以后颁布了《社会保障法》，其养老保障计划是“有收入雇员缴费、无收入老人不缴费、政府扶助”的多元计划。归纳上述三种类型的国家养老保障制度，可以清楚地看到，国家的角色在正规养老保障制度初创时期为三种类型：德国为主动型，企图通过社会保障具有的收入转移和再分配功能来实施政府对社会的控制；英国为中性型，仅仅追求均衡结果；美国则为被动型，政府由私营市场推动去弥补和纠正市场失败因素造成的不良影响。

1.4.3　社会养老保障

社会养老保障即由多元养老金计划和社会化养老服务设施构成的养老制度安排。它包括：

（1）社会化管理的政府养老金计划。

（2）雇主和用工单位建立的养老金计划。

（3）专业养老金管理机构和养老金市场。

此外，社会养老保障还包括社区老年服务、敬老院等。政府的主导责任在人类计入社会养老保障时期从多元角度体现出来，包括确保支付养老金的直接责任和鼓励雇主举办养老金计划，以及培育养老金市场和社会化养老设施的间接责任。

1.4.4　养老保障国际标准及评价指标

1952年，国际劳工组织通过了第102号公约，即《社会保障最低标准公约》（以下简称《公约》），就养老金和医疗问题的最低标准在全球达成共识。该《公约》提出评价国家养老保障体系的指标体系，由社会风险覆盖率、养老保障覆盖面和保障力度三个方面构成。

（1）社会风险覆盖率。《公约》规定的老年社会风险包括年老、病残和遗属。养老保障计划仅覆盖参保人的为小保障制度安排，还覆盖被供养人和遗属的为大保障制度安排。

（2）养老保障覆盖面。养老保障计划的覆盖面可以根据人群而定，《公约》规定是总人口的25%，经济活动人口的75%。

（3）养老保障力度。养老保障力度是养老金支付水平。《公约》规定以生存年金方式支付养老金，支付水平在以往收入和家庭补贴（指受供养人的收入）的45%，以后提高到55%；建立医疗保险计划分担医疗费用的大部分。

2. 养老储蓄

养老储蓄是基于人力资本和财务生命周期而进行的以保障老年生活为目标的储蓄，具有终生理财特征，追求长期收支平衡。

老人生活包括现金、住房和医疗三个必要因素，因此，需要从狭义和广义两个角度界定养老计划。狭义养老计划即为保障老人日常支出而筹集养老金的计划，养老金即老人日常支出的资金。广义养老计划即安排老年生活的综合计划，至少应当包括养老金、老年住房和医疗费用分担等基本内容。人类老龄化影响了个人财务生命周期，养老生活期限延长。人们将“您老高寿”的美言赠给 90 岁以上的老人，“人活 70 古来稀”的俗言已过时。那么，面对这个社会现象人们做好准备了吗？养老计划的价值就在于帮助人们理智地进行养老储蓄。

2.1　个人财务生命周期

个人财务生命周期即人生财务状况的三个阶段。每个人开始工作和停止工作以及一生收入和支出的财务情况均不同，但一生的财务周期均需要经历三个阶段：20～35 岁处于收入小于支出阶段，35～65 岁（提前退休除外）进入收入大于支出阶段，65 岁以后依赖养老金生活，又进入收入小于支出的阶段。

佛朗哥·莫迪里安尼（Franco Modigliani）和布隆博格（Richard Brumberg）在《效用分析与消费函数：对横切面数据的一种解释》（1954）[①] 中引入跨时消费概念，并提出生命周期假说（Life—cycle Hypothesis）。他们认为，理想消费者追求生命周期内的效用最大化，其约束条件为一生总收入和总消费支出的平衡，将即期消费与即期收入分离，与终生收入水平关联；因此，每个理性消费者都需要选择最接近预期目标的消费水平，从而导致个人储蓄和财富在整个生命周期内呈现驼峰分布。这个理论在 1985 年获诺贝尔奖，部分原因在于其构建和发展了家庭储蓄生命周期假说。

阿莱（Maurice Allais）、萨缪尔森（Paul A. Samuelson）和戴蒙德（Peter A. Diamond）创立的世代交叠模型（Overlaping Model），即根据人生三个阶段来分配收入。任何时期均有不同时代的人们在同时生存，如令进行代际交易可以构建跨时的一本均衡模型。

2.2　养老储蓄模型

生命周期假说的基本观点，即个人具有正储蓄和负储蓄，储蓄和财产在其生命周期内具有驼峰分布；人们要为老年储蓄，工作到最后一年的总储蓄最大，生命结束时的储蓄为零。养老储蓄并不是新说，他的主要成就在于使这一

① Franco Mordigliani and Richard Brumberg. *Utility analysis and the consumption function*：*an interpretation of cross-section data*，ed. K. K. Kurihara，New Brunswick：Rutgers University Press，1954.

观点合理化[1]，并形成概念、计算公式和模型，使模型能够向多方向发展。这个理论引导人们建立和使用包含货币时间价值的、追求长期收支平衡的综合养老储蓄模型（10.1）。

$$W_O(1+k)^n+\sum_{t=1}^{n}(E_t-C_t)(1+k)^{n-t}=W_n=\sum_{t=n+1}^{d}\frac{C_t}{(1+k)^{t-n}} \quad (10.1)$$

符号说明：

•时间符号：t 未来年限；n 指当前时点至退休时点的时点差；d 当前时点至死亡年限的时点差；O 养老储蓄起点。

•计算符号：W_n 养老金总积累（收支可能不平衡）或者养老金需求（收支平衡），W_O 目前拥有的可用于退休消费的资产状况；K 贴现率，E_t 某年收入，C_t 某年消费支出。

模型覆盖三个时点、两个期间和养老储蓄的全部要素：

（1）三个时点即进行养老储蓄起始时点、养老储蓄停止时点（退休或者丧失劳动能力）和养老年金支付起始时点、养老年金支付停止时点（定期年金支付截止期、生命结束）。

（2）两个期间，即工作期间（养老储蓄）和养老期间（养老消费）。

（3）根据不同养老储蓄和养老消费目标，n 和 d 所代表的数值不同。

2.3　人力资本

经济学家将人们未来收入的现值视为人力资本，越是接近退休时点其人力资本价值越小。加里·贝克尔（Gary Becker）在 1992 年获得诺贝尔经济学奖，他的主要贡献在于完成了人力资本微观经济理论基础和分析问题的框架，解决了计算个人人力资本和持久收入的方法，为人们进行公共养老计划设计和个人养老规划铺平了道路。例如，A 先生 35 岁时即拥有税后年薪 100 000 元的稳定收入，以后储蓄不变，在年均收益率为 3%的条件下，到期 65 岁退休时的人力资本为 1 960 044 元。使用财务计算器的计算公式（10.2），

N30　R3　PMT100 000　求 PV=1 960 044（元）　(10.2)

这个计算公式暂时忽略了通货膨胀率因素。此外，还要关注个人教育程度、从事专业和国家收入分配政策等因素。

2.4　持久收入

持久收入即等同于人力资本的不变的消费水平（permanent income）。米尔顿·弗里德曼（Milton Friedman）1976 年获诺贝尔经济学奖。他的突出贡献是提出了“持久收入而非年收入”（year-to-year income），是估算总消费支

① 兹维·博迪，罗博特·C·莫顿. 金融学. 北京：中国人民大学出版社，2000. 169

出的决定因素（包括退休前后）。弗里德曼认为，持久收入的储蓄比例比当年收入的储蓄比例大得多。如果将A先生的持久收入终点设定在生命结束时点，就意味着其人力资本到生命终止时降为零，实现了个人收入的再分配和效应最大化目标。持久收入理论为养老储蓄目标替代率的形成奠定了理论基础，是人们进行养老储蓄规划的重要依据。

2.5　养老储蓄目标

从养老理财需求出发，可以根据一个人的人力资本来计算其持久收入和养老储蓄目标。例如，如果A先生从35岁开始进行养老储蓄，他有税后年薪100 000元的稳定收入、一所价值1 200 000元的住房和价值180 000元的汽车，这是其目前收入和资产状况 W_O。其养老储蓄即当年收入 E_t 和当年消费支出 C_t 的剩余，养老储蓄额应当取决于A先生的养老储蓄目标。养老储蓄目标包括替代率目标和持续消费目标。

2.5.1　替代率目标

替代率即养老年金对退休前收入（全部期限或者一定期限内收入均值）的替代比例。例如，A先生的养老消费目标是退休前10年收入的80%，假如他退休前10年收入均值是100 000元，他的养老储蓄目标即每年80 000元养老金收入，他在65岁退休，退休后的预期余寿是15年，年均利率3%。因此，

第一，计算A先生在退休时点的养老积累额，即955 034.81元，计算公式为（10.3）：

N15　R3　FV0　PMT80 000　求PV＝955 034.81（元）　(10.3)

第二，计算为了在退休时点达到该数额的养老储蓄，A先生在工作期间每年的养老储蓄额，即20 074.12元，计算公式为（10.4）：

N30　R3　PV0　FV955 034.81　求PMT＝20 074.12（元）　(10.4)

2.5.2　持续消费目标

持续消费即退休前后消费水平相同。例如，A先生的养老储蓄目标是在未来45年中每年有同样数额的收入来维持同等消费，其持久收入为C，其他条件不变。我们已经知道A先生的人力资本为1 960 044元（10.2），因此，

第一，计算A先生的持久收入C，即79 940.74计算公式为（10.5）：

N45　R3　PV1 960 044　FV0　求PMT＝79 940.74（元）　(10.5)

第二，计算A先生每年养老储蓄额，即20 059.26元，计算公式为（10.6）：

100 000.00－79 940.74＝20 059.26（元）　(10.6)

养老储蓄目标的实现需要借助养老理财规划。如果A先生的养老理财规划中的养老年金支付为月年金，这80 000元养老金将分12个月支付。养老理

财规划还需要明确规定年金支付的期限，包括生存年金（支付期至死亡）和定期年金（规定支付期限，如 10 年）。在定期年金条件下，养老储蓄模型（10.1）中的 d 就是年金支付截至时点，而不是受益人死亡时点。

3. 养老金计划

3.1　养老金计划的定义

养老金计划即有计划地进行养老储蓄。养老金计划包括筹集养老资金、管理养老基金和支付养老年金三个环节。养老金计划取决于其收入支出节余情况即养老储蓄能力，加上储蓄方法和养老生活目标。

养老金计划的主要特征：

（1）为养老进行长期储蓄，追求长期收支平衡。

（2）养老储蓄账户锁定，以保证储蓄资金为养老所用。

（3）养老基金运营必须坚持安全、流动和收益的基本原则。

（4）养老年金支付需要与预期余寿（退休后的生存期）匹配，不宜过早用尽储蓄资金，也不宜在生命结束时还留有巨额资金。

面对人口老龄化和家庭结构的改变，养老问题日益成为社会公共问题，针对居民进行养老储蓄理智性、计划性和管理养老储蓄能力的有限性，需要政府干预养老储蓄，建立养老计划、进行养老储蓄和提供养老金。对养老计划进行制度安排即要求人们选择或服从某类养老储蓄计划，人们在参加各类养老储蓄计划时必然与个人养老储蓄的结果进行比较。总结世界各国的相关经验，其制度安排的主要模式有三类，国家年金计划、职业年金计划、个人年金计划。

3.2　国家年金计划

3.2.1　国家年金的定义和特征

国家年金（state-pension）即由国家提供的定期支付的养老金，包括国民年金和老人金等。国家年金的核心特征是国家提供和普遍均等受益。

国家年金是国家干预主义的结果。国家干预主义包括福利经济学、凯恩斯主义、新历史学派、瑞典学派和剑桥学派等，他们承认市场是有效的资源配置方式，但市场不是万能的，也存在垄断、信息不对称和负外部性等失灵现象，主张国家对经济活动进行干预和宏观调控。他们几乎都提出了再分配的主张，但凯恩斯的思想是通过再分配实现社会福利进而调解宏观经济运行，瑞典学派的思想则是促进社会福利以实现收入分配均等化和公平化。

国家年金的一般特征：

（1）国家依法建立的公共养老年金计划，政府是养老年金的提供者。

（2）通过税收方式筹集资金，包括普通税或特种税，如社会保障税。

（3）受益对象是达到法定资格的国民，如法定年龄（通常达到退休年龄可以领取普通年金，达到高龄者可以领取老人金）、贡献记录（主要指纳税年限；对于待遇与贡献不关联的计划来说，不检查贡献记录）、经济状况（有些国民年金计划越来越趋于低保化，在支付年金之前需要对受益人进行经济状况调查）、国土居住期限等。

（4）管理模式即现收现付和社会统筹，通常只有短期收支平衡预算，没有长期积累、市场化运营和投资收益（美国除外，因为有半市场化运营的老、遗、残托管基金），不排除滚存资金利率。

（5）待遇支付预先确定（DB），待遇水平具有均等性且趋于低保化，通常是指数化（伴随通胀率进行调整）的生存年金（支付到受益人死亡）。

专栏 10—3　英国国民年金计划

自 20 世纪初期开始，英国公民和居民年满 60 岁（后改为 65 岁）即开始领取国民年金。国民年金来自国家财政预算，不要求受益人事先缴费。国民年金是英国居民养老的主要来源。

国民年金待遇如下：

- 按周支付养老金，从 75 英镑到 150 英镑不等；
- 子女抚养费和病残配偶供养费，按照本人待遇的一定比例支付；
- 包括病残抚恤。

相关待遇：

- 对老人实行公费医疗；
- 政府提供穷人住房。

伴随社会变迁和人口老龄化，英国国民年金制度进行了多次改革：

- 提高受益人资格审查标准，加入缴费规定；
- 进行经济状况调查，实行差额支付；
- 降低待遇水平；等等。

3.2.2　国家年金计划的理财分析

建立国家年金计划意味着政府将为此而收税和个人为此而纳税。纳税即个人薪酬的扣减，当期收入由此转变为延期收入。但是，社会保障税的意义不同于普通税，它对纳税人具有较明显的返还特征。

例如，A 先生每年养老储蓄额为 20 059.26 元（个人养老储蓄能力），如果纳税率是个人薪酬总额的 5%，他的年社会保障纳税额为 5 000 元，其个人养老储蓄即由两部分组成，个人储蓄＋社会保障纳税（其中可能包括养老以外的福利项目，如失业、保健服务等）。未来政府将给他支付养老生存年金，他退休后的生存期越长，从政府获得的好处就越多，老龄风险由政府承担。同时，政府还可能对他提供医疗服务、住房补贴等。

在国家年金计划下，经过具有社会互济性的社会统筹安排以后，个人纳税额与未来受益额不能仅通过年限和利率进行准确计算，并与个人养老储蓄进行直接比较（见专栏 10—4）。

专栏 10—4　中国基础养老金计发公式中的社会互济

根据国务院《关于完善企业职工基本养老保险制度的决定》［国发（2005）38 号］的规定，退休时的基础养老金月标准以当地上年度在岗职工月平均工资和本人指数化月平均缴费工资的平均值为基数，缴费每满 1 年发给 1%。具体养老金计发公式为，

（当地上年度在岗职工月平均工资＋本人指数化月平均缴费工资）/2×个人缴费年限×1%

因此，本人指数化月平均缴费工资高于社会平均工资的人，其缴费的一部分将分摊低收入者的部分养老金。

3.1.3　国家年金的发展与挑战

在经济发展合作组织（OECD）的成员国家中部分具有国家年金计划，是社会保障体系的组成部分，其支出成为政府预算的最大项，在高收入国家甚至超过其总额的 20%（见表 10—4）。

表 10—4　国家年金支出和覆盖范围[①]（按收入组别划分的全国平均数）[②]

收入水平	年金支出占 GDP 百分比	年金支出占政府支出百分比	国民年金制度覆盖范围百分比
低收入	0.7（32）	3.9（18）	10.2（19）
下中等收入	2.9（29）	10.1（16）	27.9（16）
上中等收入	6.7（20）	23.8（13）	50.7（ 7）
高收入	8.2（23）	23.1（20）	95.8（12）

注：括号中的数字为有上述数据的国家数。因为概念并非完全一致，此数据仅供参考

国家年金政策普遍受公众支持，其主要原因如下：①给付水平（DB）比较稳定，有助于实现保障基本生活需要的目标；②具有明显的“收入再分配”功能，有助于社会公平目标的实现；③符合传统的社会伦理，“现收现付”模式靠两代人的契约运行，有助于形成和保持社会互济、融合的道德观念；④由政府公共机构管理，有助于保障基金的安全和体系的稳定。

① 劳动部社会保险研究所．防止老龄危机（译本）．北京：中国财政出版社，1996.65

② 数据来源：世界银行。

国家年金面临的挑战如下：①现收现付模式在人口老龄化中遇到了财务负担问题；②公共管理机构臃肿、官僚、基金运营成本高效率低，基金增值措施不利；③忽略个人自我保障责任，助长了过度依赖政府的倾向；④对劳动力市场有负面影响。一是增加劳动成本和失业，产生大量非正规就业；二是因年金和缴费之间缺乏直接联系，即一些人所得年金少于他们的缴费，而另一些人甚至没有贡献就领到了年金，这促使一些人逃税或提前退休，导致劳动力市场供应和养老基金管理负担均可能陷入恶性循环状况。

3.3　职业年金计划

3.3.1　职业年金的定义和特征

职业年金（earning-related pension）即由职业性养老储蓄计划提供的养老金，包括社会养老保险计划、雇主养老金计划等。职业年金计划的核心特征是其职业群体性和贡献与收入的关联性。

职业年金是集体主义和企业社会责任的产物。主要理论包括集体谈判、人力折旧、雇主父爱主义、要素分配、延期支付①、延期纳税等。人力折旧理论②是建立雇主养老金计划的重要理论基础，该理论从另一个角度承认了人力资本。迪宁（Dearing）曾指出："若要让雇主负有在劳动合同中止后承担其职工福利的经济或道义责任，就需要进行比机器—工人类比更为严格的论证作为基础。"③ 1946年，美国矿工联合会在争取建立福利基金时就采用了这种理论：美国矿工联合会在多年中实践中形成如下观念，即在煤矿行业中，保护人力资本（human equity）和关注采矿机械的重置成本、赋税成本、支付债务利息费用，或其他为消费者生产一吨煤所发生的成本一样，都是真实的……雇主有义务补偿雇员的人力折旧。上述阐明雇主要对劳动者劳动能力丧失后的经济风险承担部分责任，支付养老金是企业薪酬计划的组成部分即延期支付，工会参与养老计划的建立和管理是保障工人权益的措施之一，延期纳税是政府干预养老储蓄、改善劳资关系和培育市场机制的新姿态。

职业年金的一般特征：

（1）依法建立的有限公共养老年金计划，包括社会性养老年金计划、行业性养老年金计划和雇主性养老年金计划，政府、行业理事会和雇主分别是养老年金的提供者。

（2）通过收费方式筹集资金，如养老保险费；通常在税前列支。

① 埃弗里特·T·艾伦等．退休金计划．北京：经济科学出版社，2002.33

② 埃弗里特·T·艾伦等．退休金计划．北京：经济科学出版社，2002

③ 迪宁（Dearing）．《工业退休金》，243

(3) 受益对象是达到法定资格的计划成员，如达到退休年龄、贡献记录(主要指缴费年限) 等。

(4) 管理模式即现收现付和社会统筹，通常只有短期收支平衡预算，没有长期积累、市场化运营和投资收益（不排除滚存资金利息）；但是，雇主 DC 型养老年金计划需要建立个人账户并进行长期积累，需要排除。

(5) 待遇支付预先确定或不确定，支付水平可能与缴费年限、金额、利率，甚至社会平均工资、消费指数等因素关联；通常支付生存年金（雇主年金计划除外），可能进行指数化调整。

3.3.2　职业年金计划的理财分析

向职业年金计划缴费的意义不同于普通税，它对纳税人具有特定返还特征。例如，如果 A 先生职业年金计划缴费率是个人薪酬总额的 2%，年缴费额为 2 000 元；在 A 先生缴费 30 年，年均利率 3%的条件下，未来 15 年年均年金支付额即 6 343.4 元，计算公式（10.7）：

N30　R3　PV0　求 FV/15＝6 343.4（元）　　(10.7)

其未来支付的养老年金可以与个人养老储蓄进行比较，因为没有其他福利项目分流这项资金。但是，职业年金计划的待遇支付公式中通常假如计划成员互济因素，导致其与个人养老储蓄进行比较时发生条件变异的情况。

3.3.3　职业年金的发展与挑战

由于职业年金发展历史时间长，在筹资方式、管理体制和分配形式等方面的选择余地很大，所以形成了很多模式：①根据创立主体可分为由独立企业年金和若干企业（行业）联合年金，如美国通用汽车公司创办的管理人员年金和欧洲大陆国家较常见的行业年金；②根据资金来源可分为个人缴费年金和个人不缴费年金（企业都要缴费）。多数国家实行个人缴费年金制度，这需要在劳工关系基础上建立企业年金理事会，双方共同管理年金和共同承担风险。但需要解决人员流动时基金转移问题[①]；③根据立法可分为强制性、自愿性和集体谈判决定（半强制性）。法国、瑞士、丹麦、荷兰和澳大利亚等国家属于强制性模式，大多数国家采用自愿性模式，瑞典通过劳资双方集体谈判方式建立企业年金；④根据筹资方式可分为完全积累和现收现付模式。一般采取完全积累模式，法国是唯一选择全国统筹、现收现付、强制性职业年金模式（补充）的国家；⑤根据缴费和受益的关系可分为确定给付和确定缴费模式。国家公务员及军官的补充年金均采取现收现付和给付确定模式，私营部门多为完全积累的缴费确定模式。在实践中上述模式被组合使用，如美国 401（k）计划。

① 有些国家规定了雇主缴费产权转移等待期，如德国、加拿大是 10 年，美国和比利时是 5 年。

在OECD国家，超过1/4老人及1/2以上劳动人口拥有职业年金。职业年金资产迅速增加，其优越性在于：①对国民年金具有补充作用，一定程度上分散了老人的收入风险，提高了保障功能。在OECD国家职业年金目标替代率一般为20％～30％，与国家年金合起来可达到60％～70％；②成为改善劳资关系和提高劳动生产率，增加企业凝聚力的重要手段；③其积累基金的投资运营增加了资本供给和金融工具的衍生，促进了资本市场的发展，对一个国家的国际竞争力具有重要影响。但是，养老基金的安全运营和保值增值是个极其具有挑战性的问题。

最后需要说明，在实践中职业年金计划中的社会保险与国家年金比较接近，在没有国家年金计划的国家里即基本年金，养老金的第一支柱；雇主年金计划与个人年金计划比较接近，通常需要建立个人账户，并进行长期积累。

3.4　个人年金计划

3.4.1　个人年金的定义和特征

个人年金（individual-saving pension）即由个人养老储蓄计划提供的养老金，即个人账户的制度安排。

个人年金是国家干预和经济自由主义相结合的产物。经济自由主义包括货币主义、供给学派、公共选择、理性预期、制度经济学、有管理的竞争，他们主张经济放任和自由竞争。现代社会基于第三条道路的选择，国家干预主义和经济自由竞争相结合，进而发展成为有管理的竞争。

个人年金的主要特征：

（1）依法建立或者个人自愿建立的养老储蓄年金计划，包括个人供款计划和雇主配款计划（基于个人供款的雇主供款计划）等，政府可能给予税收减免或延期纳税政策。

（2）依法建立个人账户进行长期储蓄和养老基金积累，可能附带政府责任（如税收减免或延期纳税，即EET；监管和担保责任等），包括个人管理或委托管理，市场化运营。

（3）待遇支付不确定（DC），支付水平与投资收益和管理费等因素关联。

个人年金计划与普通个人养老储蓄不同，通常附带缴费税收优惠、雇主配款、管理费限制、投资管制和不得提前支取等保护性政策。

3.4.2　个人年金的发展与挑战

个人养老储蓄账户是管理养老计划的方式之一。个人年金计划具有如下优势：

（1）产权明确。个人账户资金归个人所有，在国家税优政策激励和法律约束下实现个人收入再分配，强化个人自我保障责任。

(2) 个性服务。促进养老金账户管理和服务系统以及中介服务市场的发展。

(3) 方便携带。个人可以携带个人积累进行迁徙和劳动力合理流动。

(4) 长期积累。长期积累的养老基金可以应对人口老龄化。

(5) 促进资本市场。养老基金的形成和安全投资需求将大大促进机构投资者完善治理结构，以及资本市场规模发展和规范发展。

(6) 信息披露。个人参与养老金账户管理的措施之一即要求经办机构进行信息披露，这可以促进经办机构信用建设。上述功能和优势逐渐被发现，越来越成为完善养老保障制度安排的优先选择。

个人年金依托个人账户进行管理，在实践中有各种制度安排，可能与社会统筹计划结合、与职业年金计划结合、与雇主年金计划结合，或者独立存在。另外，个人年金计划还包括名义账户和实际账户的选择。名义账户即空账运营，可以暂时忽略养老债务，避免通货膨胀和投资风险，但是这种忽略背后可能潜藏着隐性债务的危机，失去应对老龄危机的功能。然而，个人年金账户进行实账运营，将需要建设审慎受托人制度，或者进行投资管理，甚至进行全程监管，这对政府、经办机构和社会法治环境均提出更高的要求，是具有时代特征的挑战。

上述三类计划比较清晰的划分了国家、企业和个人的责任。20 世纪末期的研究结果证明，这三类模式各具优势和不足，建立多元计划可以得到互补效应。实践做法主要有三种：一是只选择其中一种模式；二是选择其中几种模式并结合运用；三是将上述三种模式集中在一个复合型的制度中，如新加坡的公积金制度，就同时具有公共管理、社会互济、企业缴费和个人储蓄等诸多特点。

4. 养老金计划的政策分析

4.1 现收现付和预先积累的政策比较

4.1.1 现收现付计划

现收现付即用计划收入支付计划支出。现收现付计划可以根据短期（通常为一年）收支平衡原则筹集资金和管理计划。此模式具有下列特点：

(1) 通常以“工资”税（费）进行筹资，按“社会统筹”的方式筹集和管理资金，按均等和给付确定原则在覆盖成员之间进行分配。

(2) 实质上是“代际赡养”的转移支付，即工作的一代供养退休的一代。

(3) 不进行长期储蓄，不存在由于经济波动、通货膨胀、严重自然灾害和其他灾难（如战争）对基金带来的损失。

(4) 现收现付模式的操作相对简单，常常用于国家年金制度。第二次世界大战以后，现收现付成为工业国家基本养老保障制度的主要模式，50%的中等收入国家适用该模式，10%～20%的低收入国家也适用了该模式，前苏联、东欧国家和中国也选择了这一模式。

20世纪70年代以后，发达工业国家的经济进入滞胀阶段，同时出现退休高峰，一代人巨额的、终身的转移支付使国家年金的财务陷入困境。1970年，英国社会福利费用占国民生产总值16.3%，1975年便升到20.9%。1978年，社会福利费用在瑞典占国民生产总值23%。西欧发生了“福利国家危机”，日本惊呼“年金制度将要崩溃”，就连小心谨慎的美国也接近了“福利困境”。养老保障支出是社会保障支出的主要部分。德国是现收现付模式的发起者，20世纪60年代中期，每个妇女平均生育2个孩子，现在是1.4个，60岁以上人口占总人口的比例已经达到20%，人口结构变化导致养老赡养比例不断加重，德国政府不得不开始对现收现付模式进行改革。

全球性的人口老龄化给选择现收现付国民年金模式的国家带来日益加重的财政压力。其人口结构发展特征是：低出生率，人口寿命延长以及退休人口的增长。

4.1.2　预先积累计划

积累即预先积累养老金，在计划的任何一个时点上均有足够的储蓄。完全积累计划根据长期（通常是几十年）收支平衡的原则筹集资金和管理计划。在预测未来时期支出需要的基础上，确定可收支平衡的相对稳定的缴费率（可能高于现收现付缴费率），为未来支出积累资金。此模式具有下列特点：建立个人账户和市场化运营；遵循“同代自养”的原则；有一定的资金积累，对人口老龄化有一定的承受能力；通常采用缴费确定模式计算和发放养老保障待遇，缴费与待遇关联，能够刺激人们缴费的积极性，减少征缴工作中行政监督的成本；并鼓励人们延长工作年限，降低提前退休的倾向。

积累模式具有两难性挑战：

（1）巨额资金积累对经济波动、通货膨胀的承受能力十分脆弱，易遭到基金贬值影响的威胁；如果让养老基金入市以求增值，就必须承受市场风险，建立安全运营机制。

（2）如果不实行预选承诺，受益人风险太大；实行预先承诺，缴费公式则相对复杂，要增加最初工资（W）、工资增长（G）和利率（R）等多种因素，并进行精算。这需要有发达规范的金融体系和资本市场，如澳大利亚、加拿大、日本、荷兰、瑞士、英国和美国的养老金市场。在上述七个国家，投资管理者在高度竞争环境和政府监管机制下，负责养老金资产的日常经营和管理。政府监管部门主要致力于建立有效的监控机制，预防欺诈、盗窃等风险和控制投资风险，以树立公众对养老保障制度的信心。

（3）混合计划。混合模式也称部分积累，其积累程度高于现收现付模式和低于完全积累模式。鉴于前两种模式均有各自弊端，很多国家综合短期和长期收支平衡原则，将当期筹集资金一部分用于支付现已退休人员的养老金，另一部分为在职人员预留未来养老金，并进行投资运营。在混合模式下，人们的养老金将由两部分组成，即统筹的养老金和个人积累的养老金。这种模式吸收了前两种模式的特点，力图在人口压力和资金风险之间寻求均衡点。同时，由于预留了一部分积累资金，可以减轻人口老龄化带来的沉重负担；又由于积累的资金规模比完全积累小，因此，在通货膨胀中基金损失风险较低。如中国的“社会统筹与个人账户结合”模式等。

4.2　待遇确定和缴费确定的政策分析

4.2.1　待遇确定计划

待遇确定（DB）即计划发起人预先向计划受益人承诺养老金支付水平，包括替代率承诺或支付金额承诺。社会养老保险计划的养老金支付政策属于待遇确定类型。20 世纪 70 年代以前的雇主养老金计划也基本属于待遇确定类型。待遇确定型养老金计划具有如下主要特征：

（1）具有严格的养老金计发规定。

（2）养老金计划的发起者是承诺者，也是养老金计划资产运营风险的承担者。

（3）通常按照“以支定收”的财务原则筹集资金。

（4）可以通过政府或者雇主的统筹账户进行运作，不为个人建立账户。

4.2.2　缴费确定计划

缴费确定（DC）即计划发起人不向受益人承诺养老金支付数额，而是根据最终积累总额决定养老金支付水平。一些选择部分积累型模式的国家，养老金计划包括个人储蓄账户，其支付政策属于缴费确定类型。20 世纪 70 年代以后的雇主养老金计划基本属于缴费确定类型。缴费确定型养老金计划具有以下主要特征：

（1）具有严格的养老保险缴费和税收政策规定。

（2）养老金计划的参保人（受益人）是养老金计划资产运营风险的承担者。

（3）通常按照“以收定支”的财务原则筹集资金。

（4）必须为参保人建立个人养老储蓄账户。

4.2.3　混合型计划

待遇确定和缴费确定反映了特定养老金计划的特征，划分养老金计划模式的依据，也是划分养老金计划发展时期的依据。20 世纪 70 年代以后，大多数雇主不再选择待遇确定型养老金计划，以避免承担养老金计划资产运营和待遇支付的风险。

20 世纪 90 年代以后，伴随精算技术和 IT 网络的支持，人们可以就两个模式之间取其优和避其害，进行混合型的制度安排。例如，政府养老金计划导入个人储蓄账户以后即具有 DC 特征；但同时还要对养老金支付水平作出承诺，具有 DB 特征。又如，雇主养老金计划对养老金支付进行科学预测，也可以提供最低养老金支付预期值，具有 DB 特征。

4.3　委托代理与信托选择

4.3.1　委托代理

委托代理即依法将个人养老年金资产委托代理机构经营管理。代理人可以是政府、非政府组织、非政府非营利组织、甚至是营利组织（如保险合同）。代理人根据代理合同对委托人负责，这是一类两方法律关系和合同关系。其主要特征：

（1）养老年金受益人的利益全部由代理人包办。

（2）代理人以养老年金财产作为自己的经营财务，与自己的财产不分离。

（3）代理人缺乏审慎人要求，其内部没有防范风险的治理机制，钱权不能分离。总之，代理人的信誉机制缺位。

4.3.2　信托选择

为了兼顾养老年金“安全、流动和收益”三个原则，自 20 世纪 70—80 年代以来，越来越多国家选择信托模式管理养老金计划，建立养老金计划受托人制度，明确了受托人的责任（fiduciary duty）和审慎人原则。养老金计划信托模式的主要特征：

（1）坚持养老金计划“资产独立”的基本原则，以隔离市场风险。养老金计划的资产与任何经办机构自由资产分开管理。例如，中国［劳社发（2004）20 号］文件第二十条规定：“企业年金基金必须与受托人、账户管理人、投资管理人和托管人的自有资产或其他资产分开管理，不得挪作其他用途。”

（2）坚持“钱权分离”的组织结构，以隔离道德风险。养老金计划的经办机构必须按照分离指令者和资金管理者的结构建立。例如，中国［劳社发（2004）20 号］文件第十九条规定：“受托人可以委托具有资格的企业年金账户管理机构作为账户管理人，负责管理企业年金账户；可以委托具有资格的投资运营机构作为投资管理人，负责企业年金基金的投资运营。受托人应当选择具有资格的商业银行或专业托管机构作为托管人，负责托管企业年金基金。”

（3）坚持“审慎人”的资质标准和行为准则，以完善养老金计划受托人制度。审慎人行为的主体标志是“忠诚、细心、稳健”。在很多国家已经建立了审慎人准入和退出机制，包括审慎人行为标准、监督监管机构和操作程序。

至此，人们从依赖政府转向寻找最好的受托人，养老金计划的中介服务和投资安全随之而得到保障。

5. 政府的养老保障责任

5.1　传统家庭养老功能弱化

在市场经济高度发达和人口老龄化的新的社会条件下，家庭养老功能正在弱化。商品经济带来的商品价值观念对家庭养老产生负面影响，青年一代追求城市化小家庭生活方式，赡养老人的观念正在逐步淡化；生育率下降直接导致家庭的供养资源减少，子女养老的人均负担几倍增长；例如，上海市领取“独生子女证”的人数从1980年的36.7万增加到1990年的181.9万，增长约4倍[①]；死亡率的下降导致人口寿命延长，1999年中国人口的平均预期寿命达到71岁，正在向发达国家的水平（74岁）迈进。

21世纪将是老年人独居的时代。1990年，我国老年人口还有70%的人与子女同住，而如今城市老年人口中空巢家庭已经增长到40%～50%，有的甚至达到70%～80%，代际分离增加了家庭养老的困难。现代化生产节奏不断加快，劳动强度增加，子女很难做到忠孝两全。有统计表明，无子女和独生子女家庭中的老人是特困老人的多发群体，以南通市为例，无子女特困老人占特困老人的41%。

综上所述，传统家庭的养老保障功能正在下降，建立社会养老保障或养老保险制度，关注边缘群体的状况，如无子女、独生子女、下岗子女的老人，以及高龄老人、老年妇女和独居老人，防止因老致贫的现象发生就成为政府责任，养老金的公益性和公共品特征日益凸显。

5.2　对政府提供养老金能力的置疑

政府提供养老金即政府代表国家对公民作出的养老金承诺。从19世纪末期到20世纪中期，很多国家一面借鉴他国经验，一面根据自己国情设计养老金计划。在160个国家中存在209种不同的养老金计划的制度安排，根据世界银行《老龄危机研究报告》的分类，其中有公共计划200个，私营计划9个；支付国家年金的计划有181个，其中有19个计划通过个人储蓄筹集养老金。

第二次世界大战以后，全球人口逐渐进入老龄化，到2050年将达到高峰（见表10—5）。

---

① 徐勤. 有计划生育与有计划养老. 健康报（计划生育版），1986，7，4

表 10—5　　部分国家和地区（65 岁）人口比的变化（%）

国家和地区	1950	2000	2050
全球	5.2	6.9	19.3
中国	4.5	6.9	22.7
印度	3.3	5.0	14.8
日本	4.9	17.2	36.4
德国	9.7	16.4	31.0
美国	8.3	12.3	21.1

资料来源：Gavrilov & Heuveline，2003

人口结构变化对养老赡养率产生极大影响（见表 10—6）。

表 10—6　　主要欧盟国家退休人口与在职人口的比例（%）①

年度	法国	意大利	英国
1950	26.4	21.2	24.2
1960	28.4	23.9	21.1
1970	31.3	28.1	29.0
1985	27.7	33.2	31.5
1990	28.7	35.5	32.1
2000	32.0	40.8	31.3
2010	32.4	45.0	31.9
2020	41.3	50.2	37.4
2025	45.4	53.8	40.4

养老金支付负担加重。伴随人口老龄化必然出现养老金支付在社会保障总支出所占比重的上升趋势，与 GDP 的比重也呈上升趋势（见表 10—7）。

表 10—7　　部分国家养老金支出与 GDP 的比重（%）②

国家	1995	2030
奥地利	8.8	14.8
法国	10.6	13.5

① 国际劳工组织："经济发展中的人口，1950—2025"，日内瓦，1986

② Colin Gillion. John Turner. Clive Bailey. Denis Latulippe. 社会养老保障的发展与改革. 国际劳工组织. 日内瓦，2000，130

续表

国家	1995	2030
德国	11.1	16.5
意大利	13.3	20.3
西班牙	10.0	14.1
英国	4.5	5.5
美国	5.9（2002）	—
澳大利亚	2.1（1999）	5.8
乌拉圭	5.1（2004）	13.0（2015）
墨西哥	3.6（2004）	26（2015）
秘鲁	5.9（2004）	29（2015）
玻利维亚	11.6（2004）	45（2015）
智利	60.0（2004）	99（2015）

资料来源：（1）Disney，Richard（1999），OECD Public Pension Programmes in Crisis，An evaluation of the Reform Options，Social Protection Discussion Paper 9921，The World Bank. p8.（2）维森特·哥塔."拉美国家养老金改革"，孙建勇主编.《社会保障基金监管制度国际比较》，中国财政出版社，2004，p87，p137

在职工人的缴费负担加重。出生率急剧下降和失业率上升会导致人口赡养比的失衡。现收现付养老保险模式对在职参保人员与养老金领取人员的比例非常敏感。现收现付养老保险模式下的赡养比（D）即计划内受益人/缴费人的比率（见表10—8）。退休人员需要就业人员负担，而退休人员越多就业人员就越少，退休人员寿命越长而就业人员负担就越重，甚至后代人将面临没有养老金的风险。

表10—8　　在现收现付模式下支付养老金所需要的缴费率（%）

养老金替代率	赡养比（D）				
	1/2	1/3	1/4	1/5	1/10
100	50	33	25	20	10
80	40	27	20	16	8
60	30	20	15	12	6
40	20	13	10	8	4
20	10	7	5	4	2

20世纪70年代以后，发达工业国家的经济进入滞胀阶段，同时出现退休高峰，一代人巨额的、终身的转移支付，使国家年金的财务陷入困境。1970

年，英国社会福利费用占国民生产总值16.3%，1975年便升到20.9%。1978年，社会福利费用在瑞典占国民生产总值23%。西欧发生“福利国家危机”，日本惊呼“国家年金制度将要崩溃”，就连小心谨慎的美国也进入了“福利困境”（前面章节已有相同描述）。

解决问题的渠道有三个：一是加速发展经济，提高养老金支付的公共预算能力，二是提高缴费率，三是降低养老金支付水平。世界银行专家认为可以另辟途径，完全积累模式可以提供一笔资金用于应付未来债务。国际劳工组织专家则认为，无论现收现付模式还是资金积累模式，在一定给付水平范围内，两种方式的负担最终都将落在就业人口身上。国际劳工组织在人口老龄化最严重的欧盟国家进行的研究表明①，如果中老龄（50岁以上）工人的就业率能够保持在60年代的水平上，老龄化对养老保险的冲击作用要弱得多。换言之，失业对养老保险的影响大于人口老龄化，各国政府应当采取积极的促进就业政策，以应对老龄危机带来的养老金支付负担。

20世纪80年代以来，在全球掀起养老保障制度改革高潮。单一的家庭养老模式和国家年金模式都面临破产。家庭养老遇到工业化和城市化的挑战，随着家庭结构的改变和家庭规模的缩小，越来越不具有养老保障功能。国家年金遇到人口老龄化和基金全球化的挑战，政府负担越来越重。此时，养老保险（缴费型计划）制度安排的缺陷越来越明显，在改革和完善养老保险计划的同时，很多国家政府和公众开始关注和接受储蓄型养老金计划的替代作用。一些国家修改国家年金计划并减少了年金支付水平或者提高年金支付条件，甚至放弃了国家年金计划，在强化和完善社会养老保险计划的同时，关注个人储蓄和个人账户的功能，鼓励个人养老储蓄和购买商业养老保险。

5.3　政府应对养老金制度变革的主要措施

人口增加和老龄化加大了各国政府支付养老金的负担，呈现出政府责任大于其能力的发展趋势，要兑现政府承诺以维护执政党的执政能力，必须进行养老保障制度改革。

政府提供养老金要考虑诸多因素，包括人口统计、通货膨胀、工资增长、就业率、储蓄利率等，并依据上述数据精算模型和养老保障公共预算，以及社会保障（养老金）征税制度。然后就是为谁支付养老金的问题。

5.3.1　挑战之一，政府应当为谁支付养老金？

基于父爱主义，政府应当坚持“广覆盖”原则为全体老年公民提供养老金。在理论上受益群体分四类，即公务员、雇员、自雇人和居民。关于受益对

① “从金字塔到圆柱：欧洲老龄人口与社会保障”，ILO报告，1987

象的公共选择包括群体优先和定量指标。群体优先指针对上述四大群体规定参加养老金计划的顺序，以及从部分群体到全民覆盖的发展策略。定量指标指针对特定群体规定收益资格，由此统计受益人数及其与总人口或者应保人口的比例。一个值得讨论的问题，那些自己有能力储蓄足够养老金的人还需要政府支付养老金吗？其实，直到人们接近退休年龄时才能判断谁储蓄了足够的养老金。

5.3.2　挑战之二，政府怎样支付养老金？

在20世纪，政府提供养老金的主要方式即举办国家年金计划和社会保险计划。在有管理的竞争时代，政府可以通过授权、外包和购买服务等方式来提供公共服务能力，这需要好的治理机制。纵观全球21世纪养老金模式变革，主要结果和发展趋势如下：

(1) 国家年金“低保化”，即降低支付水平；例如，英国周养老年金支付水平比20世纪60～70年代下降了很多。

(2) 职业年金“主流化”，缴费型的社会养老保险、行业年金和雇主年金计划均得到加强，智利等拉美国家除外。

(3) 在社会保险年金和雇主年金之间实行“解约”，即鼓励人们选择雇主年金，以降低政府负担和强化雇主责任和养老金市场；见英国经验和日本经验。

(4) 个人储蓄“制度化”，个人养老储蓄从自愿到被鼓励，以至于被强制，越来越成为人养老金的主要来源，见智利私人年金计划和美国401（k）年金计划。

(5) 政府责任“三七开”，见澳大利亚超级年金计划，政府帮助70%的人提供养老储蓄能力，为30%的人提供养老补贴。

(6) 养老服务“社区化”，社区养老正在进入市政府的工作计划和城市发展规划，因此社区具有综合提供老人居住、医疗和日常生活照顾与安慰的功能，可以将政府关爱、家庭温暖、邻里照顾和商业服务融为一体。总之，人们基于多元文化、进行多种选择，正在打造多支柱的养老保障制度，结合住房公积金和补助，以及医疗保险计划，一个现代养老保障体系正在形成。

5.3.3　挑战之三，政府如何为养老计划筹集资金？

养老计划的资金管理涉及筹集资金、管理资金和基金投资三个环节。

政府为养老计划筹资的方式包括财政预算和拨款（包括行政费用和养老金支付），向公共基金贷款，通过减免税收让利政策鼓励企业缴费、鼓励个人进行养老储蓄，包括了政府投资、企业投资和个人投资。衡量政府的养老保障财政责任，需要在公共财务中建立养老保障预算，将政府拨款有计划的投入各类不同计划，建立比值指标和绩效指标。前者比较政府投入在各类养老计划中所占比例，后者检验政府资金的使用效益、效果和效用。政府投资比例过高和过低均具有负面效应，需要经过专家论证，并交给人民权力机构（如中国的人民代表大会）讨论和决策。

政府参与养老计划资金管理的主要方式：

（1）收支不分的、集权管理的公积金计划（新加坡模式）。

（2）收支分离的、分权管理的社会养老保险统筹资金计划，如法国联合征收和分散管理模式，再如中国地税征缴和社会保险经办机构支付的模式。

（3）依法授权社会组织自治管理行业年金计划（德国模式）。

（4）依法建立私营养老金管理公司（智利模式）和政府监管机制。

政府参与养老基金投资运营的主要方式：

（1）政府通过财政专户计入利率的方式直接经营养老基金，即非市场化投资。

（2）依法授权非营利机构托管养老，即半市场化投资（如美国老遗托管基金，中国社会保障基金理事会）。

（3）建立审慎人制度，授权符合资质的公司管理和运营养老基金，即市场化管理。

（4）制定投资管制规则，对各类养老基金管理公司的投资行为实施限制性监管，乃至全程监管。

5.3.4　挑战之四，养老金支付水平的政府承诺?

政府支付养老金的原则即“低水平”，特别是在发展中国家；支付方法包括直接支付和最后担保（在职业年金、雇主年金和个人年金计划支付水平低于最低养老金水平时提供补贴）。

政府支付养老金的质量指标包括：与通货膨胀率挂钩的指数化养老金（见专栏 10—5），与寿命关联的生存养老金、与社会平均工资或个人平均工资挂钩的具有目标替代率的养老金等。

专栏 10—5　土耳其《社会保险改革法》的新规定

1999 年，土耳其颁布新《社会保险改革法》，对养老金政策作了修改。该法规定了最低退休年龄和缴纳保险费的最低期限，即男性年满 60 岁，女性年满 58 岁，必须缴纳保险费 7 000 天（20 年）；重新确定了享受养老金待遇的计算基数，即退休前全部缴费期限内的月平均工资，而不是按退休前几年的收入计算；提高工商业部门雇员向社会保险机构缴纳保险费的收入最高限额，由目前最低工资的 1.8 倍提高到最低工资的 5 倍。最后，养老金待遇与通货膨胀率挂钩，而不再与薪金增长指数挂钩。

养老金支付条件即指领取养老金的资格限制，如法定退休年龄（见表10—9）、居住期限和缴费记录（见表10—10）等。

养老金支付方式包括一次性结算、年金支付和两者混合。养老金支付水平通常以目标替代率来衡量，如社会低收入、平均收入和高收入的替代率（见图10—4）。

表10—9　　部分国家退休年龄的变化

国别	1999		之后变化
	男	女	
阿根廷	64	59	2001年，男65，女60
澳大利亚	65	61.5	至2013年，女65
比利时	61	61	至2009年，男女均65
玻利维亚	65	65	
哥伦比亚	61	55	至2014年，男62，女57
亚美尼亚	62	57	
捷克			至2007年，男62，女61
爱沙尼亚	62.5	57.5	2000年，男63；2010年，女63
格鲁吉亚	65	60	
匈牙利	60	57	至2009年，男女均62
新西兰	64	64	至2001年，男女均65
瑞士	65	62	至2005年，女64
土库曼斯坦	62	57	
英国	65	60	2010—2020年间，女增至65
美国	65	65	2000—2027年间，男女增至67
乌拉圭	60	56	至2003年，女增至60

表10—10　　部分国家受益人缴费记录的规定

国家	缴费年限	其他情况
非洲		
贝宁	20	
多哥	20	50岁退休缴费30年
阿拉伯国家		
科威特	15	40岁女工照顾子女可40退休
沙特阿拉伯	15	55岁退休缴费20年
亚洲		
马来西亚	20	
新加坡	10	

续表

国家	缴费年限	其他情况
拉丁美洲		
智利	20	
墨西哥	24	
中欧和东欧		
保加利亚	25（M）20（W）	
波兰	25（M）20（W）	
土耳其	20	
OECD 国家		
英国	9/10（工作期间的法定比例）	
美国	10	62 岁退休降低养老金，收入调查至 70 岁
荷兰	35	大学教育和失业视为缴费期

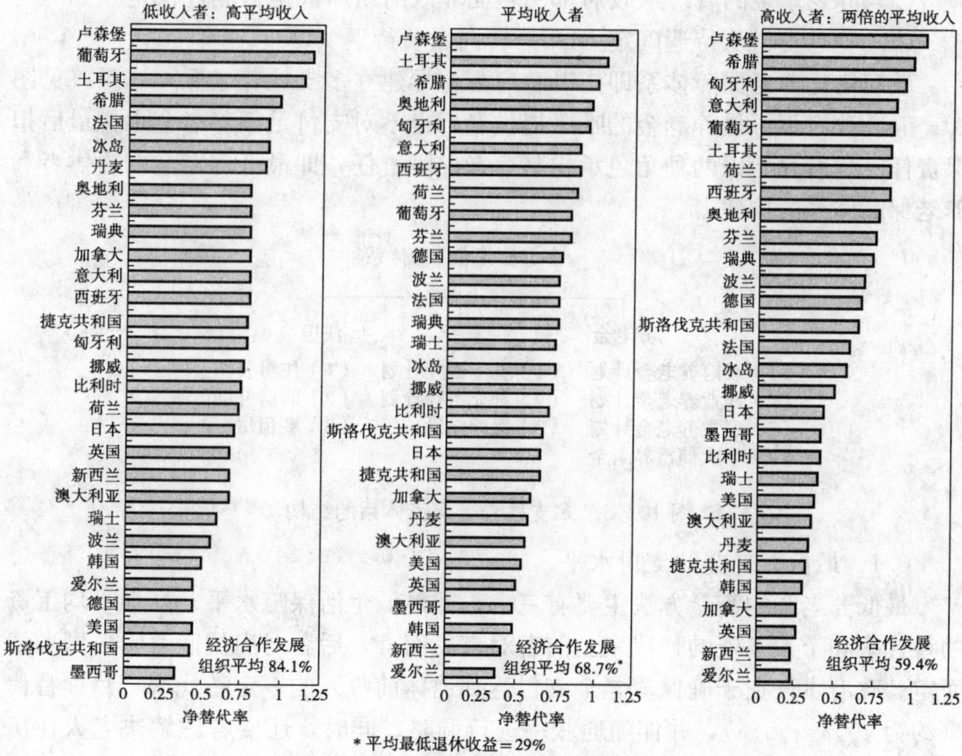

* 平均最低退休收益＝29%

其中　最低的是：捷克共和国（12%）

　　　最高的是：卢森堡和葡萄牙（40% 以上）

图 10—4　OECD 国家养老金对不同收入的替代率

资料来源：经济合作发展组织养老金模型

6. 政府构建养老保障体系

从政府提供养老金到政府构建养老保障体系是国家干预主义和经济自由主义结合的产物。

自20世纪70年代以来，养老保障改革出现多元化、个体化、民营化、市场化的发展趋势。多元化即建立国家基本保障、企业补充保障和个人自愿储蓄三支柱相结合的养老保障体系；个体化即个人储蓄和个人账户功能被强化，如智利模式；民营化即非政府组织（包括非营利组织和营利组织）作为专业经办机构进入养老保障管理和服务系统，如各国补充养老保险计划的经办机构；市场化即按照市场竞争的方式建立养老保障管理和服务规则及其监督监管机制。因此，在养老保障制度安排中出现以下变化：

（1）社会统筹被强制性个人退休账户所取代。

（2）现收现付制转向基金制。

（3）养老基金的管理从政府部门转向非政府组织甚至营利性机构。

（4）养老支付从待遇确定（DB）转向缴费待遇（DC）。

政府构建养老保障体系即指以政府为主导建立多支柱养老保障体系（见图10—5）。政府不再是养老金的唯一提供者，也不对支付足额养老金承担最后担保责任。政府开始以两种角色承担其养老保障责任，即最低养老金的提供者和养老保障体系的构建者。

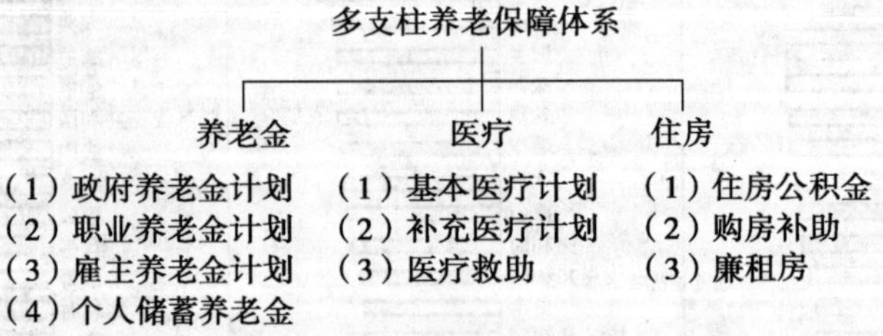

图10—5　多支柱养老保障体系的结构

6.1　最低养老金的支付水平

最低养老金的衡量方法主要有三个，即最低生活保障水平、社会平均工资的替代率和个人工资的替代率。前者对市民而言，后者对雇员而言，各国酌情而定。政府责任在于确保养老金支付达到退休前收入的一定替代率（目标替代率约为40%～60%），并伴随通胀率进行调整。同时，还要考虑解决老人住房和医疗计划（本章不展开讨论）。

经济增长和人口结构的变化是亚洲国家完善养老制度的驱动力。日本、澳大利亚有完善的三支柱养老保险体制，中国香港、新加坡、韩国、中国台湾针对就业人员有较完善的养老保险体制，中国内地、印度、泰国多支柱的养老保险体制尚不完善。由于实行多支柱养老保险制度，亚太地区纷纷提高了养老金计划的覆盖率和养老金支付的替代率（见图 10—6）。

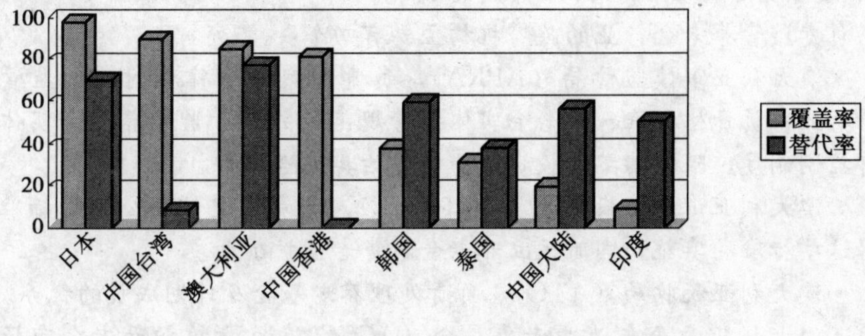

图 10—6　亚太地区多支柱养老保险体系的建设情况

注：替代率：养老金在个人退休前总收入中的比例；覆盖率：享受基本或补充养老金的人口比例

资料来源：经合组织、德盛安联资产管理公司

6.2　政府提供养老金责任的“三七开”发展趋势

政府提供养老金的责任出现“三七开”的发展趋势，政府直接提供责任为三，间接保障责任为七。人们养老金的 30%由政府确保支付，70%来自职业养老金计划和个人养老储蓄，政府的间接保障责任在于确保非政府养老金计划安全运营。这种发展趋势有如下两类体现方式：

（1）群分法，即规定养老储蓄的法定水平线，政府为 30%养老储蓄不足的人群提供足额或者差额养老金，通过非政府养老金计划让 70%的人具有稳定收入或者较高收入，在达到退休年龄时具有足够的养老储蓄，不再需要政府提供养老金。例如，澳大利亚建立超级年金计划的目标即是如此（见专栏10—6）。

（2）个分法，即个人养老金的 30%来自政府养老金计划，70%来自个人养老储蓄。中国“社会统筹与个人账户相结合”的养老保险制度安排，对于年轻人来说，在参保 15 年以后可以接近这个目标。

专栏 10—6　澳大利亚养老保障模式

1991 年，澳大利亚政府颁布和实施了《养老金保证法》，建立超级年金计划以转变政府的养老保障责任。该法强制雇主为其雇员向经批准的职业养老金计划缴费，即超级年金。建立该计划的目标：70%人口通过职业养老金计划获得足够的养老金。政府的责任是构建养老金安全运营机制，同时，政府向非超级年金计划的老年市民提供养老金，约为老年人口的 30%。

为保证大多数雇员有足够的养老金，1992 年 6 月《超级年金保证费法案》规定了雇主供款最低标准，从 1992—1993 年度的个人工资的 3%～4%，逐渐增加到 2002—2003 年度的 9%。

负责监管养老金行业的政府机构主要有四个：

• 澳大利亚审慎监管局（APRA），负责制定与法律相对应的监管条例、从业人员资格标准、养老金实体经营规范，并负责监管养老金实体的内部控制制度，限制其某些投资行为，评估其风险水平。

• 澳大利亚证券与投资委员会（ASIC），负责制定信息公开的标准并监督这些标准的实施，同时设立养老金消费者保护制度。

• 澳大利亚税收局（ATO），负责处理养老基金及计划成员的税务。

• 澳大利亚竞争与消费者委员会（ACCC），负责维护养老金市场秩序。

监管养老金行业的法律有《养老金保证法》《养老金行业监管法（1993）》《养老金行业监管条例（1993）》《证券法》《退休储蓄账户法（1997）》等。

6.3 政府养老保障责任的进化

翻开欧洲国家福利摇篮的历史，政府曾经是养老金的提供者。在欧洲那些被废弃的小教堂是办理养老金领取手续的地方，已经是老人生活的重要组成部分。如今政府已经不可能提供足够的养老金；政府需要开发另外两个角色。

（1）非政府养老金计划安全运营机制的缔造者，如推动养老金信托机制的建立。

（2）个人养老理财规划的支持者，如鼓励市民建立个人养老储蓄账户。

如何以政府为主导建立具有适应性的养老保障体系，即“成本最低、效率最好”的养老保障制度安排。政府将面对怎样的挑战呢？

首先，政府的养老保障财政预算要到位，包括支付最低养老金、支付转制成本和养老保障体系建设费用等。

其次，政府要付出更多能力履行间接责任，打造非政府养老金计划的运营环境。为此，政府要具有运用“胡萝卜加大棒”的能力，即以税收优惠来激励用工单位履行社会责任，为员工建立养老金计划；政府要具有制定规则和依法监督监管的能力，激励和培育养老金市场的发展，建造养老金计划市场运营的法治环境。

最后，政府也要教育人民学会养老理财。一个理智的公民应当从年轻时期开始考虑和规划自己的退休生活，政府和市场中介机构应当为人们的退休理财规划提供条件，使人们在退休时具有多元养老金计划，以保障老年无忧生活。老年富裕起来且具有纳税能力和消费能力，可以创造老龄人口的红利效应。

7. 论政府责任与养老金计划三次变革

20世纪90年代，有文章称“新一轮养老金革命的时代到来了”，这里指在养老金计划经历了社会统筹和个人账户两次管理模式的变革之后，正在进入第三次变革，即信托管理时代。

7.1　养老金计划管理模式的第一次选择——政府责任与社会统筹

养老金计划管理模式的第一次选择是建立社会统筹基金（或收支账户），即城市、省或国家一级统一进行养老金计划的资金筹集，并建立公共运作的共同基金（或账户）。通常该管理模式坚持“现收现付、待遇确定和以支定收”的财务原则，在这类管理模式下政府要承担两个责任：

（1）对受益人负责，即根据待遇确定原则确保受益人的待遇如数按期支付，其支付数额可能受到国际最低标准或者国家规划标准的制约，制定法定替代率，如个人收入或者地方平均收入的一定比例；此外，养老金现值需要经得起通货膨胀的考验，为此政府要提供指数化的养老金。

（2）对社会保障计划负责，即对统筹基金（或账户）的收支平衡负责。为此，政府需要根据人口和资金征收情况测算短期和长期的养老金支付负担，不断调节缴费率，甚至对养老金支付的缺额提供补贴。总之，政府在全方位地承担筹集资金、基金管理和待遇支付的行政管理责任和风险担保责任。

无论俾斯麦模式（Bismarck Model）还是贝弗里奇模式（Berveridge Model），前者基于社会保险原则对参保人提供预先承诺的待遇（DB），后者以普惠的方式提供预先承诺的均等待遇。但是，随着人口统计的变化，世界上大多数国家都面临着人口老龄化给政府养老金计划带来的问题，当期债务的上升也预示了未来隐性债务的加大。20世纪70—80年代，这个矛盾已经十分明显并趋于激化。1990年，OECD国家的养老金支付财务缺口（用GDP的百分比衡量）预计平均占OECD国家GDP的8.5%，根据国际劳工组织的模型，这一数据会提高到2050年的15.2%。一些国家为了减少隐性债务，从现收现付制转向预先积累制，政府不得不提供大量资金以弥补转制成本。

7.2　养老金管理的第二次选择——政府退出与个人账户

养老金计划管理模式的第二次选择是建立个人账户，即基于国家税收减免政府，强制或者鼓励通过企业缴费和个人薪酬扣除（或税后储蓄）等方式，建立个人养老积累。通常该管理模式坚持“个人积累、政府管理或市场运作、以收定支”的财务原则，以收定支即根据供款水平和利息收入决定养老金待遇水平。在这类管理模式下政府可以承担待遇支付和基金风险担保责任，也可以不承担。

在接受个人账户的管理模式以后，各国政府采取不同的态度。新加坡政府选择了集权管理模式，也就承担了全部责任，如今面对投资回报率过低的问题。智利政府选择了市场化管理模式，仅承担最后担保人的责任，如今面对失业人口增多和养老金账户流失的问题。美国政府采取立法和放权相结合的管理模式，一方面颁布了《雇员退休收入保障法》，以规范私人养老金计划的管理，另一方面将养老金计划资产投资决策和风险控制责任下放给参保个人。

1955年，新加坡在公积金计划下建立了个人账户。1980年，智利建立了雇员缴费的、市场化运作的个人养老金账户制度，由个人承担养老金资产的市场运营风险，强化了个人自保责任。政府在加大了监督监管力度的同时，对养老金积累不足者提供最低养老金。

在美国，雇主养老金计划历史悠久。1974年，美国政府颁布了《雇员退休收入保障法》，《国内税法》的401（k）条款赋予雇主养老金计划的缴费人以税收优惠待遇，同时也规定了企业需要承担的社会责任，如计划对职工的覆盖比例、禁止歧视性待遇等，从此个人账户和DC计划被迅速普及。

伴随养老金个人账户的普及，政府支付养老金的负担被缓解，公民自保责任被加强，养老基金逐步进入了资本市场。但是，安然公司破产事件[①]使人们冷静地审视了个人责任和个人账户的弊端，开始探讨更加安全的养老金资产管理模式。

7.3 养老金计划管理的第三次选择——政府相对责任与信托管理

养老金计划管理模式的第三次选择是建立信托管理模式，坚持信任委托制度下的“养老金计划资产独立和由审慎人管理”原则。

7.3.1 政府的相对担保责任

总结前面两次选择的经验和教训后人们意识到，养老金计划属于资产锁定（在达到退休年龄之前不得领取）计划，在长达40年或更久的期间里（在受益人出现之前）养老金计划的资产可能遇到一系列风险，包括市场风险、经营风

---

① 由于法律缺陷，安然公司雇员将80%以上的个人养老金资产购买了安然股票。在2001年度会计丑闻传出后，安然公司股票直线下跌，雇员退休基金损失已超过了30亿美元。2005年3月3日，美国《市场观察》报道：已经倒下的能源巨头——安然公司同意解决雇员提出的有关养老金计划投资本公司股票的诉讼案。据安然的律师Lynn Sarko解释，他们将达成一个暂定协议，协议同意为破产的安然公司支付3.562亿美元的赔款，用来解决雇员退休计划在本公司股票上的损失。由于没有担保债权人（包括提出养老基金损失诉讼的这一部分雇员），当公司变卖资产（清算）时，他们将只能得到其债权18%的赔款。根据这一协议，那些大部分退休储蓄受到损失的雇员将会得到6400万美元的赔款，将使得公司雇员能够挽回1.5亿美元的养老金损失。

险、道德风险、政策风险等，无论养老金支付责任向政府倾斜、向雇主倾斜和向个人倾斜都隐藏着制度风险。而且，在经济全球化的条件下，金融风险的激烈程度和规模都有新的变化，机构担保能力已经十分有限，抵制上述一系列风险需要好的机制，即建立养老金计划得以安全运营的机制。通过构建安全机制担保养老金计划受益人的利益。这是政府在新经济条件下，确保非政府养老金计划安全性和有效性的相对担保责任。

相对担保责任的核心内容即非直接资金担保和机制担保。提供机制担保，政府面对一系列新的挑战，其核心问题有如下两点：首先，政府公务员的知识结构要全面、合理，必须懂金融原则和信托原则，以及相关法律知识；其次，政府公务员要确实树立公共服务理念，坚持为受益人利益负责的精神，且不惜放弃既得利益，这是建立钱权分离的道德风险隔离机制的关键问题。

为此，在 20 世纪 70 年代以后，英美国家、欧洲国家和日本等纷纷选择了信托制度，OECD 国家就企业年金的运作机制制定了《企业年金治理准则》。

OECD 2002 年部长会议达成一致意见："执行公司治理和财务治理的最好实践，以需要一系列恰当组合的激励机制，这些激励机制应在政府管制和自我管理方面保持平衡。（他们）试图通过增强透明性和可行性来改善这些治理行为，从而增强投资者的信心，提高金融市场的稳定性和适应性。"

7.3.2　信托原则和制度安排

基于信托原则构建养老保障体系是政府养老保障相对担保责任的核心问题，即在养老金市场建立信任标准和监管规则。

信托即信托委托和代人理财（包括保管其他权益），是委托人、受托人和受益人三个主体之间的信托委托关系。

养老金计划信托制度安排即将养老金计划和资产委托受托人管理。信托制度安排具有如下特征：

（1）保持养老金计划资产的独立性[①]，它不进入任何机构的资产负债表，以此隔离机构经营风险和市场风险。

（2）建立审慎的受托人制度，养老金计划的受托人是专业的、审慎的、优质的经办机构，其行为必须以受益人利益最大化为原则，具备法定资质、行为审慎、信息披露，并受到监督和监管。

（3）坚持钱权分离的运作原则，受托人管理养老金计划，计划资产由专业

① 见《OECD 企业年金准则》释译：一个养老金实体一经成立，它就代表计划或基金成员拥有了企业年金公司。此时，该实体的法律形式、内部治理结构及其主要目标都应明确地表述在养老金实体的章程、议事规则、契约及信托工具和任何与此相关的文件之中。

托管机构看管（如银行等），他们之间互相有合作、制约和监督，以此隔离道德风险。

基于安全原则，养老金计划受托人的准入资质和投资安排都受到严格监管；随之，基于收益原则，还应当培育养老基金的绩效评价机制，在充分信息披露的基础上形成委托人和受托人之间的对话平台和合同制度，以维护两者的相互信任和支持，基于长期投资收益的基线评价受托人的工作绩效，避免投资和冒险，在保障养老金计划安全运营的基础上追求双方的长期效益。

8. 中国企业年金信托制度的公共价值

培育养老金市场对中国来说是多赢的公共选择，是完善养老保障体系建设和增加养老金融资能力的必由之路。同时，促进中国资本市场发展和改善金融环境，加速中国现代企业人力资源的战略性发展，推动中国中介市场的发展；这将非常有利于中国提高国际竞争能力。2004 年，中国劳动和社会保障部与几家市场监督委员会联合颁发了《企业年金试行办法》和《企业年金基金管理试行办法》（以下简称“两个办法”），其战略意义在于中国启动了合格的非政府的养老金计划。

8.1　形成了企业年金的法律特征

企业年金的合格性。企业年金与传统的补充养老保险和保险公司的团体寿险有着本质区别，是一个“规范运作，确保安全”的合格的补充养老金计划。只有参加并履行了基本养老保险责任的企业才可以建立企业年金计划。建立企业年金计划需要通过集体协商和建立企业年金理事会，企业和职工共同协商如何筹集资金、管理计划和支付待遇。企业年金计划由合法的受托人管理，企业年金计划资产由合法的托管人保管。

企业年金的市场性。企业年金从供款、经办机构、资金运营和待遇支付均具有明显的市场化特征，这在中国是很难得的。由于封建残余文化对中国人意识形态的影响，中国进入公民社会和法治社会的最佳路径是分两步走，第一步是实现政府和市场的分离；第二步是在市场机制的基础上培养非营利组织，在健全市场规则和培养依法行政政府的同时解决政府市场相结合问题。从改革开放 20 年的经验和教训中可以看出，在扩大政府权力的同时衍生事业单位的路径必将给中国带来巨大的社会成本。

8.2　打造了中国养老金受托人的法律制度

在中国金融体制改革和资本市场发展过程中，受托人的法律概念已经形成，但距离养老金计划受托人还有差距。“两个办法”提出了运行企业年金计划的核心法律制度，即企业年金受托人。

受托人是对企业年金计划进行管理并承担法律责任的人。在受托人法律责任十分完善和金融中介市场发达的国家，养老金计划的受托人可以不是全权受托，公司可以选择自己能够承担的受托人责任。例如，在美国，养老金计划的受托人可以是全权受托或部分受托，全权受托人需要对企业年金计划的权益账户和计划资产同时进行管理，并承担投资风险；部分受托人可以仅对权益账户承担管理责任，即账户管理人。

“两个办法”中规定的受托人是全权受托人，这是由于中国缺乏上述两个条件。根据“两个办法”的规定，受托人是具有法定注册资本金和完善的法人治理结构，以及内控制度和风险防范能力很好的法人机构。受托人依法履行以下职责：依法和根据企业年金章程的规定选择、监督、更换托管人、账户管理人、投资管理人及中介服务机构；制定投资策略或组合计划，并组织实施；编制财务会计报表；收缴保险费和支付待遇；监督社保计划运用运营；提供信息披露和交流服务（定期公布计划资产、收益、现金流量等财务状况）；保存特定计划和参与人的权益记录；其他。

受托人可以直接履行管理企业年金计划的资产的全部职责，也可以向市场购买服务，即对服务功能进行外包，但其责任不能随之转移；但是，基于钱权分离的基本原则，受托人必须选择和委托企业年金计划资产的托管人，独立的和安全的保管企业年金计划资产。

8.3　导入了信托机制

《企业年金试行办法》第 20 条规定：“企业年金基金必须与受托人、账户管理人、投资管理人和托管人的自有资产或其他资产分开管理，不得挪作其他用途。”该法规导入了企业年金计划和资产管理的信托模式，即资产独立和第三方管理。信托是继社会统筹和个人账户两次选择之后，养老金管理的第三次选择，信托的优势在于可以保证养老金计划资产在运营过程中的安全性，因此，代表了基金管理的国际主流。

年金资产独立是基于信托模式管理企业年金计划的核心问题。企业和职工向企业年金计划的缴费一旦发生（财务处理），其财产权利即在一定期限内离开了缴费人而独立存在；随后，这笔财产独立于任何受托人、账户管理人、托管人和投资管理人，即以独立资产进入市场。这是一种隔离道德风险和机构风险的制度安排（见图 10—7 和图 10—8）。

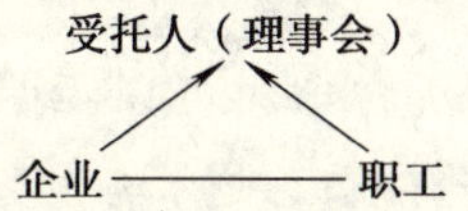

图 10—7　企业内部受托人

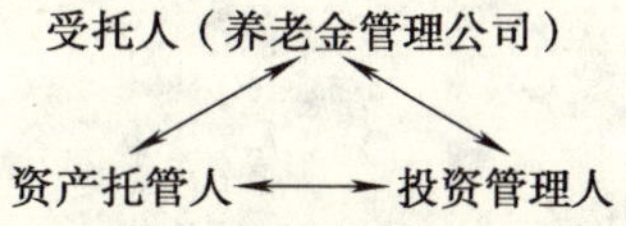

图 10—8　市场运营受托人

第三方管理是基于信托模式管理企业年金计划的另一个核心问题，其法律特征如下：

（1）将企业年金计划委托企业和职工以外的第三方管理，即受托人。受托人包括企业内部受托人（理事会）和市场运营受托人（养老金管理公司）。内部受托人的意义在于建立和监督企业年金计划，市场运营受托人的意义在于养老金资产的投资管理。受托人按照企业和职工的意愿公正安全的管理企业年金计划，以保证计划公平、安全、有效、长期地运营下去。

（2）将企业年金资产委托受托人和投资管理人以外的第三方保管，即托管人；托管人根据受托人的指令向投资管理人划拨资金，投资管理人向受托人负责，由此保证计划资产安全运营。

（3）将企业年金计划资产交给独立的投资管理人，投资管理人必须是信誉很好的专业机构。托管人根据受托人的指令划拨资金，投资管理人根据受托人的投资计划进行投资。

综上所述，由以上一系列第三方进行管理的制度安排，在计划决定和计划资产之间筑起隔离墙，形成一系列三方互相制约的格局。为了保护委托人和受托人双方利益，“两个办法”还对各方费用进行了适度水平的安排，约1.6%。

8.4　设计了政府的相对担保责任

在统筹账户运作机制下，政府曾经是举办养老金计划并确保支付的直接责任人；在个人账户运作机制下，政府曾经退到监督和最后担保人的位置上；如今，在信托管理机制下，政府不是资金提供者，也不是支付养老金的最后担保人，政府承担相对担保责任，即全力打造保证养老金计划可以安全运营的机制。从“两个办法”中可以看到政府的如下责任：

（1）设计和打造养老金计划资产独立，且钱权分离的安全运营机制。

（2）建立受托人准入和退出机制，政府根据《许可法》扮演审批人和监督人的角色。

（3）为投资安全设置安全港。

第十一章　政府和公民健康保障

知识经济时期健康价值剧增，让人人得到基本医疗是各国政府当务之急的工作。如今，医疗服务费用的超速上涨已成为一个全球性问题，怎样在财政能力可及的条件下使医疗服务不断改善，对政府的执政能力是个极大的挑战。

1. 公民健康与政府责任

在20世纪初期，伴随着资本主义成熟发展和帝国的形成，资产阶级政治势力对公民健康价值的认识上升到了经济发展和政治稳定的高度，已经不能用工人斗争结果作为提供公民健康保障的唯一答案。英国国会发言人的表述如下①：

“帝国的未来、社会的进步和民族的自由，不单依靠于军事力量的加强，同样依赖于国家中儿童的健康成长。”

此时，社会福利的给付，特别是公民健康保障开始与国民效率（国家经济和人民生活）关联起来。在日趋激烈的经济全球化竞争的条件下，就公民健康与国民效率的关系而言，社会主义与资本主义应当没有区别，反而是两个不同政体条件下的政府之间的竞争点。

1.1　对公民健康保障的理解

1.1.1　健康的定义

健康是疾病和虚弱的反义词，即良好的身心与社会适应状态。随着社会经济的发展和医学科技的进步，健康概念的内涵与外延还会深化和延伸。提升健康素质不仅可以延长寿命，而且可以提高生活质量和促进经济发展。健康与教育一样，是使人类生活体现价值的基本潜能之一，是人类智力、体力和情感发育能力的基础，进而认识到健康与经济的关系，即健康是劳动生产力的基础，是人力资本的两大基石之一。

1.1.2　公民健康保障

世界卫生组织（WHO）执行委员会在2005年1月的115次全会上提出了覆盖全民的（universal coverage）公民健康保障定义，即“人人在一个可支付

---

① 尼古拉斯·巴尔. 福利国家经济学. 郑秉文等译. 北京：中国劳动社会保障出版社，2003. 20

的水平上，获得主要的健康促进、预防、治疗和康复的卫生干预措施”。该定义的核心词即“全民覆盖”，这是 WHO 继“人人享有卫生保健”“初级卫生保健”之后提出的 21 世纪健康保障新概念。

公民需要具有健康生活知识、健康的生活环境（包括干净的水和空气、安全的食品等）、方便可得和买得起的医疗服务，这些是政府责任，需要就此作出制度安排，即公民健康保障。公民健康保障即指保障公民健康的制度安排，包括供方制度安排和需方制度安排。供方制度安排包括公共卫生和医疗服务，需方包括医疗（就医）保障（见图 11—1）。

供方：
- **（1）公共卫生：疾病预防（狭义）**
  卫生教育、卫生环境（广义）
- **（2）医疗服务：疾病治疗、药品供应、病残康复**

需方：（3）就医保障：免费医疗、医疗救助
医疗保险、医疗互助

图 11—1　公民健康保障制度安排的结构

1.1.3　公民健康保障的制度安排

公民健康保障制度安排包括卫生医疗的供方安排（提供方式）和人民享有卫生医疗服务的需方安排（购买方式）。

（1）供方制度安排

供方制度安排即指保障公民健康的公共卫生与医疗服务的提供方式和管理机制。

1）公共卫生，狭义指流行病、多发疾病的防控，健康检查等；广义还包括卫生教育和卫生环境（空气、饮水和食品的卫生标准和监督等）。

2）医疗服务，即指由医疗机构（包括人力和组织）和药品供应构成的疾病治疗和康复服务，包括门诊治疗、住院治疗、药物治疗、手术治疗、心理治疗，以及治疗后的康复护理等。

供方制度安排在理论上可以分为公共品和私人品，以及两者特征混合的准公共品。公共品（public goods）包括物品和服务，为满足公共需求而由政府生产和提供，如公共卫生。反之，私人品为满足个人需要而存在，可以由政府或者私人提供，如医疗服务、政府提供基本医疗、私人提供个人性化服务等。

物品和行为的提供方式包括私人提供和政府提供。物品由私人提供具有边际成本和利润追求，因此，私人提供公共品的能力显然不足，需要政府介入以满足人民对公共品的需求。政府的全部能力均围绕一个税字，一个是基于税收进行公共投入，不计成本地提供公共品；提供补贴或减免税收以鼓励私人提供公共品，以保证公共品效用扩展到他人时的成本应当为零，以不排除他人的使用[①]。在总支出不变的情况下，某个人消费的增加并不会使他人的消费以同量减少。

公共品具有如下特征：

1）非竞争性消费（non-rivalrous consumption），指一个人的消费并不减少它对其他使用者的供应。

2）非排他性（non-excludability），指使用者不可能或者很难被排斥在对该物品的消费之外，或者将该品的效用扩展与他人的成本为零。

3）满足社会公共需要而具有正外部性。

在工业化时代，无论资本主义国家还是社会主义国家，政府都尝试过进行卫生资源配置，以官僚模式不计成本地提供公共服务。但是这个好的出发点又总是被“资源短缺”和“低效管理”所淹没。在资本主义的英联邦国家，处处可以看到公立医院门口早已排起的长龙，有人至死没有见到医生。

在 IT 时代，社会进入一个有管理的竞争时代，服务型政府为公共利益进行资源配置需要追求绩效，政府提供公共品也应当有边际成本，即由公共预算和财务报告决定的边际成本。如果政府可以为人民建立公共财政，对纳税人提供税收使用的财务报告，这个边际成本自然存在，因而政府提供公共品的能力也是有限的，加之公共服务需求不断增加和变化，政府提供公共品的能力更加有限。可见，鼓励私人提供和购买私人物品和服务就成为必要选择。当公众需要的物品，在提供时使用了政府提供和私人提供相结合的办法，导致这个公共品具有私人品的某些特征，而被称为准公共品。以注射疫苗为例来说明这个问题，如果预防药剂和注射器由政府提供，其药剂的研制和注射器的生产可以购买私人物品，因数额巨大其价格可以相对抵御市场价格。提供注射服务的防疫工作人员可以由政府提供全部工资或部分工资，政府可以要求得到全部工资的工作人员对自己提供的服务不得再收费，而规定部分工资的工作人员严格按照规定标准提供收费服务。这样，注射疫苗的制度安排即具有准公共品的特征。

当人类进入 21 世纪，在实践中出现两种情况。一方面，一旦政府开始追求绩效和需要关注物品的边际成本，其提供公共品的范围和数量均会受到成本（公共财政和预算）的限制，政府需要对公共需求进行排序，并确定政府责任和财政支出的优先领域（见专栏 11—1），宿迁市政府在医卫体制改革中作出了两个理智的选择：首先，将公共卫生给予优先排序，从中央政府到地方政府

---

① ［美］保罗·萨缪尔森等．经济学（第 16 版）．萧琛等译．北京：华夏出版社，1999.29

都是责任主体，两者分工可以不同；其次，在医疗服务领域导入市场机制，引入个人投资和打造竞争环境，以便政府可以对就医保障（需方）承担更多的责任，建立全民的、多元的医疗保障制度。另一方面，伴随政府执政能力的提高，其鼓励和购买私人提供公共品的能力不断加强，私人提供物品的边际成本受到保护，但利润追求因竞争激烈程度降低而可以被抑制，通过法律规范和社会表彰（如评选最优企业）使其负外部性减少，社会责任加强。

专栏 11—1　宿迁市医卫体制改革中的选择

在宿迁市市场经济体制改革过程中，关于公民健康保障问题一并作出选择。宿迁市委书记张新实在 2006 年 6 月 27 日接受上海东方卫视记者骆新的采访时提到，按照医疗卫生事业规律办事和“医卫分离”的思路（见表 11—1），即区分公共卫生和医疗服务。基于这个理智选择，宿迁市开始对公立医院进行产权改革，实行国有、股份、私人（包括医生个人办医院）和混合所有制。

表 11—1　政府（中央和地方）在公共卫生和医疗服务领域角色定位

	属性	主要提供者			评判	例证
		理想状态	改革前	改革后		
公共卫生	纯公共品	中央政府	本级政府	本级政府	越位	SARS
	地方性公共品	地方政府	本级政府	本级政府	适当	妇幼保健
医疗服务	私人物品	市场	本级政府	市场	适当	肾移植
	地方性公共品	地方政府	本级政府	政府/市场	不足	医疗保障

政府的财政投资次序发生了变化。据宿迁市卫生局的统计数据①，全市改制置换资金为 42 286.37 万元，现到位资金 33 091.01 万元，这部分资金的用途如下：市疾病控制大楼 1 780 万元，中心血站 790 万元，“120”救护中心 650 万元，市传染病防治中心 8 059 万元，妇幼保健中心门诊 1 800万元。三县两区乡镇卫生院、疾病预防控制体系、妇幼保健体系建设资金 5 000 万元。为职工补交三险一金 4 119 万元。总支出为 26 317 元。剩余资金进入了宿迁市医疗卫生事业发展基金专户。

（2）需方制度安排

① 清华大学公共管理学院专题小组.《宿迁市医卫体制改革调研报告》，2006

需方制度安排即指让“人人享有卫生保健”的医疗保障措施。医疗保障措施包括：

1）免费服务，即指由国家提供资金举办医疗机构、聘用医生和采购药品的服务。免费服务符合公共品的提供方式，常常覆盖疾病防控、流行病治疗等，可能包括健康检查。

2）医疗救助，即指由构建筹集资金，向经过经济状况调查的贫困人群提供免费医疗服务。

3）医疗保险，即指为分担医疗费用而建立的风险储蓄与合同理赔承诺的计划，根据权利义务对称原则进行待遇支付；主要适用于具有稳定收入和缴费能力的工薪层人群。

4）医疗互助，即指通过多方筹集资金，向具有医疗服务需求而购买能力不足的人提供帮助；常常覆盖没有稳定收入的人群。

需方制度安排的对象包括需求引导和支付能力。需求引导包括基本医疗和过渡医疗的界定和相关政策，引导人们建立科学合理的医疗服务消费观念。例如，鼓励人民为保健投资，以避免疾病晚期的资金浪费；鼓励人民根据国家经济发展水平判断基本医疗的水平，个人支付能力形成购买医疗服务的预期。支付能力即指医疗服务消费者购买医疗服务的能力。提高公民购买医疗服务的支付能力的制度安排包括财政支持和政策引导。对需方财政支持可以是免费提供服务、提供补贴和税收减免等。政府应当根据综合性医疗保障政策和计划，针对不同收入群体建立各类医疗保障计划，并依法强制或者以税收优惠政策鼓励人们参加适合自己的医疗保障计划，从而实现“人人有医疗”的目标（见专栏11—2）。

专栏 11—2　镇江市社会医疗保险计划

在整个中国推进“城镇职工基本医疗保险”的同时，镇江在 2002 年开始探讨和逐渐推出“镇江市社会医疗保险”。两者的本质区分在于，前者覆盖具有稳定收入的人群，后者覆盖全体市民。为此，政府针对不同收入人群设计了一揽子医疗保障计划，其覆盖范围从城镇职工开始，及时向城市居民乃至农村居民延伸。截至 2004 年底，全市社会医疗保险参保人员已有 194.98 万人。其中，基本医疗保险参保 48.7 万人，市区参保 29.5 万人；城乡居民合作医疗保险参保 120.28 万人，其他社会医疗保险参保 26 万人。城镇职工参保率达 99%，农村居民覆盖率达 82.1%，总参保人数达到全市人口的 70%，已经超过了 ILO《社会保障最低标准公约》规定的标准。

1.2 对政府责任的理解

1.2.1 保障公民健康政府义不容辞

增进健康可以带来经济收益和社会稳定，健康缺失可以阻碍经济增长。健康对于经济欠发达的发展中国家更有着特殊重要的意义。世界卫生组织一再向国际社会阐述："沉重的疾病负担已经成为许多低收入国家经济发展的严重障碍，加剧了社会的不公平，对经济持续发展及社会稳定造成潜在威胁"。由此可得出一个结论：公民健康是对整个社会经济增长和全面发展的关键投入，保障公民健康的制度安排是最大项公共品之一。综上所述，无论从国家利益和公民利益考虑，公民健康保障都成为政府责任，政府要主导保障公民健康的制度安排和具体实施，政府如何履行这个主导责任呢？

一方面，1883 年德国俾斯麦政府颁布了《雇员医疗保险法》，强制雇主和雇员为建立长期的医疗保险计划而承担缴费义务，可以在缴纳所得税之前列支，并授权雇主和雇员组织管理计划，委托商业保险公司经办计划，以便分担他们和他们的亲属的巨额医疗费用；这个计划后来覆盖了德国居民的 90％以上。1948 年，英国艾德礼政府向世界宣布英国建成了福利国家，在他的福利摇篮里有保障全体公民健康的公共品，由公立医院和政府聘请的医生提供免费医疗服务。还有，政府需要构建流行疾病预防和控制体系。人们称前者为公民医疗保险，中间者为公民健康保障，后者为公共卫生体系。可见，为保障公民健康，政府可以做很多事情。但是，政府的这些努力都遇到了财政负担和医疗服务质量问题。在德国，由于医疗费用上涨需要雇主和雇员承担更高的费率，引起了人们的不满；在英国，为了见到医生需要在公立医院门口排长队，医疗服务质量十分有限，这也引起了人们的不满。

另一方面，基于人们对健康理解的不断深化，世界卫生组织正在努力推动全球就公民健康达成共识，即一个实现公民健康的目标，包括维持良好的健康水平；对患者提供财政支持；在一定资源约束下的消费者满意①。

为此，很多政府都陷入了困境，医疗问题成为世界性泥潭。这个问题也难住了著名经济学家保罗·萨缪尔森。他在《经济学》（第 16 版）中写道②："供给是有限的，而公众的需求却是——挑剔的、合理的、边际的，甚至是可笑的——远远超过可供给的数量。在保健品的供应上，哪些是市场统辖领域？哪些是非市场机制能发挥作用的地方？这是讨论保健问题的重点和难点。"

1.2.2 怎样理解政府主导

① WHO，2000，World Health Report 2000－Health System：Measuring Performance，Geneva

② ［美］保罗·萨缪尔森等．经济学（第 16 版）．萧琛等译．北京：华夏出版社，1999. 239

一个保障公民健康的制度安排的理论结构和蓝图已经勾画出来（见图11—1），政府可以基于这个蓝图建立保障公民健康的运作机制，即一个从筹集资金、建立服务机构和提供医疗服务，到提高公民支付能力的，具有综合性、系统性的全面性规划和执行程序。为此，政府需要主导体现在以下六个方面：

（1）拟订规划，在民主讨论的基础上制定发展医疗卫生事业的总体规划，包括长期规划和近期规划。

（2）参与立法，参与公共卫生、医疗服务和医疗保障立法，建立公共卫生和医疗服务质量标准和财务制度，好比宝马车和都市贝贝车在长安街同行的交通规则，使公立医院和非公立医院都可以提供医疗服务。

（3）财政预算，根据社会经济发展水平，基于公共财政建立公共卫生服务、医疗服务支持和医疗保障支持的预算，以及相应的信息披露制度。

（4）服务标杆，医疗服务的特性决定其不能全部依赖市场化。第一，政府需要在公共卫生和医疗服务领域（政府办综合医院还是社区医疗，取决于历史文化和国情）建立公共服务的标杆，即提供公共卫生和基本医疗服务的基础设施和人员队伍，作为医疗领域的公共服务标杆，需要标准明确、成本合理、财务公开，才能接受社会监督，为非公共机构树立样板，区分政府与非政府的边界；第二，标杆效应不能代替服务能力，在可以区分政府与非政府的边界以后，需要寻找二者之间结合的链接点，即找出不需要政府提供和举办公共项目，可以由非公共组织提供的服务项目；第三，在公立医疗机构内部以及公共机构和非公共机构之间展开竞争。

（5）保障就医，建立全民医疗保障制度，保障方法可以在免费医疗、医疗救助、医疗保险和医疗互助之间进行选择。

（6）监督监管，建立现代医疗服务治理机制，在医生、医院、医保和社会公众（含患者）建立信息共享（政府可以提供公共卫生和医疗服务的信息）和相互监督的治理机制，政府对机构和人员的资质实施监管，对涉及医疗服务成本和安全的基本问题实施监督，对违法违规行为实施惩治。

在现代社会里，衡量政府保障公民健康责任已经具有定性研究结果和定量研究结果。让我们再回到“GDP 的一个美元”的原则，社会保障预算和支出是政党和政府的公民福利思想的体现，那么其中的一部分应当用来支付公民健康保障，即形成公共卫生财政责任。公共卫生的财政责任建立在涉及公民健康的公共财政和公共卫生支出预算决算两个基本制度上。卫生支出与政府总支出的比重是衡量公共卫生财政责任实现程度的重要指标（见表 11—2），这是具有跨世纪意义的数据，在美国和俄罗斯一定有不同的公共伦理、政治动机和制度安排。

表 11—2　部分国家卫生支出占总支出的比重（2000 年）（%）

国家	卫生支出占总支出的比重
美国	20.5
新西兰	17.29
捷克	17.13
英国	15.42
澳大利亚	14.81（1998）
罗马尼亚	13.55
巴西	6.21（1998）
墨西哥	4.22（1999）
泰国	8.37
新加坡	5.12
印度	2.32
俄罗斯	0.86
中国	1.68（2004）

资料来源：国家货币基金组织《政府财政统计年鉴》2001 年版①；中国数据来自国家卫生部统计信息中心（2005）

2. 医疗服务体系和治理机制

医疗服务指围绕疾病发生的治疗性服务，主要指医疗服务人员的劳动，包括诊疗行为和护理行为。医疗服务体系涉及政府角色和政策、医院管理、药品提供和医患关系等多方面的问题。医疗服务治理机制涉及很多利益相关人（如患者、医生、医院、药商等）和相关因素（如信息、安全、质量、价格、评价、薪酬等），一个治理机制即指以医生为核心，将核心因素和主要相关人置入一定目标下，建立协调与制约机制。

如果认为信息不对称是影响实现医疗服务“公平和效率”目标的核心问题，那么，建立这个机制的目标即通过改善医患关系，解决医患之间的信息不对称问题。

2.1　医疗服务中的两个信息流

2.1.1　医疗服务与信息不对称——世界“泥塘”之底

① 财政部社会保障司．社会保障资金统计资料（1996—2000）．北京：中国财政经济出版社，2002．445

医疗服务提供包括病情诊断、药物治疗、手术治疗和其他辅助治疗。医疗服务概念的外延比较大，除了为疾病治疗提供服务以外，还包括为提高人的生活质量而提供的服务，如健康咨询、美容、减肥等服务项目，本章仅讨论疾病治疗的医疗服务。

医疗服务可以免费提供，也可以收费提供，免费服务即由政府支付费用。医疗服务费用的发生和结算是医疗服务管理的重要内容。如果老百姓讲“看病贵”，是因为医疗服务收费太高或患者购买力不足；如果老百姓讲“看病难”，是因为医疗服务存量不足或布局不合理，还可能指医生的脸难看；如果老百姓讲“看病不放心”，那一定是医疗服务的安全性有问题。

综上所述，医疗服务由诊断治疗和划价收费两个信息流程构成，前者称为诊疗信息，后者称为财务信息。传统卫生经济学将医疗服务发生的费用称为医疗费用，作为一个概念进行理论研究与财务分析。其实，财务信息是伴随诊疗行为而发生的。诊疗是依科学根据、患者愿望、医生偏好和其他外部影响因素之间相互作用的过程。在价格已定的情况下，医生不仅是诊疗信息的研发者和执行者，也是诊疗财务信息的知情者和控制者。划价收费伴随诊断治疗的处方而发生，是一个由多项服务环节和多次交易过程组成的长时期运营过程。一个手术住院治疗之后，从治疗费用、医务耗材到治疗用药，可能会发生上百个甚至几百个交易，眼花缭乱的医学名词和英文缩写，即使出示了规范的收费单据患者也难以识别。问题就发生在这里，表面的信息披露仍然掩盖着实质的信息不对称，由此构成医疗服务管理上的难度。这里隐藏着两个非常关键的问题，即诊断治疗不对称和财务信息不对称。

在困扰全世界的医疗成本“泥塘”深处，藏匿着两个关键的信息不对称的环节，使医生和患者地位悬殊。到此，我们已经见到了泥塘之底，毫无疑问，现代医疗服务管理模式和治理机制的研究应当从这里入手，即释放诊疗信息和财务信息，改变患者“信息无产者”的地位，建立新型医患关系。

2.1.2　医疗服务成本上升

如今，世界各国都遇到了医疗服务价格不断上涨的问题，其原因可以归结为如下四个方面（见表 11—3）：

（1）健康需求、收入增加、激烈竞争导致人们健康观念的改变，从而拓宽了对医疗服务范围和质量的需求，而且伴随知识经济时代越来越激烈的竞争，这种需求带动的价格上升具有长期影响。

（2）人口老龄化对医疗服务增加了数量和种类的要求，待人口统计趋于合理以后，其影响才能逐渐下降。

表 11—3　导致医疗服务成本上升的主要原因和影响

项目	上升	下降	长期	短期
收入与健康需求	√		√	
人口老龄化	√		?	?
科技成果转化	√		?	?
第三方付费制	?		?	?
医疗服务管理		?	?	?

注：√表示结论肯定；？表示结论无法肯定。

(3) 科技进步向医疗服务领域转化带动了医疗服务的成本上升，其影响难以下降。

(4) 第三方付费制、越来越多的免费医疗和健康保险计划使医生和患者都不考虑费用，甚至勾结起来欺骗付费方，其影响伴随第三方付费制的改革而变化。

(5) 医疗服务管理即指落后于社会进步和科技进步的医疗服务管理模式和机制。

中国人民解放军总医院原院长朱士俊在解释这种不和谐现象时说："创建国际先进医院，一靠实力，二靠对社会的贡献，三是公众评价。这就需要我们不断创新，既包括观念创新，也包括制度创新。"降低医疗成本，提高医疗服务质量是世界各国为加强医疗服务管理而进行改革的共同目标。

由此可见，前三个条件都具有不可逆转性，只有第四个条件和第五个条件具有可逆转性。加强医疗服务和健康保险计划的管理，建立医疗服务治理机制可以适当抑制医疗服务价格上涨。

2.1.3　医疗服务管理

医疗服务提供方包括医生、医生团队和医院。医生指具有处方权的医生服务责任人；医生团队指由医生、护士和医辅人员组成的诊疗服务小组；医院指在院长领导下，由医生、医生团队、医辅人员、药剂科、行政和技术支持人员组成的诊疗服务机构。

医疗服务管理即对医疗服务提供方的行为及质量的管理，涉及医疗服务的质量、效率、费用、安全等问题。医疗服务管理覆盖医院管理、医生管理和医药管理，这是三项互相独立和互相联系的管理链条。在中国，医生不是独立的社会群体，而属于医院的成员，药品使用的行业自律机制尚不成熟，医院承担全面管理责任，因此，不得不将三项管理统归于医院管理，目前正在推行医药分离的管理体制。

基于医疗服务提供过程的多环节和多次交易的复杂状况，诊疗行为标准化和医疗服务收费明码标价是对医疗服务进行管理的关键环节。

（1）医疗服务能否标准化

医疗服务标准化是患者获得信息和保障医疗服务质量的制度安排。疾病治疗非一般产品和企业生产线，必须因人而异，每个病例都具有个性，最出色的外科医生也有事故率，由此决定推出医疗服务行为标准和评价方法是很难的。但是，建立现代医疗服务治理模式需要就医疗服务的过程、结构和结果制定行为标准和评价方法，从而形成监管机制。这类标准和评价一旦产生，即对医疗服务提供者构成制约，成为保障医疗服务质量的工具。但是，这些标准和评价作为工具其价值是有限的，首先因为医疗服务品质在不断进步，其次因为医生是医疗服务信息的制造者，他们很容易找到保护自己的措施，给监管带来很高的成本和负面效应。

总之，医疗服务需要标准化，也可能标准化，关键在于该行为标准和评价方法的产生和发展，它们应当是医患双方及其社会公众的共识，且不断改进，必须是清晰的、弹性的和不断进步的。不能由政府来独家制定和由官方进行评价，政府的角色是构建医疗服务行为和评价方法形成与改进的运作机制。

医疗服务国际标准案例

1913 年，美国成立了外科医师学会（American College of Surgeons，ACS），并在 1917 年提出医院基本标准，在 1918 年对美国 692 所医院进行评估，只有 89 所符合这个基本标准①。1951 年，美国内科医师学会、美国医院学会、美国医学会和加拿大医学会等组织共同创立了美国医院评审联合会，是独立的非营利组织，经营范围即对医院提供自愿评审。这个组织从 1953 年开始工作，在 1965 年的美国《医疗法》中将其引入老、遗、残的医疗保险项目，1970 年该组织制定了医院最佳状况标准并公布于众，至今已经对 2 万多个保健组织进行了评审②。1998 年，基于该组织创建了联合组织国际事务部，致力于将这套医院评价标准（包含 368 个标准和 1 005 个要素）推向世界，以促进国际范围卫生保健项目的质量。

这套评审标准包括对医疗可及性、患者及家属权利、医疗护理、患者安全、治疗过程、管理部门、设施安全、员工资格、信息系统等项目的评审定义和衡量要素逐一作出说明，由专家进行评审，达到全部指标才能通

①② ［美］联合委员会国际部. 医院评审标准. 陈育德等译. 北京：中国协和医科大学出版社，2003

过评审。例如，对药物治疗的评审定义是指“医疗机构有措施持续监督用药目录和临床用药，要考虑患者需要、安全和经济状况。”这些评审标准和评审活动发挥了对患者进行信息披露的作用，包括诊断方案、预期结果和预计费用，以便得到患者认可。由此，医疗服务信息开始通过外力（医院管理的外部压力）的促进向外扩散，使患者、社会和政府监管者分享医疗服务的信息。

此外，WHO已对卫生筹资提出了一系列的投入和产出、监测和评价的指标，从政策的落实到公平、效率、质量、成本、卫生服务利用和可及性，交易成本，筹资的可持续性，立法规制等指标。如认为亚洲地区各国的卫生费用达到5%～7% GDP是可行的指标，每年的增长率应小于5%，政府的公共费用在2007年前应再增加1%（中国的数字显示到2007年政府在卫生方面的投入应占3% GDP)。总的卫生费用应再增加50%～70%。应该将个人的支付比例降低到50%以下，预付制的筹资应占70%以上。到2010年时，全民健康保险的覆盖率应达到50%以上。很多国家均应有社会保险制度，有千年目标、扶贫计划和宏观经济与卫生投资的政策性文件。并建立国家卫生账户制度和卫生发展的宏观计划。

医疗服务国家标准

党的十六届三中全会提出，要建立健全社会信用体系，增强全社会的信用意识。为加强医院管理和满足人民群众日益增长的医疗卫生需求，根据卫生管理法律、法规、规章等有关规定，中国政府组织相关专业人员制定《医院管理评价指南》（以下简称《指南》）。以便医院据此加强内涵建设，卫生行政部门据此对医院管理进行指导、评价、检查和监督。该《指南》就医院管理、医疗质量与持续改进管理和医疗安全制定了评价的定义和指标。

(2) 医疗服务成本能否明码标价

医疗服务明码标价是患者获得信息和保障医疗服务合理收费的制度安排。医疗服务交易具有自己的特点：医生主导消费、诸多消费连续发生且捆绑定价和提供等。当一个患者住院实施手术治疗以后，在一个收费几万元的单据上可能会打出几十甚至上百项交易成本，包括治疗费、检查费、药费、耗材等。这些信息在进行手术之前，能否对患者及其家属进行信息披露，并进入医生和患者及其家属的承诺合同当中，这必然涉及医院的财务管理制度。如何逐项标价和公平收费，需要更科学、更适用的管理方式，如病种定价、分解指标、控制总额、综合评价等。

医疗服务成本迅速上升，对国家、企业和个人都是沉重压力。医疗服务制度改革呼声遍及发展中国家和发达国家，人们在寻求发展整体公民医疗服务体系，合理调整费用，向“有管理的医疗服务”模式演变。为了有效控制医疗服务费用并达到合理流向，应运而生的主要措施包括：

1）医疗保险机构，包括社会医疗保险和商业医疗保险。

2）管理型医疗服务组织。

3）专家影响，如通过医疗卫生管理专家进行边际成本捆绑定价。

4）第三方服务组织等。

“HMO”（Health Management Organization）组织充当了重要的角色。在美国，“HMO”组织“DRG”病种诊断小组，将历史成本信息和项目病例放在一起，制定了400多个病种诊疗费用标准，改变了医院计价以住院天数和实际消耗付费的传统做法，按治疗多少种病拨款，医院若对每个病种诊疗费用超支，应由医院支付，迫使医院改变经营方式，降低成本，才能收支平衡或者盈利，否则就会破产。此外，医疗保险作为第三方付费人，伴随其对医疗服务机构的谈判能力，对医疗服务机构的行为和管理具有一定的制约力，这种制约力迫使医疗服务的财务信息流向外移动。

2.2　医疗服务管理的四个阶段和四大环节

从个体医生游走四乡开始，医疗服务管理的模式已经历了“医生自律、医院管理、第三方付费制约”三个历史阶段，当今进入“社会评价与监督”的第四个阶段，由此构成医疗服务管理的四大环节。

如今在医疗服务提供者和消费者之间，存在现代文明医疗管理和传统封闭式医疗管理的挑战和博弈。当中国总理在人民代表大会上说出“看病贵”的问题，就预示着一场宣战将在全社会范围内展开。从政府到社会组织开始介入医疗服务管理，一方面要求医疗服务提供者规范自己的行为，另一方面帮助医疗服务消费者揭示隐藏在诊疗过程和划价收费过程中的信息秘密和收费秘密，为了社会正义感和社会安全，来矫正医疗服务过程中严重的信息不对称现象，由此构成医疗服务的社会治理机制。

2.2.1　医生自律是医疗服务管理的核心环节

早期民间医生行走四方，完全靠自律取得人们的信任。医生是最受人尊重的职业，素有“大夫”和“白衣天使”之称。现代医疗服务方式是多元的，包括医院服务、社区医疗服务和全科个体医生的服务，医生仍然是医疗服务的核心。这里的医生自律仅指医生个体自律，不包括医生组织的功能。

(1) 医生是处理医疗服务信息的第一人

医生（包括医生个人和医疗服务工作团队）是人力资本最高的职业群体，

其人力资本由学业和临床经验长期积累而成，即一个成熟医生的知识和经验。医生的工作性质和特点决定其是生产诊疗信息（决定相应财务信息，假定医疗和药品价格已定）和处理诊疗信息的第一人，他们既是诊疗信息的研发人员，也是一线生产人员、销售人员和售后服务人员。因此，在医疗服务领域发生的信息不对称具有自下而上的特点，各级医疗服务管理人员只有尊重医生，按照医生行为规律办事，才能找到适合医疗服务的管理模式。这决定医生自律是现代医疗服务治理机制的第一环节，也是核心环节，即建立医生自律的治理环境。

医生每天面对健康状况和病症各异的患者，需要用他们的知识和经验来处理患者的情况，这是疾病治疗的信息生产过程，特别是遇到疑难重症患者，他们便需要进行开创式的诊疗信息处理和生产。信息生产的成本是很高的，诊疗信息生产还有极大的风险。因此，医生为生产诊疗信息所付出的代价大于其他生产者，医生应当得到最好的补偿，医院需要具有激励性、保障性和约束性的薪酬制度。反之，如果操作设备的医辅人员按收费比例提成，他们的工资高于医生，这显然会使医生感到不公平。

（2）医生是人民健康的受托人

医生的教育背景和职业经历决定他们对生命的崇拜，天生就是人民健康的受托人。受托人是信托制度安排的结果。信托即信任委托，是人类文明的制度安排。传统信托制仅指财产和财产权益的信托，这里需要引用信托原理在医生和患者之间建立健康信托制度，还医生“天使”本色和社会地位。

医疗服务的对象是人的健康，人的健康是个人最重要的财务和最大的公益问题，人们一旦患病即需要找到值得信任的医生，医生是患者健康的受托人。信托是21世纪社会生活的亮点，深化和完善了委托代理的理论和实践。在信托模式下，“受益人利益最大化”是受托人生存和发展的基本原则，审慎人和退出机制、佣金制、机构治理、风险控制等制度安排保证了受托人的信誉。这些制度安排也适用于医疗服务管理，基于现有的“主治医生”“看门人”的制度安排，建立公民健康受托人制度。

（3）医生自律及其治理环境

自律即自我约束，他律即外界制约。自律以个人品行和职业道德为核心，也需要他律的外部制约。医生自律首先指医生个人的自我约束，其次指医生组织（如医师协会）的行业约束。实现医生个人自我约束需要具有激励性和制约性的医生任用制度。前者指可以基于医生劳动贡献对其人力资本的补偿，包括薪酬制和收益分享制。医生任用包括由医院聘任医生和独立医生群体的契约制，前者是医院管医生，后者是医生自我管理。实现医生组织的行业约束，需要打造法治环境，为非政府组织发挥作用创造条件，如授权医师协会制定医疗服务行为以其认为合适的方法监督执行。

现代人的发展越来越具有社会性，他律的作用被强化，个人需要融入团队和社会，在一定规则规范的约束下实现自律。例如，JCI 评价标准的第一部分是“以患者为中心的标准”，将业务、财务、伦理和法律一并纳入医疗机构管理范畴，强调了医疗服务的可及性、安全性、患者和家属教育、患者和家属权利，以及患者评估，要求医疗机构必须向每一个患者提供三个信息，即治疗方案、预期结果和财务负担。这一职责主要通过医生来执行。

根据 JCI 评价标准，医疗机构要努力减少患者在接受治疗时的身体、语言、文化等多方面的障碍，意在引导医生建立以患者康复为重心的心理素质和道德水准。这里，医生自律表现在两个方面，一是以天使的良心认真对待每个患者，做他们的健康的受托人（这里需要有一个合理的薪酬制度和医师准入规则，以杜绝用患者健康做金钱交易的邪恶念头）；二是按照工作标准对患者进行信息披露。

建立现代医生自律机制需要以下外部制约条件：医疗服务的职业教育、医疗服务伦理道德水准的社会共识、医生自我约束的心理与行动的认同、医院管理规则的约束、医生的激励和补偿制度、医生同会的公约制约、政府准入制度（医师资格和审查制度）的监督和制约、社会舆论与评审的监督和促进。

自我约束机制依赖医务工作人员的自我控制能力和严于律己的精神。首先，应当相信愿意投身于医务的人的个人素质和觉悟；其次，建立医务人员资质审查和退出制度，让那些缺乏自控能力的人退出医疗服务领域；最后，自我约束需要与一定的激励制度（包括精神激励和物质激励）和规范管理制度结合。

内部约束机制发生在医院内部。医院和医生可以是联合关系，也可以是雇佣关系。前者需要对话机制和契约制度，后者需要“胡萝卜”和“大棒”。“胡萝卜”即奖励制度和薪酬计划，“大棒”即管理规则和责任评价制度。医生工作具有独立处理信息的特点，距离医生越远信息越不对称，因此，医院的人力资源战略应当以医生岗位为轴心，建立“非价格竞争”的医院内部管理和考核制度，对医生实行基本工资与服务单位相结合的佣金制薪酬计划，当期支付（以工资为主）与延期支付（以福利为主）相结合的薪酬计划。

外部约束机制发生在医院外部。在 JCI 评价标准中，将医生视为无监督条件下的医疗服务人员，要求医疗机构建立一套不断更新的收集、验证和评价个人信用的程序，包括执照、教育、培训、经历和考评记录等。其评审标准如下：

• SQE7 强调建立有效机制对医疗，服务人员进行资质审查。

• SQE8 强调依据法律对医疗服务人员进行授权，以进行接待、治疗活动。

• SQE9 强调建立有效机制对医疗服务人员进行定期绩效评估。

基于 JCI 评审标准，促进医生自律的形成机制呈现如下结构（见图 11—2）：首先，通过严格的资质审查控制医疗服务人员素质、品行和能力；其次，通过有效的绩效评估控制医疗服务人员的行为；最后，授权医疗服务人员自主工作。可见，即使在医生独立于医院的美国，医生自律还是发生在严格的资质审查和有效的绩效考评之间。

图 11—2　JCI 医生自律的形成机制

在中国《医院管理评价指南（试行）》中也可以看到这个思想。例如，评价指标（一）第 5 项要求“专业技术人员具备相应岗位的任职资格，不得超范围执业”。第 6 项要求“医务人员严格遵守医疗卫生管理法律、法规、规章、诊疗护理规范和常规”。评价指标（三）第 6 项要求“医务人员的学历和专业知识结构合理”。但是，在评价指标体系中强调和支持医生自律的结构并不清晰。主要原因在于过多强调了政府卫生部门自上而下的管理。

目前，在世界上已经有 21 个经济发达国家在推行 DRGs 和病种结算。DRGs 是以病例分型为核心基质的医疗服务管理工具，病种结算即按照诊断相关分组的医疗费用预付制。DRGs 的产生为政府、医疗机构、保险公司、用工单位和患者之间分享诊疗服务信息和医疗服务的财务信息，客观评价与监督医疗服务行为提供了有效的工具。在中国也已经有 400 多家单位开始试行病种结算（在初期只能选择部分病种，约占医疗总费用的 5％～10％），并发展成为与病种病例分型和临床路径相结合的病种结算。中国健康再保险公司已经建立了 DRG 数据库，这将提高保险公司与医疗服务机构的谈判能力。这种结算方式在影响医生的临床路径，对规范和约束医生行为具有一定的作用。

2.2.2　医院管理是医疗服务治理的基础环节

医疗服务包括从诊断、药物和手术治疗到康复照顾等多个环节，需要完善的操作平台和环境支持，各类医院应需而生。医院是组成医生服务团队和提供医疗服务的平台。近代，医生进入医院并主要是在医院和患者见面，医生需要遵守医院管理规则，利用医院医疗与服务设施来完成疾病治疗全过程。医院的管理规则应当建立在医生自律基础之上，对不能自律的医生发生制约作用，使医疗服务行为在医生自律和医院管理两个制约下保证其质量和安全。医院是医生团队的工作平台。医院管理应当突出医生工作的专业性、独立性、责任性、各异性需求，强化岗位管理和医生自律。

（1）让医生成为医疗服务的一线经理

知识经济是服务管理高端发展阶段。社会分工进一步细化，人们的服务需求和服务业发展规模都进入了空前发展阶段，人人需要服务，而人人都在为他人服务，服务不再是伺候人，服务业不再是低人一等的职业，服务产品交易市场将是市场的主体。服务产品交易即服务的提供和接受，服务产品的交货方式即服务提供的时点。

服务管理关注服务提供时点。关注服务提供者的行为、过程和效果，确立“服务管理一线经理”的概念。提供服务的一线人员是经理，负责管理服务产品提供时点发生的各种情况。后台管理者是二线人员，传统管理模式的后台经理是为一线人员服务的支持者（见图 11—3）。

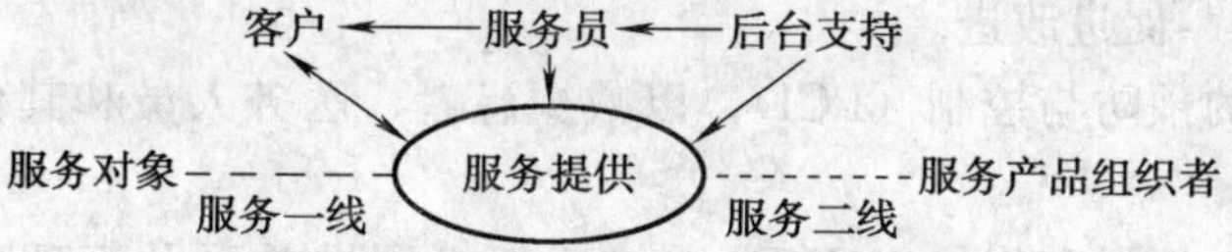

图 11—3　服务管理的结构与效果

服务管理关注服务对象的满意度。服务提供者的行为是否合适、过程是否适当和效果如何，需要通过了解服务对象的满意度来考评。

上述理念的改变将导致服务业管理模式的重点前移发展趋势，需要提高各类一线服务人员的素质和待遇；传统管理模式下的经理岗位成为服务管理的二线，需要突出其对第一线服务岗位的支持功能和辅助作用，医疗服务更加如此。

医疗服务不同于一般服务，其对象是患者，其服务客体是人的健康甚至生命，且需要提供因人而异的对症治疗。主治医生是患者健康乃至生命的守门人，全程负责治疗。医疗服务是责任最大、专业性最强和成本最高的服务，医生应当是品行最好和人力资本最高的服务群体。

医疗服务的提供是基于医生诊疗处方展开的，是由一系列治疗环节组成的服务过程。处方的制作过程是医生和患者交流的过程，也是特定病历全部医疗信息交流的过程，可以说，只有医生和患者是特定医疗病历的信息拥有者，其他人均处于信息不对称的弱势地位。在医生和患者之间，医生掌握更多的治疗信息，在一般情况下，患者处于信息不对称的弱势地位。医疗服务的核心在于医生，医院管理模式应当以医生岗位为轴心（见图 11—3），建立强化医生责任的运作机制。强化医生责任包括对医生工作的支持和监督。

（2）医院是医生团队的工作平台

医院管理是现代医疗服务治理机制的基本环节。医院是医生工作的平台，其建设目标应当是支持医生团队工作和构建医生集体道德和个人自律的机制。医院管理规则应当规定诊疗信息和财务信息的披露责任和过程，并形成医生在信息披露方面可以自律的鼓励和监督机制。

现代社会的医疗服务是多元的，包括医院服务和全科医生的个体服务。医院是一个由医疗护理人员及各层次医疗服务组织构成的一体化服务系统，包括诊疗、护理、医技、财务、行政、后勤和信息管理等多个环节。如何构建现代医疗服务机构，其中院长责任和医院组织（包括人力资源和治理机制）是关键环节。

JCI 的医院评审标准由以下 6 个部分组成：

1）医疗服务质量的改进和患者安全保障（QPS），包括设计流程、检测流程、分析数据、促进改进。

2）感染的预防与控制（PCI），以减少患者、医务人员和其他来访者医疗工作地感染。

3）管理、领导和指导（GLD），包括三级领导关系及管理部门、医院领导和科室领导的职责；其中医院领导是中枢环节。

4）医疗服务设施管理与安全使用（FMS）。

5）员工资格与教育（SQE），以形成资格审查、绩效考评和授权工作的有效机制。

6）信息管理（MOI），以便记录、收集、管理、分析和利用医疗服务的信息，建立支持和监督医疗服务数量、质量、成本和安全的技术平台。

医院配置资源的基本原则是社会需要和自身能力（医生团队状况）的匹配，一种医院发展战略是根据社会需要招聘医生，另一种医院发展战略是根据已经拥有的医生团队能力去开发患者源。在西方国家，医生可以是独立于医院的职业群体，他们和医院之间是合作关系，而不是聘用关系。

医院内部资源配置的基本原则，应当以支持和补偿医生诊疗信息生产能力为核心（见专栏 11—3），根据医院的服务优势和患者的需要进行配置，包括资金、物资和薪酬计划。

（3）医院与医生自律

马克思认为，道德的基础在于人类精神的自律。集体道德对个人发生规范与制约作用和激励作用，驱使人的自律，是道德发生作用的机制。自律是在社会规范和人的需要同时存在的情况下人们驾驭自己行为的机制——行为的自我约束、控制和调节，它强调行为自律，在生活实践中塑造良好的自我形象。医院是医生工作的平台，也是形成医生集体道德和驱使医生个人自律的机体。

专栏 11—3　广东汕尾逸挥基金医院的资源配置

该医院仅用 8 年时间，就从 2 000 万元固定资产的基础上发展成为拥有 1 亿多元资产的现代医院，可以提供二级甲的全部诊疗项目服务，连续 6 年被评为省优医院，成为当地医教研的中心。那么，是怎样的团队支持了这样的工作业绩呢。分析其人力资源结构和分配政策可以得到答案（见表 11—4），脱产管理人员是医务人员的 1.5%，最高收入和最低收入比例为 12 倍。

表 11—4　　广东汕尾逸挥基金医院人力资源政策

全职	院长 院长助理 2 人
半职	行政支持 10 人（3 人脱产） 专业技术人员 388 人
收入	高低差距 12 倍

只有先构建健康的医院管理机制和环境，才能有心理健康的医生。构成医院健康机制的两个关键问题是财务制度和晋升制度。首先，无论公立医院和私立医院都需要科学的财务制度和健康的补偿机制，形成院级和科级独立核算系统；医院收入必然来自医疗服务的数量和质量，但不能直接与医生处方挂钩，促使医生宰割患者以满足医院的利润指标。其次，健康的工资和职务晋升制度，形成良心内在激励机制。通过医院的管理规章、薪酬制度和文化活动创造自己的文化氛围，从鼓励、约束和补偿等不同的方面对医生自律形成激励和制约机制。医生自律不仅是对行为的限制，也是对行为的控制，是自主中的自律。个人主体根据对环境的认识和对社会规范，道德的认识以及对自己的把握，明确什么事不应做，什么事应坚持不懈，什么事情应适可而止。行为自主性必然包含着自律，行为能动性必然包含着自制，在追求行为自主性和能动性的过程中，必然包括自律和自制。

谁办医院可以促进医生自律？

办医院需要三个条件，即投资者、管理者和服务者。医院的投资者可以是国家、股东和个人，医院所有制包括国家办公立医院、投资者办股份医院和个人办私人医院，甚至医生参股办医院。医院的管理者可能是股东、职业院长或者医生兼职。医生和医院的关系有三类，即医院聘请医生、医院与医生合作（契约关系）和医生办医院。

公众对医疗服务的需求是不同的，医疗服务不是公共品，可以由私人提供，如同普通商品，其交易规则没有什么不同。只有在放大公民健康价值与宏观经济关系时和政府介入后，且基于以下两个条件，医疗服务即具有准公共品的特征：一是政府规定了基本医疗范围（界于公共卫生和个人需求之间），并对供方提供补贴；二是个人需求与购买能力出现较大差距，政府给予需方补贴。

那么，应当由谁来办医院才能提供价格合理、质量安全的医疗服务呢？需要对各类所有制医院的正面效应和负面效应进行比较（见表 11—5），可以发现通过政府配置医疗卫生资源和建立公立医院，可以坚持社会公平原则，并在一定程度上可以避免卫生资源盲目配置和由于利益驱动导致医生行为扭曲现象，从而控制医疗费用上升，适度解决看病贵的问题。但是，预期达到这个目标必须附带以下三个条件：

一是能够依法行政和具有自控能力的政府。

表 11—5　　　　不同所有制医院的效应比较

	公立医院（含医生）	股份医院	私人医院	医生办医院
正面效应	1. 投资能力强 2. 弱竞争和利益驱动 3. 非价格配给 4. 强执行，弱责任	1. 投资动力强 2. 强竞争和股东利益驱动 限制医生利益 3. 市场价格 4. 非强制，强责任	1. 投资能力有限 2. 强竞争和老板利益驱动 限制医生利益 3. 市场价格 4. 非强制，强责任	1. 投资能力有限 2. 强竞争和投资、管理和医生利益驱动合流 3. 市场价格 4. 非强制，强责任
负面效应	1. 增加纳税负担 2. 强公平、弱效率 3. 有限供给与排队、寻租和腐败	1. 不增加税赋 2. 强效率、弱公平 3. 供求平衡	1. 不增加税赋 2. 强效率、弱公平 3. 供求平衡	1. 不增加税赋 2. 强效率、弱公平 3. 供求平衡

二是具有足够支付能力的财政，包括支付高薪酬以满足医生人力资本的补偿，否则医生会流向非政府医院；足额供给以避免由于供给短缺而造成的患者长龙（排队）、寻租和医务部门腐败。

三是政府改革和公立医院制度创新是必要条件，以避免寻租腐败和低效率对公平效应的侵蚀。

其实，政府不可能脱离市场，向公立医院提供足够的财政支持。政府的位置是建立医疗服务供应机制，而不是做公立医院的总院长。公立医院存在的价值应当是标杆，医学研究与临床试验有效结合的标杆，提供最佳医疗服务的标杆。

与公共部门相比，私人部门具有自己的优势。可以将利益、责任和收益有效结合起来，以提高医疗服务的增量和改善医疗服务的质量。但是，股份制医院对管理者和医生的制约能力大于私人医院，医生办医院存在投资者、管理者和医生利益驱动的合流，需要更好的监控。如果在医疗服务领域导入市场机制和预期达到以上目标必须附带几个条件：

一是能够依法行政和具有经营能力的政府，对卫生资源配置和不同所有制性质的医院及其医生具有指导和监控能力。

二是建立多元所有制、多种经营管理和竞争机制下的依法行医的治理环境，如医院管理和医师行为准则和准入，以及具有弹性和适应性的评审机制。

综上所述，谁投资办医院不是最关键的问题，引入私人资本以扩大医疗服务增量无论如何都不是坏事，关键在于提高政府改革和执政能力，在医疗服务领域建立有管理的竞争。

保罗·萨缪尔森等人在《经济学》(第 16 版) 分析政府在健康品产业的作用时提到疾病预防和医疗保险。他们认为在这两个领域出现了市场失灵和信息不对称，“根治天花病能使数以万计的潜在受害者受益，但公司从其投资中获益很小。……在这种情况下，政府研究公共卫生项目，可以防止重大外部性和提供公共品时的市场失灵。”“保险市场存在很多不确定性。一个最明显的问题是病人、医生和保险公司之间的信息不对称。……当病人被推进手术室时，也许还不了解也无法选择治疗方案，需求完全依赖于供给者。必须采取特别措施，以免消费者为不必要的治疗或以次充好的药物以及过于昂贵的服务花钱。”萨缪尔森批评了医疗服务绝对市场化和绝对国家化两种倾向。

其实，医疗服务公共品的供应需要解决两个问题：一是横向效率问题，即卫生资源的合理配置，建立多元体制的医疗服务体系，让更多的人方便得到医疗服务，例如，葡萄牙政府将医院分为 7 类，包括国家医院、各专科医院、社区医院、乡村医院等，合理分布在国家的各个区域并接近居民。二是纵向效率问题，即管理有效的医院和医生服务，建立有效的治理机制，让医生和患者都感到满意。因此，越来越多的国家以社区为基础建立“多支柱”的公民健康保障体系，即：

- 卫生服务社区化；
- 卫生体制多元化；
- 医疗付费保险化；
- 医疗服务治理社会化。

怎样的薪酬制度可以促进医生自律?

薪酬即基于生产要素和贡献进行的全面补偿。要素、贡献、全面补偿和一揽子计划等主要特征。要素即指人们就影响生产结果的因素达成的共识。贡献即指基于人力资本和人的素质形成的劳动力和生产资料结合的结果。全面补偿即指对劳动者贡献和生存需要的综合补偿。一揽子计划包括内在补偿、外在补偿、当期补偿、延期补偿等多项内容。

基于要素和贡献分配原则，医生薪酬制度必须根据医生劳动特点，就医疗服务要素形成共识，再研究医生的补偿原则和补偿制度。

医生的人力资本是教育成本和临床经验的积累，医生劳动包括信息归集、研发、生产、销售和售后维护，具有研、产、销集合体的特点。医生既是医院发展的研发人员，也是一线生产人员，两重身份具有两重价值，医院的薪酬制度必然向医生倾斜，坚持“内部公平和外部激励”的原则，建立对医生具有全面补偿性的薪酬制度。

内部公平指在医疗机构内部建立反映医德医技和服务绩效（量和质）的点数佣金补偿制度。建立与服务数量和质量挂钩的，具有一定弹性（因为医疗服务不同一般服务产品）的绩效考评制度，处方与医院收入和医生个人收入不挂钩，将禁止医生收红包和吃药品回扣纳入医院管理和医师道德规范，为医生打造和谐的工作环境，促其心态平衡。外部激励指医生收入在劳动力市场的价位应当具有竞争力，操手术刀的人和操剃头刀的人得到补偿的要素不同，水平也不同。

为了遏制利益驱动的负面效应，医生收入不能与医院收入和患者支出直接挂钩，以避免在利益驱动下的大处方。科学建立医疗服务数量和质量的绩效考评方案（针对医疗服务的特殊性，需要保持足够的弹性），在此基础上形成医生的一揽子薪酬计划（见图 11—5），包括对医生贡献的内在补偿（表彰、进修和晋升）和外在补偿，外在补偿包括当期补偿的佣金和医生基本生活保障的延期补偿，即医生养老职业年金、住房公积金等。让医生在生产诊疗信息过程中感到善待患者可以得到补偿。临床经验对医生人力资本来说至关重要，进修学习对医生职业生涯来说有重要的价值。

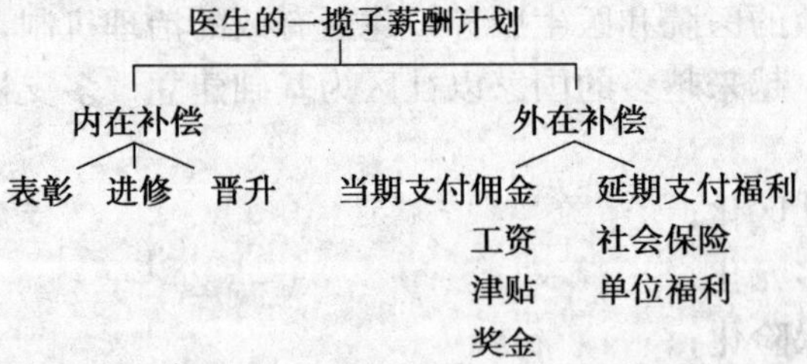

图 11—5　医生的一揽子薪酬计划

医院院长如何促进医生自律？

医院院长是医疗服务管理的核心，他存在的意义在于调动医生劳动积极性和抑制医生利益驱动性。有必要建立院长责任制和财务审计制。在医疗专家治院的条件下，院长的示范效应十分重要。

医院院长需要整合与协调以下三类问题：

1）法律法规及其政策规范及其政府要求和医疗服务市场需求及其患者要求。

2）医疗机构的人、财、物配置、控制及其安全、有效得到利用。

3）接受部门领导和回答相应问题、任命或支持医疗科室团队领导、监督全院人力资源策略和计划；以形成支持医师团队（包括医生和护理人员）工作的医疗辅助能力和行政支持与监督能力，由此形成以院长为核心的三角形医疗服务的医院内控机制。在这个三角形医疗服务的医院内控机制中，医生处于前线位置，院长处于核心位置。院长的能力和工作绩效体现在对医生团队服务能力的支持和服务行为的监督两个方面。

例如，2002 年全国优秀院长之一、河南省三门峡市中心医院院长梁志斌规范病历管理①，不仅减少了医疗事故和提高了医疗质量，而且减少了医务纠纷，维护了医生和医院的利益，最终带领全院将其医疗服务能力和水平提到更高等级。

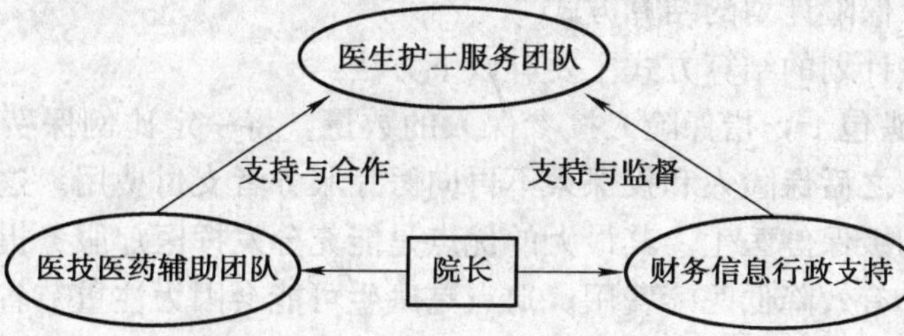

图 11—6　三角形医疗服务管理的内控机制

2.2.3　第三方付费制约

第三方付费即在医院和患者之外设立的医疗服务费用支付制度，包括国家支付的免费医疗、社会保险计划下的共付制，商业保险公司的分担制。第三方一定是一个具有聚积资金和管理资金的，有一定规模的，对医疗服务机构具有谈判能力和付费制约能力的机构。

保险机构作为患者和医疗服务机构之外的第三方，他们在征收了人们的健康风险储蓄以后，成为参保患者的付费代理人，负责监督医疗服务质量并支付医疗服务费用。伴随保险机构规模的扩大，对医疗机构形成制约力，其谈判能力逐步提高，医疗服务机构的行为在一定程度上被第三方付费人所制约，产生

① 健康报. 咬住病历不放松. 2005 年 9 月 15 日

第三方制约效应。

第三方制约是现代医疗服务治理机制的第三个环节。医疗保险组织（包括社会医疗保险经办机构和商业医疗保险公司）以其付费制约对医生自律和医院发展产生外部制约性。当越来越多的患者是参保人，如果这个比例达到50%以上，保险机构的谈判能力则大大提高，可以想象其对医生行为和医院管理产生的影响和制约力。然而，伴随各类医疗保险计划的普及，患者的组织化已经是不可阻挡的趋势。

社会医疗保险组织和商业医疗保险组织可以就付费方式与医疗机构进行谈判，从而达到促进医疗机构改善管理、保障安全与质量，并合理定价和控制成本的目的。这个谈判的制约过程就是促进诊疗信息和财务信息，从医院内部向外部流动，并与患者和社会分享的过程。

现代社会的患者可以通过各类组织成为群体，改变个人面对医院进行谈判的弱势地位。医疗保险即健康风险储蓄加保险合同，保险合同的乙方可以是组织（团险）的集合，也可以是个人的集合，这种集合形成的对医疗机构的谈判能力在当今社会越来越强大，是医疗机构发展不可忽略的因素。

（1）医疗保险计划的结算方式

医疗保险计划的结算方式主要有以下方法：

1）按人头包干，指保险人按参保人的数量，将一定比例保费预付给医疗服务提供者。之后保险人和投保人不再向医疗服务者支付费用。这种结算方法主要是针对初级保健医生。其最大的优点是能充分发挥医疗服务提供者控制费用的主动性，有效降低医疗费用。缺点是医生可能会因为注重节省费用而造成医疗服务提供不足的现象。但一般而言，由于投保人来年有重新选择指定医生的权力，所以，为了稳定病人数量，医生在节省费用的同时，也得考虑病人的需求和满意度。

2）按项目收费，反映保险人与医疗服务提供者通过协商，对每一具体的医疗服务项目制定出明确的价格，并确定折扣价。参保人看病后，根据账单，找保险人申请赔付，或由医疗服务提供者与保险人结账。这种结算方法主要针对专科医生。其优点在于理赔时明码实价，参保人心理感受好。但往往难以判定一项服务是否必要、合理。

3）按日给付，主要针对医院的住院和门诊治疗。参保人到医院住院和门诊治疗时，保险人按住院天数和门诊次数预定额给付，超出部分由参保人自付。

基于上述付费方法，又产生了相关服务项目组合的病种付费（DRG）和按照临床路径进行捆绑定价的付费方法，甚至根据合同规定进行全年总额付费，发展趋势是复合付费，即多种付费方法相结合的医疗费用结算与付费制度安排。

（2）保方付费的制约作用

第三方制约主要指医疗保险计划。医疗保险计划的两个要素即医疗风险储蓄和医疗保险合同，由保险人、参保人和医疗服务提供人三个主体构成（见图11—7）。上述三个主体之间是一种典型的三方博弈关系。在医疗保险计划中，医、患、保是三个各自独立的利益主体，且在利益上相互制约和相互依存；三方博弈关系具有如下规律：两方勾结，余方必败；一方退出，三方皆败。

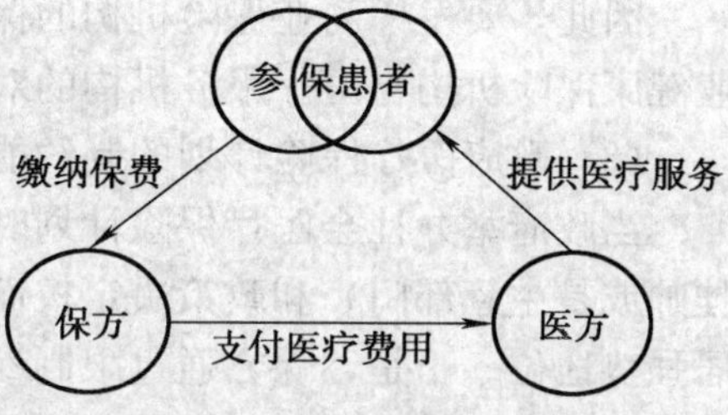

图 11—7　医、患、保三方的关系

以博弈论解释竞争关系和游戏规则其关键因素如下：

1）有不同的游戏参与者（Player），而且各自独立，并有能力做出最有利于自身的判断。

2）有一定的（游戏）规则和参与者做出决策的顺序。

3）游戏的每个参与者都应有不止一个可供选择的策略（即策略空间，Strategy Space）。

4）参与者的策略选择共同影响结果。

5）游戏的结果通常表现为某种利益的分配。这些特点决定了参与者行为方式（策略选择）的相互影响情形，被称为“策略互动”。

保险方是医疗服务的付费方，包括对医疗服务机构直接结算和在患者垫付后核保报销。保方的工作原则是保护被保险人的利益和保证自己的保险基金收支平衡，因此，就医疗服务费用的结算问题与医疗服务提供方之间具有制约关系与合作关系。

保险方有三种类型，包括政府医疗保险计划、非营利医疗保险计划（也称半政府）和商业医疗保险计划。就谈判能力而言，上述三类保方的能力和表现是不同的，政府医疗保险计划的谈判能力最强。

1）政府医疗保险计划具有政策优势，可以强制性采取总额控制和指标评估的方式，对医疗服务方进行预算和决算，并采取年初预付和年终决算的方式支付医疗费用，但是如果遇到政府医院，其谈判和控制能力就相对下降；这种情况在中国表现得比较充分。

2）非营利医疗保险计划（也称半政府）具有规模优势，常常通过控制患者群体（包括举办健康福利计划和购买医疗保险产品的雇主）的方式来制约医疗服务方；这种情况在美国比较普遍。

3）商业医疗保险计划具有优质服务优势，从不同角度对医疗服务提供方构成制约作用，如严格的理赔审查和预先的就诊咨询服务等。

因此，要发挥商业保险机构的保障和制约作用，在制度安排上应当保障商业健康保险机构与医疗服务机构的对话权利和平台建设。

（3）政府医疗保险计划的制约能力

当政府举办社会医疗保险计划时，保方因具有政府背景（可能是市长亲自挂帅或是主管部门）和政策决定权而具有谈判优势，在医、患、保三方关系中居强势地位。于是，保方通过限制参保患者就医地点和限制费用分担的方式制约医疗服务提供方，通过限制医疗服务项目（如药品、诊疗目录等）和限制费用分担的方式制约参保患者，并避免医患勾结造成自身损失。例如，在镇江市医疗保险结算方案中，分别规定了定点医院的医疗费用结算的“总额预算和弹性决算”的指标，达标者全额支付，不能达标的非全额支付，优秀者奖励（见专栏11—4）。因此，只要具备以下两个条件，即评估指标科学合理，保方的谈判能力和执行能力到位，保方即成为通过医疗费用结算来制约医疗服务行为和促进医院改善管理的制度安排。

专栏11—4　镇江市社会医疗保险医疗费用结算办法

第六条　社会医疗保险医疗费用结算根据定点医疗、医药机构的不同、参保人员类别的不同等，实行不同的医疗费用结算方式。

一是对定点的一级医疗机构、零售药店及医务所（室）实行“总额控制”的结算方式。即年初一次性测算并下达各定点一级医疗机构、零售药店、医务所（室）的全年医疗费用总额指标，实行年度内总额控制，超支不补。

二是对定点的二级及以上定点医院实行“总额预算、弹性决算和部分疾病按病种付费相结合”的复合式结算方式。

2.2.4　社会评价与监督

社会评价与监督即专业评价和公众监督。专业评价组织包括医疗卫生知识传播组织、第三方服务提供组织、专业咨询和评价组织，以及医生医院和患者的社会组织等构成；公众监督指被卫生知识和医疗信息武装的患者、家属和社会公众；这两个因素构成医生存在和医院发展的外部环境，是现代医疗服务治理机制的第四个环节。

人类进入信息和网络时代以后，各类医疗服务组织不断出现，如美国管理医疗组织（MHO）、大型咨询公司中的医疗服务团队、传播医疗知识的专业网络、病历分型和病种收费，以及医师、医院评价指标和标准等。这些组织不会直接干预医院和医生的工作，他们可以对医疗服务的质量和成本进行鉴定、评估和评价，形成医院发展的外部性条件，影响医院发展战略和管理水平，影响医生行为甚至改变临床路径（见专栏 11—5）。

专栏 11—5　边际成本捆绑定价机制①

波士顿大学中心医院（BUMCH）是马萨诸塞州波士顿三个医疗服务中心中最小的，位于波士顿城内的东南部。医院签订管理医疗合同的主要目标有两个：一是与 HMO 建立合作关系，以提供初级护理服务；二是让医院的专家得到转诊病人。

BUMCH 与某家 HMO 发展合作关系时遇到障碍，便改变战略开始开发可能对 HMO 有吸引力的服务项目或定价策略，即单病历捆绑价格收费，包括医院和医生费用。以冠状动脉搭桥手术为例，捆绑定价机制使总成本减少了 5 300 多美元，节约的成本完全来自管理，而非技术因素（见图 11—8）。医院管理层认为，捆绑价对健康管理机构会很有吸引力：

（1）管理简单。

（2）提供一站式消费（由一个实体与医院/医生协商病人的护理成本）。

（3）将风险从医疗管理机构转移到了医院一方。

BUMCH 与一些 HMO 讨论捆绑收费问题，HMO 有兴趣但不能接受，因为他们没有处理捆绑价格账单的财务系统，原财务系统将医生风险和医院风险分开处理，HMO 担心捆绑式定价法会搅乱他们的财务体系。但是，Healthsouce 首先接受了 BUMCH 的提议。

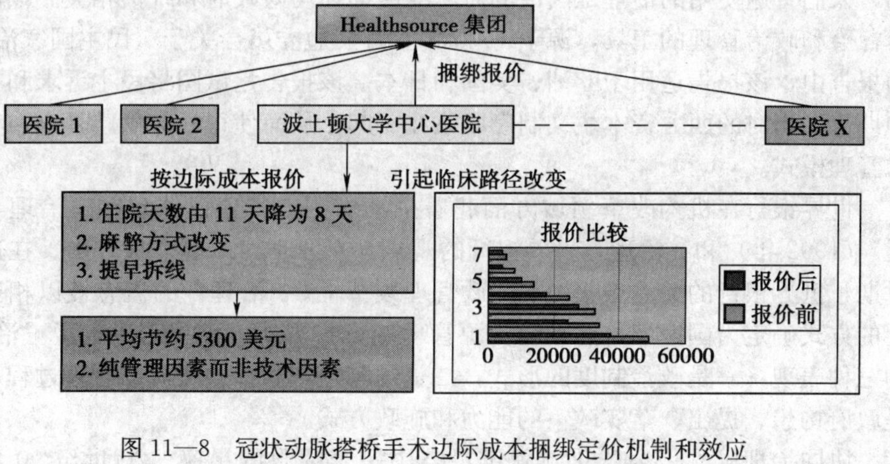

图 11—8　冠状动脉搭桥手术边际成本捆绑定价机制和效应

---

① 清华大学公共管理学院，就业与社会保障研究中心案例库，徐贞颖译，潘虎整理。

公民享有健康保障权利，公民需要也会创造各种渠道参与健康管理。如今，在IT技术的支持下，基于网络传播、信息分享、社会共识和服务组织（包括有组织的活动和无组织的活动，包括专业组织活动和非专业组织活动），公民参与医疗服务的管理，美国《JCI评价标准》和中国《医院管理评价指南》即应运而生。这些社会条件正在形成医院发展的包围圈和外部性，全范围的促进使医生和医院被动的履行进行诊疗信息和财务信息披露的义务，当医生和医院管理层认同了外部性的制约力以后，这种被动有可能转化为主动行为。

医疗服务信息网络具有以下功能：第一是传播医疗知识，随着医疗专业知识的普及，非医学专业人越来越多地得到了新药品、新手术、新设备的知识。例如，人们知道采用胸腔镜做肺部手术不用开刀，患者的痛苦和风险大大降低；第二是提供医疗服务咨询，使患者对医疗信息和医疗服务成本，以及医疗服务市场的情况有了更多了解，增强了选择医生和与医生沟通的能力；第三是评价医疗服务质量和测评医疗服务成本；第四是倡导和推行医疗服务行为和管理的标准化。

构建现代医疗服务治理模式需要就以上四个环节进行科学定位，并协调其相互影响和制约关系，形成整体效应，从而达到促进和改善医疗服务质量的目的。

3. 现代医疗服务治理机制的构想

3.1　治理的概念从何而来

在13世纪，治理这个用词出现在法语中（1679年），20世纪70年代中期，人们普遍使用的治理是法语的对应英语词，均与政府和统治相关。该词作为社会和政治管理的工具，源于1975年5月三边委员会关于《民主国家治理》的报告中，该报告适用于欧洲、美国和日本。该报告是试图将民主诉求和补偿的期待同当时的西方资本主义制度联系在一起，从而使得社会秩序具有一种新的管理模式。

世界银行在机构改革领域方面起着推动作用，其建议体现在《治理与发展》（1992年）和《治理，世界银行的观点》（1994年）两个报告中。在这个时期，世界银行的关注点集中在行政管理改革上。“治理”的概念被以相当宽泛的方式确定为国家经济和社会资源管理的行权方式。该报告界定了“治理”的三种表现：一是政治制度的形式；二是国家经济和社会资源的管理过程；三是政府构想、提出、落实政策的能力和施政方式。

协同治理概念是全球化新思维星空中一个耀眼的星座。20世纪90年代初，英、美等国出版的几本著作将协同治理的概念引入社会改革和政府改革。协同治理的概念一经提出，立即出现了为我所用的倾向。

总之，治理属于广义管理范畴，从政治统治、企业管理到建立和维持社会秩序，是多方主体参与的管理；包括管理的规则、方式、过程和绩效。

3.2　一个“两维四圈型医疗服务治理机制”的构想

国家社会科学基金清华大学《管理式医疗课题组》在对中外医疗服务管理体制进行调查和研究的过程中，发现如下几个关键问题：

（1）主体目标的互逆性

围绕诊疗信息和财务信息两个要素，在不同层次上不同主体之间的目标具有互逆性。这种目标互逆性发生在医生与患者之间、医生与医院之间、医生医院与医疗保险机构之间，以及医生、医院、医疗保险机构和社会公众之间。

医生和患者的目标可能出现互逆性。医生是诊疗信息的控制、处理和决定者，享有处方权。在医疗服务和药品价格已定的条件下，处方决定成本。医生的处方是治疗方案，医生在拟订治疗方案时，是考虑患者健康，还是考虑从处方得到个人收益，这是一个从左到右的两轴关系（见图 11—9），患者健康为左轴，个人收益为右轴。很自然，医生会兼顾两者，问题在于医院的分配制度和晋升制度是怎样引导医生的。患者希望医生的选择向左移动，而“大处方提成”“药品回扣”“红包”等现象都会导致医生心理和选择向右轴移动。如果医院的薪酬和晋升制度，与处方、药品无关，并激励医生选择向左移动，医生自律和医患关系将可以得到改善，两者目标的互逆性将减少。

左轴 ←—— 患者健康 ———————— 个人收益 ——→ 右轴

图 11—9　医生心理和选择的两轴关系

医院和医生的目标可能出现互逆性。医院越来越成为医疗服务经营单位，包括成本核算型经营和自负盈亏型经营。因此，在医院的资本投入和医生人力资本之间具有分配关系，包括名誉信誉的分享和收益的分配。名牌医院和著名医生是分不开的，两者目标应当是一致的。但是，收益分配目标可能不一致，首先要处理好薪酬总额与医院发展基金之间的关系，其次要处理好医院行政、医辅和医生之间的分配关系，医生的薪酬水平应当高于其他群体。

医院（包括医生）与医疗保险机构的目标互逆性比较明显。两者之间的直接关系即医疗费用的结算，医疗保险机构的讨价内容即医疗服务的人头、人次和人均费用，其目标是一定数量的“低成本、高质量和大数量”的医疗服务。这与医院的成本、收益和质量管理形成对立。两者具有必然的对立和制约关系。只有在两者之间建立起“平等对话、公平定价、科学评价”的信息分享机制，才能产生互相支持和促进的效果。

医生、医院、医疗保险机构和社会公众之间的目标互逆性，主要发生在诊疗信息和财务信息向外移动的过程中。前者希望控制信息，后者在扩散信息，信息扩散降低了医生的信息优势，改变了患者的信息劣势。

（2）诊疗信息类别化

在治疗过程中，经过医生处理和生产的诊疗信息被医院要求保质保量的进入病例。然后，医院对病例进行分型分类，再进入病例库实施管理。医院管理能力和管理质量体现在以下几个方面：

1）对医生写病例提出严格要求，并实施严格的监督制度。

2）对病例进行科学分类管理。

3）对患者实行开放式病例管理，可以复印病例资料。

病例的管理过程是诊疗信息的再生产过程，其成本大大低于医生生产诊疗信息的过程。然而，通过病例管理的基础是病例分型，病例分型的研究和传播帮助医生处理诊疗信息，又降低了医生生产诊疗信息的成本。这里显示出医院和医生两个不同主体的目标的一致性。

（3）财务信息标准化

基于病例分型和分类管理，人们开发了按照病种和病例分型付费（DRG）的标准和付费方法，即诊疗信息再生产过程。这对医院传统的成本核算方法、财务制度和付费方法来说是个挑战，甚至在影响和改变临床路径。DRG的付费标准对以不同成本生产诊疗信息和管理病例的医生和医院来说是个挑战，例如，阑尾炎手术治疗在有的医院收费800元人民币，而在有的医院却高到2 400元人民币，在排除居住环境等非诊疗信息成分以后，如果阑尾炎的DRG定价是1 600元，对前者就是好消息，对后者就是压力，它必须加强管理和降低成本。无疑，DRG病种分型付费方法对患者来说是好事。

课题组在上述发现的基础上构建了“两维四圈型医疗服务的治理机制”（见图11—10）。

医疗服务治理也属于广义管理范畴，从医生自律、医院管理、第三方付费制约到社会评价与监督，包括管理规则、方式、过程和绩效。现代医疗服务治理在四个层面实现，并相互支持和制约由此形成协同治理机制。

四圈型医疗服务治理机制的主要特征有：

（1）两维，即诊疗信息（X）和财务信息（Y）；四圈，即按照医疗服务信息流程形成的自内向外的四个独立层面的、影响和制约的、对医疗服务进行管理的制度安排，它们之间相互影响，相互制约。

（2）主体（I）即前面所述的患者、医生、医院、医疗保险机构和社会公众，在他们之间的目标具有互逆性和一致性的双重性，全局目标均为患者康复和公民健康，局部利益有冲突。患者与医生的信息契约即诊断书，医生与医院

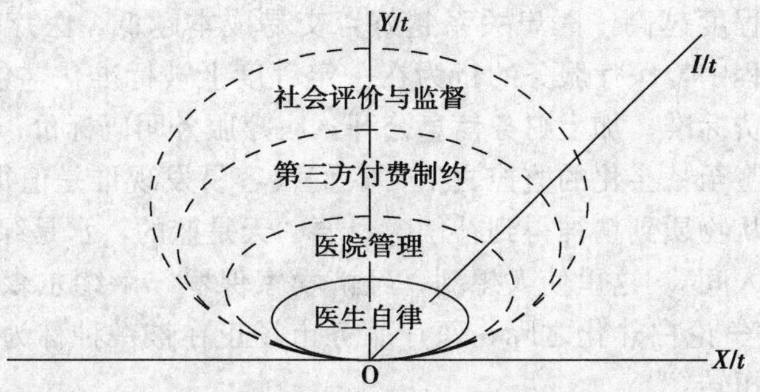

图 11—10　两维四圈型医疗服务的治理机制

注：图中：X——诊疗信息要素；Y——财务信息要素；I——主体目标；T——时间。

的信息契约即病例，医院与医疗保险机构的信息契约即医保合同，社会公众与上述医疗机构的信息契约医疗行为的付费标准和评价标准。从诊断书、病例、医疗保险合同到社会评价标准，是一个诊疗信息和财务信息向外移动的过程，构成医疗机构发展的外部压力（包括药品制造商和销售商）和外部环境。

（3）医疗机构发展的外部环境日趋成熟，就医生自律和医院行为提出了统一评价和统一付费的标准，人们越来越清楚谁是好医生，哪个医院的服务质量和收费标准可以放心。越来越多的人参加各类社会医疗保险和购买商业医疗保险，患者越来越组织化，形成强大的第三方付费方，在医疗费用结算过程中他们开始挑剔医生和医院的行为，并逐渐形成对医疗机构行为的制约力。

（4）内控与外力的结合。然而，在这四圈发生的过程中，医生自律始终是形成治理机制的基础，但自律需要一定的条件，如通过薪酬制度和管理规则激励和规范医生与患者分享信息；薪酬制度和管理规则首先在医院发生，但医院是个单位且具有自身利益，当它为自身利益垄断信息的时候，一系列社会化制度安排即不断出现，如医疗保险机构和社会评价与监督机构。上述每一圈的功能都在于迫使 X 和 Y 向外移动，帮助患者分享信息，以促进医生和患者相互关系的改变，内控和外力同时发生作用，一个现代的四圈型医疗服务治理就此形成。

医疗服务信息向外释放过程的展示图如图 11—11 所示。

图 11—11　医疗服务信息向外释放过程的展示图

信息分享程度越高，医患关系越好，交易成本越低，医疗服务治理越成功。在这个过程中，医疗服务的行为在一定程度上被标准化，包括诊疗标准、用药标准、收费标准；加上财务信息公开，医疗服务明码标价；医疗服务被置于多层次的，甚至社会化的监控之下；人们很容易发现谁是值得信任的医生，好医生也可以从物质到精神得到补偿。只要“天是蓝的，水是绿的，白衣天使就可以再回到人间”。这里使人想到，经济学家保罗·萨缪尔森留给我们的问题[①]：“在上述争论白热化之际，医疗服务市场正在被一种称为‘有管理的竞争’的潮流所扭转。”

3.3 社会化管理式医疗

从医生自律、医院管理、第三方付费制约到社会评价与监督的治理模式正在形成，而社会主体，包括政府、保险公司、公众，以及其他社会组织，也正在认识和承认这种现实，并生成按照自己的目标支持和利用这个机制来提高自己的信息分享能力。特别是第四圈即社会评价和监督机制的产生和发挥作用，促使医疗服务至于社会和公众的监督之下。这是美国人在 20 世纪 60 年代创造的，在医疗机构和保险机构之间发生的管理式医疗组织和活动开始向外延伸，进入社会化管理式医疗的形成过程。

3.3.1 对“社会化管理式医疗”的解释

社会化管理式医疗即有管理的竞争在全社会范围内和医疗服务领域的实现，即多方介入的、具有诊疗信息再生产功能的、对医疗服务进行综合管理的协同治理。管理式医疗不同于医疗管理（一种专业性管理），是一个置于“四圈型治理机制”之下的医疗服务管理机制，即医生自律、医院管理、第三方付费制约、社会评价与监督的相互影响和相互作用的社会治理模式。

社会化管理式医疗作为社会治理模式之一，即医疗服务领域的社会治理模式，其具有如下特征：

（1）空间广泛，发生在全社会范围内。其发展空间从个人、家庭、单位、社区到各类专业组织，乃至国际社会组织。

（2）介入主体多元化。人人需要健康，让人人有医疗，这些基本原则已经深入人心，这使得在医、患之外的第三方介入者十分广泛，可以是用人单位、工会妇联等社会化组织、医疗保险机构、医疗服务信息发布网络组织、社区健康服务和患者维权组织等。

（3）在广泛空间的多元主体是围绕“诊疗信息再生产和医疗服务与成本的标准化”而出现的，他们都是代表一定人群利益和掌握一定医疗服务信息的群

① ［美］保罗·萨缪尔森等．经济学（第 16 版）．萧琛等译．北京：华夏出版社，1999.290

体，具有一定的谈判能力。这使诊疗信息和财务信息不再为医生和医院垄断，从社会的最外圈已经形成了对医院和医师的诊疗行为和服务成本进行社会评价和社会监督的标准，由此形成涉及改善医疗服务安全、成本和质量的社会舆论、谈判组织、法律法规和政策，构成医院发展的外部环境。这种自外向内的形成的压力，迫使诊疗信息和财务信息向外移动，形成诊疗信息的再生产过程和广泛发布过程，其结果使医患两方受益。首先，患者具有信息武装；其次，医生可以从病例分型和他人经验教训中分享信息，降低自己生产诊疗信息的成本和风险。

在具有社会化管理式医疗的社会环境里，医患关系和医院生存和发展，以及医疗保险机构生存和发展的外部环境均发生了质的变化：

（1）患者日益组织化和具有信息武装。根据世界卫生组织的原则，让人人有医疗是政府的责任，越来越多的人将被强制和自愿参加社会医疗保险计划和购买商业健康保险产品，伴随公共服务型政府的发展和商业健康保险市场的不断发展，以患者利益最大化将是社会医疗保险组织发展的基本原则，他们会向医疗机构施加压力，要求医疗机构降低成本和提高服务质量，患者的声音将逐渐强大。随着医药信息传播的渠道越来越多，医患在诊治过程中与医生的对话越来越富有实际内容，甚至涉及疾病诊治的细节。例如，很多癌症患者在进行手术之前总是向医生提出这样的问题，“手术是否会导致癌细胞扩散”，医生不得不向患者提供一系列非常专业的知识和信息。医患关系开始发生变化，患者的地位逐渐提高，甚至让医生和医院陷入困惑，难以适应这种外部环境的变化。

（2）医生自律的约束条件越来越成熟。具有诊疗信息知识和知晓医疗成本的患者、单位、第三方服务组织和医疗保险公司等，形成对医生对话、谈判、评价和监督的能力，医生需要十分谨慎地对待每个患者，医患勾结骗保也不是很容易的事情了。

（3）医院发展的外部环境日趋形成。代表患者利益的谈判群体的形成，以及评价医疗服务质量和收费公平性的标准和规则的出现，迫使医院开始考虑其发展的外部环境，规范自己的行为，在规范管理中求发展。由医院规章制度、医疗辅助系统和行政支持系统构成的业务流程，从人到人的合作，人与流程的适应，流程与流程的衔接，构成医院医疗服务的支持系统和监督系统，由此构成医院应对突发事件和提供日常医疗服务的能力。例如，河南省三门峡市中心医院院长梁志斌通过狠抓病历规范管理，实现带领全院能力升级的目标。

（4）医疗保险机构发展的外部环境日趋改善

在诊疗信息再生产过程中形成的医疗服务与成本的标准，使医疗保险机构与医疗服务机构之间，就医疗费用结算的对话、谈判和签订合同有了共识和依据，是医疗保险机构有效发展的必要条件；特别是对于谈判能力较弱的商业健康保险公司来说更是个利好消息。反之，医疗保险产品的购买者和受益人也可以使用这类标准与其进行谈判，所以，这类标准也促进了医疗保险机构的发展和升级。

（5）诊疗信息社会化和医疗服务成本标准化。社会评价和监督标准是基于诊疗信息再生产产生的，是根据医院病例和统计数据，使用科学方法对不同医疗服务机构的行为和成本进行测评、比较而形成的。这些信息被不断地再生产，逐渐为越来越多的人所使用，上述主体均可以从不同角度受益。

综上所述，四圈型医疗服务治理机制的主要功能是促进诊疗信息和财务信息向外移动，以维护患者利益，并促成以患者为中心的社会化管理式医疗运行模式（见图 11—12）；社会化管理式医疗的主要功能在于自外向内释放诊疗信息成本，促进医疗服务机构改革以提高其生存能力和发展潜力。

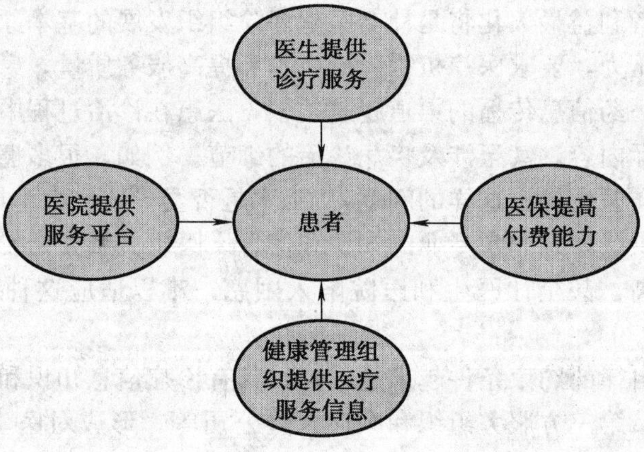

图 11—12　以患者利益为中心的社会管理型医疗运行模式

3.3.2　现代医疗服务的客户关系管理（CRM）

在 21 世纪，计算机和网络缩短了人们之间的距离，甚至毫不留情地拆除了人们之间的隔墙，不管是人为的还是自然的。这导致服务管理从顾客时代进入客户时代，客户不再是没有名字的顾客面孔，发展和管理客户关系（CRM）进入服务机构的战略和策略，但医疗服务的特殊功能决定它开始建立了客户管理，如病历保管和社区医疗服务管理。美国 JCI 评价标准体系的 50%内容均以患者和家属教育、权利和满意为核心。

在未来 10 年里，全球范围内医疗业正在发生“颠覆”性改变，从消极的疾病治疗向积极的健康管理过渡。如今，慢性病扩展、职业病增多，加之城市经济快速发展与人们生活水平提高，使健康管理有望成为继 IT 业之后又一个新兴高速发展的行业。在医疗机构的外围，专门为患者服务的产业将迅速成长，如健康保险和健康管理组织，对医院管理和医生行为构成制约，也提供了支持。患者信息共享系统正在快速发展，在医院与医疗保险部门之间、医院与医院之间、医院与社区之间、医院与行政管理与监督机关之间就患者诊断治疗与费用等信息互通、查询、调用、共享是大势所趋，可以减少时间和节约支出，从而改善医疗服务的客户关系。

专栏 11—6　上海中间带医疗管理有限公司

该公司引进先进的医疗健康保险的理念，努力创建包括医院、门诊部、医师和其他医疗机构在内的中国首选医疗机构服务网（China Preferred Medical Provider Network），向客户（指保险公司所服务和承保的在中国生活和工作的外籍人士及中国公民）提供全国范围的完善医疗服务、医疗紧急救助服务咨询及健康保险计划。

上海中间带医疗管理有限公司拥有 24 小时电话中心，为客户和医疗机构提供网络医院、理赔控制和数据录入、客户培训等服务。其中网络医院服务包括：网络医院内的免付现金服务、医疗价格的优惠、病史的跨医院管理、某些疾病的跨省市、跨国会诊安排（收费服务）、特约翻译服务（收费服务）、特约出诊服务（收费服务）、根据客户要求考察、增补部分合格的医院加入网络中，或者为特定客户服务；理赔控制和数据录入服务包括：理赔数据的核实和录入工作、理赔率的合理控制及理赔数据的分析及报表的制作；客户培训包括：对保险公司的团体客户进行保险福利的培训、对保险公司的团体客户进行就医指导和理赔流程的讲座、疾病的预防与救治等相关专题的定期公开讲座的安排以及针对客户公司的具体情况，提供预防相关职业病、传染病的方案等（收费服务）。

伴随健康保险和健康管理组织的发展，人们获得健康服务的渠道也发生了变化。在美国，专业组织对健康消费市场的发展趋势进行了预测，其发展趋势显示，人们的健康支出开始偏离医院和诊所，向其他保健服务转移，如购买医疗保险或者其他健康管理服务（见图 11—13）。

3.4　医疗服务的社会评价机制

医疗服务的社会评价即指通过专业服务组织和专业指标及方法，对医疗服务行为的安全、质量和价格进行的长期数据追踪、项目评价和网络发布的社会活动。对医疗服务进行社会评价与监督的专业组织包括具有政府背景的组织和非政府组织。

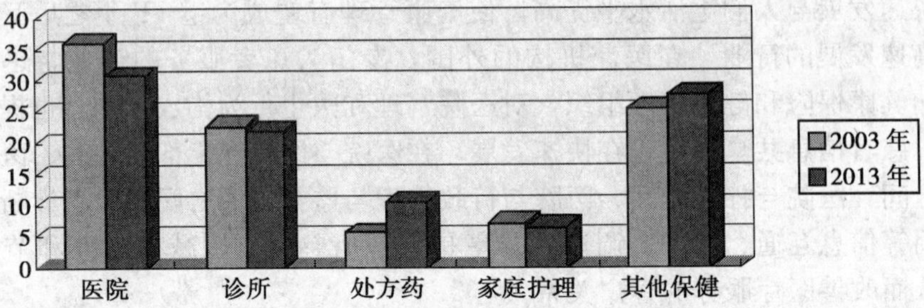

图 11—13　美国健康支出种类的变化趋势

评价医疗服务行为的专业组织了解健康保障领域的全部内容，以适当的价格向医疗服务需求者，甚至医疗服务提供者提供个性化服务，活跃在医、患、保三方当事人之间，以其医学知识和网络服务能力大大促进了医疗服务领域的信息交流，以其个性化服务矫正了医、患之间信息不对称的状态，因而起到社会监督作用。

科技发展给医疗服务管理提出了挑战，也提供了新的管理工具。IT 技术的广泛应用促进信息管理和多渠道传播，医疗知识开始普及，一系列涉及健康保障和医疗服务管理的定义不断产生，如医学编码、电子病历、治疗方案、临床规则、标准化收费、医疗机构评级、临床效果评估、利用率回顾，以至于病种付费（DRG）和改变临床路径的捆绑定价等等，支持了医疗服务的网络管理和客户期望度管理，各类健康保障和医疗服务管理组织层出不穷。

（1）服务管理组织（MHO）指可以实现医疗服务的时间、成本和质量平衡管理的组织，即可以提供覆盖医、患、保等多方当事人的一体化服务管理组织。

（2）第三方管理人（TPA）指以低价委托服务方，即外包管理，通过最好的医疗服务提供者，提供最低价格、最佳地点、最佳时间，提供各类优质服务。

（3）健康管理组织（MHO）指在医疗服务提供方和参保患者之间通过网络签约，以获得优惠价格和优先优质服务的组织。

3.5　健康保障服务专业组织的功能

健康保障服务专业组织通过信息服务和外围医疗管理形成“保障患者利益和改善医疗服务”的公共价值链（见图 11—14），一方面形成对医疗服务提供者的辅助和制约作用，另一方面形成促进医、患、保，甚至包括政府和雇主等多方主体之间平衡关系的社会力量。

美国健康管理的公共价值链[①]

←— 保险功能 —→			←— 管理功能 —→			←— 医疗服务功能 —→		
计划与待遇	风险精算与价格	市场营销	报销程序	医疗服务合同	患者交流网络系统	实施医疗管理	医疗服务业绩考评	患者得到医疗服务

图 11—14　美国健康管理的价值链结构

专栏 11—7　健康管理组织——美国人的创造，医疗成本仍在上升

最初的健康管理组织于 20 世纪 60 年代出现在美国。美国的医疗保障体系由三大部分组成，即雇主（为在职人员提供）医疗保险，由营利性机构和非营利机构经营；老年人医疗健康保险，由联邦政府保险局管理实施；贫困人的医疗救助，由联邦政府卫生局管理实施。

健康管理组织伴随雇主医疗保险计划的发展，其初衷是提高医疗服务质量和提供预防保健服务，后来发展了控制医疗费用的功能（见图 11—8）。其成功经验体现在以下几类计划中：

• 健康管理组织（MHO）。该组织通过雇佣医生和经营医院或者与医生和医院订立医疗服务合同向加入组织的参保患者直接提供医疗服务，特别强调通过门诊医生来控制费用、医疗服务及患者。

• 优先医疗服务提供者组织（PPO）。该组织是由医院、雇主或其他机构发起和订立服务合同，建立医疗服务网，执行事先协商好的收费标准和执行程序。允许计划参加者使用该组织外的门诊医疗服务，但他们可能要支付更高的保费和医疗费用。

• 排他性医疗服务提供者组织。对医疗服务提供者具有比较严格控制的组织，对医疗服务提供者的选择更有限制性，对医疗服务提供者的资信要求更加严格，所以，病人可以得到更高质量的医疗服务，但挑选医疗服务提供者的范围更小。

• 定点服务点计划，在服务点向参加计划的患者提供综合性服务。

美国健康管理组织的主要经验有：通过保方和医疗机构的合同关系，控制医疗服务成本和服务质量，在一定程度上保证了患者利益，形成了合作博弈的雏形；积累了控制医生行为的技术方法。

• 偿付手段，如薪金、固定保费、专门及住院治疗基金、按实际服务人

① ［美］哈佛大学公共卫生学院教学案例，清华大学公共管理学院就业与社会保障研究中心，徐贞颖译。

头人次付费等。

• 通过选择医疗服务提供者来控制费用，选择医疗服务提供者所使用的基本方法包括资格审查、从业行为调查、对不良行医行为进行调查、提出明确的要求。

• “守门员”的审查监督作用，守门员即负责指导、管理、监督、协调健康管理计划的人。

• 通过对医药服务行为进行审核来控制费用。

由此可见，美国健康管理组织的目标，经历了从提高服务治疗到控制医疗成本的过程；其管理发生在保方和医疗机构之间。在美国管理型医疗的实践中，没有解决受益人（参保人/患者）参与管理问题，改善医疗服务质量效果明显，但医疗成本仍在轮番上升；而且有些管理型医疗组织自身运作成本也很高，患者对医疗服务的选择余地很小。目前，昂贵的医疗保险计划成本，已经威胁到美国企业在国际市场上的竞争力，有报道说通用每辆汽车中包含700美元员工医疗保险成本；在新一轮大选呼声中，建立国家基本医疗保险计划的呼声已经超过半数公民。

健康保障服务专业组织的具体功能如下：

（1）信息服务：通过网站为客户提供信息、销售人员使用软件模块、保持与保险公司等部门的接口、维护第三方服务管理的IT系统。

（2）技术支持：起草健康保障计划、起草健康险保单条款；社会医疗保险文件、制作各类健康管理表格、进行人员培训、提供核保指南、精算支持、辅助产品开发、经销活动支持。

（3）外围医疗管理：制定常规合理费用标准、提供电话医疗指导、医疗费用复核和理赔复核、医疗费用审计、应邀提供病例管理、应邀提供医疗数据分析和报告、访问医疗服务提供者、设计和使用医疗成本控制工具。

（4）网络功能：印制和提供医疗服务者手册、建立评价和评选标准、进行医疗机构信用评级、代理协商医疗费用折扣、与医疗机构定期研讨，并提供培训、医疗服务满意度调查和发布。

（5）网络咨询：收费情况、了解医疗服务提供者、满意度调查统计、投诉及其事项。

（6）理赔管理：收集理赔文件、理赔审查、理赔处理、理赔条款、理赔流量管理、理赔统计；为保险公司或政府社会保险部门提供理赔管理报告。

专栏 11—8　印度健康管理服务系统

直到20世纪末期，印度只有15%的人口拥有健康保障，医疗费用增长已经超过通货膨胀率，且80%～85%由个人支付，公民健康保障缺位是造成贫困和债务的最普遍的原因之一。伴随中产阶级人口增加，医疗服务需求不断增长，1996—1997年，健康管理公司（作为保险公司和被保险人之外的第三方）应需而出，在成本控制、数据收集与分析等方面提供服务。起初，健康管理公司就是保险公司将一部分无力经营的、客户需求的业务外包了，以解决患者、保险公司因为信息严重不对称导致的困境。因为医生甚至敢出售患者的健康肾脏，人们不知白衣天使怎么变得如此残忍和贪婪；同时，医疗服务业内也很困惑，他们之间越来越不信任。

伴随印度保险业和医疗服务业的对外开放，健康管理服务公司出现并迅速发展，它像敲开医院大门的天使，向医疗服务管理领域渗透。健康管理服务公司制定医学编码（CPT/ICD10）、推行电子病历、研究治疗方案、制定临床规则、提倡标准化收费、进行医疗机构评级、进行临床效果评估，以及设备利用率回顾等，其业务迅速增长，由此推动了印度综合性健康保障事业的发展。

基于健康的公共价值，一些非医疗服务组织也主动介入对医疗服务行为的评价和监督领域，尽管这类活动的专业性较低，但社会动员性很强。例如，2005年12月13日，IBM公司在长城饭店举行《迎接2010：中国医疗卫生事业前景展望》白皮书的新闻发布会，针对医疗卫生行业推出第一本白皮书。IBM提出了面向2010年中国医疗卫生事业的前景展望，对建设现代化医疗卫生体系、全方位打造和谐医疗卫生环境提出了中肯的意见和建议。这一举动也引起了来自医疗机构、行业学会、管理咨询和保险等领域专家的积极支持和参与，共同为中国医疗卫生事业的健康发展谏言献策。与会人士一致认为，中国医疗卫生改革和发展的创新更要在深层次的产业和管理层面大力展开，主要的创新领域包括：搭建创新的生态系统，促进社会有生力量的健康协作；打造创新的医疗服务，构建以患者为中心的现代化医疗体系；设计创新的业务模式和流程，促进医疗服务机构的运作效率；用创新推动有效的协作模式，促进医疗资源的合理分配；促进行业标准，规范产业服务水准等多方面。

3.6　医疗服务的行业协会

“让医生自己管理”，这是千百万医务工作者的心声。医疗服务专业人员的社会组织可以胜任医疗服务行为的监督角色。在“市民社会”比较发达的美、英、德、日等国家，各种利益集团发展十分健全。医生协会（牙医、骨科等专门医科医生）拥有雄厚的社会资源（经济实力、社会影响力、行业专家等），这些协会不仅仅是追求经济利益的集团，也追求思想、道德和社会信任，而且广泛参与政策制定、公共决策、法律制定和行业标准与公约的制定和监督执行等活动，以分担个人（市场主体）和国家（政府）无力承担的事情，从而维护协会成员的利益，提高整个社会医疗服务水平。早在1955年，美国医学院校协会（AAMC）、美国医院协会（AHA）、美国医学会（AMA）以及各州政府的医疗管理部门，就开始对外国医学院校毕业生的质量和在美国行医的可能性进行评价。

3.7　构建医疗服务治理机制的政府责任

在有管理的竞争时代，谈管理不失竞争机制，谈竞争不失政府主导，关键问题是如何管理到位和竞争充分，改变“一管就死，一放就乱”的局面。在全社会范围内建立有管理的、有竞争的医疗服务提供机制。一个有治理能力的政府身在其中，要运筹帷幄和游刃有余。针对中国共产党第十六届六中全会公报提出的“加强医疗卫生服务，提高人民健康水平”目标，政府的责任和工作次序如下：

首先，政府要提供保障公民健康的长远规划、基本医疗服务包目录（包括服务项目的内容、标准和成本）和法律法规与政策。例如，美国政府的“全民健康工程”，包含了28个核心领域和467个具体项目，还有几百页的医疗保障法律。

其次，授人之渔好过授人以鱼，医疗服务投资体制可以多元化，医疗服务治理需要法治化和社会化，政府可以自办标杆医院，也可以授权各类所有制的医疗机构提供基本医疗服务，甚至购买私人全科医生的服务以发展社区医疗和培养公民健康保障的“看门人”。无论他们姓公还是姓私，其行为标准和服务产品的质量是一致的，好比长安街上一同行驶的宝马车和都市贝贝车，它们档次不同，但遵守同样的交通规则。

最后，医生自律永远是全部问题的基础和核心，只有医生最知道什么是基本医疗服务和怎样提供基本医疗服务。因此，培养尊重医生的社会文化，促进医患之间的相互认同；建立医生自我管理的治理机制，是政府的责任。

再回顾萨缪尔森提出的问题，“医疗服务市场正在被一种称为‘有管理的竞争’的潮流所扭转。在有管理的竞争中越来越多的人加入了保健组织(HMO)”。那么，在有管理的竞争中政府应该做什么？上层建筑必须适应生产方式和生产关系的改变而变革，再产生对生产关系的反作用。因此，应当将

"分权"和"绩效"的政府改革原则应用到建立医疗服务治理机制的过程中来，支持医生自律、支持医院自控、支持保险机构发挥第三方付费的制约作用、支持专业组织和社会公众发挥评价与监督作用，从改变医患之间信息不对称的局面入手，建立公民健康的社会治理。让医疗服务提供者和消费者都受益，从而实现保障公民健康的宏观目标。

3.7.1　顺应社会潮流，坚持放权和开放原则，促进医疗信息分享

顺应社会潮流是适应生产工具进步，改善生产关系的客观要求。健康信息和公共卫生信息是公共品，政府责任在于坚持放权和开放原则以促进医疗信息分享，针对医生和医院对诊断信息和相应财务信息（后面通常包括医疗信息）的垄断，通过开发型医疗政策，促使医疗信息向外移动，实现医疗信息在全部利益相关人之间进行分享的社会机制。经济学家甚至将医疗信息作为公共品主张由政府提供①。

一般认为，开放是指资本、信息、技术、劳动等生产要素的跨国家（或者区域）的流动，以及相关制度约束（障碍）的排除。从交易费用经济学分析，开放意味着随着相关制度约束（障碍）的排除，原来单纯为跨国家（或者区域）流动本身而产生的交易费用现在出现了趋向于零的递减②。本书对医疗服务过程进行分析，将开放的本质内涵定义为：在一国的医疗服务领域，信息在行为主体之间传递而产生的边际交易费用递减，且可能直至递归为零③。这说明随着信息（包括需求信息）传播的加快和便利，进行广义的行为主体之间需求效用比较的条件日趋成熟，通过个人（患者及其他们的家庭）和社会组织的对于医疗服务的评价（即效用比较），求得医疗服务的社会总福利函数是完全可能的。

这意味着患者、医院和社会公众参与医疗政策制定和医疗服务管理的重要意义，即"让患者和市民来评价"的呼声。政策垄断（即政策优先和法律滞后，封闭式政策制定）是与生产方式和生产关系发展背道而驰的。政策垄断的一个重要前提是信息的封闭，使患者、医生、医院和公众难以了解政府的医疗政策，更难以对其效果（效用）进行评价④。政策垄断在表面上具有操作简便和低成本运作的效果，但信息封闭导致的损失其负面效应则远远大于其正面效应（见专栏 11—9）。

---

① ［美］保罗·萨缪尔森等．经济学（第 16 版）．萧琛等译．北京：华夏出版社，1999．292

② Michael Dietrich. Transaction Cost Economic and Beyond. Routledge. New York: Fress Press. 1994. p35－39

③ 岳公正．管理式医疗与政府规制．清华大学博士后论文，2006

④ 俞可平．增量民主与善制．北京：社会科学文献出版社，2002，156－157

专栏 11—9　北京市社区医疗服务药品限价和信息公开政策

从2006年12月25日开始，北京市对2 600个社区医疗服务中心（站）312种常用药进行限价使用，并取消了用药单位15%加价权的规定。同时，市政府就药品采购价格和限价政策建立了信息公开网站（www.bjmbc.org.cn）和公益咨询电话12320，方便市民查询。

从医疗政策垄断到医疗政策开放具有两个含义：一是政策自身具有开放性，二是政策制定过程具有开放性。

3.7.2　建立优化目标的医疗服务治理机制

医疗的价值观从根本上决定了医疗服务治理机制的优化目标和优化原则的定位。

医疗的价值观这里是指医疗政策的价值取向，它规定医疗服务治理机制组织设计的总要求、医疗服务权力分配的总原则、医疗服务的总目标、医疗服务评价的总标准等。医疗的价值观的构成要素有两大层面。其一是政策层面，包括医疗理论；其二是社会心理层面，包括对医疗认知，它是人们以概念、判断、推理等心理形式对国家医疗服务体系和医疗服务政策体系（或者制度、医疗政策等）的看法和观念。

医疗的价值观贯穿于整个医疗服务过程中。医疗政策的制定就是将社会问题转换成医疗政策问题，什么样的现实问题能经过议程成为医疗政策，医疗政策的目标是什么（是全民医疗还是城市医疗，是追求短期结果，还是追求长期效应），是由作为医疗政策制定者的政府部门选择的。这种选择既取决于政府部门掌握的信息、经验、知识，也取决于医疗价值标准。

医疗改革要着力实现三个目标：一是发展，二是人权（医疗服务权），三是福利收益。医疗政策要把实现人权作为重要的责任和目标。人权问题的解决又是福利收益问题解决的前提。社会公众对不公平的承受能力是有限的，否则就会造成严重的社会冲突和秩序混乱，最终效率也保不住。对于一个代表最广大的人民群众利益的党和以最终实现共同富裕为目标的政府来说，其医疗政策更需要以促进人权（医疗服务权）为目标，这是不言而喻的①。

优化目标的主要内容有以下几个方面：

（1）行为主体要素：患者、医生、医院、医保和公众等多元行为主体分享信息和参与医疗过程。

（2）体制环境要素：医疗体制改革得到推进；医疗政策决策体制改革有序

① 张敏杰．中国弱势群体研究．长春出版社，2003.281－282

进行；医疗服务治理机制优化受到重视。

（3）政府要素：理性政府，政府要在医疗服务过程中各类主体目标的互逆性中保持独立性，通过政策的、法律的和管制的方法减少和抑制这种互逆性，促进医患关系的和谐发展；周密的医疗改革计划，即有明确目标的，带来社会均衡效应的，可操作可持续发展的优化方案；反对政府寻租的体系化制度。基于上述三个优化目标，构建中国医疗服务治理机制，对医疗服务实行标准化管理、分权化管理、市场化管理、法制化管理和国际化管理。

（1）标准化管理

医疗服务标准化管理是指医疗服务运行过程中，由传统经验型向科学型转变。包括医疗服务的操作标准化、诊疗收费标准化、药品收费标准化、服务质量评价标准化等。医疗服务的各类标准的形成需要政府组织与非政府组织共同进行，要支持和鼓励非政府组织参与医疗服务标准的研究、制定和推广活动。

（2）分权化管理

分权化管理就是医疗服务中政策决策权的适度分散，特别是医疗服务和药品定价权的多元化、契约化和民主化。适当分权可以使医政部门贴近行为主体的需要，使政府具有比较准确的成本和收益感觉，切实履行行为主体服务的责任，从而更好地实现医疗资源配置效率；适当分权可以减少搭便车的问题，减少寻租和腐败；适当分权可以培养行为主体参与医疗服务治理的自主治理精神。医疗服务治理机制建设的实质就是分权，即医疗服务资源配置权力在政府、患者、医院和社会之间进行分工。这里的分权是指在医疗服务体系内部决策权上的纵向分工，主要是中央、地方、中介组织、医院、医保机构、患者之间的分权。

在医疗服务治理中，处理好中央、地方、中介组织、医院、医保机构、患者之间的分权和集权的关系，其基本思路是：

1）坚持医疗服务的分权化管理方向，不能因为分权的副作用而走回头路。

2）严格界定医疗服务治理中的中央、地方、中介组织、医院、医保机构、患者之间的决策权限。宏观上的医疗政策制定和调控权应集中于中央，医疗法律法规决策权统一于中央，保证医疗服务的统一规范，医疗保险基金的所有权归属中央。医疗服务的其他具体权益在地方、中介组织、医院、医保机构、患者之间分享。

（3）市场化管理

市场化管理是指要根据市场经济的要求，准确界定政府在医疗服务治理中的作用范围，并在医疗服务资源配置上，以提高配置效率为目标；划定政府的医疗服务提供范围，包括目录、价格和流程，给市场医疗服务机构留出明确的空间；探讨医院体制多元化、对公立医院实行公司化管理的问题。

（4）法制化管理

医疗服务过程的法制化改革主要有以下三个内容：

第一，建立与医疗服务过程的配套法律法规。医疗服务权力结构要纳入法制化轨道，包括以法律的形式规定各级各类行为主体的医疗服务权力，实行合理分权，建立多方位、多层次的合理医疗服务权力分配格局。以法律的形式将医师资格、义务工作人员自律规则、医院管理和医疗服务规程、医疗保险合同、健康服务组织规范等重要环节固定下来，成为稳定的“游戏规则”。建立健全医疗服务治理中的职权责任制，明确规定医政人员的法律义务和责任，使之对其医疗服务治理行为负责。这对促进医疗信息（诊断信息和财务信息）在四圈型医疗服务治理机制中向外合理流动和产生促进医生自律以及医院发展的正外部性。

第二，依法行政。政府在医疗服务运行过程中的依法行政包括两个方面：一是政府所制定的所有医疗服务都不能违背宪法和法律。虽然法律具有一定的稳定性和刚性，而医疗服务具有一定程度的灵活性，但任何时候任何地区的医疗服务都只能在法律所允许的范围内灵活变通。二是医疗服务的制定和执行必须遵循法定权力和程序而不能超越，违背法定权力和程序就是违背游戏规则，必然导致医疗服务的失误或不公。

第三，医疗服务的合法化。医疗服务的合法化是指法定的行为主体为使医疗服务方案获得合法地位，必须依照法定权限和法定程序进行医疗服务方案的批准。

（5）国际化管理

现实的医疗服务的国际化管理必然体现为一个共同参与的过程，即行为主体平等的医疗服务权力结构。这在本质上是让每一个社会成员都可以直接或间接地平等参与医疗服务治理，包括医疗服务方案的设计和安排、医疗服务的评价、医疗服务的监督等。这里的国际化管理就是建立医疗服务治理的国际化体制，它是医疗服务国际化管理的集中体现。

随着社会主义市场经济的建立，医疗服务治理完全不同于计划经济时期，它更加复杂和困难，对医疗服务治理及其运行的国际化提出更高的要求。医疗服务方面的国际化主要包括两个方面：第一，改变行为主体的权力结构，扩大患者、医院的选择权和参与度。举措之一就是保证患者、医院有更多医疗服务治理的参与权。举措之二是扩大各级人大和政协的医疗服务评议权和监督权。第二，要实现制度化和国际化，应保证行为主体的医疗服务权落到实处。除了政府、人大、政协要依法参与医疗服务治理外，政府在制定各项医疗政策时，要充分考虑患者的切身利益。

4. 建立全民医疗保障体系

胡锦涛总书记指出："人人享有基本医疗保健服务，是政府义不容辞的责任。"公民健康保障不仅需要提供"方便、可及"的医疗服务，还需要让公民享有"买得起"的医疗服务，这需要从价格控制和公民购买力上解决看病贵的问题。

4.1　医疗保障需求分析

政府有责任帮助医疗服务的需方（患者），即建立全民医疗保障体系。医疗保障的意义在于让人们看得起病。分析医疗费用支出的占比可以判断一个国家医疗保障体系建设如何（见表11—6）。

表11—6　　五个国家或地区医疗费用比较（2003数据，美元）

	美国	德国	泰国	中国内地	中国香港
人均GDP	25 300	26 600	6 900	4 400	26 000
医疗支出比GDP（%）	8	11	3.3	5.6	5
人均支出	2 428	2 204	75	61	1 350
公共支出比	86	78	62	36	57
个人支出比	14	22	38	64	43

资料来源：WHO统计资料，2006。

医疗服务具有私人品特征，可以进行交易，但人们的收入水平不同，购买医疗服务的能力不同，其发生规律是悖向的。无力购买医疗服务的群体是穷人，疾病能加深穷人的贫困程度，但他们无钱购买医疗服务，面对健康品的价格上涨趋势，穷人对健康品的购买力却每况愈下，他们需要政府的帮助，即举办医疗救助或者医疗互助计划。弱购买力群体是工薪层，其工资收入与医疗成本不能等同，一旦患病，其稳定的家庭生活会陷入贫困，他们也需要政府帮助，即举办医疗保险计划。强购买力群体是社会中的高收入群体，他们可以通过购买商业保险的方式提高自己的医疗服务购买能力，政府只需给予健康教育和医疗服务信息帮助。

图11—15　健康品与购买力

4.2　公民医疗保障的发展和主要模式

20世纪留给人类的文明成果之一，即指针对疾病风险提供的五类医疗保障模式（见表11—7）。

表11—7　　五类医疗保障模式的比较

类别 特征	福利型		保险型		自保型
	医疗救助	国家保健	社会保险	商业保险	个人储蓄
资金来源	财政出资，社会捐赠	税收	雇主雇员缴费，政府补贴。缴费多少与参保人年龄、性别、健康等无关，与其收入相关	个人或雇员和雇主共同缴费，或完全由雇主缴费，缴费多少与投保人年龄、性别、健康状况等有关，与投保人收入无关	雇主雇员缴纳，缴费多少与参保人年龄和收入有关，与健康状况无关
待遇水平	保障基本医疗需求	保障医疗水平较高	根据保险缴费水平确定	根据保险产品的要求确定	个人自主选择
保障项目	疾病救治	治疗、预防、保健、护理、康复等项目	分担治疗费用，部分国家包括预防、保健、护理和康复等及疾病/生育津贴	分担治疗费用	治疗、预防、保健、护理康复等项目
受益条件	通过经济状况核定	全体公民/特定人群	按时足额缴纳保费	按时足额缴费	公积金会员/参保人
财政责任	全部或大部分责任	完全责任	部分责任	监督责任	基金保值增值责任

公民健康保障涉及资金来源、受益范围、资格条件、保障项目、医疗服务提供以及政府责任等诸多因素。本节主要以资金来源和责任主体为主要特征进行分类。

4.2.1　国家提供模式

国家提供模式即政府向公立医院提供“全包干”的财务支持，向全体公民提供免费保健服务的制度安排，其服务包括卫生防疫、健康检查、全面治疗与康复服务等一揽子项目，但主要指免费医疗服务。所谓免费医疗服务包括全部医疗项目免费和部分项目免费，医疗项目的全额免费和部分额免费。在发展中国家，只能提供一个非常有限的基本医疗目录。

国家免费保健服务制度安排的主要特征有：

（1）全民性。保障主体是全体公民或者特定群体（如公务员），保障客体是基本医疗。什么是基本医疗需要制定反映诊疗项目、药品和检查设备的目录，这是一个专业的社会问题。

（2）公共预算。资金主要来源于税收，基于公共财政预算建设和发展医疗服务系统。

（3）基本医疗。由政府举办公立医院（含雇用医生）向全体公民提供免费的基本医疗保健服务。实施这种模式通常对公立医疗机构实行收支两条线，政府主管部门提供支出和控制收入。这样，公民的医疗费用支出即以政府支出为主体。例如，英国 1997 年卫生总支出占 GDP 的比重是 5%，其中政府支出占 96.9%，私人支出仅占 3.1%。

4.2.2　需方支持模式

需方支持即通过救助、补贴、保险、互助等措施，提高患者的医疗服务支付能力的制度安排。

（1）医疗救助

医疗救助即政府或社会组织对特定困难人群提供基本医疗服务和紧急救治的制度安排。医疗救助的内容包括治疗费用、免费和低价服务等。社会医疗救助是各国疾病风险保障体系中最基本的制度。其资金来源主要有财政出资、社会募捐等，其救助方法主要是政府举办公立医院或向社会购买医疗服务等方式（如民营医院的政府病房、私营医生的政府补贴性服务等），为被救助者提供免费的或廉价的医疗服务。

现代医疗救助制度安排包括医疗救助基金和医疗服务提供和医疗补贴，医疗服务提供包括基本医疗救助和紧急医疗救助（见图 11—16），以及决定救助对象和资助水平的评审机构。

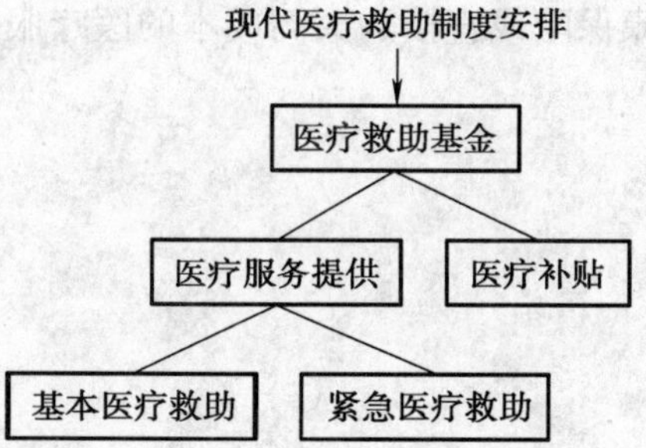

图 11—16　现代医疗服务制度安排的结构

（2）医疗保险

医疗保险是动员（包括强制）公民进行医疗风险储蓄和参加医疗保险计划的医疗风险分担制度安排，包括社会医疗保险计划、商业医疗保险计划和混合医疗保险。

商业医疗保险计划历史悠久。

社会医疗保险起源于德国，它充分体现雇员、雇主和政府三方共同责任的原则。雇主和雇员必须依法参保，并按规定缴纳保费，保费通常按照收入的一定比例计算并由商业机制管理，与参保人的年龄、性别以及健康状况等没有关系。政府以税收优惠和支付经办机构管理费用或一定补贴的方式体现政府的资金支持责任。

混合医疗保险即政府介入和市场化运作相结合的医疗保险模式。混合医疗保险起源于美国，具有不同于一般社会保险和商业保险特征，且兼顾两者特征的特点。美国政府力图基于这样的模式实现其“全民健康工程”。混合医疗保险一般由投保人自己或雇主出资。保费根据投保人不同的年龄、健康状况等而不同。中介机构分营利和非营利。在一些国家，特别是在那些将市场医疗保险作为医疗保障体系重要组成部分的国家，政府为鼓励民众参加商业医疗保险，对投保者实行税收减免，如美国和澳大利亚等。

（3）储蓄医疗

储蓄医疗即为治疗疾病预先进行储蓄，包括雇主储蓄和个人储蓄，自愿储蓄和强制性储蓄；是没有第三方的只有两方关系。以新加坡公积金计划下的保健储蓄账户为例，在雇员年轻时，雇主和雇员个人缴费比例均较高，在雇员55岁以后缴费比例相应降低；而保健账户的划入比例则相反，35岁以下比例较低，以后逐步提高。

综上所述，医疗保障制度安排是提高居民医疗服务购买能力和实现人人有医疗保障政治目标的支持系统，应当基于城乡居民收入结构和水平分析其购买能力，对不同收入群体分门别类的进行医疗保障制度安排。例如，强制工薪群体参加社会医疗保险计划，以保障其买得起医疗服务（大额医疗费用被分担了）；对低收入和无劳动能力的人群提供医疗救助；其余的人群可以购买商业健康保险或直接购买高成本的医疗服务。

第三篇　实 证 分 析

本篇介绍中国和美国两个实证，两国政治体制和文化氛围很不相同，现行社会保障制度安排也不尽相同。

如今，中国面对着社会保障支付的历史债务、当期债务和未来债务问题，美国面对着未来债务问题，两国采取了不同的方式展开了讨论，其结果必定有异有同。从中可以对政府的社会保障责任有更鲜活、更现实的理解。

第十二章　中国政府与社会保障体系建设

新中国是世界上最大的发展国家之一，她创造了很多人间奇迹，包括劳动保险和农村合作医疗。如果说这是闪烁社会主义光芒的珍珠，那她不该如此快地失去光泽。在改革开放和经济高速发展的中国，这个珍珠将怎样重现光泽呢？

1. 中国社会保障体系的创建

1949 年，中华民族开始独立于世界民族之林，中国人带着淳朴的平均主义和社会公平思想开始建设新中国。1949—1957 年，政府依赖“一大二公”的经济体制、国有和集体单位以及工会组织，承担起构建社会保障体系的责任，用世界上前所未有的速度建立并运营了新中国“广覆盖、低水平”的社会保障制度，主要包括救灾赈济、城乡低保、职业保障、农村合作医疗和军人保障（见图 12—1）。

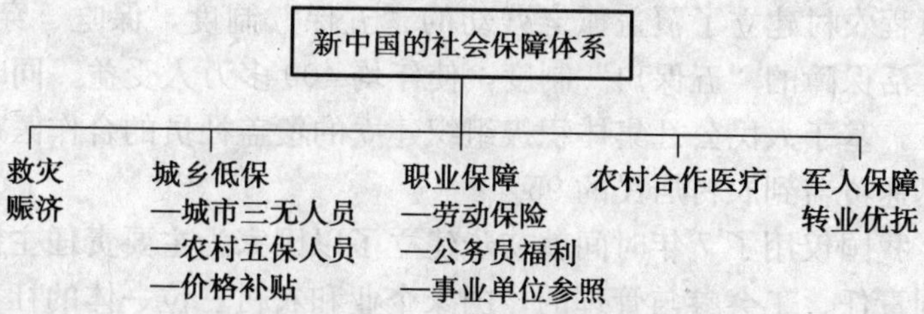

图 12—1　新中国社会保障体系的结构

1.1 《劳动保险条例》开创了很好的局面

中国不是孕育福利经济学的土地，但福利思想源远流长。1949 年 9 月，在中国人民政治协商会议第一次会议通过的具有临时宪法作用的《共同纲领》中便指出，要在企业中逐步实行劳动保险制度，这为我国社会保险制度的建立提供了法律依据。根据这一要求，1951 年 2 月，政务院正式颁布了统一的《中华人民共和国劳动保险条例》（以下简称《条例》），对我国职工劳动保险的实施范围、保险项目和标准、资金筹集、管理机构等方面作了统一的规范。

该《条例》确立了我国除失业保险以外的养老、遗属、工伤、疾病、生育保险和丧葬等劳动保险项目，虽然出于当时的政治考虑称其为劳动保险，其实在学习苏联的保障模式，并间接受到欧洲福利国家政策的影响，标志着我国在国家和企业之间建立的，具有社会统筹和现收现付特征的社会保险制度已初步确立。

1953年1月2日，政务院公布了《劳动保险条例（修订案）》，将劳动保险的实施范围扩大，待遇标准也提高了。1956年，随着国家经济的好转，劳动保险的实施范围进一步扩大到全国各类企业职工的90%以上。

在企业职工劳动保险制度建立的同时，我国也逐步建立了一套有别于企业劳动保险的国家机关、事业单位工作人员的保险和福利制度（包括福利住房）。

1.1.1　中国人见到了社会保障体系的雏形

新中国成立后，在建立劳动保险制度的同时，党和国家也开始建立社会救济、社会福利和社会优抚等其他社会保障制度。在社会救济方面，根据当时的情况，主要是进行农村灾荒救济及城市贫困职工的生活救济。在社会福利制度方面，国家通过制定方针政策，提供资金、服务和设施来为建立社会福利制度创造条件。有关的制度条例对工会等群众组织改善职工福利的责任，以及为福利工厂的生产经营提供优惠条件等均作了明确规定。这些制度使90%以上的城镇居民直接受益。

1956年，第一届全国人大三次会议通过了《高级农业合作社示范章程》，根据这个章程农村建立了覆盖孤老残幼的“五保”制度，保吃、穿、住、医、葬等基本生活保障的“五保户”制度，使年均400多万人受益。同时，在乡镇政府推动下，基于人民公社集体积极组织建立的覆盖社员的合作医疗得到农民的欢迎，迅速覆盖到农村居民的95%。

至此，我国仅用了7年时间就初步建立了以国家为主要责任主体、城乡单位担负共同责任、工会参与管理的，国家企业和农村三位一体的社会保障体系（见图12—1），这大大激发了人民群众的生产积极性，是新中国成长的重要动力。在这种制度安排下，国家直接承担统一制定各项社会保障政策、直接供款和组织实施有关社会保障事务的责任，城镇企业单位负责缴纳职工的劳动保险费用，农村集体则担负着救济“五保户”和优待烈军属等责任，各种单位开始普遍承担着实施有关社会保障政策的任务，国家（通过政府）与单位（主要是国有企业和事业单位）在社会保障制度的确立与实施过程中紧密地结合为一体。

1.1.2　制度调整

从1957年开始，随着建国初期三大改造任务的完成，国家转入有计划地全面进行社会主义经济建设时期。为适应新形势的发展，中央政府开始对社会保障制度进行调整和完善。

国务院经全国人大常委会批准，先后于 1957 年和 1958 年颁布了《关于工人、职员退休处理的暂行规定》《关于工人、职员退职处理的暂行规定》等法规，企业职工的退休养老成为一项独立的制度安排；1962 年国务院又颁布了《关于精简职工安置办法的若干规定》等法规，并开始在中国农村普遍建立起县、乡、村三级医疗保健网，合作医疗制度在广大乡村得到确立。在这一时期，卫生部、劳动部、内务部等也发布有关规定，对公费医疗、劳保医疗、农村五保保障和军属优待制度等进行了相应的调整。

在这一时期，我国仍然延续着创立时期的格局，国家承担着主要责任，各种单位共同承担着相关的责任，只是保障内容发生了一些变化。如城镇职工的退休制度从劳动保险中独立出来并趋向统一、正常化，劳动保险覆盖面稳步扩大，农村五保制度、合作医疗制度及其他各项社会保障计划也逐步建立和完善起来。

中国社会保障体系的雏形，在后来的十年动乱中遭到破坏，只有农村合作医疗由于知识青年（赤脚医生）的加入，在 20 世纪 70 年代得到发展。

1.1.3　责任重心转移

这一时期从 1969 年到 1986 年。1966 年，文化大革命开始，国家进入十年动乱时期。从 1968 年底国家撤销主管救灾救济、社会福利等事务的内务部开始，负责劳动保险事务的工会也陷入瘫痪状态，劳动部门受到削弱，国家已经无法有效地掌控社会保障制度的实施。在这种情形下，1969 年财政部发布《关于国营企业财务工作中的几项制度的改革意见（草案）》，规定国营企业一律停止提取劳动保险金，原在劳动保险金开支的劳动保险费用改在企业营业外列支，形成待遇标准按照国家政策规定执行，所需费用由企业实报实销的“企业保险模式”。此后，劳动保险失去资金统筹和工会运营机制，逐渐演变成企业或单位保障制，依靠单位的能力来维持。因此，社会保障的责任重心由国家转向单位，城镇企事业单位包办社会的现象迅速扩张，社会保障在很大程度上走向自我封闭的单位化。

1978 年是中国社会保障制度变迁较为重要的一年。第五届全国人民代表大会第一次会议通过的《中华人民共和国宪法》在第 48、49、50 条分别对劳动者的福利、养老、疾病医疗或者丧失劳动能力的物质帮助以及对残疾军人、烈士家属等的生活保障问题作出了原则规定；国家重设民政部，主管全国社会救济、社会福利、优抚安置事务，劳动部门的工作也开始恢复正常。与此同时，国务院还先后颁布了《关于安置老弱病残干部的暂行办法》《关于工人退休、退职的暂行办法》等法规，对恢复被“文化大革命”破坏了的退休制度起到了重要作用。

1980年，五届人大五次会议修订通过的《中华人民共和国宪法》在第43条中规定了国家发展劳动者休息与休养的设施及休假等福利问题，第44条规定了国家机关与企事业单位职工的退休保障，第45条规定了公民在年老、疾病或者丧失劳动能力的情况下有从国家和社会获得物质帮助的权利。

1984年10月，中共十二届三中全会通过了《中共中央关于经济体制改革的决定》。在国家推进经济体制改革后，与计划经济体制相适应的社会保障制度走上变革之路。

总之，1969—1977年是我国社会保障制度重心转移并持续扩张的时期；1978—1985年仍然维持传统模式，这一时期所做的工作虽然有所改进，但主要还是为了解决历史遗留问题和恢复被“文化大革命”破坏了的退休制度等，尽管个别地区在劳保医疗（如让职工分担部分医疗费用）、退休费用统筹方面进行了改革试验，却并未触动制度的根本。因此，1969—1986年，我国社会保障制度的实质及其以单位为重心的格局一直没有改变。

1.2　我国社会保障创建时期的主要特点

在我国社会保障发展的第一个时期，社会保障由国家保障、城镇单位保障、农村集体保障三大块组成，由工会参与管理和劳动部实施监督。其中城镇单位保障因其保障全面且水平较高而成为整个社会保障制度的主体，国家保障与农村集体保障成为整个社会保障制度的两翼。

这一时期，我国社会保障制度的特点是国家负责、单位包办、工会参与、板块分割、封闭运行、全面保障。

（1）国家筹资。尽管劳动保险制度建立在城乡国有或集体单位层面上，单位负责筹集资金和待遇支付，但国家对企业缴费给予了税收优惠待遇，并通过计划经济体制维持着各个单位组织，甚至通过财政补贴的方式给予直接担保。所以，中国社会保障制度安排的初期，具有浓厚的社会统筹、现收现付、待遇确定等欧洲国家福利模式的特征。

（2）单位负责。各单位根据国家法律和政策并直接承担起组织实施本单位社会保障的责任，企业单位和乡村集体经济组织还要为这种制度的实施提供经费。在城镇，居民除接受政府的价格补贴，几乎所有生活保障都是通过所在单位来获得的。因此，对绝大多数国民而言，其社会保障是由单位包办的，处于封闭状况，加固了职工成为单位人的局面。

（3）工会经办。劳动保险基金实行差额上缴的财务制度，工会负责基金管理和待遇支付，在企业支付的基础上余额逐级上缴，逐级调剂，最后由全国总工会统筹管理，并趸存了部分基金。

（4）板块结构、层次清晰。国家保障、城镇单位保障与农村集体保障三大块相互分割、各负其责，覆盖了各个社会群体。基于特定的社会和经济结构使三个相互分割的板块共同构成了一个几乎无遗漏的安全网。但这种板块状结构与社会保障社会化原则相背离，它最终不仅导致了单位负担不公平和不堪重负的直接后果，而且造成了社会成员畸形的福利观念。

（5）内容广泛、覆盖力强。从养老到医疗，从住房到教育，从就业安置到贫困救助，从价格补贴到职工食堂，由国家主导、单位包办的社会保障事务不仅涵盖了人们的社会风险，还包括部分非社会风险需求。

1.3　新中国建设时期政府社会保障角色分析

在社会保障制度创建时期，执政党决策非常果断，具有如下特征：思想统一、目标明确、路径科学。政府的角色适当，做到了“法律优先、多方参与、社会公平”，因此，在较短时间里完成了职工劳动保险和城乡居民最低生活保障的基本制度安排，并惠及大多数社会成员。

1.3.1　法律优先：《中华人民共和国劳动保险条例》的价值

1951年，政务院根据《共同纲领》提出的社会保障原则，颁布和实施了《中华人民共和国劳动保险条例》（以下简称《条例》），该《条例》在1953年修订，至今未宣布失效。《条例》像一个保护工人利益的政治宣言和行动指南，迅速在全党全国统一了思想，并积极部署行动。基于当时的政治和经济背景，该《条例》的主要贡献如下：

（1）强调保护劳动者的原则。《条例》覆盖面员工人数在100人以上的企业；1953年，《劳动保险条例（实施细则修正案）》中，将实施范围进一步扩大、保障津贴标准进一步提高；至1956年，该《条例》覆盖了城镇职工的90％以上，已经远远高于国际劳工组织关于《社会保障最低标准公约》规定的覆盖雇员的75％的指标。

（2）覆盖四大社会风险。《条例》覆盖了养老、医疗、生育、工伤四项社会风险，福利待遇的替代效应均维持在员工基本收入的60％～100％，且附带供养家庭成员的待遇。

（3）开辟了社会保障税优政策。劳动保险费全部由企业负担，各项缴费总额为企业工资总额的3％，全部在缴纳企业所得税前列支，趸存的劳动保险基金在运营中不纳税。

（4）建立政府监督与工会管理的体制。当时中华全国总工会是劳动保险事业的最高领导机关，统筹全国劳动保险事业；劳动部作为全国最高监督机关，负责《条例》的实施，检查劳动保险业务的执行；工会基层委员会是执行劳动保险业务管理的基层单位。

（5）尝试了社会统筹基金的雏形。企业缴费实行差额缴纳，30％上缴中华全国总工会作为劳动保险基金，70%存于企业工会基层委员会。企业工会基层委员会留用的资金每月结算一次，余额转入省市工会组织或产业工会委员会，作为劳动保险调剂金；基层工会劳动保险支出不足部分可以向省或者产业工会申请补充。省市工会或产业工会委员会的劳动保险调剂金，用于补助基层工会，每年结算一次，余额上缴全国总工会，不足部分向其申请调剂，初步形成劳动保险费用的全国统筹。

1.3.2　多方参与：政府没有包揽一切

在中国最初的社会保障制度中，政府扮演了制度设计、行政支持和最后担保的角色，并没有包揽一切。

在资金筹集方面，政府仅提供行政费用、社会救助拨款和农村卫生事业的少量投入，而对企业职工的劳动保险计划提供税收免除政策。

在社会保障行政方面具有多元特征。企业职工的劳动保险计划的行政体系是“从企业供款、工会管理到政府指导和担保”的模式，《条例》第29条规定：“中华全国总工会为全国劳动保险事业的最高领导机关，统筹全国劳动保险事业的进行，督导所属各地方工会组织，各产业工会组织有关劳动保险事业的执行；审核并汇编劳动保险基金的收支报告表，每年编造劳动保险金的预算、决算、业务计划书及业务报告书，并送中央人民政府劳动部、财政部备查。”第30条规定：“各级人民政府劳动行政机关应监督劳动保险金的缴纳，检查劳动保险业务的执行，并处理有关劳动保险事件的申诉。”第31条规定：“中央人民政府劳动部为全国劳动保险业务的最高监督机关，贯彻劳动保险条例的实施，检查全国劳动保险业务的执行，其检查制度另订之。”由此可见，原劳动部是社会保障政策、法规的制定、协调和监督部门，从企业工会到全国总工会是日常事务的经办机构。农村五保计划与合作医疗计划的行政体系是“从生产队互济、人民公社支持到县政府指导”的模式。例如，村卫生院医生的报酬有一半来自视同劳动的集体工分，其卫生设施也是集体所有的。政府仅对零散的贫困居民的和突发灾难救助承担全部行政责任。

1.3.3　群众运动创奇迹：农村合作医疗

1956年6月30日，一届人大三次会议通过《高级农业生产合作社示范章程》，促使由农民在农业生产合作化运动中创造和开展的合作、互助医疗，成为后来农村解决“病有所医”的重要形式。此后，政府在短期内采取了一系列行动，促进了农村合作医疗事业的发展。1959年11月，卫生部在山西省稷山县召开全国农村卫生工作会议，对农村合作医疗形式给予肯定。从此，合作医疗计划在农村以“一根针，一棵草”的原则发展起来，初步解决了农村居民的基本医疗问题。1960年2月，中央政府肯定了合作医疗的制度安排，转发了卫生部《关于农村卫生工作现场会议的报告》，将其称为集体医疗保健制度。

农村合作医疗即在农村地区因地制宜、以多方合作方式发展起来的医疗互助计划或者医疗保险计划。主要方式包括：

（1）村办村管的医疗保险制度，即由农民和集体经济组织共同筹集基金，覆盖范围、缴费标准和支付水平由村管机构决定。

（2）村办乡管合作医疗保险，即由农民和集体经济组织共同筹集基金，范围和标准由村、乡管机构协商决定。

（3）医疗费由乡卫生院和乡合作医疗管理委员会统一管理，按村核算，超支各村自负。

（4）乡、村联办合作医疗保险，即农民和集体经济组织共同筹集基金，乡政府提供补贴，范围和标准由乡政府决定，乡村分别核算。

（5）乡办乡管合作医疗保险，即农民、集体经济和乡政府组织共同筹集基金，通常由乡政府制定统一管理规则。从上述资料可以看出，基于人民公社的经济体制，乡政府在农村合作医疗制度建设过程中具有决定性作用。

农村合作医疗制度在中国迅速普及，一些计划安排具有互助和保险特征，其功能覆盖公民健康的各个方面，如通过动员群众参与共同改善生活环境、全民卫生教育、简单的健康检查、医疗救治、康复疗养等。在全世界正在认识不断上升的医疗成本之际，新中国用世界上最短的时间和最经济的办法消灭了很多流行疾病，使人民群众的健康得到改善，人均寿命迅速延长，被国际专家称为公共卫生的“世界明珠”。

然而，在中国实行经济体制改革以后，农村合作医疗制度随着农村集体经济体制的改变一度停滞发展。当国家对外开放以后，一些国际专家纷纷来中国探宝，即发现它正在失去光泽。直到 2002 年 10 月，全国农村卫生工作会议提出，“将对建立新型农村合作医疗制度、深化农村卫生机构改革、落实农村卫生补助政策等问题进行深入研究”。此后，新型农村合作医疗制度在中国迅速推开。

1.3.4　社会公平：低水平但广覆盖

新中国社会保障体系的社会风险覆盖率和人口覆盖范围迅速扩大，到十年动乱到来之前，三个 90%覆盖率已经很说明问题，即劳动保险计划及公务员保险计划覆盖企业职工和机关事业单位职工的 90%以上，各类生活补贴和低保金覆盖了城市人口的 90%以上，“五保”计划与合作医疗计划覆盖农村人口的 90%以上；尽管待遇水平很低，但广大人民的基本生活有了保障（自然灾害期间除外）；就社会风险覆盖率和人口覆盖范围而言，已经接近 ILO 的《社会保障最低标准公约》规定的水平。

2. 中国社会保障的改革与发展

20 世纪 80 年代以后，随着经济改革步伐的加快，整个社会经济结构发生了很大的变化。因此，包括社会保障在内的各种与计划经济相适应的制度安排，都面临着改革的任务。我国社会保障制度改革从 20 世纪 80 年代中期开始，逐渐向新的模式转变。

2.1　初建的社会保障体系遇到挑战

(1) 劳动保险计划的流产

劳动保险计划的筹资制度建立在计划经济体制下的公有制企业有效生产的基础之上，以其工资总额为筹资基数（约 3%）。一旦公有制企业有效生产的环境被改变，公有制企业的工资总额出现问题，其筹资制度即无法持续发展。不幸的是，中国的公有制企业还没来得及进入市场即遇到十年动乱的冲击，生产秩序陷入混乱，劳动保险计划也因而失去了正常运行的环境，一度成为国有企业保险，国有企业发展不均衡，职工的保险待遇也不一样，继而导致社会矛盾。一旦对国有企业进行改革，它必然成为首改项目。

(2) 农村合作医疗计划（以下简称“老农合”）的解体

社会保障属于上层建筑范畴，其生存与发展必然受到生产工具、生产方式和生产工具变革的影响。农村合作医疗计划在 20 世纪 60 年代轰轰烈烈地开展起来，即使在十年动乱期间，由于知识青年的加入形成了赤脚医生队伍，还持续红火了十几年，直到 20 世纪 80 年代以后逐渐冷却下来。根本原因主要有两个：

1) 其生存的经济基础和管理体制被动摇了，即集体所有和集权管理的人民公社制（见专栏 12—1）。人民公社实行集权管理，尽管生产效率差，但资源配置能力非常强，容易实现政治目标。例如，用集体工分供养乡村医务人员，集体灭菌灭毒运动以改善生存环境。但这种管理体制被家庭联产承包制取代以后，其资源配置能力和实现政治目标的能力必然下降，如果没有新的经济基础和管理体制来支持农村合作医疗，其必然被冷却和流失。到 21 世纪初期，在中国农村已经很少见到曾经轰轰烈烈的合作医疗了。

专栏 12—1　1960 年政府工作报告对人民公社福利价值的评价

国务院副总理谭震林在《为提前实现全国农业发展纲要而奋斗》的政府报告中指出：“人民公社由于具备了一大二公的优点，就能够在比高级社更大的范围内统一安排生产和分配，能够比高级社更有效地充分动员和合理安排农村劳动力，能够进行大协作，能够举办过去高级社无力举办的建设。适应于生产集体化程度的提高，农村生活集体化也有了很大的发展，

> 普遍地举办了公共食堂、托儿所、敬老院等集体福利事业，普遍地实现了家务劳动的社会化，使成千上万的家庭妇女从家务劳动中解放出来，参加社会生产。人民公社实行按劳分配的工资制度，同时也实行带有按需分配萌芽性质的供给制度，这种工资制和供给制相结合的分配制度，大大地提高了农民生产的积极性，很好地解决了多子女家庭以及其他负担较多的家庭的困难，使老有所归，使儿童得到更好的教养，使广大农民的生活普遍得到保障。”
>
> ——1960 年 4 月 6 日在第二届全国人民代表大会第二次会议

2）老农合计划所提供的医疗服务水平十分有限，伴随医疗服务需求升高和成本上升，即使人民公社还存在，也很难满足农民的需要。

（3）社会保障制度改革的动员

1986 年是我国社会保障制度转变的标志性年份。这一年发生了三件大事：一是 4 月份六届人大四次会议通过的《国民经济和社会发展第七个五年计划》，首次提出社会保障的概念，并且单独设章阐述了社会保障的改革和社会化问题，社会保障社会化被正式载入国家发展计划。二是 7 月国务院发布《国营企业实行劳动合同制暂行规定》和《国营企业职工待业保险暂行规定》，前者规定了合同制工人的退休养老实行社会统筹并由企业与个人分担缴纳保险费的义务；后者力求满足企业破产和职工失去工作时对生活保障的需要，并希望借此推进劳动力的市场化和人的社会化，从而具有明显的制度创新意义。三是 11 月原劳动人事部颁发《关于外商投资企业用人自主权和职工工资、保险福利费用的规定》，强调外资企业必须缴纳中方职工退休养老基金和待业保险基金，这意味着国家在承认经济结构多元化条件下对劳动者社会保障权益的维护，并消除了社会保障单位化的烙印。因此，1986 年标志着原有社会保障模式将发生质的转变。

然而，每次生产工具变革都将淘汰一批在职工人，社会稳定和贫困人口最少，社会转型的成本最低，否则，将面对新老贫困群体的双重问题。

2.2　改革与发展时期的三个阶段

1986—2010 年间，伴随中国用工制度（劳动合同制）改革，社会保障制度改革逐步深入，预期经历三个阶段完成社会保障体系。

2.2.1　第一阶段：社会保障支持国有企业改革（1986—1993）

此期间，中国国有企业改革逐步深入，改革用工制度实行劳动合同制的同时，提出社会保障社会化原则，以保障国有企业下岗和失业人员的基本生活，并改变企业承担基本保障责任的状态。这些变化预示着中国社会保障原则和模式的改变。

1986年，国家“七五”计划首次提出社会保障概念，并开始建立职工失业保险计划，“坚持社会化管理与单位管理相结合”的提法，以便实现过渡。国务院先后颁发了《国营企业实行劳动合同制暂行规定》(1986年)、《国营企业职工待业保险暂行规定》(1986年)、《关于企业职工养老保险制度改革的决定》(1991年)、《国有企业职工待业保险规定》(1993年)、《国有企业富余职工安置规定》(1993年)等重要法规性文件都是直接为国有企业改革服务的，1986—1993年的各项社会保险制度改革试点集中在国有企业与国有企业职工的关系上，意在打破国有企业职工的“铁饭碗”和对企业的依赖性，为此，首次建立了失业保险制度。

但是，由于将社会保障视为国有企业改革配套措施，难免使城镇社会保障制度改革目标片面化，实现企业改革目标是第一位的，各地既不统一又不完善的“工龄买断”政策为国有企业减员开辟了道路，对职工长远利益考虑不足，国家保障责任、政府财政责任和企业社会责任缺位。

此外，1991年国务院颁布了《关于企业职工养老保障制度改革的通知》，明确了养老金的社会化管理原则；1992年，民政部颁发了《县级农村社会养老保险基本方案》，基于“个人缴费为主，集体经济补助为辅”的原则筹集资金，为参保人建立了个人养老保险账户，承诺参保人达到50～60岁时可以领取月养老金。

2.2.2 第二阶段：社会保障体系建设和社会化管理（1994—2006年）

在此期间，社会保障改革方案层出不断，政府意识到社会保障是市场经济体系的重要支柱，需要社会化管理系统的支持，新旧模式并存，但此消彼长。

1993年，中共十四届三中全会通过《中共中央关于建立社会主义市场经济体制若干问题的决定》，确立经济体制改革的目标模式是建立市场经济体制，社会保障制度被认为是市场经济正常运行的维系机制，是市场经济体制的五大支柱之一。《决定》第26～28条明确要求“建立多层次的社会保障体系”，并确认了“社会保障体系包括社会保险、社会救济、社会福利、优抚安置和社会互助、个人储蓄积累保障”及“城镇职工养老和医疗保险金由单位和个人共同负担，实行社会统筹和个人账户相结合”等重要内容。

1994年1月，国务院颁布《农村五保供养工作条例》，农村五保供养工作走向规范化。同年4月，经国务院批准，国家体改委、财政部、劳动部、卫生部联合发布《关于职工医疗制度改革的试点意见》，在城市开始推进职工医疗保险制度改革，医疗社会保险开始取代公费医疗与劳保医疗。此后，国务院先后颁布了《国务院关于深化企业职工养老保险制度改革的通知》（1995年）、《关于建立统一的企业职工基本养老保险制度的决定》（1997年）、《关于完善企业职工养老保险制度的决定》（2005年），使新型养老保险制度建设取得重要进展，并建立了“社会统筹与个人账户结合”的养老保险制度模式和“社会互济和个人激励结合”的养老金计发公式。国务院还发布了《关于在全国建立城市居民最低生活保障制度的通知》（1997年）等，促使城镇贫困救济政策走向制度化。

1998年国家建立了劳动和社会保障部，主管劳动就业和社会保险事业，以后逐渐形成社会保障事业的多元管理体制（见图12—2）。

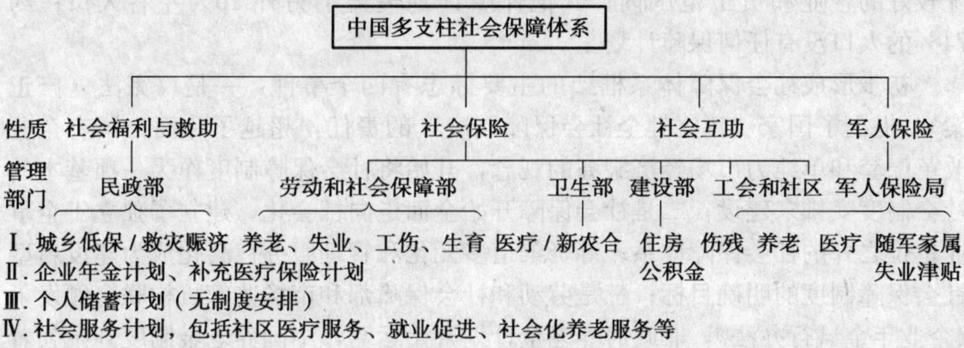

图12—2　中国多支柱社会保障体系的结构

Ⅰ.国家基本保障，即第一支柱

Ⅱ.企业补充保障，即第二支柱

Ⅲ.个人自愿储蓄，即第三支柱

Ⅳ.社会服务，即第四支柱

2002年，党的十六大关于《全面建设小康社会，开创中国特色社会主义事业新局面》的报告，对社会保障的认识已经上升为社会制度的组成部分。2004年的宪法修正案提出了“建立健全社会保障制度”的基本原则和长远目标。2004年，国务院发表了《中国社会保障状况白皮书》，并宣布：“中国社会保障体系框架初步形成，当前及今后一个时期，中国发展社会保障事业的任务依然艰巨。”国务院白皮书公布的数据如下（截至2003年底）：

• 全国基本养老保险参保人数达15 506万人，其中参保职工11 646万人；企业参保退休人员月平均基本养老金为621元。

• 全国参加失业保险人数达10 373万人，全年共为742万失业人员提供了不同期限的失业保险待遇。

• 全国参加基本医疗保险人数达10 902万人，其中，参保职工7 975万人，退休人员 2 927 万人。

• 全国建立住房公积金职工人数达 6 045 万人，累计归集公积金 5 563 亿元，职工因购建住房和退休等支取 1 743 亿元，累计发放个人住房贷款 2 343 亿元，支持 327 万户职工家庭购建住房。

• 全国领取城市居民最低生活保障金的人数为 2 247 万人；月人均领取 58 元。

• 农村有 5 428 万人参保社会养老保险计划；新型合作医疗计划覆盖 9 504万农业人口，实际参加人数 6 899 万人。

社会保险计划的覆盖范围占总人口的 10%～15%，且集中在城市经济状况较好的企业和员工范围内；其他保障计划覆盖了另外 10%左右人口；约 74%的人口没有任何保障计划。

初步形成社会保障体系框架的主要标志有四个事件：一是《宪法（修正案)》提出了国家“建立健全社会保障制度”的责任，超越了片面为国有企业改革配套和单纯为市场经济服务的观念，开始将社会保障制度作为一项基本的社会制度安排来建设；二是社会保障开始全面走向社会化，建立了独立于企事业单位之外的社会保障体系；筹资渠道多元化和管理服务社会化成为建设新型社会保障制度的明确目标；三是劳动和社会保障部和市场监管机构联合颁发了《企业年金试行办法》，非政府养老金计划开始运营，中国养老金制度开始朝着多元化发展；四是 1998 年 3 月新一届中央政府在保留民政部的同时组建了劳动和社会保障部，统一了社会保险的管理体制。

2.2.3 第三阶段：完善社会保障体系建设（2007 年以后）

社会保障制度改革越深入与政府改革的关系越密切。在中央政府和地方政府之间，在政府各部门之间认识不一，导致公共财政缺位、责任不清、协调性差，与社会保障制度初建时期相反，呈现出“立法滞后、官僚提供、多龙治水、覆盖率低、地方割据”的现象。中国社会科学院蓝皮书《2007 年：中国社会形势分析与预测》公布数据显示，57%居民忧虑“看病贵”，人均拥有住房率比较低。而且，百姓普遍抱怨社会保险关系“携带难”。为了扭转这种局面，中国社会保障制度改革在 2007 年进入战略研究和系统整合阶段，亟待解决的问题如下：

• 建立社会保障的政府首脑问责制；

• 建立社会保障的公共财政预算；

• 制定远期与近期结合的社会保障发展规划；

• 完成社会保障模式选择和资金筹集制度；

• 完善覆盖全民的社会保障制度安排；

• 制定和颁布《社会保障法》和相关法律法规；

• 建立社会保障公益受托人制度和覆盖全国的社会保障服务系统。

2.3　中国社会保障改革时期的政府角色分析

从1983年首次提出“社会保障”概念到完成社会保障体系框架（见表12—1），再进入社会保障体系建设的过程中，基于中国的社会背景，政府角色经历了从混沌到清晰，从缺位越位到归位的过程。

表12—1　　政府工作报告对“社会保障”的表述（1954—2005年）

<table>
<tr><th></th><th>时间</th><th>“社保”关键词</th><th>概念</th></tr>
<tr><td rowspan="5">从社会保障到社会保障体系</td><td>1954—1957年
人民代表大会</td><td>劳动保险、公费医疗、福利费</td><td>劳动保险、公费医疗、职工福利</td></tr>
<tr><td>1983年6月6日
六届人大一次会议</td><td>社会保障和社会福利事业也有较大的发展</td><td>首次使用“社会保障”一词</td></tr>
<tr><td>1988年3月25日
七届人大一次会议</td><td>要加快社会保障制度的改革，逐步形成具有中国特色的社会保障制度</td><td>首次系统论述社会保障</td></tr>
<tr><td>1993年3月15日
八届人大一次会议</td><td>要逐步形成适应我国现阶段生产力水平的社会保障体系</td><td>首次使用社会保障体系的提法</td></tr>
<tr><td>2000年3月5日
九届人大三次会议</td><td>搞好社会保障体系建设，维护社会稳定，要积极推进改革，逐步形成独立于企业事业单位之外、资金来源多渠道、管理服务社会化的有中国特色社会保障体系</td><td>首次系统论述社会保障体系，将其与科教、对外开放等相提并论</td></tr>
<tr><td rowspan="5">制度变革与深入试点</td><td>1988年3月25日
七届人大一次会议</td><td>要加快社会保障制度的改革，逐步形成具有中国特色的社会保障制度</td><td>首次提及“社会保障制度的改革”</td></tr>
<tr><td>1989年3月20日
七届人大二次会议</td><td>继续进行社会保险和社会保障制度改革的试点</td><td>首次提及“试点”</td></tr>
<tr><td>1990年3月20日
七届人大三次会议</td><td>积极稳妥地推进住房制度和社会保障制度的改革</td><td rowspan="3">1990—1993年着重于强调“住房制度和社会保障制度改革”</td></tr>
<tr><td>1991年3月26日
七届人大四次会议</td><td>住房制度和社会保障制度改革</td></tr>
<tr><td>1992年3月20日
七届人大五次会议</td><td>扩大和加快了住房制度和社会保障制度等方面的改革试点。住房和社会保障制度的改革要迈出较大步伐</td></tr>
</table>

续表

	时间	“社保”关键词	概念
制度变革与深入试点	1993年3月15日 八届人大一次会议	大力推进社会保障和城镇住房制度改革。要逐步形成适应我国现阶段生产力水平的社会保障体系	1990—1993年着重于强调“住房制度和社会保障制度改革”
	1994年3月10日 八届人大二次会议	结合社会保障制度的改革，继续抓好城镇医疗保险制度改革的试点	首次提及“城镇医疗保险制度改革”
	1995年3月5日 八届人大三次会议	进行以养老和失业保险为主要内容的社会保障体制改革	侧重于“养老”和“失业”
	1996年3月5日 八届人大四次会议	“九五”期间，要加快养老保险、失业保险和医疗保险制度改革，推进住房制度改革	多层次的社会保障制度改革，初步形成适合我国国情的社会保障制度
	1997年3月1日 八届人大五次会议	积极推进社会保障制度改革	社会保障改革已经覆盖养老、医疗、失业、工伤
	1998年3月5日 九届人大一次会议	加快职工基本养老保险、医疗保险、失业保险等社会保障制度的改革，为国有企业改革和经济结构调整创造条件	
	1999年3月5日 九届人大二次会议	……	出现“居民最低生活保障制度”，强调“三条保障线”、养老、医疗改革
	2000年3月5日 九届人大三次会议	要积极推进改革，逐步形成独立于企业事业单位之外、资金来源多渠道、管理服务社会化的有中国特色社会保障体系，注意做好社会保障体制转换过程中的工作衔接	注重社会保障基金、失业与养老
	2001年3月5日 九届人大四次会议	加快形成独立于企业事业单位之外、资金来源多元化、保障制度规范化、管理服务社会化的社会保障体系。精心做好完善城镇社会保障体系的试点工作	系统论述养老、失业、基本生活保障、居民最低生活保障、医疗、住房等
	2002年3月5日 九届人大五次会议	继续推进城镇职工基本医疗保险制度、医疗卫生体制和药品生产流通体制改革。进一步搞好在辽宁全省和其他省、自治区部分城市完善社会保障体系的试点工作。努力筹集和管好、用好全国社会保障基金	强调医疗改革、辽宁试点以及社保基金问题

续表

	时间	“社保”关键词	概念
制度变革与深入试点	2003年3月5日 十届人大一次会议	继续加强“两个确保”和城市“低保”工作，搞好“三条保障线”的衔接。完善城镇企业职工基本养老、医疗保险制度，继续扩大各项社会保险覆盖面。稳步推进国有企业下岗职工基本生活保障向失业保险并轨。合理确定“低保”标准和保障对象补助水平，切实做到应保尽保。妥善解决国有困难企业和关闭破产企业职工的基本生活问题。多渠道筹集和管好社会保障基金	2003年首次提出“推进国有企业下岗职工基本生活保障向失业保险并轨”。2003—2005年一直提并轨问题，同时，2005年强调“今年在全国多数地区基本解决历史遗留的国有企业下岗职工问题，今后企业裁员将逐步依法直接纳入失业保险或城市‘低保’”
	2004年3月5日 十届人大二次会议	在总结辽宁省完善城镇社会保障体系试点工作的基础上，将试点范围扩大到黑龙江和吉林两省	
	2005年3月5日 十届人大三次会议	完善城镇社会保障体系扩大试点工作	
	2006年3月5日 十届人大四次会议	加快推进社会保障体系建设。切实保证各项社会保险金的及时支付。完善城镇职工基本养老保险制度，搞好做实个人账户试点工作，扩大试点范围；改革养老金计发办法，建立参保缴费的激励约束机制。提高各类所有制企业的参保率，统一城镇个体工商户和灵活就业人员的参保办法，扩大社会保险覆盖范围……加强城镇职工基本医疗保险和失业、工伤、生育保险制度建设。继续完善城市低保制度。研究制定机关事业单位养老保险制度改革方案。研究适合农民工特点的社会保障办法，……将符合条件的社区卫生服务机构纳入城镇基本医疗保险定点范围，实行社区首诊制度试点，逐步实现小病不出社区、大病才上医院，……探索建立城市医疗救助制度	重视社会保障体系的完善，对养老、医疗尤为关注，如个人账户制、扩大覆盖面、首诊制度试点等

2.3.1　认识不到位，错失发展良机

(1) 十年动乱使中国错过了IT革命的最佳时机

20世纪70年代是人类离开后工业化和进入IT时代的交错期，也是一个民族进行经济体制改革与社会发展的关键时期。如果社会发展沿着正常轨迹运行，此期间社会贫困应当减少到最低程度，因为社会生产工具变革必将带来新的贫困群体，如中国的4050人群；此期间政府改革应当与社会进步同步进行，因为上层建筑需要与生产关系相适应才能促进社会发展。十年动乱打乱了中国

社会发展的正常轨迹，它不仅破坏了中国已有的社会安全网，人为造就了更多的社会贫困，而且使经济接近崩溃边缘，加大了中国与西方国家甚至亚洲和拉美发展中国家在社会生产力和社会公平方面的距离。

(2) 经济体制改革与社会问题脱节

"拨乱反正、改革开放"的举措使中国的社会秩序恢复了正常。可是，打开国门后看到西方的发达和中国的落后，人们难免被表象所困惑，重经济建设而忽略社会问题和政府改革。政府改革滞后和社会贫困加重，又加大了改革的社会成本。

在对农村土地实行家庭承包责任制改革时，集体经济的财产被以各种形式分配到户，合作医疗计划伴随人民公社集体经济的解体开始溃散，这没有引起政府改革者的注意，以便及时选择可以支持农合计划的制度安排，致使农村卫生事业和合作医疗事业停滞发展20多年，农村公共卫生状况和农民健康水平严重下降。伴随城镇化加速而失地农民越来越多，在很长时间里对失地农民的基本生活和就业没有长期安排，在日本等国家已经相对成熟的失地农民补偿与社会保障相结合的经验没有引起政府注意，失地农民的就业和基本生活问题被搁置和积淀下来。

在对国有企业实行用工制度改革，为此增加了失业保险计划，却没有及早关注改革养老保险计划，直到在国有企业进行减员增效改革时，才将社会保障提到国有企业改革的配套措施的位置上，一系列缺乏长期考虑和不够负责任的"买断工龄"(买断工龄本身没有错，但如果缺乏规范将损害职工利益) 做法导致很多老工人的基本生活失去保障。

在中国经济体制改革取得成功的同时，诸多社会问题被积淀下来，违背了社会均衡发展规律。

(3) 对社会保障认识困惑和角色错位

社会保障的政治意义即利益均衡机制，西方资产阶级就充分利用了这个机制，改变了强资本和弱劳工的对立局面，维系了资本主义社会经济的发展。此期间，中国政府较多地看到西方国家政府背上社会福利支出包袱的教训，却忽略了西方国家在政府改革过程中，与非政府组织建立了伙伴关系，并在政府和市场机制之间建立科学治理机制的经验；另一方面，长期以来的极"左"路线和十年动乱，给中国经济发展和人口结构带来比较沉重的负担，人民生活水平和国家竞争力与西方国家差距拉大；因此，出现了"重经济改革与发展和轻社会问题均衡性"的倾向，对政府如何承担社会保障责任缺少共识，出现了"包揽过多，却投入不足"的现象。

与中国社会保障发展初期阶段比较，新政策的覆盖率下降、政策连续性差、方案不稳定，并严重妨碍了立法；人民群众对社会保障置疑增多，社会稳定性下降；国有企业改革中遗留的人事问题显而易见，成为事业单位改革的障碍，事业单位改革受阻又直接影响政府改革和服务型政府的建立。、

总之，在社会保障改革过程中政府责任出现徘徊，导致“政策不到位、资金不到位和服务不到位”现象。在长达15年（1991—2006年）里，在养老保险改革方案中始终不能对“文革一代老工人”的养老金债务做出明确的财务制度安排，以至于贻误了剥离国有资产解决老职工养老金债务的最佳时机。

2.3.2　政府改革滞后，加大了改革的社会成本

表现之一是服务本位理念和服务型政府组织的缺位，社会保障不被看做是最大的公共服务和政府的主要工作，政府首脑的社会保障责任制没有建立起来，且停留在政府部门决策、管理和担保的水平上，部门分割的组织体制导致部门利益越演越烈，以“做官心态站着公共服务的位子”，自然难以应对社会保障发展需要。在网络时代，社会保障是IT的最大买家，整合社会保障服务系统和提供“一站式”服务已经是必然趋势，如澳大利亚的中央链接机构central-link、法国的联合征收机构joint-collective、比利时的数据共享银行cross road-bank等等。中国社会保障服务机构处于官僚政府体制边缘，不能朝着扁平化的、一体化的电子政府组织格局发展。政府部门利益做祟，“五龙治水”（政府多部门管理社会保障事务）和“各险分立”的局面难以改变。这已经严重阻碍劳动力流动和农民工参加社会保险计划，致使社会保障经办机构处于高成本（重复投入）和低效率运行的状态中，影响了政府的统筹能力和国家的保障力度。这种现象证明，面对不断增长的公共服务需求，政府在组织体制、服务流程和人力资源等方面还没有做好准备；还在以传统的、官僚的体制应对这种需求。因此，一方面，社会保障经办机构普遍抱怨“小马拉大车”；另一方面，机构重叠设置、财政重复投资、信息不能共享、多票征费、多头管理，参保人和受益人感到不方便，而且个人权益记录不便携带。

表现之二是决策、基金和监督的管理体制不分离。2006年发生在上海的挪用巨额社会保障基金案例，给人以深刻启示。如果服务型组织挂设在政府部门下面，其人财物由其主管部门调配，公共基金的“看门人”则无力抵御来自权钱交易的网食集团的压力，侵吞公共基金的案件则层出不穷。只有建立钱权分离的公共服务组织才能建立起道德风险的隔离墙。

2.3.3　公共财政缺位，社会保障投入不足

资金筹集是社会保障制度安排的第一个要素。通常，国家财政对社会保障的支出均在财政支出的25%以上，占社会保障总支出的30%左右。在中国，由于社会保障预算缺位（2006年以前），在推动退休制度改革和建立国家基本

养老保险制度时，政府扮演了“点菜不买单”“点两份菜买一份单”“先点菜后买单”的角色，给企业和职工规定了高达工资额28%的缴费率，几乎是世界上最高的费率。

1998年是正式推行养老保险计划的第一年，同年进行了国有企业和人民银行体制的改革，国有企业“断奶”后导致养老保险缴费不足，显然，三项重大制度改革之间缺乏协调考虑。当年国内生产总值比上年增长7.8%，中央财政总收入5 483亿元，总支出6 443亿元。在支出预算方案中，其余项目的支出都有明确的数额或指标规定，唯独社会保障没有，支持国家基本养老保险改革的财政支出是零，仅在第（八）项中规定：“对困难较多的中西部地区和老工业基地，在地方财政足额安排保障资金后出现的预算缺口，中央财政将以专项转移支付的方式给予适当补助”。这导致社会养老保险计划在空转，养老保险经办机构不得不用个人账户资金（数千亿人民币）来弥补当期养老金支付的赤字，新养老保险政策很快就陷入老人债务和新人债务当中。国家财政从1998年即不得不以专项转移支付的方式对部分欠发养老金的地方给予适当补助，由于缺少数据和运作机制的支持，又出现了“会哭的孩子有奶吃”的现象。

如此被动的选择和结果足以暴露两个基本问题：一是由于对政府的社会保障责任认识不到位，导致财政惰性；二是对养老金计划下的货币时间价值认识不到位，导致财政愚性，对贻误养老保险改革时机的制度成本和促进养老保险改革的制度绩效缺乏感悟。

3. 创建和谐社会与强化政府社会保障责任

党的十六大以后，基于发展观的调整和转变，在改革和发展的同时关注各利益相关者和建立协调机制，成为公共选择的策略和逻辑基础。执政党和政府的政治选择和财政安排将发生转变，上述三个不到位的局面将得以改善，政府的社会保障责任将被强化；反之，政府的社会保障责任能否得到强化，也是检验“构建和谐社会”的政治主张和“构建公共服务型政府”的改革目标能否落实的重要指标。

在我国社会保障创建和改革时期，社会保障作为国家义务和公共品，政府发挥了主导作用，体现了符合中国传统文化的国家“父爱主义”的公共价值取向。但政府履行责任的具体方式有区别：在社会保障创建时期，国家义务和政府责任被单位化，社会成员被长期固定在单位并接受其提供的各种保障待遇，个人与单位之间构成紧密的、永久的人身依附关系，这种制度模式能够与计划经济体制和统收统支的国家财政体制相适应，却无法与市场经济体制和分税式国家财政体制等相适应，其结果必然造成社会保障制度的分割封闭和目标异化，并构成导入市场竞争机制和参与经济全球化进程的重大障碍。在社会保障改革时期，其目标是在单位（企业、组织）之外建立社会化的、多支柱的社会保障制度体系。单位的责任被局限化（按时缴纳社会保险费），不再直接管理社会保障计划；中国亟待在实现网络型电子政府的同时建立起社会化的社会保障服务体系，使劳动者成为社会人和自由人。

3.1 《关于构建社会主义和谐社会若干重大问题的决定》中的社会保障问题

《决定》从以下方面表述了执政党的社会保障决策：

（1）社会保障关系群众切身利益，但是体制机制尚不完善，影响社会和谐，且问题比较突出，因此需要关注社会保障，促进矛盾和问题的尽快完善解决。

（2）将“社会就业比较充分，覆盖城乡居民的社会保障体系基本建立”作为“到2020年，构建社会主义和谐社会的目标和主要任务”之一（见表12—2）。

表12—2　　第十一个五年计划期间公共服务和公共预算优先领域

公共服务领域		公共预算优先领域			
1	义务教育	1	农村义务教育	11	防灾减灾和救灾
2	公共卫生	2	农业科技推广和信息服务	12	能源和重要矿产资源地质勘探
3	社会保障	3	农村基础设施	13	公共文化
4	社会救助	4	农村劳动力培训	14	转移支付
5	促进就业	5	计划生育	15	公共安全
6	减少贫困	6	职业培训	16	污染防治
7	防灾减灾	7	促进就业和培训失业人员	17	生态保护
8	公共安全	8	社会保障	18	资源管理
9	公共文化	9	扶贫减贫	19	国家安全
10	基础科学与前沿技术及社会公益性技术研究	10	农村公共卫生和合作医疗	20	基础科学与前沿技术及社会公益性技术研究
11	国防				

（3）重视农村社会保障，尤其是着重强调“解决好被征地农民的就业和社会保障”，以扎实推进社会主义新农村建设，促进城乡协调发展。重视农村社会保障，体现出建立广覆盖、低水平的适中的社会保障体制的发展方向。

3.2　关于强化中国政府社会保障责任的几点思考

总结新中国建立以来社会保障制度建设的经验和教训，明确社会保障的公共品属性（包括对公共品、半公共品的描述）和政府责任是完善中国社会保障体系建设的关键问题。

3.2.1 依法建立政府首脑的社会保障责任制

遏制政府部门利益的公共选择即以法律优先取代政策优先。一方面，在立法过程中淡化政府部门作用和强化公众参与；另一方面，依法建立政府首脑的权威领导力和问责制度。

政府首脑的社会保障责任制即将社会保障列入国家和地方政府最高级领导的工作职责和政绩考评范围内，建立向人民代表大会进行报告的制度。

首先，这是一个政治安排。社会保障具有利益平衡机制的政治功能，其价值已经被资产阶级所证明。然而，资产阶级恰恰是在社会主义压力之下，为了维持其统治地位才紧紧抓住了社会保障这根救命之草。那么，无论说社会保障反映社会主义本质（以此证明是社会主义），还是说对抗资本主义，坚持社会主义的中国共产党和政府，都应当将社会保障体系建设与经济发展和财富积累水平同步进行。作为利益调节机制，它不是一个局部性问题，涉及国家资源配置和分配原则，涉及全体人民的利益和公民的权益，应当是政府首脑关注和执行的主要事务之一。

其次，这是国际经验。在 OECD 国家、部分亚洲国家和发展中国家的社会保障支出占总支出的比重均在 25%以上，占社会保障总支出的 30%以上；很多国家的社会保障经办机构直接隶属于总统办公室，社会保障改革需要经过全面讨论，因此，在这些国家的社会生活里，社会保障已经是公民的基本权益和国家的基本义务，也是政府的基本责任。

第三，这是中国教训。在中国社会保障改革过程中出现的政府责任缺位，源于责任主体不到位。社会保障决策、执行和监督还停留在政府范畴之内，立法严重滞后，甚至停留在政府部门水平，当期政府的短期行为和部门利益，以及部门之间的不协调即成为社会保障改革的障碍。因此，社会保障制度安排的三个环节经常脱节，在公布改革方案时，资金和税收政策尚属于缺位，致使主管部门和经办机构无法回答参保人提出的基本问题，损害了政府的权威性和信用度。

依法建立政府首脑的社会保障责任制，不仅是促进社会保障体系建设的制度保障，也是构建服务型政府和政府执政能力的制度建设。

3.2.2 建立社会保障财政预算制度

筹集资金是建立社会保障制度的首要环节。我国至今没有建立独立的社会保障预算制度，国家财政的社会保障责任不明确、也不稳定，其支出受多种因素的影响，如国家主要领导人的认识和态度，国家当年财政收支情况等，这导致了社会保障制度安排的不稳定、不统一和不协调，甚至陷入困境。

(1) 国家财政缺位导致政策败笔

到2005年底，个人缴费率除广东（7%）、海南（6%）、新疆（7%）、新疆兵团（7%）外，其他地区均达到8%。单位缴费率除部分城市以外，均在工资总额的20%～24%①。但是，人口统计变化使依赖企业缴费支撑养老保险制度改革幻想破产，缴费人数不断下降，而领取养老金的人数迅速增加，新的养老保险计划长期处于资金空转局面，不得不挪用个人账户资金，此做法贻误了在进行国有企业改革同时剥离国有资产，为国企老职工准备养老金的大好时机，其主要原因就在于国家财政责任的严重缺位。

有中国学者撰文批评我国社会保障筹资制度的混乱状态为“理论含混、操作复杂、成本高昂、长期不能到位，家庭保障、商业保险多头占用资金，潜伏着巨大的现值和未来值矛盾的混乱体系，应该尽快将社会保障纳入财政预算，建立全国统一的社会保障体制。”并认为，“社会主义的社会保障是全社会当年必须耗费的市场经济运行的公共成本，是政府应该提供的一种特殊公共品，是全社会劳动力商品的维护费用。所以，我国社会保障资金必须纳入财政预算，作为当年中央政府财政必须保障的第一预算开支。”②

然而国家财政对社会保障的支出是有所增长的，但又是怎样打理的呢？③由于社会福利制度五花八门，其资金来源与福利标准地区之间、部门之间、行业之间参差不齐，支出混乱，具体情况如下：

一是我国财政用于抚恤和社会福利的支出虽然从1952年的2.95亿元到2002年逐年增长为372.97亿元，但是，这项支出占财政总支出的比重，除了1965年达到2.35%以外，50多年来始终徘徊在1%～2%之间，2000年和2001年分别为1.34%和1.41%，2002年微增为1.69%。

二是从2003年以来，国家对城市2 200多万低保人口和农村2 900多万贫困人口倍加关怀，民政部宣布2003年各级财政对城市2 246.8万“低保”对象支付资金151亿元，安排“两个确保”补助资金608亿元，比2002年增长13.1%，城市“低保”资金92亿元，比上年增长100%。2004年，财政预算安排再就业专项转移支付资金47亿元，2003年，中央财政对农村贫困地区和少数民族地区的财政转移支付达660亿元，占中央财政支出的4.2%，2004年，扶贫资金达122亿元，还以50亿元贴息方式引导银行扶贫贷款达330亿元。

---

① 清华大学公共管理学院就业与社会保障研究中心，985项目《政府与社会保障》课题组，2005年调查数据。

② 刘福垣．理论彻底，操作简便——我国社会保障制度的理智选择．中国经济时报。

③ 余天心，王石生．财政支出应向八个方面倾斜．经济参考报，2004年8月25日。

三是国家用于抚恤和社会福利支出占财政总支出的比重，不仅低于发达国家，也低于发展中国家。但如果将企业负担的社会保障资金计算在内，支出比重就会升到总收入的15%左右，以2002年为例：全国离休退休退职4 222.8万人，费用为3 659.4亿元，人均为8 666元，由企业管理与支付费用的为3 261.4万人，费用2 826.32亿元，加上政府已支付的抚恤和社会福利费372.97亿元，合计占财政总支出的14.82%。可见，我国社会保障支出的大头来自企业缴费，国家财政在公共事业和公共服务上处于局外补差的不正常状态。

（2）国家财政的社会保障责任需要定位

在1978年以前，中国政府财政收入的80.6%来自国有企业，财政支出的40.4%用于基本建设，政府投向国有经济的资金占财政收入的90%以上，政府称这类现象为“用自家钱办自家事”。直到1998年，中国开始适应市场经济体制的需要进行财政体制改革，并构建公共财政体系。2004年3月，财政部部长金人庆在“关于2003年中央和地方预算执行情况及2004年中央和地方预算草案的报告”中再次提出“深化财税改革，完善公共财政体制，更好地推动体制创新”。计划经济体制实行“统收统支，高度集中”的管理模式，政府财政长期存在“缺位”和“越位”的问题，一些本该由市场调节、自我发展的竞争性和经营性领域，财政没有及时退出；而本该由财政供给的义务教育、社会保障、公共设施建设等项目又得不到充足的资金保证，因此，必须大力推进经济体制改革以及与之配套的财政改革，以建立公共财政。

从1999年开始社会保障支出逐年增加，但至今尚未建立社会保障预算制度，社会保障支出在国家预算中的地位也不明确，仅有一个说法即社会保障支出将占财政总支出的15%～20%，显然未来政府的社会保障财政责任将更加严峻①。

国家财政责任：首先是建立社会保障体系的行政费用，包括人头费用和网络建设费用；第二是转制过程中的老人债务，包括老人的养老金、医疗计划，以及住房；第三是那些只能由财政支撑的保障项目，如社会救济和优抚安置项目，具体说包括城乡最低生活保障计划资金、退役军人安置资金、残疾人生活津贴等。因为社会救济、优抚安置属于国民收入再分配的范畴，体现国家根据社会公平原则对困难人群及特殊人群应尽的保护责任。

3.2.3　构建社会保障公共品的提供机制

① 杨方方. 从缺位到归位——中国转型期社会保险中的政府责任. 北京：商务印书馆，2006. 249

福利国家已成为历史，避其消极取其积极是当代执政国策，即在有管理的竞争环境下构建社会保障公共品的提供机制。

第一，完成社会保障公共品的理论描述，基于国情区分纯公共品和半公共品的提供方式。例如，明确医疗救助和医疗服务何者为纯公共品，从而区分政府责任。

第二，完成多支柱社会保障体系的长远规划和近期工作目标，近期工作目标包括建立财政预算和可持续的筹资制度；明确政府和非政府的组织安排和分工协作，完成政府直接提供与授权、外包和购买服务的治理机制和统一的绩效考评制度。

第三，完成政府策划者和监督者的角色定位，建立决策、执行和监督分离，钱权分离的社会保障管理体制，依法建立社会保障计划和社会保障基金运营的监督监管机制。

在中国，关于做实养老保险个人账户存在很多争论，人们担心空账中的巨额债务无法弥补、资本市场不规范和政府治理能力不足导致更大风险。2005年，国务院《关于完善企业职工养老保险制度的决定》中明确规定“做实养老保险个人账户”，不将空账债务留给未来，这是政府对人民利益负责任的表现。做实养老保险个人账户需要打造养老金安全运营机制，建立养老金受托人制度和投资管制机制，这对政府的廉洁程度、知识结构和治理能力提出了极大的挑战。

党的十六届六中全会《关于构建社会主义和谐社会的决议》，把建立覆盖全民的基本医疗保障体系作为重要任务，2006 年 10 月，政治局常委集体学习时胡锦涛总书记指出，医疗卫生事业造福人民，关系到国家和民族的未来，将政府保障公民健康的责任定位于“构建全民基本医疗体系”，包括城乡公共卫生服务、社区医疗服务、农村合作医疗、城镇职工基本医疗保险、贫困人群的医疗救助、紧急医疗救助等改革供方和补助需方的一揽子计划。实现这个一揽子计划不能依靠传统的官僚提供方式，对政府的动员能力、组织能力和治理能力提出了极大的挑战。

总之，当中国共产党确立了“构建城乡整合的、覆盖全民的社会保障体系”的执政目标以后，即促使政府改革进入快车道。

3.2.4　打造社会保障法治环境

中国政府的公民社会保障权利意识遇到挑战。1951 年，中国政府就颁布了《劳动保险条例》，到 1956 年，劳动保险计划已经覆盖了各类企业职工的90％以上，企业职工在摆脱了社会风险的生活压力和后顾之忧以后，才真正具有国家主人的感觉，由此焕发出极大的生产积极性，使新中国的经济建设蓬勃发展，在短时间里实现了自立于世界民族之林的目标。

从 1954 年宪法到 2004 年宪法，社会保障原则逐渐成熟，但一系列社会保障立法建议因缺乏认知（学术支持）、共识（党政群一致看法）和妥协（社会群体、政府部门）而被长期搁置。需要发扬党和政府在建国初期的法制建设精神，强化政府的公民社会保障权利意识，积极促进社会保障立法，将社会保障制度建设提高到保护公民权利的高度来认识，以改变上述局面，在中国创造“有米之炊”、“阳光账本”和“系统工程”的社会保障改革新局面。

法律可以使问题公开化和规范化。无论是讨论建立政府首脑社会保障责任制，还是建立政府的社会保障财政责任，都需要由法律作出制度安排，实现依法治理。首先，可以通过公开立法程序让全体公民参与社会保障问题的讨论和决策过程，社会保障的资金收支情况和制度如何安排本不应当是政府的特权和秘密，公民享有知情权和参与决策权，但在中国却相反，公民没有渠道了解相关信息，更不可能参与决策，甚至很多学者的文章通篇都在揣测和解释政府的政策，缺乏超前性和学术价值。其次，通过立法将政府的社会保障责任公开化，接受人民的监督，使国家的社会保障承诺落在实处，也使人民了解国家的社会保障财务状况和人口状况等客观事实，这有利于统一思想并与国家共同承担改革成本。社会保障法将规定社会保障的基本原则、制度框架、责任主体及权利义务和执行程序；将政府的社会保障责任规范化，不受领导人个人意志的影响和经济波动的影响。

在政府和非政府之间构建社会保障体系的治理机制，一定需要有法可依，并依法创造多元主体介入的法治环境和治理文化。例如，养老金计划的信托制度对法律的依赖性很强，在无法可依的条件下，根本不可能推行信托制度，非政府的养老金计划和医疗保险计划则因缺乏保障机制而不能启动和规范发展，多支柱的社会保障体系就将是一句空话。

3.2.5　依法建立公共服务组织和提高社会保障管理绩效

经济全球化是国家竞争力和政府绩效的较量，政府不得不关注绩效问题。社会保障是最大的公共服务，创造社会保障服务绩效需要从构建服务型政府做起；反之，一个“低成本、高效率”的社会保障服务系统的建立也标志着中国服务型政府的形成。中国人的社会保障卡和“一站式”服务系统就有了时间表。

首先，推进政府改革和构建新的中国政府组织体制，区分政治统治功能和社会服务功能，在执行政治统治功能（政治决策和政策制定）的、官僚体制的政府组织体系之外，大力发展直接面对公民和企业的、履行服务功能的、网络型的服务型组织，作为新型政府的一部分，其人员可以隶属公务员队伍，但机构建设不能走官僚体制的老路，应当依法建立具有独立性、公益性、统一性的社会保障服务系统，还可以通过合同伙伴、项目外包和购买服务等方式，委托非政府组织和民营组织承担社会保障服务，以强化政府的公共服务能力。

其次，在政府改革的基础上，基于新的政府组织体制再造公共型政府的服务流程，整合现有的各类社会保障服务系统，建立覆盖全国的社会保障服务系统，以创造高效率、低成本的社会保障管理体系。集中国家财政力量创建“大马拉大车”的局面，改变“小马分别拉小车”的局面。

附录

中国文化与社会保障思想研究[①]

自《老子》(又名《道德经》)这部书问世以来，老子就一直被认为是一个主张无为而治的思想家，他强调政府无为而治的主张化为“与民休息”的治国实践，形成了西汉初期经济繁荣的局面（史称文景之治）。美国前总统里根曾在 1987 年用老子“治大国若烹小鲜”[②] 的思想阐述其对福利国家的置疑，提出对生产、经营者减免税收，以促进经济繁荣。既然老子主张让百姓“休养生息”，那么老子的社会福利思想如何呢?

1. 老子不否定福利政策

在谈到什么样的社会秩序才符合“天之道”时，老子说，“天之道，其犹张弓欤，高者抑之，下者举之，有余者损之，不足者补之。天之道，损有余而补不足。人之道则不然，损不足以奉有余。孰能有余以奉天下，唯有道者。”[③]其中，高者喻高高在上的统治者，下者喻地位卑下的民众，有余者喻经济上的富者，不足者喻穷人。老子认为，有权的人可能持权捞钱而成为“财货有余”[④] 的富人，对掌握公共权力、处于强势地位的统治者予以限制，保护老百姓的利益；让富人拿出一点资源，补贴给难以维生的穷人，这才合乎“天之道”。但“天之道，损有余而补不足”给人们一种假象：似乎政府要把“有余者”拉到与不足者一样的资源拥有状态才好。这种对老子观点的“平均主义”解读是没有根据的臆断。

老子的确认为有余者拿出资源补充不足者是正确的，老子的这一观点寓含社会福利政策。但“损有余而补不足”的前提是无为而治。老子说“人法地，地法天，天法道，道法自然”[⑤]，意思是人类社会的秩序应取法地的运行，而地取法天，天取法道，道取法自然，即道以天地万物的自治为原则[⑥]。从这种传递性的逻辑中，可以推出“人法自然”：人类社会的秩序以百姓的自治为原

---

① 摘录鄢圣华，老子思想中的社会福利（未公开发表前），2003

② 《老子》治大国章。

③ 《老子》天之道章。

④ 《老子》使我介然章。

⑤ 《老子》有物混成章。

⑥ 《广雅释诂》，“然，成也”。(转引自冯达甫著《老子译注》，上海古籍出版社，1991)“道法自然”，即道法自成，道的运行以天地万物的自主、自治为法则。

则。而自治的路径就是政府的无为而治。在老子那里，政府权力的无为会使百姓自主地富裕起来，是谓“我无事而民自富”[①]。如果社会福利政策下，百姓不是凭自己的努力致富的，政府就“多事”或者“有为”了。既然在无为的政治框架下百姓是“自富”的，那么，国家提供的社会福利必是“最小”的，政府如果对“赤贫”中的人予以救助的话，至多是为其自救自助提供尽可能少的帮助。

老子认为，政府应该无为而治，无为而治的路径是减少政府权力对社会的干预，目的是要培育民间自治的秩序。用老子的话讲，就是“损之又损，以至于无为”[②]“我无为而民自化”[③]。因此，老子反对公共权力以任何“造福于民”的政策（如社会福利政策）为借口，打扰社会的“自化”秩序。防范政府权力对“自化”秩序的入侵是老子极为关注的。他是想用“天之道”矫正“人之道”，而“天法道，道法自然”。矫正措施必须以“自化”（即自治，自发地形成秩序）为前提。

社会中有富人、穷人，他们之间的关系结构是民间自治秩序的一部分，所以，在民间社会中，富人对穷人的补救不是在强制下发生的，而是基于富人的自愿实现的。再者，“财货有余”的人如果对不足者骄横，老子推断说这样的人会遭遇灾难，遭遇一些死亡的机会（“多藏必厚亡”[④]），因而导致“金玉满堂，莫之能守”[⑤]。因而不足者对有余者的抢夺，自发地完成了“损有余而补不足”的过程。老子心目中理想的政府是“以百姓之心为心”[⑥]的，对所有的老百姓“利而不害”[⑦]。

2. 老子否定福利国家

关于政府的社会保障责任，老子说，“人之饥，以其取食税之多，是以饥”[⑧]，是说人们之所以会陷于饥饿的状态（用现在的话讲就是出现饥荒），是因为人们吃饭太多地依赖税收的再分配。很明显，如果一个社会里，人们能靠税收的再分配过日子，他们哪还有生产经营的积极性呢？“不愿劳动，却想吃饭”会变成人们普遍的行为方式，这样的社会一定会出现饥荒。老子的这一论

① 《老子》以正治国章。

② 《老子》为学日益章。

③ 《老子》以正治国章。

④ 《老子》名与身章。

⑤ 《老子》持而盈之章。

⑥ 《老子》圣人无常心章。

⑦ 《老子》信言不美章。

⑧ 见帛书甲、乙本《老子》人之饥章。河上公本、王弼本等通行本该句是“民之饥，以其上食税之多”，是说统治者挥霍税收太多导致了饥荒，义不如帛书甲、乙本胜。

断真是深刻的洞见。

不自力更生而依赖于税收来生存，在老子看来是人太看重身外之物，贪图安闲逸乐的“贵生”[①] 行为。贵生行为除了“取食于税”太多外，还包括官员为牟私而打扰百姓的“有为”[②]、民众的“求生之厚”。太看重生活的享乐，就必然太看重身外之物，为了获得这些身外之物，人们会指望从“税收”那里多讨一杯羹，官员会倚靠权力扩张私利，老百姓会为了身外之物而铤而走险（老子称之为“轻死”）。老子的言外之意是，生活的快乐不应当靠造作的“取食税之多”“有为”“轻死”获得。人们的富裕应靠自己的努力、自立、自力更生取得，不应靠国家的税收、靠权力创租、靠轻易冒生命危险取得；靠这些途径取得的财富和快乐在老子看来是不恰当的。

在老子看来，政府应当“长而不宰”[③]。政府有治理国家的职责，但不应该成为人们生活中的主宰，人们的生活应由他们自主、自治而不是靠政府来决断、宰制。人们各有自己的生活方式，政府怎能干预他们呢？老子是如此地酷爱“自化”秩序，因而不希望政府权力主宰老百姓的生计或饭碗。老子反对人们的生活依赖于税收之再分配，实际上是强调：与其多税以后分食给百姓，不如少税而使之自食其力。政府将税征收上来，靠政府再分配给人们，这种解决百姓饭碗的做法是老子坚决反对的。靠政府分一杯羹让百姓活命，并不是他们自己获得的成功。百姓致富不应当是政府权力介入的结果，而应当是百姓自助、自治、自立的结果。在一个无为而治的理想社会里，老百姓自己努力达到富裕，他会归功于自己的能耐，而不言政府支持的功劳。用老子的话讲，就是“功成事遂，百姓皆谓我自然”[④]。在这个“太上”的治理境界中，政府对于百姓来说只是知道其存在，无所谓亲疏。帮助老百姓，让老百姓“亲而誉之”，这样的统治形态已是“其次”，至于让老百姓“畏之”“侮之”的政府就更是等而下之，不足挂齿了。

要达到“太上，下知有之”的统治境界，达成百姓最充分的自治、自富，政府应当做些什么呢？政府要做的是为民间的自治创造条件。在老子看来，政府的存在是人们谋利的工具，而真对人们有用的是政府提供的空间或自由，是谓“有之以为利，无之以为用”[⑤]。百姓从政府那里获得的利就在于政府充当了自由的工具或说政府为他们提供了自治的条件。因此，政府的社会福利政策是为百姓自己谋生致富创造自力更生的条件，而不是直接把富裕赐给他们。

①② 帛书甲、乙本《老子》人之饥章。河上公本、王弼本等通行本民之饥章。

③④ 《老子》太上章。

⑤ 《老子》三十辐章。

老子强调人们取食的途径不要依赖于国家税收，同时，他指出，好的政府不会给生产、经营者施加沉重的税收等负担，即“处上而民不重”[①]；老百姓不会受到政府的伤害，即“处前而民不害”[②]。而且“天之道，利而不害。圣人之道，为而不争”[③]“上善若水，水善利万物而不争”[④]。所以，老子不主张向生产者施加太多税收，更不主张政府官员向生产者及穷困的平民榨取财产。

“天下多忌讳，而民弥贫（畔）”[⑤] 可以理解为不要政府规制太多，会导致百姓的怨忿，会使个人和民间社会丧失首创精神，社会将越来越贫穷。但并非不要恰当的管制，因为他发现富贵者倾向于仗势骄横。尽管如此，老子并不主张对生产者施加沉重的税负。

综上所述，老子不主张福利国家模式。

3. “祸福相依”的社会福利思想

老子明言：“祸兮福所倚，福兮祸所伏。”[⑥] 在当代国家中，公共权力倚“福利”而“卡”民，使百姓（包括富人和穷人）形成对政府权力的依附而丧失自尊，这种情形并不鲜见。老子深信百姓自理自治的能力，公共权力“好静”“无事”“无欲”，民众就能自己管理自己（“自正”）、自己努力达成富裕（“自富”）、自己变得不尚奢华（“自朴”）。权力无为的结果就是形成一种“自化”秩序，即民间自发形成的秩序[⑦]。也就是说，一个好的社会秩序是以民众自助、民间自治为基础的，民众有能力自富、自治，不需要权力“造作”地介入其中。不打扰“自化”秩序的权力介入才是恰当的。

老子酷爱“自化”秩序。对于一个利民而不害民的政府而言，它不排斥采取必要的福利措施救助那些没法“自助”“自救”的人，但福利政策不应使百姓的生活受扰于公共权力，不应使政府的福利措施取代百姓自求生计的自富行为。当福利政策使人们产生依赖心理及对政府权力的依附时，老子必然对福利政策说“不”。

---

①② 《老子》江海章。

③ 《老子》信言不美章。

④ 《老子》上善若水章。

⑤ 《老子》以正治国章。该句帛书甲、乙本取“畔”，河上公本、王弼本等通行本取“贫”，其义皆佳。

⑥ 《老子》。

⑦ 《老子》以正治国章。

第十三章　美国政府和社会保障改革

罗斯福政府在1935年提出并正式颁布了《社会保障法》，旨在帮助美国老年人在退休时收入有保障。1939年，在《社会保障法案》中增加了对遗属的保护，即创立了老人和遗属保险计划（OASI）。1956年，社会保障计划范围再一次扩大，增加了残障人保险计划（DI）。1972年，美国社会保障总署的职能增加了对补充保障收入计划（SSI）的管理。1999年，又增加了对第二次世界大战退役军人特别津贴计划的管理。社会保障计划是普及全民的强制性计划。

本文第一部分简要介绍美国社会保障计划当前运作情况；第二部分重点讨论围绕社会保障体制改革方面的一些热点和难点问题。主要依据美国社会保障总署办公室和另外三家机构开发和制作的随机模型，对社会保障基金长期财务运行状况的预测进行分析。分析结果表明，虽然不同随机模型预测的信托基金耗尽的年份略有不同，但是，总体趋势和最终结果是相同的。这种通过定量分析预测未来社会保障基金财务运行状况的分析方法，可为政策制定者提供较精确和可靠的决策依据。正是由于社会保障信托基金面临的挑战，文章围绕如何解决这一问题，对建立个人账户、调整养老待遇水平、提高工薪税、从国家总税收中转移支付等进行了讨论。由于社会保障体制改革影响大、范围广，直接涉及有关各方的切身利益，具有很强的政治敏感性。因此，在正式的改革方案出台前，仍会对此问题进行不断的讨论。

1. 美国社会保障制度概况

美国《社会保障法》在1935年颁布实施，依法推行了一个具有强制性和社会保险特征的公民基本生活保障计划，包括养老保险（1935年）、家属和遗属保险（1939年）、病残保险（1956年）和老遗残的医疗保险（1965年）项目。

1.1　资金来源

美国社会保障资金来自于参与人（包括参保雇主和雇员）缴纳的社会保障税（工薪税）。社会保障税基是个人薪酬总额计算，社会保障缴费享有免税待遇，因此费基具有上限规定，随社会平均工资增长调整上限规定，如在2003年是87 900美元；2005年将提高到90 000美元。目前，社会保障资金雇主和雇员各自承担50%，即6.2%。雇员缴纳社会保障税由雇主依法从个人工资中代扣代缴，进入全国统一的社会保障托管基金，并由联邦政府投资增值。

1.2　财务制度和基金管理

美国社会保障的管理体制（见图13—1）为联邦政府集中管理。主要职能部门是社会保障总署，还有卫生保健金融管理局、税务局、财政部以及信托基金委员会等参与管理。1940年开始建立社会保障托管基金。首先建立了养老托管基金（OASI），后来又建立了伤残托管基金（DI），医疗保险托管基金（HI）和公务员年金托管基金（TSP）等。

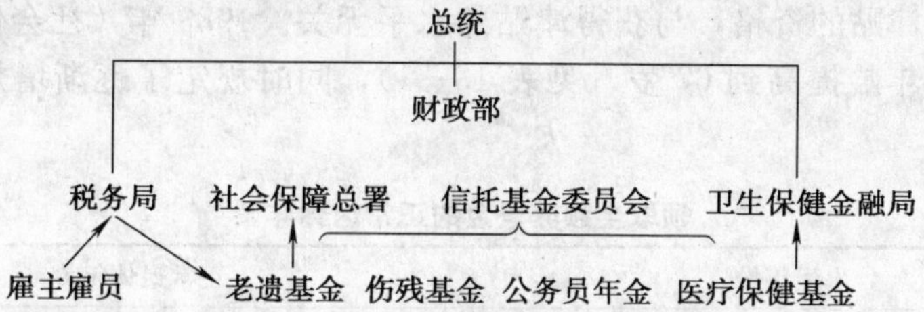

图13—1　美国社会保障的管理体制

国家税务局负责征收雇主和雇员的社会保障缴费（工薪税），进入托管基金专用账户并进行投资运营，托管基金自身承担托管的行政费用。根据有关法律规定，OASI、DI和HI必须投资于多种政府债券（利率等于市场中4年以上长期债券），OASI可以从DI和HI有偿借贷。由托管基金向社会保障总署提供社会保障待遇的支付费用。四大社会保障托管基金要向社会保障总署等机构提供财务绩效和年度报告，OASI和DI联合操作。

1.3　覆盖范围

截至2003年底，约1.54亿美国人缴纳社会保障工薪税，几乎覆盖全体劳动者和经济活动人口。全国共有约4 700万社会保障受益人（其中包括3 250万退休工人、650万遗属和800万残疾人），受益人数共占总参保人数的30.5%。同年，社会保障待遇支付总额为4 710亿美元，占美国当年国民收入的4.3%。2003年的社会保障收入为6 320亿美元，加上以往的结余，积累的总资产达到1.5万亿美元，主要投资于特别发行的国家债券。

社会保障服务系统基于个人社会保障账户建立。人的一生可能多次变换工作、住址等，但社会保障号是固定不变的。员工就业时，雇主必须记录其社会保障号。每次发工资时，雇主直接把社会保障税从工资单中扣除，缴到国内税收局，同时把个人收入情况报告给社会保障局。个体经营者的收入情况由国内税收局代报给社会保障局。因此，社会保障局就记录了任何一个就业人员历年的收入情况。由于工资税占收入的比例是固定的，这实际上就可以推算一个人的历年缴税情况。具体征收的比例为：以2004年为例，对87 900美元年收入征收15.3%。其中，10.6%用于社会保障退休和遗属计划，1.8%用于社会保障伤残计划，2.9%用于医疗保险。工人与雇主对工薪税各负担一半。自营就业者需支付工人与雇主两部分工薪税。

1.4　待遇支付和领取资格

根据缴税的时间长度，社保署给每个人一定积分。工作一个季度记录1分，每年最高可积4分，积分达到40分以上者具有资格在到达退休年龄后享受社会保障待遇。积分可以是非连续和最后积累计算的。积分只决定一个人是否具有领取津贴的资格，与获得津贴的水平无关。1983年《社会保障法修正案》将退休年龄提高到67岁（见表13—1），同时规定了逐渐增加的实施过程。

表13—1　　领取全额养老金的正常退休年龄

出生年份	正常退休年龄
1937年或之前	65岁
1938年	65岁零2个月
1939年	65岁零4个月
1940年	65岁零6个月
1941年	65岁零8个月
1942年	65岁零10个月
1943—1954年	66岁
1955年	66岁零2个月
1956年	66岁零4个月
1957年	66岁零6个月
1958年	66岁零8个月
1959年	66岁零10个月
1960年或之后	67岁

注：凡1月1日出生的人员均参考上一年度

资料来源：美国社会保障总署网站

从表13—1中可以看到，不同年份出生的人员，领取全额退休金的正常退休年龄有所不同。但一个人只要到了最低退休年龄（62岁），且积累的社会保障积分达到40分，就可以申领退休金。若在最低退休年龄退休，退休金的数额会打一个较大的折扣。如果到正常退休年龄退休，退休金就会高得多。如果推迟退休到 70 岁，还可获得更高退休金。但是超过 70 岁之后，退休金就不再提高了。美国的“退休”仅仅指一个人开始领取退休金，并不意味着他或她真正停止工作。当一个人决定退休时，一般提前一年与社保局的当地办事机构接触，社保局会派一名业务代表为其提供咨询，提出不同的退休方案供他选择。

退休金额是根据一个人一生中收入最高的 35 个年度收入的平均值，乘以一个特定系数。对于正常退休的普通收入阶层，大约可获取平均收入 40%的退休金。但需要注意的是，就是一个人退休前最后若干年有没有工作，对基数影响较大，因为这种情况下会被视为提前退休。下面例证可以说明这一问题，根据社保局提供的估算数据，一位在 2004 年 40 岁、年收入 5 万美元的人员，如果在 2026 年 62 岁（最低退休年龄）时退休，以后每月可领取 1 090 美元退休金，相当于目前收入的 26%。如果到 2031 年 67 岁（正常退休年龄）时退休，以后每月可领取 1 578 美元，相当于目前收入的 38%。若推迟到 2034 年 70 岁（最高退休年龄）退休，则每月可领 1 969 美元，相当于目前收入的 47%。

1.5　社会保障行政体系

美国的老、遗、残、健社会保障由联邦政府直接管理。美国社会保障行政体制由独立的社会保障总署、托管基金和经办机构构成。社会保障总署是一个直接向总统汇报的独立机构。社会保障基金由托管基金负责管理，托管理事会监督这些基金的行政与运营。社会保障托管基金拥有的初始资金来自雇主和雇员的社会保障工薪税，是根据该基金投保人数划拨形成的。

美国政府根据《国内税收法》和《雇员退休收入保障法》，对雇主养老金计划实行税收减免和延迟缴纳政策，并建立了严格的年检制度和基金监督体制，劳动部是执法监督部门，证券监督委员会对基金运营进行监督。

社会保障缴税由内务税收部筹集，并入联邦收入所得税的征缴程序，待遇支付由财务部负责。社会保障其他项目由社会保障总署负责，社会保障总署是一个直接向总统汇报的独立机构。

在这个制度框架下，所有法律都必须经国会两院多数通过，并得到总统的批准。影响老、遗、残、健保障项目的立法，首先要由众议院的财务委员会起草和提议，参议院在立法过程中是平等的合作伙伴，由下设的委员会负责与此项目相关的事务。

两种不同的机构（养老金计划托管基金受托人理事会和定期社会保障咨询理事会或委员会）共同对该制度的运行进行监督。财务职能主要由各社会保障项目托管基金受托人理事会监督。这个项目有六个受托人，其中四个来自政府机构，包括国库部、劳动部、健康和人力资源服务部和社会保障总署的行政长官，他们都需要由总统亲自任命。另外两位是由总统任命的任期四年的市民，其中有一名必须来自在野党。理事们的工作是接受社会保障会议的建议（定期），他们可以得到经济学者和保障精算师委员会的援助。

实际上，社会保障制度的所有重大政策变动，只有经过官方顾问小组或者委员会斟酌之后才能够最后获得通过。直到 1995 年为止，仍要求健康和人力服务部的秘书长每四年建立一个新的顾问委员会，这个委员会负责对项目的各方面进行评述，并通过秘书长把结果报告给国会。该委员会由 13 名成员组成，雇主代表和雇员代表各 6 名，另外 1 名是自我雇佣者的代表。但随着 1996 年社会保障管理部的建立，定期任命顾问委员会的法律被废止。一个新法律取而代之，即建立一个持久的咨询委员会，成员由总统亲自任命，少数民族以及多数民族的代表都必须属于国会两院。

2. 社会保障制度安排面临的挑战与改革

第二次世界大战以后，美国“婴儿潮”人口进入白色浪潮，预期劳动力人口开始下降，社会保障基金的支付能力受到严峻的挑战。

2.1　短期收入和长期债务

美国社会保障计划属于现收现付制。只要资金（包括社会保障计划的当前收入和从前积累的资金）足够支付社会保障计划的各项待遇，社会保障信托基金运行就是良好的。2000 年，提高社会保障税率以来，由于收入大于支出，信托基金的积累不断增长，能够确保社会保障待遇支付。表 13—2 以月份计算，反映当前积累总额可在未来支付各项待遇的月份总数。可以看到，同时考虑老龄、遗属与残障保险支付的月份从 2000 财务年底的 27.9 个月，增长到 2004 财务年底的 38.2 个月，增长了 37%。

表 13—2　2000—2004 年社保积累资产可支付待遇的月份数（截止到各财务年底）

险种	2000 年	2001 年	2002 年	2003 年	2004 年
老龄与遗属保险	28.7	31.8	35.0	37.7	40.4
残障保险	22.8	24.6	25.9	26.6	26.7
同时考虑上面两项	27.9	30.8	33.6	36.0	38.2

资料来源：《美国社会保障总署 2004 财务年度绩效与责任报告》

社会保障受托人公布了有关资金缺口的主要数据（见表 13—3）。社会保障基金未来 75 年的赤字相当于工薪税 1.89%的数额。这意味着如果工薪税立即提高约 2%（雇员和雇主各 1%），社会保障计划才有能力支付从现在到

2078 年期间全部退休金。从表 13—3 中可以看到约 4 万亿美元的赤字，这一数字是未来 75 年的收支差额，但美国经济在未来 75 间还会不断增长，可以考虑国家的补偿能力。表 13—3 中的 10.4 万亿美元表示从现在到未来无限期收支差额，资金缺口占工薪税的 3.52%，工薪税是国家税收的组成部分；未来长期资金缺口占国民生产总值 1.23%。

表 13—3　　**美国社会保障资金缺口情况**

时间段	当前缺口资金（万亿美元）	缺口资金占工薪税百分比（%）	缺口资金占国民生产总值百分比（%）
2004—2078 年	4.0	1.89	0.70
2004—长期未来	10.4	3.52	1.23

资料来源：《2004 年社会保障受托人报告》

2.2　社会保障基金未来预测的随机模型

为了使社会保障信托基金未来运行情况更加精确和更具说服力。2003 年，社会保障基金受托人首次提供了老龄、遗属和残障保险基金未来预测的随机模型。随机模型是分析社会保障政策的新型工具，可就老龄、遗属和残障保险基金的财务运行状况和对政策制定产生的影响提供科学的见解。下面介绍的几种模型在很大程度上提供了相似的研究结果，尽管它们使用的方法和假设条件有很大不同。

社会保障总署首席精算办公室（OCACT）开发出的随机模型，在 2003 年首次被受托人报告采用，它揭示出未来 75 年的社会保障体制围绕财务运行状况预测方面的不确定性。表示不确定性的标准方法是提供三种可供选择的预测模式，即低成本模式（可选择模式 1）、适度模式（可选择模式 2）和高成本模式（可选择模式 3）。适度模式预测旨在反映未来的最佳预测。低成本模式和高成本模式预测分别基于对未来较乐观和较悲观的假设条件。

社会保障信托基金未来财务状况预测取决于一系列的数据，如人口统计数据、经济数据和某一特定险种的变量等，这些都是不可知的，需要进行预测。构建随机模型的目的就是要预测有关变量的未来数值，预测中所运用的方式都是经过现代经济和人口统计理论及经验所证明的。随机模型中运用的统计学方法有助于确保决定社会保障基金未来财务状况的变量，随时间的推移而变化，并与其过去的表现和未来的真实表现方式相吻合。

由于社会保障总署首席精算办公室（OCACT）开发的随机模型是一种全新的方法，为了对它做出更好的解释和说明，社会保障总署政策办公室安排另外三家制作模型的机构——众议院预算办公室、山峰观察研究、政策模拟小组分别制作可选择的其他三种随机模型，分别是 CBOLT、TL 和 SSASIM 模型。研究人员在分析和比较这三种模型结果的同时，还与精算办公室开发的模型（OCACT）所产生的结果进行比较（见表 13—4）。

表 13—4　根据 2002 年受托人报告中的假设条件，预测的信托基金枯竭日期（年）

采用模式	短期	中期	长期
随机模式			
CBOLT	2028	2037	2063
TL	2029	2037	2056
SSASIM	a	2037/2038	a
OCACT	2034	2041	2057
标准模式（受托人报告）	2029	2041	b

注：对于随机模型，短期、中期和长期结果分别是第 10、第 50 和第 90 百分位。对于受托人报告，这三个区域分别根据《2002 年受托人报告》中的低成本、适度和高成本假设条件

a. 在本研究中，SSASIM 只对两个变量做出模型，即劳动生产率和出生率，因此，该模型产生的结果与其他随机模型结果没有可比性

b. 根据《2002 年受托人报告》低成本预测，信托基金在 75 年预测期终结 2076 年时不会枯竭

表 13—4 显示，CBOLT 模型产生的平均模拟结果预测，从中期看，老龄、遗属和残障保险信托基金将于 2037 年耗尽。这比《2002 年受托人报告》中期假设条件下预测的 2041 年提前了 4 年。CBOLT 模型短期预测是，信托基金将于 2028 年耗尽，这比受托人使用的标准模式高成本预测的 2029 年提前一年。该模型还预测出，长期信托基金于 2063 年以前不会耗尽。与此相比，根据受托人标准模式低成本预测，信托基金在 2076 年以前不会枯竭。

TL 模型的平均模拟结果预测，老龄、遗属和残障保险信托基金也将于 2037 年耗尽。该模型预测，短期内信托基金将于 2029 年耗尽；这与《2002 年基金受托人报告》高成本预测的年份相同。从长期看，信托基金于 2056 年以前不会耗尽。相比之下，根据受托人标准模式低成本预测，信托基金在 2076 年以前不会枯竭。

SSASIM 模型只随机对两个变量（劳动生产率和出生率）做了模型。因此，SSASIM 模型产生的结果与其他几种模型没有直接的可比性。SSASIM 平均模拟结果预测，当使用结构时间系列模型和典型的缩减形 ARIMA 模型时，信托基金将分别于 2037 年和 2038 年耗尽。这仍比《2002 年基金受托人报告》预测的 2041 年提前 3～4 年。

与上面三种模型有所不同，OCACT 模型随机预测产生的平均模拟结果是，信托基金于 2041 年耗尽。这与标准模式预测结果完全相同。OCACT 结

果表明，老龄、遗属和残障保险信托基金短期（高成本）将于 2034 年耗尽，长期（低成本）基金于 2057 年前不会耗尽。

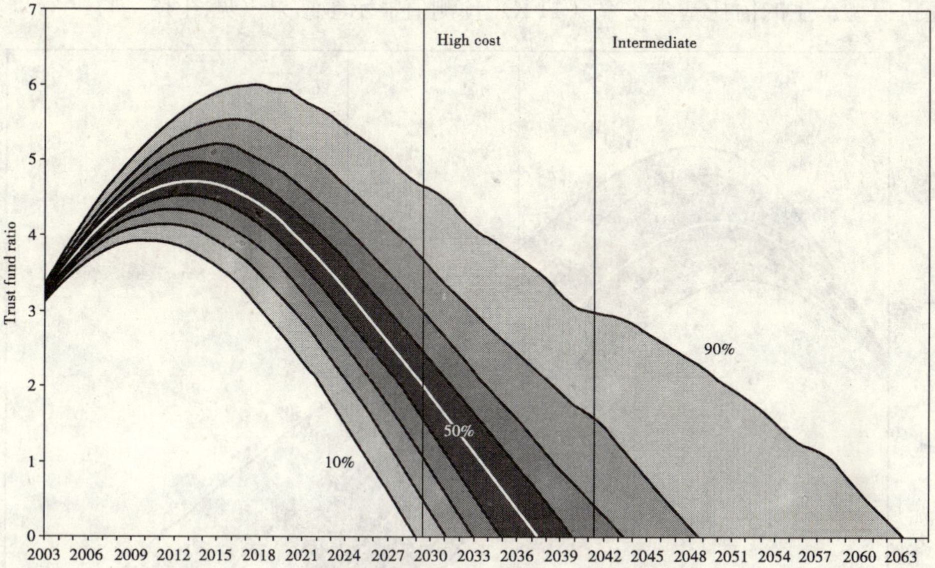

图 13—2　根据 CBOLT、TL 和 OCACT 随机模型，信托基金比率预测 CBOLT 模型

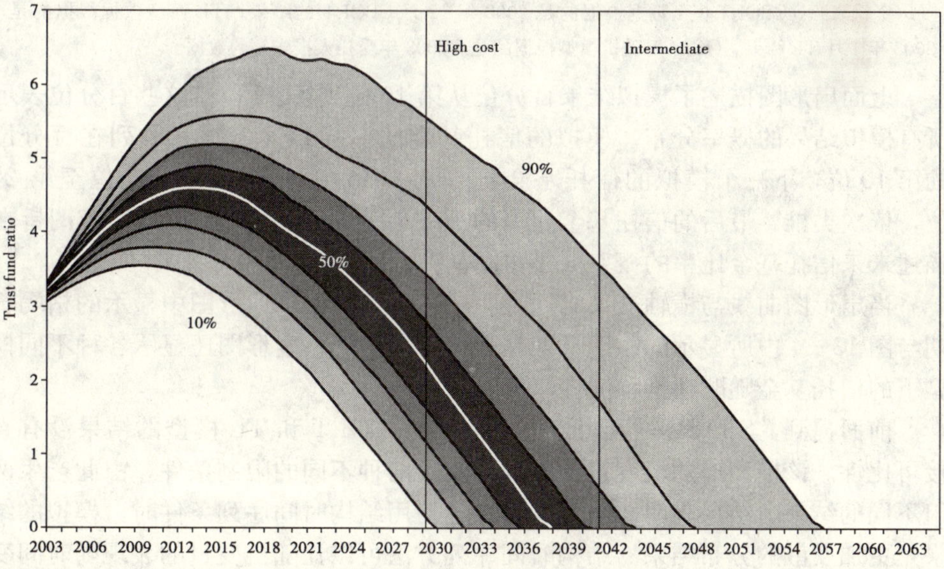

图 13—3　TL 模型

信托基金比率（TFR），即年初信托基金资产与该年度支出之比，是衡量老龄、遗属和残障保险信托基金资金足够性的尺度。根据 CBOLT、TL 和 OCACT 随机模型产生的信托基金比率（TFR）预测值显示了结果（见图 13—4）。

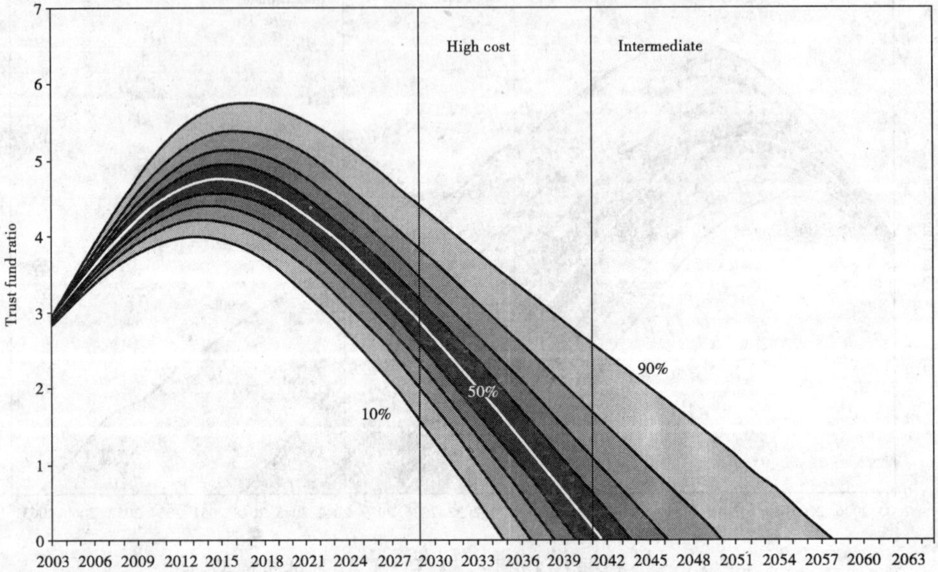

图 13—4　OCACT 模型

资料来源：CBOLT 模型数据根据的是 2002 年 12 月 CBOLT 的结果。TL 模型数据根据的是 2003 年 1 月 TL 结果。OCACT 随机模型根据的是《2003 年受托人报告》的数据

上面扇形图描述了模拟结果百分位从第 10 位到第 90 位。这些百分位表示所有模拟结果的概率分布。模拟的信托基金比率（TFR）的 10%列在百分位的第 10 位，下一个模拟的信托基金比率的 10%在百分位的第 10 位至第 20 位，依次类推。最后的信托基金比率的 10%在百分位的第 90 位。扇形图旨在描述未来信托基金比率的概率分布情况。

当扇形图曲线与横轴交叉时，表明信托基金枯竭。扇形图中显示的枯竭日期与图 13—4 中所显示的枯竭日期是一致的。另外，扇形图还显示各种不同模型下的信托基金随时间推移演变情况有所不同。

前面提到，SSASIM 模型产生的结果与 CBOLT 和 TL 模型的结果没有直接可比性。该模型对随机变量的表现使用了两种不同的限制条件，由此产生两组不同的结果。结果表明，当对随机变量使用结构时间序列条件时，模拟的结果是更加发散的分布结果。结构时间序列方法可以让随机变量的表现随时间变化而变化。用于随机变量的常见的缩减形 ARIMA 限制条件产生的结果为发散减弱的结果。这是由于 ARIMA 模型方法假定，随机变量表现随时间变化没有

变化。结构时间序列方法产生出的结果与某些变量的历史数据可能更加吻合。上面两种限制条件下 SSASIM 模型产生了信托基金比率预测值显示结果（见图 13—5）。

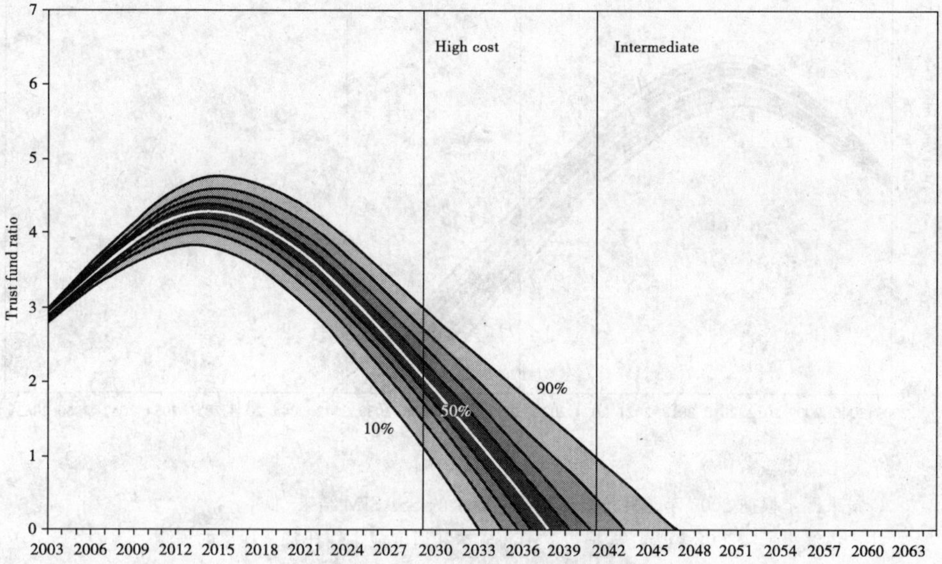

图 13—5　SSASIM 模型信托基金比率预测比较结构时间序列模型

上述模型对社会保障信托基金未来运行情况的定量预测和分析说明了基金在未来若干年后将要出现的财务危机。事实上，近年来美国政界与学术界围绕社会保障制度改革进行的热烈讨论，都是针对基金将要出现的问题展开的。讨论焦点主要集中在社会保障财务危机到底有多大。若是巨大的危机则需要彻底重新构建社会保障体系，若问题不是很严重，则只需进行微调。关于社会保障私有化的争论，主要围绕如何弥补社会保障资金缺口和如何确定待遇水平进行讨论。另外一个引人关注的焦点是如何解释预期高风险获得高回报。

社会保障长期资金问题实际上非常复杂。如果仅仅简单修复保持未来 75 年的资金平衡。75 年以后，该体系仍将面临巨大的赤字。因此，决策者认为，需要通过提供额外的资金和降低待遇水平，以应对 75 年以后资金突然不足的情况。

2042 年以前，社会保障的总收入加上信托基金积累的资产，仍可支付 100％的养老金待遇。但是，2042 年基金枯竭后，则只能支付 70％。如果从现在至 2042 年社会保障基金耗尽之前不采取任何行动，未来则需要更加激烈的变革措施。例如，2042 年需将社会保障工薪税提高到 16.91％，2078 年提高到 18.31％。自 2042 年起，津贴待遇降低 27％，到 2078 年，降低 32％。社会保障老龄、遗属和残障保险资金支出将从 2003 年占国民收入（GDP）的

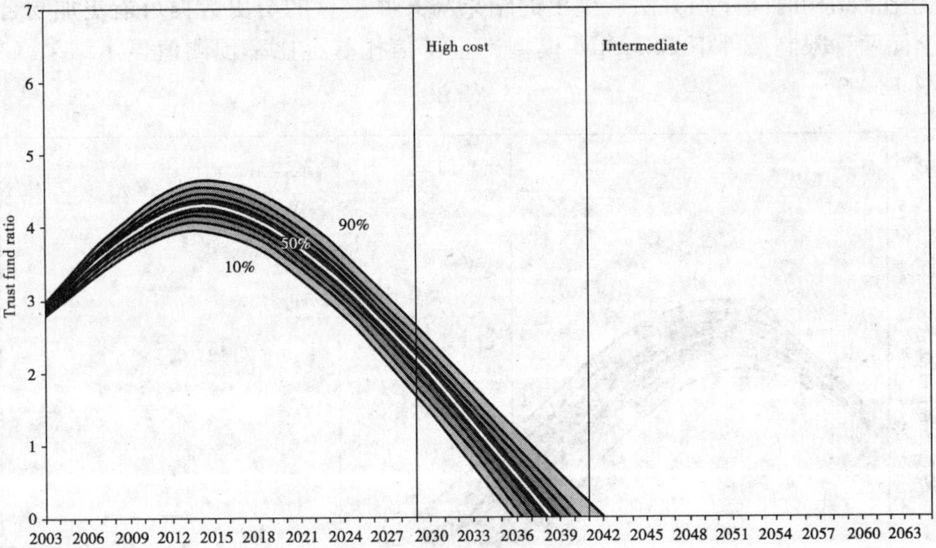

图 13—6 ARIMA 模型

资料来源：根据 2003 年 1 月政策模拟小组提供的 SSASIM 结果

注：纵线表示《2002 年受托人报告》中高成本和适度成本信托基金耗尽的预测

4.3%，上升到 2030 年的 6.3%和 2078 年的 6.6%。

若要保持社会保障基金未来 75 年的支付能力，从现在开始，就要将工薪税提高 1.89 个百分点，即从 12.4%提高到 14.29%；或者将支出津贴待遇降低 12.6 个百分点，或者从总税收中提取 3.7 万亿美元用于社会保障的转移支付。

未来社会保障基金的收入与支出取决于许多因素，包括领取津贴的人数、每月津贴数量、劳动力人口数量，以及劳动者收入水平。这些因素又转过来取决于未来人口出生率、死亡率、移民数量、结婚与离婚率、退休年龄、残疾事故率、劳动生产率、工资增长、通货膨胀率，以及其他有关人口的、经济的和针对某个险种的各因素。

事实上，自 20 世纪 80 年代美国社会保障基金支出就开始急速增长。1980 年美国的社会保障支出总额大约为 1 200 亿美元。而到 2001 年，支出费用高达 4 329 亿美元，为 1980 年的 3.6 倍。

从长期看，在社会保障费用支出不断增长的同时，还伴随着赡养每个退休者的劳动力人口数量的减少。从 1945—2045 年赡养每位退休人员的劳动者人口比例变化（见图 13—7）可以看到，1945 年，每位退休者由 41.9 名工人赡养；1950 年，16 名工人赡养一名退休者；2001 年这一数据降为 3.4；预测到 2040 年，每位退休者只有 2 名工人赡养。

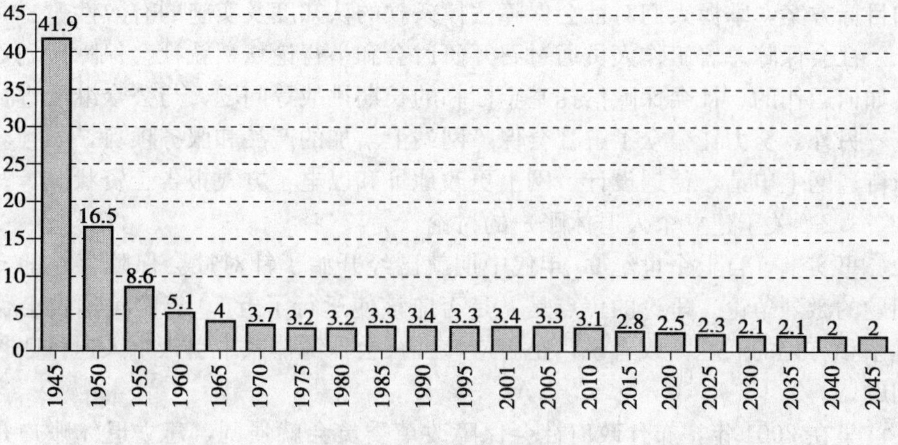

图 13—7　赡养每位退休人员的劳动力人口数量在减少（1945—2045 年）

资料来源：《2002 年联邦老龄、遗属和残障保险信托基金受托人理事会年度报告》，2002 年 3 月。

3. 美国社会保障总署应对挑战所做的努力

3.1　社会保障改革论坛

针对当前存在的问题，作为全面主管社会保障的行政管理机构——美国社会保障总署制定了一系列战略目标。在其《2004 财务年度社会保障总署绩效与责任报告》中制定的战略目标包括：

（1）开展各项研究，为社会保障受益者提供支持，包括在就业方面提供帮助。

（2）让公众了解社会保障信托基金长期面临的财务挑战。

（3）就立法提案向国会提供有关的分析数据，应对与信托基金支付能力有关的社会保障改革问题，例如，估算某项建议的成本是多少，确定某项建议对人口结构产生的影响等。

社会保障总署曾向国会提供与社保基金支付能力有关建议的估算数据，包括分析统一预算产生的影响、信托基金运作，以及财政部信托基金与一般性基金之间的现金流动问题。另外，社会保障总署还完成了总统强化社会保障委员会所提建议的概率分布分析、发表了围绕个人退休账号问题有关概念的文章和个人退休账号行政管理方面的系列论文等。2004 年，社会保障总署在爱达荷州和康涅狄格州举行专题论坛，以便让人们了解按当前税率和待遇支付水平，从长远看社会保障体制是不能持久的。此外，这些专题论坛还强调，应立即采取行动并寻找可能的办法以巩固社会保障制度。

2004 年 9 月，社会保障总署开展年度调查，了解公众对社会保障计划和相关问题的认知度。预计 2005 年初公布调查结果。社会保障总署将根据调查结果为扩大服务领域和开展交流活动提供信息和指导，以制定良好的绩效测定和目标方案，掌握人们对社会保障法律条款的认知度及实施的有效性。

社会保障总署工作人员通过召开研讨会和举行论坛，就社会保障计划目前是如何运作的、社会保障信托基金面临的长期挑战等问题，与公众继续进行交流。另外，努力让公众了解社会保障网站上增加的产品和服务项目，如社会保障待遇网上申请、待遇设计、网上更改地址和以电子方式报告工资状况等。

3.2　关于建立个人退休账户的讨论

事实上，自上个世纪90年代中期就已经开始了针对社会保障存在的有关问题的激烈争论。争论的焦点是，是否应该使运行了近70年的美国社会保障体系私有化的问题。或者说，是否应该在社会保障体系中引入个人退休账号的问题。

早在2001年，布什政府社会保障改革委员会就强调，建立退休账户是改善退休计划的重要内容，退休计划的核心是让工人积累充足的财富，并对自己的经济命运拥有控制权。

对建立个人账户持积极态度的人士认为，建立个人账户是观念进步、思维变革和行为革命。拥有资产（积累制）要比拥有权利（现收现付制）更有保障，即拥有个人资产账户被认为比政府对未来几十年以后才能够兑现的承诺更为安全可靠，主要观点包括：

（1）建立个人账户的资产所有权将有利于提高资金保障的能力。

（2）建立个人账户以后的社会保障就延伸成为可以继承的资产。

（3）建立个人账户可以使所有者有机会寻求更大回报率，预期待遇水平肯定会高于那些没有个人账户的人。

（4）建立个人账户将有利于实现基金积累。

（5）建立个人账户将会增加国民储蓄。

（6）建立个人账户将会激励劳动者的参与。

然而，对于建立个人账户也有许多担心，主要是担心对已退休的和将要退休的人员养老金待遇会减少。如果个人账户的资金用于购买证券，当股市下滑甚至崩溃时，个人账户资金即得不到保障，即便在股市行情好的时候也有选择投资品种的问题。另外，从目前的公共运行养老保险体系转向私有化也需付出巨大的成本。这其中有代表性的建议和观点是：将当前闲置的工薪税中的25%划拨到个人账号上，并将这笔资金用于购买国债。即用个人账户中的财产积累替代社会保障信托基金中积累的资产。剩余的75%的工薪税继续用于支付当前的待遇。按照这条路走下去，社会保障基金储备量就会减少，只能降低待遇水平，降低的水平大体相当于转入个人账户的资金量。因此，如果将划拨到个人账户上的资金用于债券，则不可能弥补75年的资金缺口。但是，如果将个人账户上的资金用于投资证券，预计高回报可增加现金流量和减少赤字。纵观过去75年，证券收益率平均达到7%，而债券收益率只有3%。但是，这种简单比较忽略了一个事实，即，投资证券市场比购买国债的风险大。否则，人们为什么将钱投入国债而不投资于更高收益率的证券呢？事实上，更多的投资人将资金同时购买股票和国债，以降低高回报中的高风险。为此，很多专家认为，社会保障基金投资于证券的回报率也应根据风险进行调节。时至今日，社会保障基金精算还没有依据风险对回报率进行调节。如果没有这种调节，从社会的角度看，无论是私人账号还是信托基金本身包含证券品种的社会保障计划，都会比真实情况更具吸引力。而一旦对证券收益率进行风险调整，投资于证券的个人账号极有可能对社会保障资金状况不会有根本的改善。

有关把个人账户作为解决社会保障资金危机一条出路的争论，实际上是引入个人账户后能否促进现金流动的必要变革的争论。仅仅引入个人账户并不能为社会保障计划增加资金流入或减少资金流出。个人账户虽有可能增加资产的收益率，但是，收益率的提高是以加大风险为代价的。因此，这种做法不能改变社会保障计划总体财务状况。简言之，从经济学角度，个人账户不是社会保障计划未来75年资金短缺的解决办法。

围绕未来社会保障的争论，不应只对“私有化”进行讨论，而应关注其他两个重要问题。首先，未来养老待遇规模问题，即当前的资金缺口是靠提高税收，还是靠降低待遇水平来弥补。其次，如何确定待遇标准问题，即是根据受益人从前的收入情况（目前社会保障体制采用此方法），还是根据私营市场回报率来决定。

3.3　一系列改革方案

深入了解这些问题的有效方法是分析最近提出的两个建议。一个建议由2001年社会保障委员会提出，主要内容有：通过降低待遇水平，与当前总税收持平，并同时将个人账号引入社会保障计划，来弥补资金缺口。另一个建议由前社会保障专员保罗先生提出，他认为，应通过提高总税收来弥补资金缺口，保留当前待遇水平不变。

社会保障委员会提出了三个方案，都是要保持社会保障计划资金平衡和引进个人账户。由于《2004年总统经济报告》中对方案2进行了比较详尽的讨论，因此，方案2也获得较多关注，它对政府如何实施计划提出了指导性意见。

方案2包括两部分内容。第一部分是通过未来待遇的价格增长指数化来取代工资增长指数化，以减缓待遇支出增长。在目前体制下，各不同组别的新退休者领取的起始待遇随工资增长而增长（退休以后，待遇标准每年与通货膨胀率挂钩）。工资指数化是要确保待遇水平与退休前收入之比（替代率）随时间保持常量。例如，一名65岁退休的工人，按照平均收入计算，获得的待遇水平相当于2000年工资的40%，与其同事1990年获得相同工资替代率（40%）的待遇水平。与此相比，价格指数化意味着每组退休者的起始待遇只与通货膨胀率挂钩。随着工资增长和待遇水平随通货膨胀率进行调节，替代率将随时间不断向下进行调整。第二部分是要求工人将工薪税的3%用于个人账户，退休时，还可从社会保障计划中领取一小部分待遇水平。个人账号不一定能弥补社会保障基金赤字，但价格指数化能做到这一点。

社会保障委员会降低待遇计划取决于两个因素：第一，工人是否选择个人账户。个人账户是自愿参加的。对于参加私人账号的人员，待遇降低取决于对市场回报率风险因素的考虑。如果更多考虑市场回报率的风险因素，待遇降低则与传统模式中待遇减少的情形非常相似。如果回报率中不考虑风险因素，则减少的待遇影响非常有限（见表13—5）。

表13—5　　社会保障委员会方案2对有收入的夫妇待遇水平的影响

65岁时	传统的待遇水平（不选择个人账号）	预计传统的和个人账号联合待遇水平（选择个人账户）	
		考虑风险因素	不考虑风险因素
2012年	−0.9	−0.5	0.0
2032年	−18.2	−15.2	−8.3
2052年	−32.5	−26.0	−6.3
2075年	−45.9	−39.6	−20.5

资料来源：《总统加强社会保障委员会报告》，2001年12月，第246页。

社会保障委员会计划中另外一个重要内容是，由于工人需要将部分工薪税划拨到个人账号上，因此，需要在未来45年中大量借用资金来支付当前退休者的待遇。根据《2004年总统经济报告》，到2022年，预算赤字增长额将占当年国民生产总值的1.6%，使应欠债务额增长了25%。

3.4　波尔计划（The Ball Plan）

波尔计划对改革社会保障体制采取截然不同的方法。其主要内容是通过增加总税收保持资金可支付能力，从而保持当前承诺的待遇支付。该计划认为，个人账号应仅仅作为社会保障体制之外的额外保护办法，而不应对其过多依赖。总税收来自于几个不同渠道，一个渠道是将社会保障工薪税的封顶征税收入从2004年的87 900美元扩大到征收总收入的90%，即不对征收工薪税的收入封顶；另一个渠道是保留动产税收，将国家总税收用于社会保障计划；2056年开始增加税收，税收标准定期进行调整，以保持资金系统的平衡。波尔计划中有关待遇水平的唯一变化是采纳更加精确的消费者价值指数，这种做法会略微降低待遇水平。

总统加强社会保障委员会和波尔计划提出了两个完全不同的版本。一个是要减少待遇，使社会保障资金保持平衡，同时引入个人账户。另一个是要保持目前计划的待遇水平，提高总税收。其他一些计划大体处于上述两个版本之间。

4. 社会保障待遇的改变

4.1　待遇水平的变化

有关社会保障支付能力的讨论经常忽略一个重要内容，即根据当前法律规定的待遇水平。影响社会保障待遇水平的主要因素包括赡养率、税率和替代率。目前，美国社会养老保险计划的赡养率为3.3∶1，社会保障税率为12.4%，一名获得平均收入的65岁退休人士，每月可领取1 184美元养老金（相当从前收入41.9%）。扣除医疗B部分保费后的替代率为38.7%。按照当前法律规定，预计社会保障替代率会下降。正常退休年龄从65岁上调到67岁，相当于全面降低待遇水平。由于医疗费用不断上升，医保费预计会大幅提升。

按照个人收入所得税的有关规定，社会保障税率也会增加，至2030年将达到18.6%；届时的赡养率为2.2∶1，替代率则随时间推移越来越低（见表13—6）。

表13—6　　2004年和2030年，平均收入、65岁退休人员的社会保障替代率

内容	替代率（%）
2004年	
报告的替代率	41.9
扣除医疗B部分保费后	38.7
2030年	
提高正常退休年龄后的替代率	36.3
扣除医疗B部分保费后	32.1
扣除个人收入所得税后	29.4
扣除减少的15%待遇后	24.0

资料来源：《社会保障作用在下降》，波士顿大学“退休研究中心”简讯，2003

总统加强社会保障委员会计划会在2032年使待遇水平下降约15%（见表13—5）。若按当前价格计算，到2032年，平均收入者只可领取每月678美元养老金。那些在62岁就退休的人员（当前大多数人的退休年龄），领取的待遇水平会更低。问题是这么低的待遇水平是否足够维持生计。今天，老年美国人非常依赖社会保障体制，减少待遇势必会损害很多老年人的经济利益。有调查结果表明：65%老年人的社会保障待遇是其总收入的50%，33%的老年人是

90%以上，20%的老年人完全依赖社会保障生活。

4.2　社会保障待遇结构的变化

围绕社会保障改革讨论的另一个问题是社会保障待遇结构问题。待遇标准是按照当前体系根据以往工作收入情况来确定，还是根据市场回报率来确定。很多经济学家认为，退休体制应是双轨制或是三轨制。待遇确定型和缴费确定型计划都要承受各种不同的风险，若将两种计划结合起来，系统运作会比单一模式更好。这种观点听起来有理。但若分析当前社会保险现状，还是有问题的。如果说雇主负责的企业年金计划从前是以待遇确定型为主，而将个人账号引进该体系是合理的。那么，今天大多数职工都参加了 401（k）计划，已经将养老基金大量地进行投资，获取高风险利润。未来，国家社会保障计划可能是所有保险计划中唯一的待遇确定型计划。而且，到达退休年龄时不享受企业年金 35%的家庭，如果他们最基本的养老金都要冒市场风险，会使他们沦入更加脆弱的地位。

另外，个人账号实际上将市场风险转嫁个人身上，并带来政治风险，账号持有者可向国会施加压力，要求提前使用账户中的资金。如用于医疗费用、教育和家庭采购等。尽管有很多规定禁止提前使用账户中的资金，但当前实施的个人退休账户计划和 401（k）计划的经验表明，掌握这个尺度是很困难的。何况在某种程度上，国会对此通常保持沉默，从而最终造成退休者得到的是降低的和不充足的退休收入。

5. 改革所坚持的基本原则

任何一项改革都是要付出代价的。社会保障体制的改革也是如此，因为它涉及面广，并在经济和政治方面都有重大的影响。为此，美国社会保障专家提出，改革应坚持以下几条原则：

（1）不降低目前已退休人员和将要退休人员的养老金待遇

对于已退休人员和没有其他办法积累退休金将要的退休人员，政府与他们有一种道义上的契约。对于年轻劳动者，需要控制急速上升的社会保障费用，他们在养老金待遇得不到保证时，这些人员仍有机会通过把缴纳的一部分社会保障税投资于个人退休账户来达到不降低养老金待遇的目的。

（2）必须提高劳动者社会保障税回报率

当今劳动者领取非常低的社会保障税回报率。一般来讲，劳动者越年轻，收入越低，则回报率也越低。在不提高社会保障税情况下，改革必须为未来退休人员提供更高的退休待遇。为此，最好的办法是让劳动者将当前的一部分社会保障税投入到个人退休账户上，从而获得比当前社会保障体系支付高得多的退休金。

（3）美国人必须能够通过社会保障体系为未来积累财富

一个设计良好的退休体系应包括三方面内容：支付常规的每月退休金；支付受抚养的家属保险费；有能力储蓄退休资金。虽然当今的美国社会保障体系提供稳定的退休收入，并为抚养的家属提供津贴。但该体系不能为劳动者积累资金，达到他们自己的退休目标，或将积累的资金传给后代。劳动者应该能够通过社会保障体系来积累财富，从而增加退休收入或在经济方面为家庭开创更美好的未来。

（4）个人退休账户必须确保足够的最低收入

老年人必须能够依赖一个合理的和可预见的最低收入水平，无论投资市场发生什么事情。

（5）允许劳动者通过将一部分工薪税拨付到个人账户上，使账户有资金积累

不应为使个人账户有资金积累，使劳动者获得养老待遇而支付两项款额，即按照当前的工薪税支付一次，按照附加的收入税或缴费再支付一次。

（6）当前雇用的劳动者参加新账户必须是自愿的

不应强迫任何人加入个人退休账户体系，应允许目前雇用的劳动者从当今的社会保障体系和个人退休账户体系两者中做出选择。

（7）社会保障改革计划必须具有现实意义和节省费用

社会保障体制改革应该从总体上提高退休待遇，并尽可能降低转轨过程中的成本支出。

根据上述原则，在学术界，美国一些专家和学者也提出了其他一些改革方案，目前对各项改革方案的利弊处于热烈的讨论中。在政界，根据美国《先驱者论坛报》刊登的一篇署名斯蒂文森，题目为“共和党将为美国社会保障制度改革借用资金”的文章，白宫和议会共和党人明确要大规模借用政府资金，以资助布什总统创建社会保障个人投资账户的计划。由于美国政府正经历大量的预算赤字，对于应借用多少资金，在共和党人中持有不同意见。而许多民主党人认为，建立个人账户的成本只会使社会保障资金问题更加恶化，并且美国无力承担快速增长的国家债务。但是，布什已决定要把社会保障改革作为其连任总统后国内工作的重点。同时，国会认为，应把降低津贴和增加税收同时提到议事日程上来，以便减少借款额和确保任何变革都能使社会保障在资金方面获得长期的稳定。但是，降低津贴和增加税收又是一个非常敏感的话题，会对某些群体的利益直接产生影响。另外，对布什社会保障改革计划持反对意见的人认为，虽然建立个人账户可以大量增加全国的个人存款额，这对经济发展非常有益，但公共债务的增加则会部分或全部地抵消这一益处。很明显，要使利益各方达成共识，较好地解决这一棘手的问题，美国社会保障改革仍有很长一段路要走。

参考文献

专著

1. Joe. B. Stevens. The Economics of Collectiue Choice. Westview Press, Inc. 1993

2. Dennis C. Mueller. Public Choice Ⅱ. Cambridge：Cambridge University Press，1989

3. Buchanan，James M. and Tullock，Gordon. The Calculus of Consent，Logical Foundations of Constitutional Democracy. The University of Michigan Press，1962

4. Black，D. The Theory of Committees and Lections. Cambridge：Cambridge University Press，1958

5. Alan Peacock. Public Choice Analysis in Historical Perspective. Cambridge：Cambridge University Press，1992

6. Danzinger，Sheldon and Peter Gottschalk. America Unequal. New York：Russel Sage Foundation. Cambridge. Mass：Harversity University Press，1995

7. World Bank. Averting the Old Age Crisis：Policies to Protect the Old and Promote Growth World Bank，1994

8. Michael Dietrich. Transaction Cost Economic and Beyond. Routledge. New York：Fress Press，1994

9. Irene S. Rubin. The Politics of Public Budgeting：Getting and Spending，Borrowing and Balancing. Chatham House Publishers of Seven Bridges Press. LLC. 1990

10. Holly Sklar 主编．三边主义．三边委员会和世界管理接触计划．蒙特利尔：Black Rose Books 出版社，1980

11. Danny Pieters. 社会保险的基本理论与原则．比利时：安特卫普发行商，1993

12. Colin Gillion 等．全球养老保障——改革与发展．杨燕绥等译．北京：

中国劳动社会保障出版社，2002

13. ［美］George E Rejda. 社会保险和经济保障. 陈秉正译. 北京：经济科学出版社，2005

14. ［美］Daivid. H. Rosenbloom 等. 公共行政学：管理、政治和法律的途径. 北京：中国人民大学出版社，2002

15. Willy van Eekhutte，杨燕绥. 论社会保障法. 北京：中国劳动社会保障出版社，2003

16. ［美］保罗·萨缪尔森等. 经济学（第16版）. 萧琛等译. 北京：华夏出版社，1999

17. ［英］安东尼·吉登斯. 第三条道路：社会民主主义的复兴. 郑戈译，北京：北京大学出版社，2000

18. ［英］韦恩·莫里森. 法理学. 武汉：武汉大学出版社，2003

19. ［美］联合委员会国际部. 医院评审标准. 陈育德等译. 北京：中国协和医科大学出版社，2003

20. ［法］皮埃尔·卡兰默. 破碎的民主

21. 尼古拉斯·巴尔，大卫·怀恩斯主编. 福利经济学前沿问题. 北京：中国税务出版社，2000

22. 青木昌彦等. 政府在东亚经济发展中的作用. 北京：中国经济出版社，1998

23. 尼古拉斯·巴尔. 福利国家经济学. 郑秉文等译. 北京：中国劳动社会保障出版社，2003

24. 周建明主编. 社会政策：欧洲的启示与对中国的挑战. 上海：上海社会科学院出版社，2005

25. 欧文·E·休斯. 公共管理导论（第二版）. 北京：中国人民大学出版社，2001

26. 弗雷德里希·奥古斯特·哈耶克. 自由宪章. 北京：中国社会科学出版社，1999

27. 理查德德·A·马斯格雷夫. 财政学原理. 纽约麦克格雷夫—希尔公司，1959

28. 马克斯·韦伯. 经济与社会. 北京：商务印书馆，1997

29. 肯尼思·约瑟夫·阿罗. 社会选择：个性与多准则. 北京：首都经济贸易大学出版社，2000

30. 迈克尔·迪屈奇. 交易成本经济学. 北京：经济科学出版社，1999

31. 郑秉文. 福利资本主义模式的变迁与比较. 北京：法律出版社，2003

32. 郑功成. 社会保障学——理念、制度、实践与思辨. 北京：商务印书馆，2003

33. 汪行福. 分配正义与社会保障. 上海：上海财经大学出版社，2003

34. 艾斯平·安德森. 福利资本主义的三个世界. 郑秉文译. 北京：法律出版社，2003

35. 李珍主编. 社会保障理论. 北京：中国劳动社会保障出版社，2001

36. 厉以宁等. 西方福利经济学述评. 北京：商务印书馆，1984

37. 唐士其. 西方政治思想史. 北京：北京大学出版社，2004

38. 边沁. 政府片论. 北京：商务印书馆，1996

39. 马歇尔. 经济学原理（上册）. 北京：商务印书馆，1981

40. 厉以宁等. 西方福利经济学述评. 北京：商务印书馆，1984

41. 丁冰. 瑞典学派. 武汉：武汉出版社，1996

42. 吴易风、王健. 凯恩斯学派. 武汉：武汉出版社，1996

43. 胡代光，厉以宁，袁东明. 凯恩斯主义的发展和演变. 北京：清华大学出版社，2004

44. 顾钰民，伍山林. 保守的理念——新自由主义经济学. 北京：当代中国出版社，2002

45. 尹伯成，华桂宏. 供给学派. 武汉：武汉出版社，1996

46. 欧阳景根选编. 背叛的政治——第三条道路理论研究. 上海：三联书店，2002

47. 裘援平等. 当代社会民主主义与“第三条道路”. 北京：当代世界出版社，2004

48. 方福前. 公共选择理论——政治的经济学. 北京：中国人民大学出版社. 2000

49. 张孝德. 模式经济学新探. 北京：经济管理出版社，2002

50. 郑功成主编. 全球化下的劳工与社会保障. 北京：中国劳动社会保障出版社，2002

51. 和春雷主编. 社会保障制度的国际比较. 北京：法律出版社，2001

52. 成思危主编. 中国社会保障体系的改革与完善. 北京：民主与建设出版社，2000

53. 西斯蒙第. 政治经济学新原理（译本）. 北京：商务印书馆，1981

54. 陈庆云主编. 公共政策分析. 北京：中国经济出版社，1996

55. 经济合作与发展组织秘书处编. 危机中的福利国家. 北京：华夏出版社，1990

56. 财政部社会保障司. 社会保障资金统计资料（1996—2000）. 北京：中国财政经济出版社，2002

57. 孙建勇. 社会保障基金监管制度国际比较. 北京：中国财政经济出版社，2004

58. 郑功成. 论中国特色的社会保障道路. 武汉：武汉大学出版社，1997

59. 劳动部社会保险研究所. 防止老龄危机（译本）. 北京：中国财政经济出版社，1996

60. 鄢圣华. 老子思想中的社会福利（未公开发表前）. 2003

61. 杨永恒. 客户关系管理——价值导向及使能技术. 大连：东北财经大学出版社，2002

62. 俞可平. 增量民主与善制. 北京：社会科学文献出版社，2002

63. 张敏杰. 中国弱势群体研究. 长春：长春出版社，2003

64. 郑功成等. 中国社会保障制度变迁与评估. 北京：中国人民大学出版社，2002

65. 杨方方. 从缺位到归位——中国转型期社会保险中的政府责任. 北京：商务印书馆，2006

66. Marshall N. Carter，William G. Shipman. 信守诺言——美国养老社会保险制度改革思路. 李珍等译. 北京：中国劳动社会保障出版社，2003

67. 牛文光. 美国社会保障制度的发展. 北京：中国劳动社会保障出版社，2004

英文资料

1. Clark Burdick and Joyce Manchester，Stochastic Models of the Social Security Trust Funds，Research and Statistics Note，Office of Policy～Office of Research，Evaluation，and Statistics，No. 2003－01～March 2003

2. John，David C. A Guide to the new 20002 Social Security Trustees's Report，WebMemo ＃91，March 29，2002

3. John Zogby，Regina Bonacci，John Bruce，Will Daley，and Rebecca Wittman，Public Opinion and Private Accounts：Measuring Risk and Confidence in Rethinking Spcial Security，SSP No. 29，January 6，2003

4. Introduction to SSA's FY 2003 Annual Performance Plan

5. John，David C. Answering the Top 10 Myths About Social Security Reform，Backgrounder ＃1613 November 19，2002

6. John，David C. Six Important Rules for Real Social Security Reform Executive Memorandum ＃884 May 29，2003

7. John，David C.，Social Security Commission Report Shows Value and Feasibility of Individual Accounts，Backgrounder ＃1512，January 11，2002

8. Munnell，Alicia H.，A Bird's Eye View on The Social Security Debate

9. Shipman，William G.，Reforming Social Security：A Change in the Climate of Opinion，Heritage Lecture ＃776，February 3，2003

10. The Associated Press and Washington Post，Key to Improving Social Security are Individual Retirement Accounts，Says Bush Commission，December 11，2001

11. The Heritage Foundation，Social Security，Basics，WebMemo ＃143，September 12，2002

12. Thurow，Lester，Risk High in Private Social Security，December 10，1998

13. Richard W. Stevenson，Republicans likely to borrow for Social Security，International Herald Tribune，November 27，2004

14. Sahadi，Jeanne，Social Security Reform：A Guide，CNN/Money December 6，2004

15. SSA's FY 2004 Performance and Accountability Report

16. Strengthening Social Security and Creating Personal Wealth for All Americans，Final Report of President's Commission to Strengthen Social Security，December21，2001